台湾“中研院”口述历史系列

黄通口述自传

黄通 口述
陆宝千 采访
郑丽榕 记录
沈怀玉、魏秀梅 整理

中国大百科全书出版社

图书在版编目（CIP）数据

黄通口述自传／黄通著．—2版．—北京：中国大百科全书出版社，2016.1

ISBN 978-7-5000-9725-9

Ⅰ．①黄… Ⅱ．①黄… Ⅲ．①黄通（1907～1997）—自传 Ⅳ．① K827=7

中国版本图书馆 CIP 数据核字（2016）第005732号

策 划 人 郭银星
责任编辑 郭银星
封面设计 程 然
责任印制 魏 婷
出版发行 中国大百科全书出版社
地　　址 北京市阜成门北大街17号　**邮政编码** 100037
电　　话 010-88390969
网　　址 http://www.ecph.com.cn
印　　刷 北京君升印刷有限公司
开　　本 787毫米×1092毫米　1/16
印　　张 29.25
字　　数 350千字
印　　次 2016年1月第2版　2016年1月第1次印刷
书　　号 ISBN 978-7-5000-9725-9
定　　价 49.00元

出版说明

黄通（1907～1997），号更夫，江苏海门人。曾就读上海文治大学。后考入黄埔军校，1929年毕业于南京陆军军官学校第七期，职炮兵少尉。1933年后离开军职，曾历任贵州四区行政督察专员、南京市参议员、南京市三青团支部书记长、立法委员、国民党改造委员会书记长、国民党中央委员会副秘书长、党务顾问及“总统府”国策顾问等职。

黄通一生奔走国民党党务、政务、法务，经历甚为丰富，盖官阶不高，但威望孚众。曾亲历力行社、复兴社、三青团的基层组织创建与高潮阶段，抗战胜利后任南京市三青团支部书记长，为维持南京政治秩序贡献良多。1948年任立法委员后，致力于宪政体制建设，为“立法院”及法制委员会重要人物。

《黄通口述自传》原版名《黄通先生访问记录》，系台湾“中央研究院”近代史研究所于1991年1～10月间在台北市复兴南路黄公馆共采访32次记录所辑，陆宝千先生主持采访，“立法院”郑丽榕女士记录，近代史所沈怀玉、魏秀梅女士整理。黄通先生自拟大纲，分类而谈，自述细节生动、周详。特别是有关力行社、复兴社、三青团以及“立法院体制委员会”诸内容，大陆史学界所见有限，对于研究和了解中国近现代史、国民党党史、国共两党关系史等具有重要的史料价值。

在编辑过程中，我们仅对纪年表达方式和个别词语进行了中性处理，其叙述基调和整体内容保持原状。现将其列入我社“百科史学——口述自传丛书”，供国内近现代史专业读者和历史爱好者参考使用，望广大读者在阅读时注意以今天之历史高度予以辨别和评析，认真鉴别、慎重对待作者个人的观点。

目　录

第一章　第六代田舍儿

第一节　八府井黄江夏堂

在说到八府井黄之前，我先提江夏堂。黄家堂号称江夏堂，他的来源是湖北的江夏郡，但是究竟江夏是何处的地名？我不太清楚。黄姓应该是古代的赐姓吧？

陆：江夏应该是郡望，百家姓中每一姓都各有郡望。

黄：对。江夏堂黄峭公传下了一首诗："骏马匆匆出乡关"云云，共有八句，祖宗用心良苦，希望后代子孙碰头时，大家背一背这首诗，如果背对了，就是本家。做这首诗的黄峭公有三位太太，各生了七个儿子，共有二十一个儿子，散居全国各地，就凭这首诗碰头。这种风气在广东、福建尤其盛，广东有客家人，福建有闽南人，他们多半来自河南。现在台北市黄氏宗亲的江夏堂大宗祠很大，钱也很多，宗亲相当团结，有好多年轻人选举就靠祠堂的力量当选，立法委员黄主文就是靠桃园宗亲的支持而当选的。

可是另一种说法说我们是黄歇之后，他当过战国时代楚国的宰相，曾经开黄浦江为上海县出海口，所以黄浦江也就称歇浦，又由于黄歇被楚国封为春申君，所以黄浦江又称春申江，上海简称为申，都是根据黄歇而来的。

去年十月韩国人曾召开一次大规模的宗亲会，他们的工商部长姓黄，主持这件事情，还特别到台湾来找我们几个人，希望我们参加，后来我因为身体不行而没去成。受到黄峭公所传下的诗的影响，黄家宗亲的联系因此而密切。

接着我谈八府井黄。我很小的时候，曾经有一个修谱的人到我家来，说我们是“八府井黄”，当时突然听到，还以为是“八府金黄”。后来我年纪大了，回想这句话，感到不解，问一位河南开封的朋友：“八府井黄是什么？”他说：“我们开封有一个八府井。从前是井田制度，到处都有井，现在还常有街名以井字命名，八府井那里八家共用一口井，其中有一家姓黄，所以说这家是‘八府井黄’。在宋朝时代，这一家地位很高。”

后来我还问了一些人，得到证实，说开封府中本来有八府井黄，后来金兵作乱，宋徽、钦二宗被俘，高宗在南京登基，金兵南追，不但与政府有关的人南逃，由于金兵杀人不少，百姓也南逃。往哪里逃呢？由于宋高宗在南京登基，所以大家向南京逃。

那个时代的南京，也不是明朝时代的南京。我们的祖先在句容县落脚下来。句容县的人有一个特征，小脚趾趾甲头裂开，这个叫交趾。我小时候也是交趾，长大之后合并，看不出来了。我们在句容住了多少代以后，人口增加，就往东移动，第一个移动的方向是常熟。这有什么证据呢？常熟的东乡讲的话，就是现在的海门话。常熟人讲话带点江北腔，和句容差不多，到了东乡，所讲的话和崇明接近。

后来我的祖先从常熟再往东，就到崇明。在崇明又住了多少代，再搬到海门。

第二节　海界长春第一埭

早期海门是沙地，也就是海埔新生地，人口稀少；后来土质改善，可以种五谷，搬到海门来的人渐渐多起来。黄家在竹行镇定居，这个地方产棉纺纱，靠近南通。根据张謇自撰的年谱，他在竹行镇黄家当过家馆老师，更证明黄家在这个地方有多少户，住了好多代。

经过许多年，人口多了，黄家再往东迁到长春镇，镇的北边有海界河，河的北面是南通，河的南面是海门，那时候祖先们开辟海埔新生地真是有头脑，他们横方向开了一条河，称为横河；直方向也开了多条沟，称为明沟，方方正正的，当中称为一垗，垗相当的长，中央有一条横路称为埭，这个字本来的意思是防水的河岸。我们家在海界河南边第一埭，现在三军总医院检验主任杜炎昌，他是我们西边的邻居，也住在第一埭里。这里划分得很规则，而且符合科学，各个组织相隔，如果在原子弹时代，受到原子弹侵袭，也只能炸到一个住宅，炸不到第二个住宅，就好像天然的防御一般。

对于我家附近的海界河，我从小就怀疑：我们这里不是海，离海还远，为什么称为海界？弄得南通人喊海门人是“沙地人”，而海门人则喊南通人为江北人。其实长江以南才是江南，我们也是在江北的，为什么和南通只隔了一条海界河，就喊他们江北人？而且所有南通、盐城、阜宁、兴化等等，都是江北。后来我问了许多住在海门东边的人，才知道海界河往东去出海，出海口正是黄海与东海的分界。出海口称为蒿枝港，因靠海近，地还没熟，都是海中沙，因此住户很少。现在这个港还在，由这个港口进来的海水，就是海界河，北边是黄海，南边是东海，称之为海界名符其实。

我们黄家住在沙地中，一个大过墩、一个小墩，住家在大墩，小墩都是田地。搬到这里的第四代第三房开始住到小墩去。到第五代时，我的四叔搬到如皋去，受人欺负，我小时候，他还要我去区公所办交涉。另外一家堂叔则搬到南汇县去。到我们第六代，为了求学、就业，大家更散了。

海界河南边有南通人，北边有海门人，我们的亲戚家好多人住在南通境内，可是都讲海门话，也许是读书人太少，大家口口相传，传不开。住在我家附近的南通人都讲南通话，当地有钱人多，有六个墩，也讲海门话；同样的，海门人住在南通境内的，也可讲南通话。

我的外祖父家就是在南通境内海界河北岸第一埭，而我们则是海界河南岸的第一埭，两地只隔一条河，很接近。这个地区在没有学校的时代，私塾并不多；在有学校的时代，好几里内还是没有学校，连一个国民小学校都没有。

我的外祖父姓王，做过花行的账房先生，人家都喊他“先生”，也就是读书人。他三十几岁开始就再没有做事，变成一个绅士。他也不多管闲事，地方的人都很尊重他。后来王家有几家搬到老虎尾巴镇去，之后又发展到海复镇。

在老虎尾巴镇时，较出名的是我们的上一代王志寰，他是我的义父，是在我一二岁时认的。义父过世得早，我见过他，一点印象没有。为什么他能出名呢？因为他是贡生，是秀才拔贡，所以培植他的儿子王已劲，王已劲又是张謇的义子。王已劲跟我同辈，可是他和我父亲同年。王已劲赚了很多钱，他在通州城内的豪华住宅抵债查封了，就在海复镇造了一个九架的大房子，普通的房子只有七架，可见这个房子有多大。

陆：我曾经住过王已劲家，因为抗战时海门中学搬来这里，我在这个地方念书。

黄：你今天证实了我一种感想：当时我曾经想过，这一家人住这么大的房子干什么？这个房子将来办个学校多好。没想到果然后来海门中学搬来这里。

陆：抗战时日本人来了，海门中学解散，先搬到上海，后来高中部搬到曹家镇，初中部搬到海复镇，我念的是初中部。

黄：王家在海复镇的成年人大概有五六人，每年清明一定回到我外祖父家上坟，我外祖父以这个子孙为荣。我外祖父没有儿子，家母是独生女，而我则是年纪最大的外孙，外祖父视我为长孙，特别地爱护我，他把我交给王己劲。王家人很少，我的舅舅和外祖父家是上头几代的堂房关系。我的舅舅有三个女儿，内人是我舅舅的二女儿，也就是说我们夫妻俩是表兄妹，可是隔得很远，在五代以上。

我经常在外祖父母家，我已经会走路时，有一次自己爬到圆沟（宅沟）取水的地方，一下子滚进水里，外祖母不晓得，后来发现小孩不见了，到后面找，看我浮在水面，她就大喊。也真是巧，在圆沟（宅沟）外有明沟，明沟再过去的路上刚好有人经过，听到我外祖母喊叫，就跳下明沟爬过来，再跳进圆沟，把我抱起来，我一点也没伤到，连水也没喝到；那时候我大概两岁左右。我免于淹死，很幸运，但是我外祖母可紧张得不得了。外祖父母对我的宠爱，简直是超过我自己的祖父母。家父是二房，我出生时，祖父、祖母已经有几个孙子、孙女了，但是祖父对我也很钟爱。有一天他听说我会读书了，就买一支毛笔给我，但其他孙子、孙女不给不行啊，所以他托词说这支笔是他在路上捡到的，捡到之后看到我，所以就送给我了，实际上是他对我的偏爱。在这种环境之下，爱护我的人很多。

但是我的长辈里，除了外祖父读点书外，大家都没读书。我启蒙以后，看到祖父家有一个柜子，柜子上面有一只箱子，我想法子爬上去看，发现里头有《论语》、《孟子》，书上题名黄文富，他是哪一代的祖先呢？推算起来，应是祖父的上一代人，也可能是祖父的嗣父，因为我的祖父是兼祧。听说我的祖辈中就只有黄文富会读书，其他人都不会。除了《论语》、《孟子》外，箱子里还有家谱。很巧的是，我在外祖父家的柜子里也找到两本书：大学和中庸，那个时候我刚启蒙，不知道这就是“四书”。家里的哥哥弟弟、叔叔伯伯顶多上学两年，搞清楚自己的姓名就够了，至于女孩子则一律不上学，上学的话人家要笑话。所以我的家庭环境是非常纯粹的农家。如果说由竹行镇搬来是第一代，到我已经是第六代了，这六代当中，除了黄文富读论语、孟子外，没有人读书，所以我自称是第六代田舍儿。至于为什么称儿呢？成语里有田舍翁、田舍郎，我当时是小孩子，不能称翁，也不能称郎，所以称为田舍儿。

第三节　题过六次名与字

吾家家谱上有字辈，我没有看过，但知道我们这一辈是“庆”字辈，庆字之上什么字？我问不出来。不过光庆字辈，我就碰过好多人，尤其是在海门，有一位黄庆穆，他是三阳镇人，我问他：“你家原来住什么地方？”他说：“竹行镇。”他的名字有“庆”字，应该是和我同辈的，但是没办法证实。

小时候隔我家两垴有个私塾，我一开学，老师就为我取名黄庆汉，听起来也不错，但是同学开我玩笑，因为汉和烙烧饼的土音熯相近，听了不雅，我很不高兴，告诉外祖父，要求不要叫这个名字，因此改为庆儒。外祖父对我的期望很高，所以用儒字为我命名，一直到高等小学，我是用这个名字。当时老师喜欢取号，所以又为我取了“席珍”的字，意思是“儒为席上珍”。

到我上高中时，发现名字中有儒字的人，多半号席珍，我央求国文老师另外为我取号。他喜欢开玩笑，我有一位同学也姓黄，排行第二，他就给他日本式的名字，叫他次郎，用海门话叫起来好像“黄鼠郎”。我请老师为我取号，他说：“我想一想。”有一天他告诉我：“你是老大，就叫伯通吧。”这个号蛮好的。这是我第四次改名了。

后来我到外面来，尤其是到了广东，通常我以号为名，可是号之中的“伯”是虚字，我去掉虚字，就叫黄通，简单明了。在家乡时，我不敢讲自己是黄通，因为家乡里王、黄同音，如果我自称王通，人家会骂我，因为王通是大儒，在三字经中和老庄并列。至于在国语里，称黄通人家不会误会，于是就用黄通两字。

有一次立法院举行选举，宁波人王新衡心直口快，选举时人家拉他的票，他说：“我投黄通！”票开出来之后，我的票有一票废票“王通”，我一看就说：“哎呀！这是王新衡投的。”上海话王、黄不分，他平常叫惯王通，就投王通了。后来我就固定使用黄通这个名字。

我到东北军当政治部主任，虽然只有二十多岁，可是平常接触的人有参谋处处长、副官长、副师长、师长、军长等等，都是四十岁上下的人，有的还留了胡子，大家一见面总习惯问台甫，我一律答复“年轻”。这是小时候老师教的，表示谦虚。可是问了太多次，老是讲“年轻”，好像不讲老实话，应该有个号才是。有一天，我们十来个同学、同事在一起吃饭，我提出一个问题说：“一个人应不应该有号？”有的人说要有号，有的人说不要有号，结果是认为要有号的人多，尤其是单名的人，一定要有号，免得人家不好称呼。我是单名，那该取号。取什么呢？那时候流行用“夫”字，同学寻开心为我取号，于是有人说铁夫，有人说钢夫等等，也有一人说更夫，得到四五个有夫的号，我说："我权充主席，逐一提付表决。"结果更夫八票，我说："好啦！就确定，我的号叫更夫。"当时我马上跑北平荣宝斋刻一个铜图章："黄更夫"，从此我就是黄通号更夫。想不到十多年后，有一次我在南京中央饭店吃喜酒，有一个朋友一把抓住我说："来来，我跟你介绍一个朋友。"他抓着我的手，我就跟他走。他又抓住另外一个人的手说："来来，我跟你介绍一个朋友。"拉了我们两个人面对面，他说："你们自己介绍吧。"我们不约而同拿出名片，一看，他是黄通，之下小字"君特"，我则是黄通，之下小字"更夫"，真巧，连名片的格式都像，两人哈哈大笑，我说："久仰了。"因为他是土地经济学家，常在杂志上发表文章，尤其是上海的前途杂志常有他的文章，许多同学、同事都以为是我写那些文章，一定要我发表经济方面的意见。这位老兄现在九十好几了，人还在。他是好好先生，曾任政大地政系主任，后来当土地银行总经理、农民银行总经理。这是我的姓名的趣话。

第二章　不完整的学历

第一节　破例自去洋学堂

开学那一天，父亲为我买了一本三字经。到学校去时，顾玉簧老师说："现在不读三字经了，要读教科书。"我没有教科书，就在回家的路上哭。父亲问："为什么哭？"我说："我没有书。"他说："不是有三字经了吗？"我说："老师说不教这个，要教教科书。""什么是教科书？""不晓得。""哪里去买？"我还是不晓得。后来还是听别人讲，才知道要用新出的共和国文教科书，读了一年，老师教了一、二册。

到了第二年，换了樊庆家老师，他是海门师范毕业的，高明一点。他在刘家仓（按：仓为储粮之所，海门人称地主之巨宅曰仓）开了私塾，我的堂兄和从兄比我早开学，也同在那个私塾，他们读的是最新国文教科书。老师教的时候，我大体听得清楚，所以我等于读了两本教科书。有趣的句子我很快背下来，例如："锄禾日当午，汗滴禾下土，谁知盘中餐，粒粒皆辛苦。"好几个学生读不下去，因为生字太多，但是我却背了下来。读了一年，这位老师又走了，我又回到隔壁私塾，顾老师又来教我们。我连续读了三年，到第四年，另一位也是海门师范毕业的年轻老师施鸿勋很快的把国文教科书都教完了，再教什么呢？没有了。于是他把他读过的古文辞类纂选文教我，那时候还是按旧规矩，要背书，一本一本的背，每天背好多本。他说："你光读国文，没学过算术，我再教你算术。"他又说："你已经知道加、减法，不必学加、减法。"我怎么会懂加、减法呢？这是因为我的外祖父做过生意，会打算盘，打得很快。施老师教我九九乘法，我背得很熟，从乘法学起，后来又很快地学除法，大概一个学期中，乘、除法都学会了，再到第二年上半年，老师又勉强教了我半年，之后告诉我："你赶紧到洋学堂去吧。"

那个时候洋学堂只有启秀小学，离我家很远，在四里路外（约两公里），要走路去，而且经过好多田埂，我没去过，只听人讲过，可是老师这么说，我就决定下学期秋季始业时去。

谁和我去洋学堂呢？我找了伯父家的老二，他比我小两岁，我要他一道去。我的伯父大大的反对，他说："读书有什么用？有好多人家的子弟读了多少年书，最后还做了强盗，读书没什么用。"在我的环境中，赞成我读书的人几乎没有，一般人通常只读个两、三年，顶多学学怎么写自己的姓名，别的都看不懂，所以我在小学时就替人写门对和一些简单的借约之类，因为附近没有人会写。

后来我自己想想，我没去过洋学堂，不如先去看看再说。一到洋学堂，校门口挂着国旗、校旗，正像教科书上写的："国旗、校旗交叉悬于门"。我好开心，于是自己去找老师，说我是来读书的。老师问："你读了几年书了？"我说："读了四年半了。"老师说："那你现在进高等小学吧。"其实我也不懂什么高等、初等。我从高等小学一年级开始读，头一年读得还不错，大家都读土音，老师讲话我都懂。那时候家里还没有要我做多少事，还可以让我每天上学。

到我二年级时，父亲也种了荡田（苏北海埔新生地，生长芦草者，曰荡田），在如皋境内，田很多，每一块堍不多等于我们原有的大堍那么大，我们种了乙堍，一望无际，很诱惑人。棉花白了，要收花，父亲一个人忙不过来，叫我去帮忙。我们用个竹竿扎上围裙，往房子外面一插，附近老百姓就来了。他们讲石港话，我们讲海门话，彼此不通，但是他们晓得田里要收棉花；大家也不必讲话。人一来，点好人数，从那头到这头，每个人身上系着围腰捡棉花，我站在另一头，他们捡好后把棉花包送给我，我称称重量，好像是一斤给一个铜板或两个铜板，一天收了不少棉花。

花收完了，八月节也过了，双十节都快去了，学校早就开学，这下把我急坏了。这个学期不能去上学，怎么办？我不敢跟父亲讲，因为棉花收得正忙，我不可以溜走。棉花田离我家有八十里，中间还要经过南通县，如果走错了，要跑哪去？所以我也不敢一个人回去。我又想找邻居一起回去，结果都不行。我只好等收完棉花再回家去。这样，我的高小学业，便受阻于“状元田”。

所谓“受阻状元田”，“状元田”是一个典故，在张謇七十岁时，有一个汪姓人士送他一副寿联，上联说：“商总长，农总长，荣仕历两朝，鹤算龟龄，山下共称长乐老”；因为张謇当过农商总长。下联说：“东公司，西公司，大权揽一手，鲸吞虎踞，海滨尽是状元田”。我引用了其中“状元田”三字。

双十节过后，棉花收完了，我们也回家了，我立刻就跑到学监那里去，坦白的告诉他：“我到荡田去了，现在才赶回来，还能不能开学？”他说：“好吧，你跟跟看。”那个学期我的名次落后很多，搞到二十几名，摔到后面去了。

海门的学生都讲海门话，但是启秀中学聘请盐城人来当教员，他说话有盐城腔，我们听不太懂，而学生的话他也不完全懂。因此在中学里，不讲国语怎么行呢？可是那时候国语还没有通行。说话最土的是吴稚晖，一句普通话也不会讲。大概他英文很好，他曾在英国多年嘛。但是他在北京住了很久，虽然不会说北京话，他却提倡国语，在上海成立国语推行委员会，他当主任委员。暑假时国语推行委员会办了一个国语讲习班，内地各学校都有一个代表去受训。启秀就派了袁柳青去。他学回来以后洋洋得意，开始在每一班加国语这么一门课，先教注音字母。那时候注音字母有五十来个，很简单，有现成的注音字母本子，要每个学生买一本，学校有贩卖部，一本九个铜板，在我们看起来很贵，但是因为很新奇，所以大家人手一册，老师上课时就拿本子来念。那时候我大概是高等小学二三年级。有一天袁柳青来上课，看我桌上没有这本书，他问："你的书呢？"我说："卖掉了。""怎么卖掉啦？要学这个呢！"我说："我另外要买别的作业簿，差九个铜板，注音字母我已经背下来了，所以把簿子卖给别人。这只是学讲话嘛。""那你讲讲看！"我一口气读完ㄅㄆㄇㄈ，他无可奈何，骂了一句："你这个小孩子！"我有受奚落的感觉。

学校每周有周会，指定一个学生演讲，那个礼拜指定我讲。为表现我很重视国语，我想用国语来演讲。当时可以说全校没有一个人可以讲国语，连袁柳青也讲不出来。用国语演讲可要下功夫，正好有一位老师有一本国话字典，我借来看，选择一个非常简单而且人尽皆知的曾参杀人的故事。我把故事全文每一个字都查字典，注好注音字母，读个两三遍，背得很熟。到那天，演讲啦。礼堂里校长、老师及各班代表都在，平常校长很少来的。我一上台就说："兄弟今天来讲一个故事，是什么一回事呢？是曾参杀人的故事。"由于背得很熟，讲得非常流利，稍为还带点卷舌北平腔，大家没听过，拼命鼓掌，尤其校长听得眼睛都凸起来了！这一下子把袁先生气坏了，怎么这一个小孩子国语讲得那么好呢？他根本不会讲国语。上课时他说："国语和我们讲的话完全不同。"他举"自然"这两个字为例，比较海门话和国语的发音，事实上他是用土腔来发国音的，还是不对。我查字典，找出正确的发音，大家都没听过，所以我出了一个洋风头。

我小学毕业那一年发大水，没有学校上。我的小学老师龚庭槐国学很好，当时他兼任校长家的公馆先生，也就是家塾老师，校长家的儿子、女儿、子侄辈都来参加，只有十几个人。他们每天都有课，由龚庭槐老师替他们讲国学，包括四书五经和一些古文学。我没有地方上学，就跑到校长家去听课。他们在大厅里上课，因为淹水，我光了脚板，卷起裤管涉水而来，不能跑进大厅去，就站门外听课，有始有终的听完。老师也很感动，一方面他高兴有人来旁听，另一方面也感动我在没有书可读的时候，会跑去听课。他出了题目，要我作文交给他评阅，我也告诉他："我想学写字。"小学生学写字要临帖，我没有钱买帖。他说："你买一张宣纸来，我帮你写好了。"龚庭槐字有点名气，尤其他可以写各种字体，真、草、隶、篆，写什么像什么。他问我："你要学什么?"我说："行书好了。"他就替我写了一本兰亭集序，摹仿王羲之。一张宣纸写完了，装起来就是一本帖。所以我说这段时间是"跣足庭立师写帖"，很可怜的，但是龚老师对我一直很好。

第二节 是彷徨更是祈望

小学毕业后，我太彷徨了，基本上是不懂事。现在的小学生还没毕业就看过太多中学生、大学生，那并不稀奇。我们那时候却不晓得中学是什么。我们那个地方所谓洋学堂，就是指启秀，我已经读到高班三年级毕业了，此外还有一个专修科，供高小毕业生继续读国文，那些人都是读到二十几岁。他们国文程度真好，比现在的大学生还好。我眼睛里所看到的高班学生就是专修科学生，可是我看这些人都是富家子弟，年纪这么大还在读书，服装整齐；那不是很有钱吗？像我根本不够资格，而且读了也没用。我们的同学中少数的人考师范，多数的人去考中学。很多同学劝我考师范，考什么师范？海门师范？我根本瞧不起，因为我有几个老师是海门师范毕业的，他自己告诉我："我教你已经教完了，没有书可以教了。"也就是说，他的学问比我高不了好多。因此我认为要就到南通师范去，这个学校在当时人心中就等于现在的台湾大学一样，特别的仰望。南通师范毕业不是当老师吗？当老师又不一定要师范学校毕业，我有好多老师，其中没有几个是南通师范毕业的。当时在我周围环境中，没有哪个老师指导我这个高小毕业生怎么做；至于家庭，我们那附近没有一个上中学的，甚至连小学毕业的人都很少。我因此非常彷徨，如果就此止了，那只有去种田，我想：种田人人会种，不稀奇；我可以学的时候为什么不学？

另一方面，我有一点期望。我如果要上中学，就要到茅镇（海门县治）去，不要说是去上学，光是我到茅镇去住，我家庭就绝对不能同意。后来忽然听说启秀要办中学，这个消息对我来说，真是太好了。什么时候办呢？不晓得，只说快了，就要办了。果然我毕业以后，就看到学校大礼堂还堆了许多木料，准备造房子，也就是说要办中学了。我去问老师："我们会不会办中学？"老师答："要办。""什么时候？""快了，这学期来不及就下学期，明年可以来了。"我说："那我等一年好了。"所以我期望这个中学能办起来。

一年后，中学真的办起来了。在这一年当中，一个学期我到校长公馆旁听，另一个学期我已知确定要办中学了，就要求到高小三年级主任杨君仲的班上旁听，这个班原来低我一班。老师很好，他说："可以啊。"于是我照样跟着上课。这样子又混了一个学期。到暑假这一班也毕业了。

学校重新开学时，中学办起来了，称为初中，我到一年级去找老师，老师要我读二年级，我问："为什么？"他说："这个初中同以前的中学不同，以前是四年毕业的，现在则是初中高中一共六年，你的程度已经超过一年级，所以你可以读二年级。"二年级正是我去旁听的上一班，现在这一班升上去是初中一年级，我则从二年级读起。

我二年级读得很苦，因为校长太过分的要求学生，学科中除了国文是中文外，其他各科都用英文，尤其代数几何学，要先学英文字再讲数目字，而史地则多半是外国史，理化科更是通通用英文，很吃力，光认字就认得很苦。

虽然是老师公认让我读二年级，我却从没跟家里说过我上课去，只是说我出去玩，因为如果家里听说读中学，一定会吓了一大跳，哪来那么多钱呢？我完全是冒险。刚去上课时，正是农隙，春耕已经过去，秋收还没来到，田里头没有多少事，我每天跑去上课，家里完全不晓得，以为吾去玩耍。

没想到学校突然有个布告出来说：还没有缴费的学生，八月节以前要缴清；没有缴清的话，不准上课。这下我可紧张了，我想不出哪里来学费，我也不能跟同学商量。启秀有一个特例，就是姓龚的不必收费，但是不姓龚的人却没有免费的。有一天，我看到校长站在堆木材的地方，指指点点的要造房子，我跑去找他，我说："我是本校小学的毕业学生，现在读中学，家里没钱，缴费的布告出来了，可否请校长给我尽义务，免收学杂费。"他说："学杂费你应该缴的。"我说："我家里很穷，我愿意为学校尽义务。"校长说："穷？海门人都很穷的，这是个私立学校，大家都这样要求的话，学校就办不起来了。”我说：“吾是本校高等小学毕业的，好容易盼到本校办中学！所以恳求校长给我我尽义务的机会。”他说：“尽什么义务？擦窗子？倒痰盂？扫地？”我说：“可以，都可以，你讲什么我都做。”校长想一想再问：“你的字写得好不好？”我说：“我会写，不过好不好我不敢讲。”他要我写几个字，我赶紧跑到教室去，随手抄书写了十二个字：“夫妇人长舌，为乱之阶，难矣哉！”随手抄的，没什么意思。写好了以后，我再去找校长时，他已经不在木堆边，他在事务室，事务主任正是我的私塾老师，就是他叫我到启秀来的。校长看我写的字后就问事务主任：“这个字你看怎么样？”事务主任连声说：“好哪！”校长就对我说：“这样好不好，你给我写钢板。”我说：“可以啊。”校长告诉事务主任：“就让他尽义务，写讲义吧！”他并且对我说：“你要搬来住喔！”我说：“也可以啊。”搬来住是寄宿生，那个时候寄宿生和普通学生好像是两个阶级，寄宿生要高一点。校长说：“吃饭嘛，你就便饭吃吃。”我又说：“也可以啊！”就这样，我尽义务，同时可以免学费、免杂费、免宿费，还可以免伙食费，通通免了嘛，这还不好吗？校长说：“明天就来。”我满口答应。学校里本来有一位文牍，不怎样高明。吾写了钢板，学校就可以少用一位文牍了。

那一天我回家后可神气了。晚上吃饭时我问妈妈要铺盖，妈妈说：“要铺盖做什么？”我说：“我要住到学校去。”“你怎么能住到学校去呢？”我说：“我要去当寄宿生啊。”“怎么？你可以当寄宿生吗？当寄宿生要多少钱哪！”我说：“校长说的，不要钱，住在里头，便饭吃吃。”妈妈就对爸爸说：“那没问题，我给他预备一个铺盖。”这样我就去当寄宿生了。当时是小孩子，没有什么积极的考虑，就这么走一步算一步。成为寄宿生后，我当然会好好用功。可是不久问题就来了。

自从被许可在校尽义务以代学费后，我开始为八个班级写钢板，包括高等小学六班和中学两班。八班讲义写下来，根本没有时间读书，很辛苦。

我从初中二年级开始写讲义，到第二年春天，肩膀就痛了，大概年纪太小，太用力。

但是上课以后，同学对我很好，还推举我当级长，有一天在晚自习时，几位同学谈起对学校有些要求；一共有五个问题，大家说要推代表，向学校反映。推谁呢？推级长啊！于是推我与教务主任交涉。当时我也不晓得这有什么禁忌，我在笔记本上写好问题，去找教务主任。教务主任一看，往地下一摔："这都是你搞的！"他认为我领导学生跟学校为难，很不高兴。

过不久，学校出来一个布告，大意是："下列学生尚未缴费，中秋节放假后若还未缴费者，不准上课。"这一下子，把吾打闷了！我自己找不出方法解决！

平时我写钢板，一定在教员宿舍里。教员宿舍在另一栋房子，要去时必须经过巷道。有一天我从巷道经过，恰巧周雁石老师站在他自己房门口，看到我闷闷不乐，喊住我，问我："你有什么心事？"真是妙极了。我就告诉他："不缴费的话就不能上课。"他问："为什么？你不是有免费优待吗？"我说："教务主任不给我免费优待了。""为什么？"我答："我不知道啊。"他又问："你写多少班的讲义？""八班。""那你还有时间读书吗？"我说："我只好夜深里每天赶。"雁师说："明天刚好开校务会议，我来提这件事。"周先生文学好，他自己讲是"桐城派"，他在校务会议上说："这个黄某人，你们对他是优待，还是虐待？"校长听了莫名其妙，就说："他免费啊！"雁师说："免费不错啊，可是为什么要他写那多讲义？他是一个学生，还在读书，八班讲义写下来，还有什么时间读书？你是不是需要一个文牍？姓龚的免费生那么多，没有哪一个需要写什么东西的，你把八班讲义都堆在他一个人头上怎么行？以后学生的讲义由谁写，由我负责分配；黄某人这个免费生，不应该再收费！”当时在场教员都同情我，认为教务主任不对。听说徐老师杨老师等多位老师激于义愤，主张教务主任如果一定要收费，扣大家老师薪水好了！事情几乎闹大了？教务主任再也不敢做声，从此不敢要吾缴费！

两三天后，公布出来了，规定中学两班的讲义归我写，其他各班由文牍写。这样一来我就轻松了，八月节过后我照常去上课。所以说雁师影响我一生。他实在是慧眼，站在那里看我走过去，就知道我有心事，这下子把我救了。

隔了一个学期，真的闹起了学潮，起因是一位姓郁的化学老师，他是崇明人，有时候说话不经考虑。班上上化学课用原文书，有一个字由二十一个字母组成，大家都不清楚怎么读，所以有同学站起来说：“请问老师这个字怎么读？”他说：“我教你们化学，不是教英文！”另一个学生说：“这个字我连读都不会读，怎么念化学？”接着有四五个学生也站起来辩论，老师生气了就说：“你们故意跟我为难吗？”有的学生比较激烈，就说：“好了，我们不要上课了，我们就下课好了！”老师骂道：“看你们哪个先走！”这句话讲坏了，教室门很小，学生就两个两个一起走出去，没有谁先、谁后，结果学生几乎通通散了，就剩下两个人，一个是我，一个是校长的兄弟龚艺之。老师还是继续上课，我们做实验。老师把一个小玻璃杯放在大玻璃杯里面，小杯子点了蜡烛火，我告诉老师：“这杯子可能会爆炸。”虽然我化学程度不高，但是这是常识，而他说：“没有问题，我有经验。”没有多久，果真炸了。他心里慌得不得了，这化学实验就不好做了，勉强撑到下课。

下课之后，我回到宿舍，同学通通等在那里，走廊上、床铺上，到处都是人，要等我出来看怎么办，其实这不是我发动的。大家说：“这个教员，我们不要他了，一定要把他赶走，你来写一个什么东西吧！”大家要这么做，我就起草一份“逐郁宣言”。写好之后，由另外几个同学写钢板油印，因为我常写钢板，人家一看就晓得是我写。所以由同学写好之后就拿去印。启秀外面杨柳树很多，所有杨柳树上都贴了宣言，这下风波闹大了。吃饭时，郁老师一进来，学生就：“咳！咳！咳！”咳嗽示意，几乎全饭厅都是“咳！咳！”声，搞得后来他神经失常了，学校也不能怪学生，就找了两个又高又大的车夫，把他捆起来，绑在车上，送回崇明去。

后来学校突然举行国文会考。启秀有国文专修科，这方面的水准自然很高，各班总有几位优秀的学生。我们班上有一位叫施步康的学生，他原来是大生中学的学生，后来那个学校解散，转到启秀来，年龄比我们大了至少五岁以上，比我们的老师差不多呢。大家都知道国文会考第一名一定是他，他自己也这样想，实在讲，他读的国文做我们的老师绰绰有余。

那次会考的题目是“释校训”，启秀的校训是两个字：朴勤。全校高年级所有能写的学生都参加了这次会考，考完之后，大家心里想：第一名是施步康，绝对没有问题，他自己也是这样想。可是他还有一点不放心。卷子全部集中在教务主任或哪一个老师的写字台上，他就爬窗子，从缝里偷偷的看。他看到头一本卷子，虽然卷子弥封，可是他知道头一本卷子的字不是他写的。大家原来以为第一名一定是他，所以注意谁是第二名；结果第一本卷子竟不是施步康，大家感到奇怪：“还有比老施更强的人吗？”于是有人问老师：“第一本卷子不是施步康的吗？”老师说：“没有啊。”“那施步康到哪里去了呢？”“不晓得。”施步康一听到这个消息，他想：“糟了，第一名一定不是我。”他就宣布要跳河，因为太没有面子了。他想跳河的消息一出去，连老师都知道了，大家很着急，拼命的劝。老师也查出他的卷子，乃把他摆在第一名，他就不跳河了。

接着就是要颁奖。颁奖的时候大家都只注意第二名，因为谁都知道第一名是施步康，而这个第一名是造出来的。至于第二名是谁呢？虽然第二名的奖品没第一名多，但是这第二名实在是真正的第一名。结果颁奖时第二名是黄某人，大家鼓掌鼓得一塌糊涂。我本来没有这么大的名气，这样一来就成为很特殊的学生了。

我这篇应试文章为什么好？那是因为我头一句就说："朴，对于修身而言也；勤，对于学业而言也。"一开头就把题目讲明白了，点题写得好。后面的文章几乎可以不要看了，那次会考，我非常得意，好像在学生当中的地位陡涨了。

第三节　学徒偷做大学生

初中毕业后，学校还继续办高中，但办到什么程度？我不知道，因为我没有读完高中。我前几天还问了许多人，大家都说没有启秀高中，我问的人最早的是民国十八年时在学校，那时候当然没有高中。我们是第一班，到高中时还是第一班，有没有办三年级？我不知道。可能后来办不下去了，因为学生太少，老师难请，而且教材都是原文，程度提得太高，老师也难教。

在我初中毕业那一年，也不是迷信，不过精神感召是有的。有一天我睡着了，夜里却哭醒。徐有成老师住在隔壁，他敲敲隔板，问我："做什么啊？"我也晓得我哭了，但是为什么哭？我自己不晓得。到第二天，奇怪的是我到操场去；平常我不大去操场的。那天碰到兄弟，我问他："到哪里去？"他说："到麒麟镇。"

“到麒麟镇做什么?”他说:“给妈妈买药。”买药平常去长春镇，为什么去麒麟镇?他说:“这个药要到麒麟镇买;妈妈生病了。”于是第二天我请假回家。

母亲病得相当厉害，已经病了好几天了，脸上没有血色，我们小孩子不懂事，但是家人可紧张得不得了，尽量找医生来看。

我回家一个礼拜，母亲就过世了。这件事对我家打击太大，一家子都天昏地暗。那一年我初中毕业，母亲在清明节前后过世，丧事办了好多天，同班同学和别班同学来吊问的很多。

到暑假期间，我初中毕业了，知道学校要办高中，当时我想:“现在我还有没有机会读书?”那时读书的欲望比以前还高，总觉得非要读上去不可。

有一天我到龚幼廉先生家，他原来是我们小学时候的舍监，我上中学时，他已经不在我们的学校。他被称为“老鸦”，也就是土豪劣绅，非常厉害。可是他对我很好，我常到他家去。有一天我在他的会客室看到一本军校招生的小册子，内容别的我没注意，就是不收学费这一点我看到了，我很惊讶居然有不收学费的学校，虽然不晓得这个学校要教什么，我还是决定要去，因为筹旅费就够了。

这一年暑假，我毕业了，有一名同学龚镜要到上海去，约了我，另外还约了龚夏，我们三人听说上海环龙路四十四号孙公馆招生，要前去报名。我对上海根本一无所知，从来没有去过，也不晓得招生的详情，只是听别人讲，三人就结伴前往。我向父亲要一块大洋，除了买船票外，还要用来过一个礼拜。

一到环龙路四十四号，果然这是孙中山的公馆，也就是国民党的联络处，陈果夫在那里很久了。我们问招生的事，里头的人答复说是有这回事，可是船早已经开了。我们感到奇怪，问说:“不是某月某日才开船吗?”那人说:“是啊，但是已经过了!”后来我们才晓得他们讲的是阳历，我们讲的却是阴历，所以错过了时间，结果是白跑一次。

隔了好几年，我们才知道龚镜是共产党，当时真是危险。

回家后继续读高中，周雁石是级任老师，他是东南高等师范毕业，中文读得很不错，他曾经说过："一个人没有读过三千、四千部书，算什么读书？"真是吓死人。到他房里一看，真的是竹笼子一笼一笼，床铺上下也通通都是线装书。因为他对国学特别有研究，所以他对学生的看法是国学好的就是好学生。

有一天他对大家说："我要请假两个礼拜。"同学听到消息都非常高兴，因为他是级任老师，他在的时候我们每周要交作业，他请假两个礼拜，我们两个礼拜不缴作业，那多舒服？但是他说："我回来的时候你们每个人交一篇文章，题目由你们自己出。"他带了很多书，摆在讲台上，告诉大家："你们要参考什么书，自己来找。"到下课以后，这些书都没有拿走，我走过去看，最感兴趣的是汉书艺文志，我抽了其中几本。有的同学看一看就完了，由于素昧平生，无从下手，也不想看。还有的同学妙了：平常作文题目出来以后，一支铅笔，一张白纸，推给我说："你随便写一点，我只要得六十分就够了。"这次有两个礼拜，拿一支铅笔、一张白纸要我随便写一点的同学很多。我自己找了几本书慢慢看。看了几天后，心血来潮，写了一篇文章。通常作文本子一个学期写一本，我这次却把一本簿子都写完了。不久老师回来，大家交卷。

大概一个礼拜以后，作业本发出来了，我那一本批语批得很长，最后几句话吓我一跳，"文章亦不懈而及于古，允为佳作"，这么恭维我。而且打了九十六分，国文从来没有这么高的分数。另外老师又大大批了两个字："传阅"，传了两个礼拜才还我，很多同学看不懂。我也是第一次写考据文章，怎么会得到这么高的评价呢？那时候我年纪轻，也不太懂，反正是有所感就写上去，考据只要“求真”就行了，所谓千古文章一大抄，还是抄别人。

不过这下子别人对我的估价不同了，认为我的国文已经到最高的水准，而我自己也能自我肯定了，心里想我一定要走中国文学的路子，别的什么政治、法律都在其次，基本上要把国文弄好。

升上二年级后，春季时分，王己劲一家人到老家上坟。他们每年清明都来，成年人有五六人，来住上几天，除上坟外，还打牌什么的。王己劲抽大烟，把烟具带着走。

当时学校放清明假，我在家里休息，有一位邻居来找我，要我赶紧到外公家去，说王己劲大老板找我。这时候我还没见过王己劲，虽然晓得他，但是他架子大得很，我没跟他谈过话。他找我干什么？我不晓得。于是我就去了。

去了之后，他在烟榻上抽大烟，我坐定了，他起身问我：“你读过什么书？”我说：“教科书、四书。”他立即问：“何谓君子？何谓小人？”这是考试啊。我利用孟子上的话回答说：“鸡鸣而起，孳孳为善者，舜之徒也，”是谓君子；鸡鸣而起，“孳孳为利者，蹠之徒也，”是谓小人。他连说：“嗯！嗯！嗯！好！”又问我：“你想干什么？”我说：“我想读书，但是我现在没有能力读书。离开这个学校后，我就没地方可去，因为家里负担不起。”他说：“英雄出于贫苦之家，你如果家里很富有，也没有这样的学问了。”我心里想：“他承认我算有学问吗？”过了一会，他写了一张卡片给我，说：“你这两天到上海某某地方去找我。”真是糟糕，我的读书问题他不谈，我本来希望他供我念大学的。

我回家后，父亲很高兴，认为我这下有办法了，因为王己劲当场写了卡片，我应该会有前途。尤其我外公，他事前为我下了苦功，为什么王己劲找我呢？就是我外公专程到南通去跑了一趟，告诉他说他有一个外孙读书读得不错，要他提拔我，所以王已劲才会来找我。大家认为：王已劲来找你，这下可好了！可以到上海去。我就上路了。但是我不晓得王已劲要我到什么工厂去？要我做什么？我的读书问题又怎么解决？都只好先到上海去再说。

到上海后，我找到他位于上海江西路纺织公司的总事务所，等了两三天，王已劲来了。事务所里也有比较年轻的职员，有一位材料股股长同我谈得很好。有一天晚上我坐在他的桌子上，翻东翻西的，恰好王已劲来了，看我坐在那里，责问我："你怎么可以坐那里？你知道这个桌子是谁坐的？"把我训一顿，骂得我莫名其妙。我想："这是材料股长的桌子。"材料股长也不算大，为什么他的办公桌我就不能坐？当然，也是我的地位不够，但是这时候也不是办公时间，材料股长同我很好，我才坐在这里。我心里觉得不愉快。我希望他派我到考工所管工人，多少可以学一点东西。开工时是一回事，不开工时，我也有时间读书。被他骂一顿后，我心里不痛快，加上气候也不大好，结果我病倒了。病了一个多礼拜，公司的人找医生来看病。服了两帖药好了。病中有位同房的苏州人，他不晓得我的姓名，也不知道我是干什么的。这人一口苏州腔，吴侬软语，他说："毛病末，会得好个介，你勿要孤凄介！"听了他一番话我不禁哭了。

过了几天，我病好了。心血来潮想："不管你派我到什么地方去，我先到学校看看。"当时我连高中都不想进了，因为我相信一般高中生的文学程度不过尔尔。我还没到上海前，就知道唐文治办了文治大学，他文名很高，所以我到文治大学报名。他们问我要读几年级，我说："三年级。""你原来哪个大学？"我说："没有。"他们就自己转弯说："读二年级好不好？"我说："也可以。"我的想法是少念几年，负担也可以轻一点。结果就读二年级。上课前还要考试，要我写一篇东西，交过去后，他们认为可以，于是我就读二年级。

这时候工厂派定我在营业部工作，我很失望，营业部不是做买卖吗？还比不上杂货店，只有有限的一点门市出纳工作，虽然我没有学过簿记会计工作，还是去了。去了之后，没什么工作。营业部里有位经理，但主任的职权最高，其次是中班两三位，然后才是账房，账房之下是学徒。我就是学徒之一，学徒的待遇一个月四毛钱，理发、洗澡、洗衣服都在内，我也不管，派我在这里就对了，反正没有多少工作。但是有一件事情我不行，他们一拿到洋钱，敲两下就知道真假，数洋钱翻过一个又一个，真快，这个我不行，真假分不出来，数也数不快，于是我跟其他学徒讲："现金都归你们管，支票我来管。"我在算盘上有一点基础，但是也没有他们好，只好拿一把算盘放在自己房里，每天有空就练习。我在学校上课，讲义很多，我一天里还是读书的时间比较多。这时候我是二年级，我希望两年内毕业。

没有料到快到年底，传说工厂要倒闭，这下可糟了。工厂真倒闭的话，我的膳宿、学费就都没着落了。营业部主任对我很好，因为他请假回家的时候交给我代理，我当学徒没有薪水，可是我要用多少，只要跟他讲，他就给我。没有这个职务的话，我根本就没有收入，问题相当严重。工厂要倒闭了，需要结账，他们却二三个月都结不出来，营业部主任和一位经理阶级最高，对于这好多年的账，都没有办法，账结下来都是亏空，最少亏一万多，最多亏三万多，哪个赔得起？有一天他们问我这件事，因为他们叫我"洋学生"，认为我懂得最多，我告诉他们，只要纱、钱两个因数可以换算得起来就没问题。我问他们："账目有没有错？"他们说："你可以改。"给我一个特权。我说："给我两个礼拜。"他们奇怪："我们搞了二三个月，都没有弄出来呢！"结果我拟了一张表请他们看，他们没见过，认为很好，说："就照这样做好了。"账结下来，总数还剩两千多块，上上下下皆大欢喜，问题解决了。

中间曾有几次陪账房下乡到洋纱庄催收批发商的钱，这些都是积欠多年的陈账，有的已经报销，有的还在账面上没有冲销。账房先生一定要我一起去，让我讲上海话，他讲乡下话，两个人一个扮红脸，一个扮黑脸。结果成绩也不坏，要回两千多块。钱要回来后，我把它摆在阁楼上，一个银箱约装几百块，最多装一千块，摆了几口箱子。我在替营业部结账完了后说："有一笔钱还没摆进去，在阁楼上。"他们问："是什么?"我说："催收款啊!"他们很高兴说："公司年年都分红，今年没有分红，这笔钱就拿来分红吧。"我很纳闷，公司倒闭了，老板赔钱，这笔钱是公家的，伙计怎么拿来分红呢？这不太公平。可是我的地位不能讲这种话，心里想："作生意的人太自私了！属员赚老板的钱。"

账弄完后，临走前，本来他们还要我去结总公司的总账，替我在惠中饭店开了一个房间，这样的情形有五六人。可是住了一个多月，公司还是没拿出账来教我结，所以我想回去看看老板。这时候事务所主任等高级人员有三人要我带信去。信都没封，在轮船上我打开看，差不多都是说跟老板多少年了，现在公司结束，有人透支一千多，有人挪用两千块，都要求老板给通融核销。这在当时是了不得的数字。当时老板王己劲已经回海复镇，我带信去看他。

见了面，王己劲说："他们都说你很好，所以要请你来结总账。现在公司的事情没办法了，可是你的事没问题，我可以想办法。"他的意思是为我介绍别的公司的工作。我直接向他说公司为什么倒闭："你下面的人都偷你的钱来用。"小孩子讲话比较直率。他说："我知道，事情落在人家手上，也没办法。"

在他家住了几天，有一天吃过晚饭，我们谈天谈到时局，我提到孙中山、蒋介石，非常称颂他们。虽然我没有明白说，但意思是："你要就拿钱栽培我，要就送一笔旅费让我到广东去。"这是我的想法。可是我话还没讲完，他就说："现在的时代，还不是孙传芳的时代？蒋介石算什么东西！"话不投机，我讲不下去了。后来吾恳求住在老虎尾巴的干妈向他讲，干妈说："你这个哥哥，我不敢同他讲。"那怎么办？既然没人帮我从中疏通，我只好回去。

第三章　进黄埔死里逃生

第一节　伪装读六法全书

国民革命军于民国十五年七月九日誓师北伐，八月十七日蒋总司令才发表讨伐吴佩孚宣言，这个策略当时我们不懂，后来才了解。誓师北伐后，一个月内抵达衡阳，不久攻下长沙，再往前走，目标就是武汉，问题复杂一点。右邻的江西是孙传芳的势力范围，蒋总司令采取各个击破的策略，先发表讨伐吴佩孚宣言，孙传芳听了，以为和他没有关系，所以在讨吴宣言发布的第二天，也就是八月十八日，声明："人不犯我，我不犯人。"他中计了，以为这样蒋介石就不打他。因此革命军顺利北上，没有顾虑。

吴佩孚原以为可以联合孙传芳、张作霖这些大军阀，而且他又是直鲁联军总司令，自以为势力很大。当时北京政府无人主持，只由内阁总理代行，甚至连内阁总理都没人要做，最后由外交部长顾维钧当财政部长并兼任国务总理，在这种情况下，中央政府没有办法。同时国会议员也在闹，他们任期早就过了，并没有改选，他们主张由国会议员选举总统。吴佩孚处理国会议员的做法很有趣；当时有四百三十几名国会议员，每人领一百块钱，他们就不闹了，国会就等于被解散了。事实上，国会早就没有了。吴佩孚处理完国会后，掌握了北京政府，他似乎要当总统?

革命军发表讨伐吴佩孚宣言半个月之后，就占领了汉阳、武昌，势如破竹。

对于这些事情，当时我们都不很清楚，因为我们报纸都很少看；而那个时候的报纸，也不像现在有那么多种类、那么多版面，而且又没有晚报。有一天晚上，我和公司两位浦东人同事争论战讯，我说吴佩孚已经要退往孝感麻城去，那位同事却说革命军已经退回广东去了，几个人吵得很厉害，没有结果。后来我们到报馆去问电报的情形，才知道我们都没有猜对。不久东路军也顺利北上快到杭州了，吴佩孚逃往河南信阳。东路军的前锋是白崇禧，他在十六年二月初占领杭州，孙传芳的军队退守松江，上海情势顿时变得很紧张。当时上海的工人、学生已经活动起来了。

在上海惠中饭店时，公司已经被法院查封，学校也已放假。吾每天坐电车到处走，把上海许多大马路大公司都跑熟了。有一天吾到四马路棋盘街逛书摊，在太平洋书店发现孙文遗著，吾对孙文的印象很好，他是革命的。去年吾还和龚镜等去过环龙路孙公馆扑了一个空的。吾又看见了总理遗嘱，那上面一共有四部书，问了店员，通通找出来了，吾就全部买了回去。但是在旅馆里听人说，三民主义是革命党的书，现在风声很紧，要加小心！因此吾把这些书关在箱子里，不敢公开拿来看！

现在回到海门乡下的家里了，环境单纯。吾还是小心的用牛皮纸包在书面上，写四个大字“六法全书”，作为掩护。无聊中，从三民主义第一讲看起，越看兴趣越高，觉得孙文的演讲，真有道理！于是每天晚上都要看到深更半夜；父亲偶然醒来，发现吾还在看书，就唤吾睡觉呀！吾总要看到一两点钟才休息；从民族主义第一讲，看到民生主义第四讲。其中有些问题不太了解，于是再从民族主义第一讲看起，看到民权主义第三讲，不由自主的拍一下桌子说："革命去!"

阴历年底，也就是十六年年初，一位住在我家南面的同学沙云康，准备要去广东；他知道住在麒麟镇以南的李凤翔，曾经去过黄埔，现在他要再去，此人可以做我们的向导；另外一位同学祁志安，家里很有钱，我们曾经深谈过，他也决定要去，并且负责筹款做旅费；当我们走路到麒麟镇时，又碰到一位邻居杜凯元，就是现任国防医学院教授杜炎昌的父亲，他问我们去哪里？我们说去广东；他立刻把借来的脚踏车还给人家，跟我们同走。我们公开的目的地，是一位也姓黄的同学家，他住在青龙港口，这一天结婚，我们去吃喜酒。大家因为外面风声紧，官府要抓革命党！怕走漏消息就走不成，而且有危险！祁志安没有来，就因为泄漏了密计，未婚妻家把新娘送上祁家来了！他走不成了，但他派一个工人，找到我们吃喜酒那家，送吾五块银元，帮忙吾能走，好不感动！不过，李凤翔是去过黄埔的，他母亲知道这回又约了几位朋友同去，还招待我们吃了一餐饭咧！我们在新郎同学家，当天下午上了轮船。

到上海后，对时局不太了解，但是知道气氛很紧张，因为上海李宝章的大刀队在抓学生、抓工人。轮船一到十六铺码头，上岸之后，我们住进海门人常住的永康旅馆。在旅馆内，看到账房、茶房都很紧张，觉得晚上不能投宿在这里，因此赶紧想办法买船票，赶紧上船。第二天天亮，船开出吴淞口，我们认为：这下应该没问题了吧？以为很安全了？事实上如果要抓我们，还是可以抓的，所以这是吾逃家又逃抓。轮船抵达广州附近时，搁浅了。

此后不到一个礼拜，上海就戒严了，开始进行逮捕，有人说是"大屠杀"，其实是杀了两个工人。消息传到海门，说上海抓革命党，几个人头挂在电线杆上，甚至有人说其中一个人很像黄家的儿子，家里的人急得不得了，父亲南北奔波，一面跑，一面哭，却根本得不到消息。等到我们到达黄埔，写信回家报平安，家里才算是安心了。

这时候王已劲要介绍工作给我，由他的内侄（他的机要秘书）写信到我家，家里把信转到黄埔，信里要我即驾东来，我把信撕掉，丢在珠江里，并写一封回信给他，说我已经到广东来学习革命，革命的对象就是像你这样的人。后来听说王已劲告诉别人：这小孩脾气太坏了。

我们四人到黄埔后，杜凯元在第二天就当上准尉司药，穿上军装。因为我们住在平岗医院里，院长陈泰谦是南通人，杜凯元是他的内侄。带路的李凤翔，来广东的目的是做官，因为他在第三期受过训，没有毕业，现在隔了一二年，他写了一份报告给学校，要求当排长，学校要他受训，他的个性很强，不愿意再接受训练，学校自然也不派他什么职务，他一气之下一个人要回去。当时大家的钱都用光了，我却在皮夹子找到一块钱，等于十二个毫洋，也算是不错了，其他人也零零碎碎凑了些钱，通通交给他，他就回家去了。另外还有沙云康，已在一个县政府里找到一个司书的工作。这样就剩下我一个人，人家要我干这样、那样，我都不干，我认为自己来广东的目的就是进学校，只想读书。

我们住在医院里，医院后面就是操场，很容易听到学生出操喊口令声，尤其骑兵的口令非常好听，我很感兴趣，但是因为考试已经举行过了，学生称为第六期入伍生，此外还有一个学兵队可以进。陈泰谦为我在医院里补了中士缺，可以领饷，也有伙食，这样可以多维持几天。于是我当起他的中士传达，实际的工作是每天中午登记学生看病挂号，每天挂两个钟头，之后就没事。

有一天，我在路边墙上看到一名学兵所贴的条子，说他符号丢掉了，如果有人捡到，他会非常感激，将以一块钱酬谢。他的字写得非常蹩脚，文字也不大通，尤其用一块钱来酬谢，用意太卑陋。我想："学兵的程度太低了，我怎么可以参加呢？"于是不去了，还是当传达。

隔了几天，有两名第六期的入伍生从沙河燕塘跑来看我，他们的名字是黄大霖、陆瑞科。黄大霖是无锡人，陆瑞科是宜兴人，我们都算是江苏老乡，大家谈得很好，他们开口闭口"黄同志"，我认为很奇怪，党员才称同志，我还没有入党，怎么称我同志呢？他们高抬我了。而且见了面后，再见到人，他们都把我捧得高高的。连着好多礼拜，他们送我好多东西，什么漱口杯、毛巾等等，他们每个月收入只有两块毫洋，等于二十个角子，居然送我东西，对我实在太好，我当然很感激。他们来了两次之后，告诉我他们入伍生连司书出缺，想介绍我去，我认为先到入伍生团当职员也好，于是答应他们，在三月二十九日跟他们走。

我们从广州的天字码头上岸，一路走，经过黄花岗。这一天，路上的祭悼队伍不断，偶而下着一阵阵的雨，很有春天的味道。我是北方人，还穿着棉袍子，水透到棉袍里头也不觉得，因为跟着他们兴奋，觉得身在革命策源地广州真好，处处都有革命的朝气。马路上有很多标语，例如"打倒军阀"、"打倒帝国主义"，就这样到了沙河燕塘入伍生第二团第十连。刚去时还穿长袍，缝军服的人来量身之后，过了一阵子才有军服穿。

第二节　中国国民党清党

在燕塘很多学生都对我很好，天天送我书刊。头一天有一名学生送我新杂志和向导周刊；第二天又一个学生送我唯物辩证法；他们送来，我都收了。不过，他问：“昨天送的书看了没有?”我说：“我一定要看，不过三民主义我读了一遍又一半，另一半还没读完，读完三民主义两遍后，我再看别的东西。”他说：“三民主义已经落伍了，不必看了，向导周刊、新青年杂志才是最进步的。”我说：“好，好，好。”我不晓得他什么用意，都以为他们对我好。过了两天，他们又送来“共产主义 ABC”，他们的程度都很好，言论、态度都很优秀，所以我也没有觉得有什么，都收下来了，表面上看看。这样一天天接触，认得我的同学至少有十几、二十个，他们都喜欢抽香烟，但是一个月只有两块钱，我的待遇则是三十五块钱一个月，所以买最便宜的翠鸟牌香烟，一包包送，因此同他们感情很好。

有一天，我听到有打架的声音。营房是芦席棚子，遮雨而已，也没有什么隔墙，三个营部、十二个连部依序住在里头，大家好像隔没好远，可以听到打架的声音。打架声很吵，我感到莫名其妙，认为学生怎么可以打架？后来别的学生告诉我这是哪一连正在开小组会议，讨论的题目是世界革命与国民革命，意见分为左右两派，左派主张只要世界革命成功，国民革命当然也成功，因此只要世界革命，不要国民革命；右派则主张先要国民革命成功，世界革命才能成功。两派的意见不调和，所以打架。当时我有点怀疑，没问他左派、右派是不是都是国民党。不过，走廊上有标语说：“革命的向左转。”使我感到奇怪。

有一天，学生都出操、上课去了，宿舍里头没人，我有事情跑去，看到每张学生床位上有一张小条子，是一句标语：“打倒新军阀蒋介石。”底下还有两行小字“徐谦、邓演达”。这教我更糊涂了！我想：蒋介石不是校长吗？怎么在学校里会有这样的标语呢？徐谦、邓演达又是谁呢？他们如果是国民党，怎么可以打倒国民党的校长呢？如果他们不是国民党，怎么可以在这里发小条子、传单呢？

学生回来之后，入伍生中有一位海门人彭月翔，他跟我接触反而不太多，我们是初中同学，所以我问他：“你们校长是不是蒋介石？”他说：“是啊。”“那怎么会有打倒新军阀蒋介石的标语？”他说：“你不要讲。”我愈来愈糊涂了，这件事闷得我不明白。

后来天天跟我接触的学生劝我入党，我认为：“对啊，也应该入党了。”他把入党申请书送来，我就填了表送去。之后另外一个学生问我：“你填什么党啊？”我说：“你们不是国民党吗？”他答：“国民党落伍了，要加入中国共产党。”我说：“我已经送去了。”他劝我：“你不要加入中国国民党。”我说：“好，我去收回入党申请书。”那个时候我真怀疑：怎么中国国民党会变成共产党呢？差别在哪里呢？我猜大概是三民主义是国民党，而共产主义 ABC 就是共产党；三民主义我看过了，我很信仰，而共产主义 ABC 我只看了一点，有些地方不太了解。这两党有什么关系呢？我把入党申请书收回来之后就摆着，要想搞清楚之后再说。

过了一个多礼拜，四月十一日晚上，办事务的阮特务长来了。他是入伍生第二团团副官的本家，年纪不算轻，差不多有三十多岁，他不会乱说话，平时对我很好，我也对他不错。当天他悄悄告诉我：“今天晚上要暴动。”我说：“谁暴动？”他说：“学生啊。现在外面有三个团，他们认为共产党的大本营就在我们燕塘。今天晚上要暴动，现在学生都睡了，我们把步枪的机柄都拿下来，你帮我收起来。千万不能让学生知道。”这时我还穿着长衫，就把衣襟拉起来，很快地把每支枪的机柄都拿下来了，没有被学生发现，真不容易。当时夜深了，没有什么事，我就睡觉。外面的情况我实在一点也不晓得，只是听特务长讲，而特务长则是听团部里人讲，大家都只听到一点，真相也不了解。

第二天天亮，六点来钟起床。向来走廊口两边都有入伍生手里拿着枪站卫兵，现在一看，却都是勤务兵，连看几个卫兵都是这样。我问："入伍生呢?"他们说："通通在操场上。"到七点多钟，入伍生解散回来了，一点声音也没有，各人回自己的寝室，但是有十几二十个同学被人用麻绳牵起来，这些人多数是我的好朋友。

连长一进来就说："造名册！造名册!"我说："干什么?"他说："这些学生啊。"我问："干什么？这些学生为什么都用绳子绑起来?"连长说："你这小孩子不懂！他们是共产党!""快造名册!"我只好乖乖的造名册。

后来名册送出去了，我才晓得这就是清党，他们都是共产党。当天团长李亚芬在操场上公开训话："现在我们要清党。同学当中，CP 分子给我站出来!"共产党就站出来了。"CY 也站出来!"共产党的少年队也站出来了。站出来的人，就用绳子一个个连串捆起来。

但是也有清党的漏网之鱼。有一名崇明人黄昭，他同我也很接近，那天下午，他告诉我说："我要到省城去一趟，这件毛线衫我现在用不着，放在你这里。"我就把它收起来。当天晚上他没回来，后来人家告诉我，他是共产党，开溜了。像这样的人不只他一个，络络续续都有。

到第二天、第三天，消息更多了，据说清出来的人都送到广州南关戏院去了，恐怕有两三千人，包括入伍生第一团、第二团，还有中山大学等学校的学生。

被关起来的学生中同我私交很好的，好几人写信给我，问我要这要那，有人希望我送小说，有的要书。

总之，清党之后我才明白共产党是什么。我们团党部收发入党书的人都是共产党，假使我入党申请书没有收回来，也不知道他们会把我算到哪一党去了。收回入党书两三天后就清党，如果我入党书还在，说不定也被清在里头了。

我们所在的地方称为沙河燕塘。沙河旁边有一块沙地就称燕塘，湿气很重，盖了几座芦席棚子，就是营房。在沙地里头可以住一团一两千人，地皮很广。清党那天晚上，燕塘的一团人枪机柄都收起来了，由于防范严密，消息没有走漏。据说外面的部队接到命令，只要听到燕塘枪响，就立刻集中枪炮打来，整个燕塘可能会玉石俱焚，他们说广州共产党的大本营就在燕塘。如果那时我被打死在里面，那可真冤枉。

第三节　三度应入学考试

我们到广东时，中央军事政治学校第六期已经招考过了，不能补考，而第七期则还没有招考的打算。我就暂时当司书，等候考试机会。

到八、九月间，我突然接到通知，要我们这些现在在入伍生团工作的青年，有投考军校意愿的人就前去报考。我去问连长怎么一回事，他说："现在广州城内来自各省的投考者有两千人以上，但是还没有到招考的时候，学校也没有招收第七期的打算。蒋校长下野了，没有人肯负责，所以秘密通知学校内部有意投考的人来考试。"因为凡是在入伍生团工作的学生，通常都是团长、营长、连长介绍来的，像我这样由学生介绍来的很少。能够参加考试，我当然很高兴，于是就报名了。

后来通知下来：某月某日在广州入伍生部二楼考试。在考场看到应考青年数百人。考了一天，考试结果如何，不大清楚，问都没地方问。

两个礼拜后，一天晚上特务长的长辈阮副官来了，他看到我就说："恭禧！恭禧！你的成绩很好，是第二名。"我立刻问："陆兄呢?"因为我们连上姓陆的军需上士也报考了。阮副官说："他慢一步。"陆兄听不懂，还以为发了一榜还发第二榜。后来他听明白了。他和我一样都是为考学校才来广东的，知道自己落榜，脸色一下子变青了！

副官走了以后，陆兄对我说："我什么希望也没有了，我只好跳江了！"他同我一样逃家近一年了，就是等着考进学校，现在落榜了，心里当然难过到极点！我想尽办法安慰他，后来他回上海去了。贺龙、叶挺在东江驻扎，入伍生第二团奉命开到惠州去驻防，吾住在东坡亭上。一个多月后，又开回黄埔平岗。

第六期入伍生要在十月一日升学，不再是入伍生，而我们新考取的人则将成为入伍生。没想到就在九月三十日，学校贴出来一张布告：以前在入伍生部考取的学生都无效。这一下可轮到我要跳江了，我急死了！这究竟是怎么一回事？我马上找特务长，他说："我都问过了，这都是因为教育长换人的关系，本来是湖南人方鼎英，现在换了广东人李扬敬，是李济琛的人。蒋校长下野后，北伐停顿，广东由李济琛当后方总司令，他并且兼任副校长代行校长职权，所以一切都改变了。"这下子我怎么办？我原来所属的单位，学生都要报到去了，连部解散了！我马上要没有饭吃了、也没有地方住了！

我们几个人去找原来第二团团长李亚芬。我们还没有开口，他就说："你们要讲的话，我都向教育长讲过了。你们吃饭可以暂时在我团部吃，住也在我团部住，我和他们继续交涉。"

那天晚上，特务长带我到"花船"去。我不知道什么是"花船"，那天第一次见到。原来是许多广东划子，由女人当家，招待客人过夜。特务长同我二人，加上船上一个母亲、一个女儿，四人一起打麻将。我不会打，虽然认得麻将上的字，却不晓得怎么编排，所以我摸着牌，打不出来。他们三人要我随便打一张，我还是打不来。大家要我把牌倒下来看，发现我有三个红中、三个白板、三个发财，这个叫“大三元”，而其余四张牌，也都各有搭子，就是没有对子。大家一看，真是不得了，哪一张都不好打，不管怎么打都不会和。大家随便打到天亮，整夜我没有睡觉，也没有洗脸，就赶回团部吃早点。

回到团部，大家看到一张布告说：入伍生部考取学生准予报到，但须另行参加考试。我高兴极了！我不在乎考试，只要让我报到就行了。吾就立刻赶到蝴蝶岗去报了到。

报到之后，通知我们于十月三日考试。考完试，我自认这次考试成绩和参加入伍生部的考试大体差不多，因此我心想：考取大概是没问题了？

嗣后又看到学校的布告，十月六日还有一次考试。我想再去考一次，假使上次考试不录取，这次考试可以补救。但是团部阮副官竭力劝吾不要再考，他说：“你的程度一定是考取了，不必再考。”我说：“不行，不安全。”他又说：“我有一个侄子，人还没赶到，考试时不对相片，你代我侄子考一考吧。”我说：“如果被查出来，即使考取，连我也要取消了。”他说：“不会的，考试时不对照片，没问题的，你再去考吧。”他这样逼我，我没办法。临走时，我一把拉住特务长，两人一道去，他说：“我去干什么？我一样也不会考。”我说：“你坐在我隔壁，也领一本卷子，假装写答案，由我写好之后，你再把你兄弟的名字写上去，等我交完卷后，隔个十人、八人你再交卷。”他说：“好！好！就照这样做。”考完后，十天左右，发榜了。榜上有两个黄通，阮副官侄子的名字也在上面。头一个黄通还是第二名，第二个黄通在第二十七名，姓阮的则在三十几名，因为我写的马虎一点。看榜的地方人山人海，大家看榜都是从头看起，第一个是吴伯介，我嘴里念："吴伯介是什么人?"心里想："这个人一定比吾强。"正在自言自语，旁边一个看榜的汪政问我："你要认识吴伯介吗?你是哪一个?"我说："第二个就是我。""那我跟你介绍吴伯介，他就在那边。"他拉着我和吴伯介认识。我第一句话问吴伯介："你从学校毕业后做什么事?"他说："教书。"我连忙说："甘拜下风。"这是我第三次参加入学考试了！进去后，该不会再要吾应考了吧?

编队才两星期，我们正在入伍训练中，不知道又是什么原因，认为学生的程度参差不齐，一定还有许多不合格的学生，于是要来一次甄别考试。这次考试严格得很，每个题目出四个，左、右、前、后都各不同，每一个人都孤立了，没有办法作弊。但是内容很简单，譬如数学题出了平面几何和三角的问题；中国史地也都很容易答。所以我看每一种题目都很轻松。考完后，没有发榜。

一个多礼拜后，有一天晚上像平常一样要点名，但是点名前队长宣布："现在我点名，点到名字的站出来，没有点到的原地不动。"他点的头一个是我们的班长，他姓彭，是学兵出身，动作很标准，一被点到就大声地"有!"，跨两步就出去了。接着第二个被点到的也喊："有!"，出去了！顺着队上的名册次序点，一直到第九名，都出去了！第十名是吾，却没有点名就跳过去了！我一个人站在那原位不知道是祸是福，两腿不停地发抖，只感到莫名其妙！点完名后，我看被叫出去的人程度都比较差，虽然没有说，心里在默祷"但愿如此。"果然听到宣布说："点到名的人，明天通通离校，公家的东西要缴回。"这就等于开除了，真是不得了。这一天晚上，营房非常乱。

第二天，这些人到大操场集合，大队长罗翘秀站在大队部楼上说：公家的东西都要交回去，连袜子也要脱下来！我们留校的人远远的听到看到，觉得太过分了！本来进来了八百多人，这次出去的有四百多人，占一半以上。我们心里想："罗大队长袜子是布袜，一般社会都不要穿的，也要缴；学校如果这么严格，上次连两次考试，所为何来？既然这么多人通过考试了，今天又为什么要他们出去？"当时不比现在，现在就业机会多多，这里不就，还可以到别处去，而那个时候这些人却是千山万水到广东来，到了广东，就等于不回头了，没想到待了将近一个月，又要叫他们出去，他们要去哪里呢？我们远远望去，操场上那四五百人都哭得一塌糊涂，使留在学校里头的人也都没有心思了。后来我们才知道这件事是政治斗争，牺牲的是青年。

我们的校名是中央军事政治学校，不是陆军军官学校，更不是黄埔军官学校，只是地点位于黄埔，没有黄埔军校之名。经过甄试之后，我们正正当当地成为中央军事政治学校学生，新课程编出来了，其中有一门是外语，可选修英、日、德语，我想：英语我原来学过一点，日语很容易学，而德语则比较难，因为学的地方少，机会不多，所以我选修德语。上了几次课，字母都读过了。不过大家上课的心情却都不大好，宿舍里空床太多，大家心里凉。留下来的学生上课很认真，我认为政治比军事高深，有关政治的书籍也比较多，安安心心地当起学生。

接下来我们学放哨。夜里头到山顶上去，每人站两个钟头，这也是一门课程。当时我们在黄埔岛上，十月间，已进入冬季，虽然广东不那么冷，但是山顶晚上温度还是很低。我们几人自己约好，轮到吾放哨时，你来陪吾；轮到你放哨时，吾来陪你。也就是自动站双岗，大家愿意少睡两个钟头。胆子大一点，有点安全感。

这个时候蒋校长已经下野，到日本去了。他写了一封信回来，登在学校每日出版的黄埔日刊上，学校把这张日刊贴在大门上，同学都去看了，每一个人看过之后，多多少少都要流下点眼泪。那封信写得很感性，大体上说：他对国家是要负责的，学生还在读书期间，虽然现在他人在国外，可是心还是在国内，只要有适当的时间，他还是要回来和大家共甘苦。

这时候我虽然当成学生了，但是校长却没有了，又从报纸上得知党内分裂（宁汉分裂），大家都不晓得明天的局面如何，心情有点不安，也感到忧心忡忡。

陆：你们是中央军事政治学校第几期学生?

黄：我们这个时候没有分期，称为预科大队，本科则是第六期，原来称为入伍生团，升学以后，他们成为学生队，就是本科。

陆：那你们也算是第六期?

黄：他们也没讲我们是第六期生，只是说预科。那时候大家年轻，完全跟着政治环境走，有时莫名其妙，只看到议论纷纭，不太懂谁是谁非。年轻人如果自己没有中心思想，真是太危险了！个个都是领导者，究竟何所适从呢?

后来我们算是第七期学生。第一到第五期的学生都在黄埔毕业，每一期时间不过几个月，读不到好多书，在工作中后来继续念书的人更少。

中央军事政治学校后来改为陆军军官学校，在南京称中央陆军军官学校。升学后课程多，军事上战术、筑城、兵器；社会科学中政治、经济、社会、哲学等等课程很繁。六期开始，在学期间有到两年的，也有不满一年的；七期有武汉、广东两分校，时间比较短，南京本校毕业最长的，由黄埔入伍，杭州训练，南京升学，前后将近两年半。从第八期开始，由招考到毕业，足有三年。程度整齐，课业完备。

第四节　浙江代训黄埔生

民国十六年十一月间，军事政治学校六期生已经升学，组成学生队。另外有预科大队，也就是第三大队，等于第六期的预科，经过甄别试验，淘汰了半数以上三四百人，剩下来的人程度较整齐。学校排出课程，学科多、术科少，所谓学科，就是指上课，而操场上的训练则称为术科。除了早操，下午要出操一次外，其他时间都是上课，而且早晚都要自习，等于是文学校。

当时蒋校长即蒋总司令下野，这时候刚回到国内，正在上海召开四中全会。但是广东方面几位中央委员想捧汪精卫为领袖，不愿意去上海开会。前方回来的将领张发奎、黄琪翔等又与李济琛、黄绍竑等对立。当时宁汉分裂，武汉情势混乱，汪精卫回广州，张发奎等在街上搭了三层楼高的牌楼，贴上“欢迎汪主席”的大标语。

十一月十七日早晨，我们在教室里早自习，我正在看一本汪精卫所写的《国际问题草案》，他站在中华民国的立场处理国际问题，是很值得看的一本书。我用红蓝铅笔在书上圈圈点点，看得正起劲。突然听到外面枪声达达响起，起初我认为黄埔岛上的枪声一年到头都有，没有什么稀奇。不料枪声愈来愈密，而且声音愈来愈大，有的同学跑出去看，出去之后就没回来，教室里头的人愈来愈少。我觉得不对劲，也想去看看。一走出二楼教室门，看到左前方山冈上有士兵举枪对着我们，我右转要下楼梯，刚走到楼梯的第一级，听到后面楼板响声，转头一看，一位同学倒下去了！我要是早个一秒钟、半秒钟出来，可能倒下来的就是吾！我继续往下冲，一直冲到楼下，子弹声“飞、飞、飞”不停地叫，我再往前跑，目标是到寝室拿东西。经过洗脸室时，我想在洗脸室屋檐下躲一躲，正好就在这时候，屋檐上有一两片瓦掉下来，我看这个地方不安全，再往前跑，跑进森林，往前看到一个壕沟，沟很深，但是没有水，于是我跳进沟中，后面的同学也跟着跳进四五人，大家躲在壕沟里。过了中午，大家面面相觑，真是面如土色！有一个同学更有趣，他有一面小镜子，拿来照照，竟然把自己吓倒。慢慢的，枪声稀了，也渐渐远离我们，一直到完全没有枪声时，有一个同学爬上壕沟，看看没事，大家就爬出去，这时候也听到对方吹集合号，他们在收队回去了，我们才纷纷回宿舍去。究竟是什么部队打我们呢？我们只知道是薛岳的部队，不知道他是团长还是师长。回到宿舍看到屋内凌乱不堪，所有值钱的东西，像毛线衫、手表，都被抄走了。

到下午二三点钟，大家心定一些，学校也吹起集合号，大家到大俱乐部——也就是大礼堂——前面的大操场排队集合。集合完毕，队长要我们到大礼堂里去，进去之后看到代校长李济琛（后方总司令）带了一连卫队，卫队手上拿了冲锋机关枪，让我感到很奇怪也很紧张。听说汪精卫要来讲话，我不懂代校长是不是他们那一派，不明白代校长为什么不自己来讲话？汪精卫演讲时，我们当然洗耳恭听。他非常会讲话，人长得又漂亮，他说："蒋介石同志主张清党时，我反对，怎么可以清党呢？现在我想一想，蒋介石同志的主张是对的。"这样一讲，我不晓得别人什么心理，但是我个人好恨好恨汪精卫。他是党国元老，总理遗嘱是他写的，北伐是国民党的北伐，现在他晓得清党是对的，当初为什么反对呢？因为他的反对，宁汉分裂了，武汉一塌糊涂，长沙、海丰、陆丰到处发生暴动，死了多了人？牺牲了多少青年！他本来是我们的偶像，这天早上我还在念他写的书；我们还是小学生的时代，就听说他写了一首诗："慷慨歌燕市，从容作楚囚，引刀成一快，不负少年头。"这真了不得。谁知道今天看到这样一个反复无常的汪精卫，所以我恨透了汪精卫。

秩序恢复后，同学少了好多人，不晓得什么原因他们失踪了。虽然大家相处的时间很短，感情还没有非常好，但是自从甄别试验后，宿舍突然空旷起来，已经非常令人伤感，现在又有人走了，大家不晓得要怎么办。这时蒋校长虽然回国了，但是并没有回到学校来，学校由代校长负责。究竟李济琛的态度如何？我们不清楚。后来听说桂系与广东军队冲突，造成兵变，搞得人心惶惶。

隔二三天，布告出来了，说下周总理纪念周请何香凝来演讲，何香凝是廖仲恺之妻，廖死后，何地位高得不得了，当上中央常务委员。

大家排队要到大俱乐部去，途中经过珠江河边的小街，在小街上，我想我不要听这次的演讲。看到珠江边有一条小巷子，我逐渐故意落伍，带队官没有注意，我就从小巷溜出去。到珠江边时，恰巧有一条船靠岸，我就上船去。他把我摇到大船上，大船要开到哪里去？我也不知道。上船后，我才问："你们开往哪里啊？"他们说："省城啊。"是开往广州的，我说："我就是要广州去的！"

到广州后上岸，找到黄埔同学会，由于我身上穿军装，这是很危险的，同学会传言李扬敬教育长派人到广州来抓逃亡的学生，如果被抓回去可糟了！所以我第一件事要换便装。我没有什么便装，只有长袍在当铺，因为进军校时，长袍没什么用，就拿到当铺当一点钱来用，现在要收回来穿，但是我身上一个钱也没有。我很感谢一位老乡郁温甫，我们只见过一次面，他是海门人，见面时讲海门话，感觉很亲切。这一回我就去找他。他也晓得十一月十七日张黄兵变的事，知道我们在逃难。我坦白告诉他，我要把衣服从当铺里取出来，但是没有钱，他就借钱给我。

我换了衣服才敢到街上走，也很少碰到黄埔岛出来的学生。

这时候我准备回上海，但是买船票的钱，那里去找呢？于是到东莞去找入伍生团同事阮特务长。他也穷得很，把身上的几块钱都给吾，更料不到他的侄子是土地局（如现在地政局）小职员，也在那里，晓得张黄兵变，非常同情我，见吾还健在，对我讲了很多体恤的话，高兴得话都说不出来！他悄悄的从后门出去，把夏天穿的绸制长衫送到当铺当了两块毫洋送给我。我们过去没见过面，他这么做，真让我感激得五体投地！特务长也为我凑了几块钱，这样船票的钱有了。在广州有另外三人，一共四人一路回上海，当中两位是同学，另一位不是同学，也就是年初同去广州的沙云康，广东局势不好，他也跑出来，大家一起回上海。

上船后，照规矩，船开后有大锅饭吃，菜要自己准备；没有开船前，没有饭吃。现在距离开船大约有两天的时间，没有东西吃。我们四个人把身上的钱集中起来，可以买到八个面包，公推吾一个人保管。吾就规定一天上下午发两次，每次半个，到时间再发给大家，以免吃光了，没有东西吃；那两天，我们饿得肚子咕咕叫，但是至少有两个面包吃，比较可以维持到第三天。

开船后，抵达香港。英国人上船检查，我们惟恐英国人受李扬敬利用，追查黄埔逃出来的学生。谣传被查出来的学生，上岸后要挑煤炭、做苦工，大家很恐慌。我们已经换了便装，但是头发还没长长。我什么东西也没有，但是有一只小箱子，箱底铺着黄埔日刊，幸好英国人不懂中文，翻一翻就过去了，没有发生问题。

英国人走后，来了一个人，站在船头上报告："各位同学，辛苦了，我是黄埔同学会的，现在各位要到上海去，同学会送每位两块大洋。"这两块钱简直比两百块钱还值钱，我们四人虽然不全是学生，可是他们分不出来，因此四个人领了八块钱。从此我们每餐都可买菜吃了。

到上海，进吴淞口时，上海警备司令部派了一个小艇来欢迎我们，因为上海警备司令熊式辉是听蒋总司令的人，他来欢迎我们上岸，我们就放心了。我们跟着向导走到一个中等旅馆，只住了一晚。第二天，他们说："黄埔同学会在杭州。"所以大家到同学会去报到。

当日下午，天已经黑了，我们排队走到龙华车站，我们没有钱买车票，向车站要求为我们挂车厢，把我们送到杭州。车站的人说："拿公函来。"我们哪来公函？有同学说："你不挂？我们打电话。"于是他真的摇起电话，站上的人问："你打哪里？"他说："打蒋公馆。"车站的人说："你不要打了，就给你们挂一个车厢吧。"于是二三十人就有火车坐了。到杭州下车后，同学会来人说："我们的同学会在八旗会馆。"于是我们到八旗会馆去。

八旗会馆里什么东西都没有，只有好多军毯，晚上就睡在地板上，一天开两餐饭，不管怎样，这下子我们有吃有住了。白天没有事就到西湖边去玩，这种日子差不多过了个把月，我们对西湖都玩熟了。当时浙江省主席是何应钦，由委员蒋伯诚代理，这些学生到杭州来了，据说还是蒋校长告诉蒋伯诚，请由浙江省政府拿出二十五万元来办一个训练班，因此用浙江省政府军事训练班的名义，收容了这些学生。共编三个大队，第一大队、第二大队是第六期，住陆军兵营，在西湖边；第三大队，预科是住在蒲场巷。

我们照常操课，训练班请了一些教官，也设有政治部，学生很调皮，不喜欢"浙江省政府"字样，就把符号上这些字折起来，只看到第几大队、第几中队。大中队长们怕有冒充混进的学生，所以让同学自己组织审查委员会，审查同学是不是来自黄埔，审查之后就正式编队。训练班所在地旁边原来是一所浙江省立法政学校。法政学校毕业的学生出来是做官的。有一次我们举办考试，考试地点就在法政学校，忽然看到黑板上写了几个粉笔字骂我们：“无名小卒焉敢来产官场考试!”我们看了哈哈大笑，因为我们是要革命的，看到“官”字就觉得讨厌，他们自认法政学校是产官场，他们就是官僚。编队之后，一切就绪，我请了两天假回家。

回家以后，第一件事是去看外祖父。因为来不及换衣服，还穿着军装，外祖父看了就哭了，他认为好男不当兵，他本来希望我长大了不是花行里当秤先生，就是账房先生，怎么我当兵去了呢？我说：“我是军校学生，也在学校啊。”但是怎么说他都不相信，伤心得很。在我们家乡，没见过什么军人，不过总知道什么是军装。我对外祖父作了好多说明，可是他基本观念总是改不过来。

这时候校长已经回国了，我们从报上得知他在上海和宋美龄结婚。同学推派代表到上海去见校长，校长说要找个时间来看学生。到阴历年年底，学校又发给每人两块大洋，大家很感安慰，开玩笑说其中一块钱是校长的，一块钱是宋美龄的。之后校长就订了时间来跟我们讲话，没想到却几乎出了一个大纰漏。当时还没有完成北伐，路的名称还是旧有的。就在校长经过传芳路（后更名为中山路）时，听说有一名刺客带了手枪站在马路边，混在欢迎的人群里，准备等到总司令的车子过来时开枪，没想到总司令的车子快要到而还没有到时，刺客的手枪掉下来了，情报人员立刻把他抓走。校长并不知情！后来听说蒋总司令在北伐过程中，这种镜头多得很。

校长来杭州为我们演讲，地点就在操场上，没有讲台，我们人数虽多，大概有上千人，操场上摆了一张方桌子，他站在方桌上，学生也不排队，围在桌子周围听他讲话。这种方式很好，表示他很亲切。他讲了很多感性的话。学生很多人第一次和校长见面，真是感激涕零！从此大家振奋，校长也安心了。

我们正式上课出操后，浙江省政府联合省党部推行二五减租的宣传。但是在那个时候，敢提倡二五减租，是不容易的；推行的阻力很大，所以要多做宣传。找谁去宣传呢？就找学生。我们奉命组织宣传队，由浙江省政府提供资料。除了我们之外，也有其他学生组织宣传队，例如城里水准最高的弘道女中的女生也组队在街上进行宣传。

我们选几个会讲话而且讲国语的人来讲话，同时散发宣传品；这些人不是讲杭州话，民众听了觉得很新鲜，所以围了很多人，我们一面讲一面发。而女学生则多讲杭州话，听众很少，因此妒嫉我们，来抢我们的宣传品。我们说："好吧，宣传品就送给你们吧！"但是来听我们演讲的人还是很多。我们跑到好多地方演讲，杭州附近的小城市也去；像拱辰桥妓女户地方，因为是花花世界，住户密集，学生不敢去那种地方，只有军校学生穿的老虎皮才可以这样做。

不久，革命军继续北伐，总司令部政治部组织了战地政务委员会，何思源任主任委员，并成立北伐宣传队，队员多招考来的，多半已大学毕业，只有中央军官学校和中央党务学校是由学校挑选来的。我们学校参加宣传队的学生以第六期即一二大队为主，大约有九十人，其中第三大队（后来称为预科）选出的只有十九人，我也是队员之一。学校命令我们集体去南京报到。报到后编入第十中队，还派吾当分队长；党务学校学生则编为第九中队。

第九中队中有女学生，在宣传上我们很吃亏，因为女生剪短头发，北方老百姓称她们为"二道毛"，又叫"女兵"，"女兵"

所到之处，听众踊跃得不得了，要争看二道毛，当时哪有女生当兵呢？台湾师范大学的谢冰莹教授当时就是第九中队的队员，我们没见过面，但是听过她的名字。

我们如果和他们同一路宣传，我们会吃亏，因此设法让开，她们到的地方我们不去。我们也有我们的工具：留声机北方话叫“洋片儿”，其中平剧的唱片比较多，我们选了很多大家熟悉的唱片，每到一地把留声机一开，听众就来了。

那个时候不但没有广播电台，也没有报纸。我们在津浦路上坐火车，车上没有座位，一个铁箱子容纳二十来人，坐卧在军毯上倍感辛苦。火车一天走不到好远就休息了，慢慢走，两三天都还没有到目的地。先前我们以为前面在打仗，后来才晓得是火车太慢了，而且我们是宣传队，把我们放在后面，一路都接触不到作战部队。宣传队是拿民众做对象，没看过敌人。

一直走到济南附近三十里的党家庄，车子停在铁路上，那一天是十七年五月三日。车子为什么不走呢？传出来的消息说，总司令部联络不上，总司令现在哪里？不知道。这还得了！大家都哭了。以为日本鬼子把我们的总司令部炸毁了！后来火车退到泰安城，消息多了，才知道发生了惨案，日本人杀害蔡公时，还炮击当年张宗昌的督军府，也就是现在我们北伐军的总司令部，日本人蛮横无理，总司令早已离开，所以总司令部都很安全。而且我们的军队，也已经绕道北上。

到五月七日泰安城内开军民联欢大会，欢送蒋总司令继续北伐。在联欢大会上，总司令来了，这是他当总司令复职后我们第一次看到他。他和我们一样穿着普通军装，带着青白红三色袖章，瘦瘦高高的，讲话时没多讲什么，就说：“日本人是帝国主义，我们要打倒帝国主义，打倒日本帝国主义！一定要继续北伐！”这是很重要的宣告。后来继续北伐，但是我们还是在泰安附近做宣传工作，之后再调到兖州，就是磁县。

没有到兖州前，我们没有多少事，就出去爬泰山日观峰，想去站在峰上看东海日出，大家非常高兴。到日观峰要走南天门，拾级而上，非常吃力，起初大家不在乎，反正都是年轻小伙子；但是快到南天门时，还要再上去，大家吃不消了。一面走一面喊："一！二！三！四！"每喊到一百就坐下来，休息一下再走。好不容易到了日观峰，只有两间破房子，什么设备也没有。晚上比较冷，山顶上风又大。等到天亮时，想看日出，但是因为有云，始终没有看到太阳出来，只看到苍茫的东海。不管怎么说，总是爬了一次泰山，要不是那种年龄，那个机会，我不会去爬那么高的山。下山时，我们才懂得："上山容易，下山难"这句话。当时大家取巧，把每人身上背的小包袱放在路上，小包袱就自己滚下去。路不宽，顶多一、两公尺，小包袱滚下去时不会滚到别的地方。我们空身下去，可是顶多走二三百步，腿就痛了，这才知道"上山容易，下山难"。

我们在兖州住了一阵子，不知道还要不要北伐，我们向大队长说："我们打到北京去！直捣黄龙！"大队长说："北京？革命军老早到了北京了，还要你们去干什么？""不是被日本人在济南挡住了吗？""我们绕道北伐。"

我们又等了几天。来了一个命令：北伐已经完成，学生回学校去上课。但是临走之前要做一点工作：明天上午八点举办军民联欢大会，要演话剧。乖乖，现在已经下午四点了，怎么突然来这样一个命令？我们只好奉命临时组织起来。最重要的是总务科，负责供应一切物资；另外是剧务科，负责排演。我担任总务科长。我们搬了个大桌子，摆在院子里，一二十人分成好多组，围着桌子坐下来。剧务科同学半开玩笑半认真的，一下子进来说："报告科长！要两个茶杯！"一会儿又说："报告科长！要两条毛巾！”我满口答应，因此忙得不得了。科长之下还有副科长，副科长是四川大学毕业的，平常我们把他当老大哥看，因为他年纪比我们大一点。那天一直忙到夜里一二点，我要去解手，拜托他：“你来这里坐一下，我去解个手。”还不到十分钟，我回来了，副科长说：“快来！快来！哎啊，真是吃不消！”我们一直忙到天亮。剧务科有现成的脚本，演员也曾组织过，现在连夜排演，到第二天上午七点，差不多都上轨道了，八点正式开演。那时我才二十来岁，经此一事，我第一次自我肯定，觉得自己将来可以办事，因为这么繁杂的工作，在毫无准备，赤手空拳之下，居然可以应付过去，这大概就是人家说的办事能力吧？

联欢大会结束后，上面来了命令，要学生搭火车回学校。这个时候学校正在放暑假，我就回家住两天再去报到。回到杭州的学校，学生都改编过了，加多了一部分人，有从广州燕塘来的；有从南京考来的；冯玉祥的西北军事学校的学生也都并过来了。本来我们只有三个中队，现在编成六个中队。我本来是第三队，回来之后编入第六队。队官也多数换新了，学生同队官不太熟。

我这次回来，变得比较老练，也很有兴趣写东西，偷空写了一篇文章，题为《国民革命的意义》。当时杭州有两家报纸：《东南日报》、《国民新闻》，《国民新闻》和我们比较接近，我就投稿《国民新闻》。隔两天登出来了，《国民新闻》每天刊出一大张、一小张，其中一张小张全版登了我的文章，吓了我一跳，队官看到了，把他们也奇怪了一阵，他们说：“这不是我们的学生吗？”

上课时，有一个讲经济学、社会学的教官，我听他讲课，判断他读书不多，虽然我看书也不多，但是我觉得他讲的不太明白，我就站起来问：“教官刚才讲到劳工、劳动，这两个名词怎么分辨？怎么解释？劳工的英文名词和劳动是不是一个字？不是的话，那劳工是什么？劳动又是什么？请教官解释一下。”他嗯了两下讲不出来就愣住了！其实，他不知道英文的字尾加减字母倒无所谓，中文不用代名词“者”字，而用了另外一个名词，他应该知道的。当时也有许多同学虽然觉得吾问得很大胆，也确实希望他能解释清楚。他既然当场愣住了，下次就不来了！他怕受窘了！

我们还在杭州受训中，一位新来的区队长，安徽人，很天真老实而认真的人。星期天放假，晚点名时，叫吾出列，要处罚吾。他说课桌上规定不准放东西，但是他查到吾的课桌上有一个墨盒，违反规定，所以要处罚禁闭。吾说墨盒不是吾的，他说你不能赖！吾再问他关几天？他说三天。吾说，三天以后，吾还是要找你理论的！墨盒一人只有一个，你发现吾的桌面上有墨盒，有没有打开桌面，看吾的箱子里有墨盒没有？他说没有看！那你如何证明桌面上的墨盒，一定是吾的？你现在处罚吾，错了又怎么办？他说：“你这个东西子！”一句安徽话说过就算了。

第五节　中央军校第七期

直到第二年即十八年初，我们到南京升学，这时候我们才得到中央陆军军官学校学生的身份。但是时局完全不同了：北伐刚完成，国军实施编遣，部队减少，军官当然减少。军校第六期的同学六七月间毕业，很多人分发出去，报到没多久，就因为编遣回来了！我们有几位老乡像杨萍绿、沙云祥等，在南京合租一个房间，摆了十多张行军床同住，因为他们失业了！吾还没有毕业，第一次听到“失业”两字，从武汉到杭州，到处有失业军官，自怨自艾的称为黄虫满天飞！

我们到南京，称为升学。浙江省政府军事训练班，是延续黄埔预科大队的课程，政治经济等社会科学较多，也有数学。当吾在启秀读中学时，有许多人埋怨校方把程度提得太高；到军校后，各省来的同学，竟对许多课程不了解，还要从头学起；但对吾来说，都已经学过，所以觉得很轻松。分科是依当年的成例，分为步骑炮工辎五种兵科。分科要经过考试，一人只报一科，没有报兵科的就是步科。我们的考场是南京工业学校，有阶级教室。部分报考炮科的同学，都主张吾报炮科，也代吾报过了。考试时有几位同学，推吾坐最后一排的位置，要求吾把答案搓纸团放在过道边滚下去，他们捡起来照抄。吾说这太危险，被抓到要害好多人！他们都很机警，幸好没有出事。考完后，不知何故，发不出榜来，就全部作废了！军校常听上级命令，不讲制度，考试也是如此。后来通知出来，重新来一次统考，评分以后，由学校分配：八十分以上分炮科；其次是工科；辎重科；骑科。其余都是步科。骑炮工辎四科，每科一中队，各一百多人，合称特科大队；步兵科也是四个中队，合为一大队。吾被编入炮兵队，不知道有多少分数？炮兵队一共一百二十五人。其中确有不凡人物，还有几位华侨，堪称人才济济。

分科之后，我们是正科学生了。炮兵队就是炮兵科，别科的队长是中校，炮兵队长刘培斌则是上校。他很有趣，那时候吾不知道怎么样当上了区党部常委，队官每星期规定外宿两次，那一天队长走到党部门口告诉吾："吾今天外宿。"吾还没有理解到他什么意思，就答说："喔，那你明天早点回来。"他就鞠一个躬，走了。简直就像他是学生，吾是队长了。

北伐完成后，总司令已经是国民政府主席。每个礼拜一，各校举行总理纪念周，规模有大有小，这一天扩大举行，地点是在马标大营房，军校、政校、大学生、各机关职员，一共一万多人。行礼完毕，主席就宣布，吾知道大家有很多意见要发表。今天吾留三十分钟，让大家来发言，准备讲话的到前面来。好多学生涌到台口去，足有一二百人，吾也是其中之一，还没有轮到吾发言，主席说：现在时间到了，吾来给大家答复。第一个问题，你们骂国民政府，说吾被昏庸老朽包围了！吾告诉各位，吾蒋中正永远是革命的，哪一天你们发现吾不革命，就可以拿枪来打死吾！第二个问题，汪精卫回国不回国？汪是中央常务要员，他有回国的自由，也有不回国的自由！第三个问题，李宗仁他们在武汉发动东征。当年汀泗桥之战，各军都有报告，没有报告的，就是这第七军李宗仁！现在又来发动什么东征？吾现在告诉各位，吾明天就出发，保证在十天之内，坐镇武汉！南京呢？吾就交给你们大家了！校长讲完话，就在崇戎乐声中离开会场了。校长离开后，学生的情绪，都高昂悲壮！教育长何应钦，先喊稍息稍息，接着说，不要乱讲话喔！现在校长把南京交给我们了！今天晚上就发枪，大家准备去放哨、站岗！事后我们知道，那时南京没有好多部队，真的由学生来站岗放哨，而校长出发后，第九天就坐镇武汉了！不需要十天，桂系的部队就垮了！

北伐完成后定都南京，中山陵也建在南京，这是一个非常浩大的工程。为了迎榇，特别在下关挹江门外开了一个码头，码头上去是中山北路，一直开到新街口，与中山东路联接。出中山门，经孝陵卫到中山陵。南京在明代牌楼很多，新街口往东有好几个牌楼，最有名的是花牌楼。

为了奉安大典，挑了几百名学生，编成护灵团。六月一日举行奉安大典，护灵团从中央党部起灵后步行，一路护灵到中山陵。参加奉安大典的机关团体学校各界人士非常多，中央陆军军官学校的学生，由学校指派代表五名参加。吾是学生代表之一，由校本部逐级转达通知。吾在奉命后，就到丁家桥中央党部报到，照规定依次上三楼灵堂。

当时总理还没有国父的称呼，一概称总理。我们站在高一层楼的地方，先行礼，然后瞻仰水晶灵榇，非常清楚。总理生前我没见过他，这次总算见到了，他人不高，孙科和他酷似。这回也是我第一次看到宋庆龄，她戴着面纱，看不清楚。

奉安大典是国葬仪式，非常隆重！送殡行列之长，路祭之多，连接数十公里，横贯南京城，远达孝陵卫！吾能以学生代表，参与旷代盛典，深感荣幸！

这时候大家已经当了快两年的学生，以往上军校的时间不过几个月，从来没这么长的。学校在广东时候的预科，各种课程安排得很好，可是不久就因为时局的关系而大乱。到杭州军事训练班后，教材、教员、教授都不太理想，但是这时候军事训练的课程也差不多到最高的程度了。到南京升学以后，出操的机会不多，课程多半属于军事方面，其他课程较少，教官的水准还不错。至于管理，几乎都由学生自己来。

在大家的想象中：文学校派一个军训教官就可以管住学生，军事学校都是军官，应当是没有问题的，不料军事学校也会闹风潮，而且闹起风潮还很难解决的。

在学校的管理系统上，最基层的官是区队长，上头有中队长，上有大队长，再上去就是教授部、教育处，还有政治部。最高是教育长，校长是党国的领袖人物。

有一天大队长为了学生服装的问题和学生闹起来了。我们的服装在夏天单纯一点，冬天则穿呢制军装，骑、炮、工、辎四种特种兵科中，骑兵、炮兵都要乘马，亦即所谓乘马兵科，军装上佩用斜皮带、刀袋，脚上穿马靴。学校放假或者学生请假外出时，学生都穿上最好的服装，称为外出服，把马靴擦得亮亮的，很神气。那天放假，有一个队长规定不准学生穿马靴、带刀袋，结果一队人都不服从。队长光火了，报告大队长，大队长也认为非同小可，一定要大家换上平时服装，这一来全大队都动了，就是不肯把外出服装换下来，风潮也因此闹起来，闹了一二天。军营里闹起来可不比学校，因为都是住队的，时时刻刻都在一起。队上官员无法控制，于是报告到校本部去。

校本部有一位很高明的教育处长徐国镇，大概他书读得比较多，不像个军人，文绉绉的。他来了之后，一点都不摆威风，队伍排好队等他。他是中将，算是高级长官，可是他并不严肃，要大家稍息，不要立正，大家心情就松弛下来，没有反抗的心理。他说："穿什么都可以啦，现在没事，回去把衣服换换好了。"他也没讲什么，但是态度很好，大家哈哈一笑就算了。就这样问题都解决了。

当时我想：文学校会闹风潮，尤其是中学以上的学校常有这种事；至于军事学校闹风潮，则是闻所未闻的。军校学生闹风潮或许因为在学校的时间太长了，对于"军营生活"也很熟，没什么新鲜的，甚至在学术上还比带队官知道的多一些，所以带队官指挥不了。

当时还有更滑稽的事：有许多学生要求更正原姓原名，很多人在投考时，为了其他原因报了假名，现在请求更正。原来是很正常的事，因为学生快要毕业了，在证书上一定用真名字。于是上面通知下来了，要更正原姓原名的人，赶紧把名单报上来。

在我们这一队，怪物最多，人最复杂，许多人改名改姓后，队上的名册也改了，队长点名时，名字常不能念完，为什么呢？有一个学生，本来是三个字的名字，他很喜欢看小说，尤其迷苏曼殊，那个时候苏曼殊所写的《断鸿零雁记》很流行，这个同学因为崇拜苏曼殊，所以改名"小曼"，队长问他："你姓什么？"他说："小曼就好了，不要什么姓。"还有一位同学很妙，他是华侨，名字有四个字："夫尔伦克"，是英文的译名，队长点到他的名字念得很奇怪。另一位同学也是华侨，他承认自己是中国人，所以叫做“支那民”。有一个同学书读得多一点，他是学数学的，本姓刘，名“毅”，刘毅把自己的名字改为“飘萍”，姓也不要了，使用“飘萍”两字是有政治作用的。当时奇奇怪怪的名字实在很多。

这些学生虽然快要从军校毕业了，但是和普通大学的学生还是差不多，思想怪得不得了，各式各样的人都有。

民国十八年六月底，奉安典礼后没有好久，第六期毕业了，我们也放暑假。军校本来不放暑假，但是这时候局势大致稳定下来，而且学生在校的时间也太长了。所以有暑假。

第六期本来住在校本部和炮标，我们则住在东厂街一所营房里，第六期毕业之后，我们搬进校本部和炮标来了。

放暑假时，大家都回家去。暑假之后，我们回到学校。我是区党部常务委员，学校里连我共有三个常务委员，加上其他委员一共有七名委员。常务委员每天要到区党部上班，我返校后头一天去上班，没看到人；第二天再去，还是没有人；连去了三四天，还是没人。我心里纳闷：怎么他们都不来上班？他们太没有责任感了。

后来才知道：他们不是不来上班，而是所有常务委员除我外，其他人通通被关起来了。什么原因被关起来呢？后来我慢慢了解。在黄埔时，罗翘秀是预科大队的大队长，在南京我们升学后，他又当上步兵科的大队长。他是改组派，这时候汪精卫在党内积极发展，罗翘秀也找了一部分学生加入。大概我们政治部的工作没有做好，区党部中重要分子除吾以外都是改组派！

他们怎么分辨谁是改组派呢？我们这群人都属于同一队，怎么没来抓我呢？事后我想想也有道理。我喜欢写报屁股，在杭州时还曾有一篇文章刊登日报四开张的全版。到了南京，我常为黄埔日刊写短篇文章。有一次我写文章骂说：要人今天去巴黎养病，明天去伦敦养病，暗指汪精卫寓讽刺之意。我也曾经骂过阎锡山、冯玉祥，虽然没写出他们的全名，可是名字用××，姓还是原姓，看报的人一看就晓得是骂谁。这种小品文字我写了不少，黄埔日刊这份报纸是政治部办的，抓人的时候当然由政治部来决定，也许因此对吾没有怀疑所以没来抓我。

这些人被抓起来后就没有消息，只晓得大队长好像被枪毙了，他当然尚有其他的动作，才有如此下场，而且他是陆军上校，怎么可以思想出轨？做军校学生吾知道危险很多，是在现实政治的风浪里！

这时候军官学校大兴土木，建了一栋工字型的房子工字堂。有一天工字堂有一次餐会，蒋夫人也参加了，教育长张治中很开心，就喊起口号："蒋夫人万岁！"这件事报上登出来了，我们有一种感觉："教育长何必如此呢？"那时候校长是国民政府主席，喊主席万岁已经够了，何必再喊蒋夫人万岁呢？人家都觉得教育长有作用。对这件事张治中这个人用心太深了！

十八年，军校学生临时调到武汉，我在战宣会。武汉战宣会的全名是武汉战地宣传委员会，由中国国民党中央军校特别党部组成，委员都是学生，常务委员有三人，经常接触的只有二人，我也是常务委员之中的一人。东北易帜，北伐战争结束后，八月间中央政府召开实施编遣会议，会议于八月六日闭幕。多数军头都来了，也有人只派代表来，他们拒绝编遣；有人会前就动了，多数人则在会后反抗中央，所以民国战乱以十八年为最多。

北伐完成以后，我们常有一个简单的方法来讲国内现势：画一朵梅花，当中是中央，旁边分别是东南、西南、东北、西北的势力，我们出去宣传演讲时都是这么说的。可是到民国十八年时，梅花包括不了了，变成菊花或不晓得什么花了。那一年的战争实在多，首先是七月十六日开始，四川邓锡侯部队邝继勋在四川西充叛变，组织苏维埃政府。其次是七月十七日俄军侵入绥芬河，这次战争规模不小，最后东北军旅长韩光第殉职。韩光第部队不够，向其他东北军借了一团参加抗俄，这一团借去后没有归还，后来我在该团原来所属的师当政治部主任，师长常发牢骚："咱不是师长，咱是旅长。"因为他少了一团。第三次是八月三日朱、毛在闽西作乱，上杭的情形尤其激烈。第四次是九月十七日粤军张发奎在驻地宜昌叛变。第五次是十月十二日西北军宋哲元驻军洛阳，反对裁军。第六次是十月二十七日冯玉祥公开叛变。之前他是军政部长。当时南京市最热闹的地方是花牌楼，路面铺着石板。有一天总司令坐汽车经过花牌楼。他经常乘坐七十五号车，七十四号车是随从车。那天他坐七十四号，七十五号车开过去时，路边有刺客，幸好侍卫发现，立刻从车上跳下，把那人抓到了，往他身上一搜，搜出军政部的符号，这件事太明显了，也就是他是冯玉祥派来行刺总司令的人。之后冯玉祥也不敢再当军政部长了，他叫鹿锺麟去当。冯玉祥叛变后，国民政府蒋主席兼总司令亲自誓师讨伐他。十一月十七日，李宗仁在梧州叛变。十二月二日，石友三在浦口叛变，浦口过江就是南京，那时候没有多少军队在南京，全部中央委员都跑到军校去了。十二月五日，代理过总司令的唐生智在郑州叛变。前后共有九次叛变，全都是编遣会议的后遗症。

到处都是叛军时，南京城内没有多少部队。中央没有部队可以调，武汉空虚，就把我们调去，号称学生军，编成混成团，不是正规的编制。混成团号称有三千人，实际上八百人不到，因为第六期已经毕业，只有第七期的学生参加而已。那时候新闻记者跑不进行营采访新闻，就到战地宣传委员会来访问我们。他问我："有多少部队?"我根本不晓得，我也随口说三千余人，记者就这么写，事实上哪有这么多人？

这时临时成立总司令武汉行营，行营主任是张治中，总司令未到之前，行营主任全权指挥。

我们到武汉以后，没有枪械，不能要我们真正打仗。上面给我们的任务是卫戍汉口，主要由一百多名学生组织巡逻队，我们有十几、二十匹马，打出混成团的旗帜，每天在马路上来来去去“耀武扬威”，我们马匹有限，因此要一点花样：去的时候，头一匹黑马，等一下掉头时头一匹是白马，把马换一换，老百姓以为我们有好多马、好多军队。我们白天巡逻，晚上也到各地检查。幸好治安良好，没有出事，冯玉祥部队不久就垮了。

之后唐生智起来了，但是好像没打什么仗就解决了。我们是学生，不能在汉口久待。十一月底，天也快冷了，就把我们调回南京。我们也快毕业了。

我们在十八年十二月二十八日毕业。毕业后，有些同学已经分发到各部队去，可是学校另有通告，说要办教导团，未分发的同学要留下来成立军官教育连，受德国顾问训练。我们这些没分发的学生，毕业那天晚上没事，刘飘萍和我在军校操场一面走一面谈，两人开起辩论会来，辩论毕业后是“做官乎？革命乎？”飘萍强调做官就不能革命，革命就不能做官，他的理论很多，而且分析得很深刻。我的理论跟他前后相同，结论不同，他的结论是“革命不做官”，我则是“做革命的军官”，我的理由很简单：参加革命是为了取得政权，取得政权后，不做官干什么？做官后才能实行主义。辩论了两小时，快要吹熄灯号了，我们才去睡觉。

我当过中央军校特别党部战地宣传委员会常务委员，飘萍是中央军校特别党部常务委员，等于省党部，带上校符号，阶级很高，年纪比我们大好几岁，皮肤很白，看不出来年纪大，但是很老练，书也比我们读得多。毕业后，飘萍也没有分发，可是他却不受训，到上海大同大学教数学，听说他很少去上课，有一位女助教替他去上课。那么他干什么呢？我不晓得。

我们在十八年年底毕业，次年打仗，战争结束，我们奉命开杭州到笕桥营房训练。有一天突然接到一封飘萍写来的信，信的内容非常简单：某月某日，在西湖天然饭店见面，请携带大洋十元、护照一张。当时是军事时期，连长可以发护照，我已经当连长了，所以可以带护照去。我准时到达天然饭店。见面后，两人分析时局。他问我的多半是部队的情形。那天谈话，他的结论是：政治路线由他负责，部队由我负责。要吾尽可能联络多少人就联络多少。讲完后分手。他分明是要吾拖着部队跟他走！

二十一年，李济琛被关在汤山，我在南京，晓得我住处的人不多。有一天晚上，我回到住处，推开门，一张卡片掉在地上，卡片上只有两个字：飘萍。我想这家伙怎么晓得我在这里？他人又在哪里呢？我不知道。后来有人告诉我，说他带了现洋三十万来活动李济琛领导福建人民政府，他在那里负对外联络的责任，地位相当高，他有湖南人方鼎英的关系。这些事正确与否？我都不清楚。

二十二年，生产党发动闽变，由蒋光鼐、蔡廷锴两个沪战有功的将领为主力，陈铭枢也参加了领导，仗没怎么打就垮掉了。

二十四年在南京，飘萍又跟我碰面，我们亲热地握握手，他自己讲："我搞错了。"那时候我自己相当得意，我站得很稳。很多同学晓得他和我是好朋友，但也只知道他毕业后在上海大同大学教数学，他的政治活动不清楚，也不能影响我和其他同学。他的失败不只是这一件事，而是一辈子。

我们同期里还有一位同学曾操，他是江西老表，和我也很好，都有点自命不凡。曾操说话能力比较差，但下笔千言，头脑清新，他可以出很多特别的主意，却没有像飘萍一样有推翻政府的大野心。毕业时，曾操、我和浙江同学汪政三人在一块，曾操说："现在驻在山东的是西北军，陇海路以南则有中央军，这两部分军队弄不好会冲突。在东海边上，有不少海盗，一部分人拥有武器，如果收编得起来，另外成立部队，夹于两大之间，捧一个人去当军长、师长，我们当参谋，这股力量可以左右政局。现在我们写信给校长，请校长派我们去收编那些人。"大家同意了，就写信给校长。他的气魄真大，可是到我们毕业后，都还没有回信来，一直等到半年以后，有消息来了，说校长把这件事交给少将旅长徐中岳（黄埔第一期，安徽人）去负责。但是徐中岳找不到我们，因为我们是无名小卒。事情隔了几十年，后来徐中岳当立法委员，我们在立法院碰面，我问起他当年这一回事，他说真有此事。

民国二十一年，飘萍到南京来，约了曾操和我在中央大学对面的一个宿舍谈天，内容不着边际、海阔天空。飘萍他是鬼鬼祟祟，始终不把真相告诉我们；曾操也不容易受他的影响。不过，后来曾操也没什么高的成就，因为他没有实际在军队工作，也没有在文史上发展。飘萍和曾操是我们同期同学里，最突出的人物。

第四章　做革命的军官

第一节　破例优遇当排长

通常军校毕业生一毕业就分发到部队去当见习官，部队长对他好一点的话，就要他负排长的责任；若是不好，就只是当见习官，当到什么时候才能当排长带一排兵？不知道。但是我们一分发就是排长，算是破例优遇。

那个时候炮兵很少。过去所用的火炮（大正六年式日本货）老早落伍了；国内上海兵工厂制造的沪造山炮，口径很小，一个人可以拖着走；后来再进口日本三八式野炮，到我们这个时候，日本生产了改造三八式野炮，最大的特点是射程可以到一万公尺。在那个时代，这样远距离的炮很少。过后才是德国克鲁伯兵工厂的一〇五山炮，我没有用过这种炮。

我们毕业后学校成立了炮兵教导营，一营有三个连，一连四门炮，共有十二门改造三八式野炮。同期的同学有一百二十五人，毕业后留下来八十人，请德国顾问来训练。炮兵教导营成立后，我们就分发了。通常分发是上面下一个通知到教务处去，教务处再列一张表向大队部、中队部，层层转下。但是我们的分发并不是如此。当时教育长是张治中，有一天他亲自到教室来，点了六个人的名字，点罢，讲几句话说："现在本校成立一个炮兵教导营，营长以次都由你们这一连当中调派。现在点到名的六位同学，都去教导营当排长。”后来我们才知道教导营属于教导师，张治中当教导第二师师长。当时他把我们捧得很高，我们很高兴。这就是所谓基本部队，用最好的武器装备、最好的干部，经过最严格的训练，准备担负最重大艰巨的任务。

张治中讲过话后，我们依旧照常上课，这一天我们到操场出操，去研究日本制造的炮队镜，我们看着说明书慢慢搞。当我们正聚精会神操作时，有一个传达跑过来，向我敬个礼，请我们回去。

我们回到房间，看到床上有一张委任状，打开一看，是试任少尉排长。

为什么是试任？因为本来是要当见习官的，我们先当排长，因此称为试任。那个时代通常一连有三名排长，第一排是中尉大排长，第二、第三排是少尉。我被派任为第一排排长，可是阶级是试任少尉。为什么对我这样优待？是不是因为毕业成绩？还是因为受训成绩？我都不知道，因为成绩没有发表。我们的分发比一般同学舒服多了。普通同学的分发是很辛苦的事，学校发一笔治装费和旅费，他带着旅费，跑一段远路，找到部队长。一级级发下去，然后到差。多数人到差后很孤单，尤其是步兵太普通了，要是遇到地方性的，或者是新编的步兵部队，那就有一段时间内边都摸不着。而炮兵则稍微好一点，属于特种部队，各级长官都可以说得出关系来。我们的分发就在校本部，我到校本部大门左边炮标报到，虽然也有旅费，却是一块钱也不用花，真是太舒服了。

我们教导营接来的新兵，都是从前已当过兵多年的老兵，老兵有他们的技术，但是这些人很厉害，你稍有不对劲的地方，他会教训你。我怎么带他们？靠的是新的技术，同时态度要缓和一点。所以我这个大排长还当得蛮舒服的。

我到炮兵教导第二营报到以后，训练这批来自别的地方的“新兵”，事实上他们是老兵。训练了一段很短的时间，我们就奉令出发打仗。当军人就怕没仗可打，打仗是最好的事。我们在夜里出发，从浦口上火车。我的马术还不太高明，碰到这匹马突然调皮了，它头一低，我人从马背上摔下，摔到水泥地上，好在年纪轻，而且是军官，不能在士兵面前丢脸，于是翻身一跳，跨上马背继续走，痛都不敢喊痛。但是可能受伤了，当时却没有检查，年纪轻，无所谓就过去了。

第二节 兴高采烈上战场

民国十九年元月一日，国民政府举行了隆重的授勋典礼，受勋的人共有八十九人，第一人是阎锡山，第二人才是何应钦。隔了三个月，在四月五日，国民政府下令免阎锡山本兼各职，并予拿办，这是戏剧性的一幕。第二件事是有关军事方面的，四月一日阎锡山、冯玉祥、李宗仁分别通电就任总司令、副总司令职，联合起来反抗中央。但是五个多月后，也就是在九月十八日，阎锡山发表了一个通电，大意是说：我们没有办法抵抗讨逆军，因此通电表示下野。这是第二件戏剧性的事。另一件事简直像小丑闹剧一般。十九年四月间，以陈公博为主的改组派要拉拢阎锡山，主张由阎锡山主政、汪精卫主党、冯玉祥、李宗仁主军，在党政军三方面互相合作。其间他们在北平召开扩大会议，参加的人不少，似乎很热闹，但是到九月十八日，张学良通电拥护国民政府，并且派兵入关，进驻北平、天津。汪兆铭偷偷地离开北平，闹剧才迁到太原，由汪电张提出国民会议、三全大会、约法等主张，就下幕了。我们的炮队就在这时出发，往归德前线。

出发打仗时，我们拖了几吨重的炮，要从月台上抬到火车去，完全只能靠人力来抬。这时候老兵的好处就出来了。我们这些新出来当排长的人见所未见，看老兵很内行，他们用几个杠子，几个人嗨一下就把炮抬上车，所以我相当佩服这些老兵。

我们这一连新来两个排长，我是第一排排长，姓蒋的是第二排排长，还有一名中尉老排长派在第三排。他有战功，不能裁，可是又是行伍出身，对新炮没知识，所以到第三排弹药排管运输，不必指挥炮兵打仗。在车上老兵和吾谈天，他指着和尚骂秃驴说："请你告诉蒋排长，他的墨水喝得太多了。"意思是说不要以为学校毕业有什么了不得，他自认为蛮有学问。甚至他们又说："请你告诉蒋排长，到了火线上，小心吃黑枪啊！"讲得很明白。当时我还不懂什么是黑枪，后来才知道在火线上，排长在前面领导，后面的士兵对着他脑后开一枪，这就是黑枪，确实火线上有过这种故事。

我们的连长是行伍出身，可是很会做人，做事周到，大家很喜欢他。他经验丰富，熬了好多年才当上连长。我们在蚌埠下火车，吃晚饭时，在院子里插一面布旗子，就有人来报到。问他以前在什么部队，他就说是张宗昌或什么部队。但也有不曾当过兵的。我们兵源不够，就这样沿途招兵，从蚌埠、徐州，一路收。这些新兵由老兵训练，他们一起生活，语言也通，习惯又相同，只要一个礼拜，就把新兵练得团团转，真是有本事。我们讲练兵，要上多少课，讲多少学理，他们什么都不必要，很短的时间就把新兵同化了。

到蚌埠以后，第二天吃过晚饭，连里九个班长通通跑到我房里来下跪，吓我一跳。我问他们有什么事，他们历数第二排排长的罪状。我要他们起来，告诉他们："我负责！"我立刻把第一排的兵叫来讲话，先安了自己的基本部队，再安二、三两排。之后再告诉第二排排长。搞了一晚，士兵居然听我的了。由于连长不大当家，做人婆婆妈妈的，我这下子好像成了龙头。我读了几年的军校，这种经验都没学到，这下子一个晚上学了好多。

第三节　归德炮兵上刺刀

我们走到河南归德，敌人是冯玉祥，归德城中有冯部集团军司令兼河南省主席万选才部和孙殿英师。北伐军层层施以包围，但专靠步兵打不开，于是成立炮兵指挥部，由杨杰指挥，集中炮兵力量，用了大大小小七十几门炮，其中改造三八式野炮一共才有四门，此外就是沪造山炮、大正六年炮、迫击炮。我们的部队虽然小，但是受炮兵指挥官直接指挥。

炮兵指挥部派了一名德国顾问跟着我走，他讲德文我也不懂，他也很笨。城外巷子不太宽，我把炮从土城推进去，距离砖城百公尺，在城门口把炮摆下。德国顾问用两拳做姿势，吾懂他意思是要我用两门炮交叉射击。我们炮弹有限，归德城墙很厚，乱打一气是不行的。我量好距离，先打进城门楼后面再落下，是顾虑会伤及百姓。后来听说城门大街里已经没有老百姓，所以我们就轰城门大街，轰完了再让步兵爬城冲锋。

归德城外头是土城，里头是砖城，我们包围归德城，敌人都在城里，城外是教导第一师，都是步兵，用长梯子爬城，他们离城一百多公尺就开始喊："杀！杀！"冲锋，一面走，一面跑，还没到城下，力气都喊光了，所以爬墙时多半爬不上去，城墙上用步枪机枪来打他们，不晓得打死多少人。教导第一师一位团长一上去就挂彩抬下来。炮兵离城门口才有一百来公尺，假使敌人冲出来，我们逃都来不及逃。所以我们开玩笑说炮兵上刺刀。但是这次战争就靠炮兵的威力。

打了好多天，有一天忽然看见城头扬起白旗，我们没有经验，老兵却说："敌人投降了！"大家好开心。敌人整个部队都出来了，武器就摆在城门口，马也带出来。

我的士兵把一匹黄骠马拿下来，骑在马上的是一位少将旅长，他吭都不吭声，马被拿走了，只好走路。士兵把马牵过来，向我敬个礼说："这马送给排长。"但是没有人敢上这匹马。我听人说马有灵，我对它演说了一阵子，很奇怪，士兵没办法靠近它，一靠近，它又踢又咬，可是我靠着它，它不吵不闹，因此我可以上马，别人不能上。我生平没有这种经验。我初出茅庐就打了个胜仗，打得很得意。真是初尝胜利的滋味。

第四节　总司令冲野鸡岗

关于归德城之战，当时蒋总司令是国民政府主席兼总司令，他在五月十五日亲自坐镇归德前线，把所有可能用的炮都集中起来，三天攻下归德。在第一次世界大战之后，有集团使用炮兵的原则，攻下归德城就是集团使用的效果。通常中国炮兵很少不是个别使用的，因为好炮就只有十几尊。我们军校成立炮兵教导营，这是一营兵，一营有三连，每连分配到四门炮，共有十二门炮，这是日本造的炮，称为改造三八式，射程有一万公尺；至于教导营外的步兵部队，则没有炮。归德之战时，我们临时被调去，直属炮兵指挥部。打完一仗后，教导师也改变了，教导营因此改编为独立炮兵团，实际使用时还是分散开来以连为单位。在作战时，第一线部队争着要炮兵，常常一排一排调派。其实一排一排用起来是有困难的，因为通常一连里，一排、二排都有炮，三排管炮弹，单独的一个排就不能带弹药，但是事实上我们还是一排一排用。

打完归德之战后，我们还在陇海路打冯玉祥，之后调到津浦路去。如果经过铁路，那要走徐州，会转一个大弯，路程很远，实际上我们不经过铁路，我们从归德到济宁，再从济宁到兖州泰安，泰安过去就是济南。后来我们被配给陈诚的十一师，先到曲阜。十一师有三个旅，战时前面两个旅，后面一个旅，主力是前两旅，后面一旅是预备队。

归德之战后，总司令部设在民权车站，就在火车上面，有一次冯玉祥的部队夜里来袭，非常的危险。

归德打下来后，再下来是兰封。这是一处重要的战斗地点，冯玉祥的部队在兰封之前的野鸡岗筑下深沟高垒，作战方式很特别，步枪、机关枪都打不着，所以我们打了好久都打不开，蒋总司令就亲自到第一线壕沟去。当时已经是夏天，但是还不太热，总司令披着披风，沿着壕沟走。所有的部队看到总司令来了，就齐声高喊："总司令万岁！"声音很大，连对面壕沟里的敌军也可以听得见我们的呼声。这是一种先声夺人的方法，可以镇压对方的士气。总司令亲自带了卫队营去冲锋，一冲就冲开了。冲开野鸡岗后，冯军溃不成军。冯玉祥的部队服从性强得很，但是比较没有机动性，他摆开部队不是正品字就是反品字，没有变化。因此前头一垮，后面也就没办法补救。

野鸡岗的战争并不是大规模的阵地战，只是一场野战，可是影响了整个讨逆军的士气！

冯玉祥部队退了以后，可害了我们，因为炮兵被调来调去，仗虽然打得少，却一直在行军。尤其从甲战场调到乙战场，半路上情况变了，又走回头路，通宵行军不休息！

后来我们配属给十一师，它有三旅，前两旅都要炮兵。旅长根本不是个个知道炮兵的性能，但是就是要炮兵。我们的炮是改造三八式，和要塞炮比，算是小炮，和现在金门的八英吋炮更不能相比，但是我们是野战炮，随时随地伴着步兵运动，所以在当时是作战部队争取的目标。作战时怎么用炮兵呢？各有巧妙不同，就看指挥官的学识能力了。

我们配属给十一师后，要向师长报到，因此要找师长陈诚。那个时候没有无线电，我硬是一路去问："师长在哪里？"一直不停地往前走。后来我把部队放在树荫下，带了号兵，两个人往前去找师长。在走路时，号兵突然对我说："报告！挂彩啦！"怎么？原来他中弹了。我要他把伤口扎起来，我们再继续往前走；突然在吾面前的沙土飞扬起来，我用脚一踢，原来是步枪子弹！可见我们距离敌人已经相当近了！陈诚他亲自在这么前线的地方指挥，证明他非常勇敢。

周至柔是第三十三旅旅长。有一天早晨周至柔来了，穿着一件汗衫，腰间配上一支手枪。我向他敬礼。他说："我们打一仗怎样？现在他们在睡觉，我们现在攻过去好不好？"我说："好啊！"他说："前进时会吹冲锋号。听到号音，你就加快射击；注意不要打到自己人就好。"说完他自己一个人走了。我们准备好射击诸元，不久，听到前面吹起冲锋号，我们开始按预定目标打起来。周至柔领头一直往前冲去。然后他从原路回到我们炮兵阵地说："五个村庄！"得意洋洋的说开心话！

由于炮弹不断命中敌人阵营，他奇怪地问我说："你们炮弹有眼睛啊？敌人前进后退都在你们的火网里，太好了！"我请他看：我们在地下打了许多桩，教士兵根据这些桩定炮位，我们像是按照地图一样打得很准。这也是敌人的弱点，他们人在壕沟里，阵地固定，他出了壕沟后退，我们就听号音增加距离，炮弹跟在前面或后面，使他们在炮弹的夹差中，进退都挨炸！

周至柔高兴极了，问我："你们有多少人？"我说："一百多人。""造名册！一人赏一元！"这是我们第一次在阵地上领赏。

在战场上，周至柔的从容不迫，真令人佩服。

我骑着黄骠马，从我们的阵地，沿着田埂走到壕沟去。我在马上，觉得马腿老在跳，原来是子弹打到石块，破片就弹射到马腿上。敌人打的是迫击炮，不像我们的炮那么精确，因为我们讲六千四百分之一米位。他们靠老式的标尺。我下了马，拍拍它，告诉马说："你回去吧！"它就自己回阵地去了。

我自己一个人往前走，不久看到我们的步兵部队。夜里作战的是教导第一师，白天则是十一师。十一师的武器、人员都不如教导第一师，但是十一师战力强，攻击力大，而教导第一师则冲不过去就只能守。

我走到壕沟，看到冯军士兵在沟中被打得稀烂，没有头没有腿的，壕沟里横七竖八的尸体，不忍心看下去！这种情况没听人讲过，可是我亲眼目睹了。我回来时，想起李华吊古战场文上的文句："尸填巨港之壑，血染长城之窟。"是小巫见大巫！这些破碎的血肉之躯都是我们打的，因为我们所用的炮弹有两种，一种是榴弹，另一种则是榴霰弹。榴弹是破坏之用，榴霰弹则是杀伤人马用的，炮弹炸开后，里头有两百七十个小子弹，厉害得不得了。这下子看到壕沟里的情况，才知道是自己打的炮，杀伤力太大了！

回来后，我饭几乎吃不下了。后来成为主张非战的人。这是我生平第一次亲见战场的惨况。

我们打仗的机会不多，但是一直在行军。有一天我们往前走时，冯玉祥的部队本来应该和我们打仗，不知道为什么退了。我们得到消息就追上去。到夜里两、三点，上头下了命令来，说这里不打了，要到山东去打阎锡山，于是我们回头走。

本来我们已经走了半天半夜，突然又回头行军，我实在疲倦得不得了，人竟然从马背上滚下来。马儿夜里不睡觉，这匹黄骠马很灵，当人滚下来时，它立刻不走，守在我身旁。这匹马是我俘虏来的，别人不能骑，就我可以骑。我滚在地上睡着了，马在旁边守着。还好当时前后都没有敌人。到第二天，我们又继续走。

后来上头命令下来，要我们跟李明的三十二旅走。李明是广东人，他原来学炮兵，他那个时代的炮兵比现在差得远，但他以为他自己是行家。我只是少尉，他是少将，于是他这也指挥，那也指挥，我就开他玩笑。他说："这两门炮应该摆在这个地方。"我说："可以，请旅长派一连工兵，把这一片洼地填高起来，我们就可以摆在那个地方。否则我们的炮，仰角不够大！"他说："喔，那么，摆在这个地方好。"我说："可以。请旅长派一排工兵来，把前面的森林都砍掉，我们就可以发射出去了。"这样他才不讲话了。

河南多沙地，地质松软，炮放在上面会陷下去，所以我把炮摆在马路上。那天下午，旅长又来，看到我这么摆，他说："摆这里好吗?"我答："白天摆这里，晚上就摆在后面的小高地。"他问："后面小高地距离这里多远?"我顺口说："一百二十五公尺。"他真的用步测走过去量，果然一百二十五公尺的地方有小高地，其实我是随口说出来的距离。

旅长又问吾，为什么晚上要退到后面去？吾说，晚上发炮时，炮口有火光，敌人会对着一团火光找目标，我们把炮放在后头小高地上，可以遮火光。"这一下他服了。

到第二天，他又到阵地来，我正在用炮队镜瞄准。他指挥炮兵瞄准，"碰！"的一声就打了出去。偏差一百公尺。我责问："炮兵违反射击军纪！我要枪毙你！"那名炮兵吓得直发抖。旅长也吓得一直后退。吾向他敬礼，问他是不是要打那个碉楼？吾说你看吾瞄准，"砰！"一炮就命中了。旅长说："目标没有了。"我说："目标还在。"原来旅长打的目标是敌人的碉楼，也就是了望台，这种了望台每个村庄都有，也是碉堡，这种目标相当坚固，一个炮弹打不垮，旅长外行。那天的风向是朝前吹，我就打后面一点，炮弹一炸，烟雾把碉楼盖住了，一时之间以为目标没有了，其实还在。两分钟后，烟消雾散，旅长拿望远镜仔细看，果然目标还在。由于我测方向很准，确实命中，使他很佩服。

他来看我的炮队镜，这是德国制的蔡斯镜。他说："这是啥玩意儿?"我故意逗他，要他把两手背起来向前看，他说只看到云彩，啥也没有。吾又转动对物镜，问他看见目标没有？他说："看到了，很清楚。"这样子他才晓得现在炮兵的花头多。我简直把旅长耍得团团转。

十一师的作战正面，第三十二旅在右翼，第三十三旅在左翼。吾接到命令，要从右翼移到左翼去，向三十三旅周旅长报到。当吾率领两门野炮走向旅部所在的村庄时，远远望见有一群人在庄外，吾继续前进，就看到红色金星的少将领章，吾知道这是周旅长，他们在郊迎我们了！我立刻滚下马来步行，举手敬礼。周旅长说，要不要进村子去休息一下？吾说不要了，请旅长吩咐罢。他说，那我们就上马，吾也跟着上马。他下马了，吾也跟着他走进田埂，周旅长一面走一面向吾简报前面的敌情，然后再告诉吾，我们这一方面的左翼右翼中央的情形。最后说，两门炮应该怎样安排位置，你是专家，请你决定！这样的礼貌，哪里像一位少将对待少尉；这样的尊重职权，更不像普通一位旅长对排长的态度，吾还能不奋勉自励吗？最后他跟吾约定，今晚要向山头那边的敌人进攻，他用信号弹表示位置，用冲锋号音表示前进。只希望吾不要打到自己人。我们看准信号弹，随着冲锋号音一路加距离，由四千公尺起，一次一次的加大加大，一直加到八千公尺，估计敌人往下坡走，走得很远，但平面距离所加不多，我们除了杀伤力，还有轰炸的巨响也足以摧毁敌人的残余斗志。第二天三十三旅前进得好远去了！还好没有碰到过我们自己射出去的炮弹啊！这是一次愉快合作的步炮协同作战。合作愉快的原因在于指挥官懂得指挥，如果也像三十二旅李旅长一样，反而会搞坏了。当时我看到周旅长那样的气概，就想这个人将来要做大事，后来果然他当了参谋总长。

冯玉祥部队使用的迫击炮，是河南巩县兵工厂制造的，有二十五公分大。有一天，我们看到前面麦秆都倒下来了，知道是对方的迫击炮弹来了！一直到我们炮位前面不见了！我们知道没有爆炸，钻进土里去了，如果炸开了，会把我们都埋了！为什么没炸？我们判断信管出了毛病。我们有一个传令兵，胆子大，就去挖炮弹，硬是把这颗炮弹挖出来了。他还慢慢地把炮弹卸开来，看到里面的硝走潮了，而且做得太粗糙，因此不能引燃。又有一次，我从一间小房子里出来，后脚还没踏出去，屋瓦突然“砰!”地掉了下来！只差半步就会打在我头上。这两个惊险镜头，反而使我们不太重视冯玉祥部队的炮弹。晚上他们用炮来打，我们还是照睡不理。为什么这么大胆？因为他们的炮兵笨，一方面测不准方向，一方面机动性很差。他们的炮弹没打到我们，因为他们的炮位不动，距离的远近全靠标尺，他们标尺的夹差有五十到一百公尺，而我们正好在它夹差距离之内，因此对他们的炮弹根本不以为意，晚上还在炮位旁边挖浅壕，铺干柴就睡觉，非常的轻视他们。而他们对我们的炮却怕得不得了。

一天上午十时左右我们在小森林里，对方的炮弹不断地落在森林的周围，一直打不到我们。我们的中尉排长是老炮兵，却胆子很小。那天，他看到对方炮弹在落，突然喊：“套驾！”也就是下令要把炮拖着走。当时我马上拔出手枪，大声说：“谁都不许动!”这样才把全连止住了。之后我才说：“敌人已经发现我们的位置，因此一直发炮过来。现在他们不晓得这里有没有人，没有看到我们还炮，以为没有人在林里；即使再打也打不着我们；要是我们跑出去，不正是给他们晓得吗？立刻追打，我们就要吃大亏！”我这么一说，连老排长也服了，于是他喊了一句口头禅：“老丈！”就等于说一声“他妈的。”

第五节　移防杭州再整训

十九年时，北方的主要部队是阎锡山、冯玉祥，而南方则主要是李宗仁。至于张学良，人家以为他反蒋，其实不然。国民革命军北伐时，张学良不参加直鲁联军集团；国民革命军北伐成功后，一直到十九年，张学良对中央都很好。十九年四月一日，阎锡山成立总司令部，准备反抗中央，邀张学良参加，但是张学良却不为所动。后来阎锡山又不断要求张学良出兵，张学良都置之不理，最后阎锡山要求张学良调停战争。

为什么阎锡山要张学良调停战争呢？因为十九年九月十八日张学良通电主和。当时曲阜已经攻下，阎锡山虽有山东军队与他联络，但是他不敢再打下去了，要宣布下野。那时冯玉祥也打了几次败仗。我们在陇海路打冯部，也去过津浦路，在津浦路上我们没打过硬仗，不像陇海路那样激烈。冯玉祥在陇海路上的败绩影响到平汉路，虽然他还在抵抗，但是看起来已经不太行了。十九年八月间，济南、泰安先后克复，北平扩大会议虽然热闹，可是阎锡山的军队已自认打不下去。九月二十八日，中央军攻下兰封，兰封再过去就是开封，已经到平汉路了，所以兰封很重要，算是陇海路的最后一关。等到开封收复后，冯玉祥的部队也退了。

大概在九月底，已经没什么仗好打，可是我们在山东境内却遇到了难题。我们一天只能行军一百公尺，那一段路是沙土，下过雨后，路面泡在水里，步行勉强还可以，但是炮车重，铁轮在软泥路上很容易陷下去。刚开始时还用两匹马拖，拖不动时，加两匹马，之后连四匹马也拖不动了，推来推去，轮子陷进泥泞里。北方的大马路都是当中鼓起，两边凹下，这是大车造成的槽，我们的炮重，两边的槽愈深，马拖不出来，最后用八匹马拖一门炮。马儿很灵，由一个人指挥，一马鞭打下去，全体马一起动，却还是拖不起来，推来推去，眼看快要天黑。后来垫了干草和木板，搞了一天，总算通过了。所以说：打仗辛苦，行军也辛苦。

我们驻扎在杞县。有一天，一匹马不见了，马上还有马鞍，兵也不见了，这是逃兵。连长很着急，因为马掉了，连上不但要赔，还要处罚。班长是兵油子，也不晓得他和那逃兵有没有私通？他说："这个逃兵是山东人，有消息说他可能回到某某村庄去了，马还在。"我带了中士班长和下士班长，三个人到那村庄去。一到，就找到了那匹马。村长出来打圆场。他拉住我的手，用手指在我手上划字，有勾结的意思。我也没讲什么，尽是听班长在嘀咕，他们还在我面前说好话。后来正式来报告，说马交我们拿回去，鞍也拿回去，至于要赔多少？双方一直在交涉。班长假装同我在商量，事实上是两边挑拨。村长招待我们一餐，后来我们把马、鞍都收回，对方还赔偿大洋七元。这个数目也不算小了，我就答应；其实我本来就没有意思要他们赔钱，是班长在那里做好做歹，两边讨好。

我们就三人四马回河南去。走在半路上，两个班长突然左右把我夹在当中，我知道他们过去是土匪，是兵油子，现在要讲条件了。他们说："我们这次很辛苦，排长也很辛苦，这七块钱我们最好作点安排。"我的心里很亮，但是我很沉着，我说：你们真有办法，连马带鞍都找回来了！我们有七块钱，一人分两块，还多一块，你们两人一人分半块。排长薪饷多，你们就不要客气了。他们意外的高兴，最后还对我说："这件事到连上大家不许讲。"这两个家伙有枪，要是我不这么做，在荒野之间，搞不好他们会把我干掉了，这么处置后，天下太平。带老兵，真的带兵如带火！

我们走陇海路转津浦路，到蚌埠后，晚上睡在火车月台上。这时候已经是秋深，我们盖着随身带的军毯。第二天醒来，中士班长不见了，再找一找，下士班长也不见了！这个下士班长是公认的老实人，而中士班长则很滑头，可是他的炮兵动作很熟练，就是喜欢赌钱，一有空就赌，但是只要枪声一响，他动作很快，第一个回到炮位上去的，一定是他。有一天在炮兵阵地上，他伸出一只手要我看，我看到他手上五个手指有五个金戒指，他再伸出来一只手，又是戴满的戒指，原来是他赌赢了。他很开心，认为同排长是知己，所以很天真地跑来伸手给我看。我看了之后没有骂他，在他一只手上拿下一个小一点的戒指，另一只手上取下一个大一点的戒指。他不吭声，真是妙透了。第二天早上吃早点时，他脸色不好，我要他伸手，一看，他两手只剩下一个戒指，我晓得他输了，于是把小戒指给他。他开心了，又去赌。过了一天，看他不讲话；再过一天，他还不讲话，要他伸出手来，看他双手的戒指都光了。我叫他要小心，再还给他大的戒指。这样他对我服服帖帖的。这样一个班长，我很了解他。没想到露宿月台，醒来后他人不见了，再找一找，连下士班长也不见了，他们的枪也跟着不见。他们干什么呀？做土匪去了！我们沿途招来的兵其中就有土匪。

回到南京后，我们又移防到杭州去。这时候已经是冬天，快要过年了。炮兵由原来的两团缩编一团，番号是第四师独立炮兵团，因为要裁员、裁官。然而士兵的缺额还是很多，还要补足。这时候好多行伍出身的排连长都被裁了，但是军校出身的人一下子由少尉升中尉，升了十二个人，每一连派两名中尉排长，各连都有四名排长。

这时候共产党起来了，在江西杀了十八师师长张辉瓒，把他的头钉在板上，放到江里漂流，要借此威胁我们的士气。

和共产党作战后收容的散兵，有一部分被拿来补充我们，所以我们部队里有好多湖南兵，他们听不懂国语，我们也听不懂他们的话。

我们在营房里练兵，非常枯燥无味，于是我办了一份油印的杂志，名为《沙漠中的牡丹》，刊登一些团里的消息。另外我们也捐钱，让弟兄们拉拉胡琴、唱唱戏，以作为调剂。

在营房中，团长是老长官，胆子很大，他下令集中各连的马匹到团部去喂。原来马匹在各连都喂得很好，长得肥肥胖胖的，自从集中喂了之后，每天都有马匹倒下来。因为每匹马都有固定的草料费，团长花比较少的钱来喂马，剩下来的钱就中饱。我们学生出身的排长对他这种做法感到很不满。担心再上战场没有马怎么办？我们有九个连，每连有四名排长，一共三十六名排长，大家联合起来写了一份报告，去找师长徐庭瑶。我们太老实了，没想到师长会把这份报告送给团长。报告上签名的人第一个就是黄通。

有一天晚上，团部里的副官到连上来，说是要办一个报告，要我在上面盖章。当时吾不明所以，后来才知道是一封说团长好话的信，把前面提到的那份报告都否定了。团长对我们用心很深，独立炮兵团从两团变为一团时，每一连本来只有三名排长，他改成四名排长，不但把我们留下来，而且有十二位少尉升为中尉。接着他又来做我的工作，有一天叫我到团部去，问吾愿意当营附还是当连长？他又说还是你去当连长吧。吾说我才当了三个月的中尉排长。他说他知道，现在有连长缺，你去当。他对我真是用尽心思。他做我的工作，我不晓得，我没有考虑过他的用意，对他毫无防备。

不料，有一天我们连上的见习官突然告我吃空缺。原来广东黄埔的军校，在张黄兵变以至广州事变之后，留下来的以及后来又招考进来的学生，都从黄埔岛搬到沙河燕塘，他就是那里毕业，毕业后被分发到部队当见习官。我对连上的见习官没什么不好，一直把他当排长一样的看待。万想不到他突然来告我吃空。吃空是部队里很普通的事，但是偏偏我从来不会这样做。他告我之后，团长把我叫去，问我知不知道见习官告我吃空，他说："你准备一下，我们是老乡啊。"他是江苏仪征县人，想用老乡的关系来讨好我。我说："随时可以点名，吾没有什么准备。"

第二天，全团官兵集合，摆了张方桌子，团长站在桌上说话。他突然请我们两位军官到，就讲吃空的事，接着第七连点名。点完名，一个兵也不少。本来团长想借此让我成为众矢之的，他没想到我是不吃空的。于是他走下来问我们连上的士兵："你们连长有没有扣你们的薪饷？"士兵说："没有！"又问："你们连长有没有吃你们的伙食尾资？"士兵又说："没有！"他又问："你们连长有没有扣你们的草鞋费？"士兵再喊："没有！"连喊了三次"没有"，如果其中有一次是"有"，他会把我整惨。于是团长就叫见习官，对他说："你告你们的连长！现在你出来报告！"见习官站了出来，向大家敬礼，才刚开口讲："兄弟……"，团长就骂他："谁是你哥哥兄弟？"团长站在操场中央的方桌上，借题发挥，骂了半个钟头。吾当然懂他的用意，他是骂我们三十六个人告他，他正好威胁大家，洗清自己。

后来军政部下令：张见习官开除军籍，永不录用！好凶！

我们驻在杭州，只剩一营两连人，好多部队都开走了。民国二十年六、七月间，天气很热，士兵突然“喔！喔！”闹起营来，营房里闹营的声音此起彼落。我也在营房，却没有什么异常的感觉，不晓得他们为什么会这样。我找了一根粗一点的竹棒，因为听老军伍说闹营时，竹棒一打就好。于是我跑到兵舍去，看到士兵在“喔！喔！”叫时，就用力敲，一敲，他们这一个营舍里就不响了，不晓得是什么缘故。只好逐间营舍敲过去，老兵都有过这种经验。可能闹营是和气候太热有关，同时营房也年久失修，士兵住在里面感到不舒畅？所以会闹营。

我们驻在杭州大营房里，只有两连人，和一个营部。营长是军校第五期毕业的，整日没有事，却不知道他在忙什么。有一天我到营部找他，他嘻皮笑脸，我实在认为他很卑鄙，一心只想做团长的红人。于是我对他说：“你醉生梦死，不知生死，朝生暮死，蜉蝣一世！”当时他听不懂，想了一想说：“你骂我呀？”我说：“是啊！”他有点气，对我说：“怎么骂我？”我说：“因为你是我们的营长，吾希望你做我们可敬的长官。”后来听说他写信给团长，团长答复他，把吾的差错报上去。吾为什么骂他，他那一付胁肩谄笑，无廉无耻的形象，看在吾的眼里，实在难过。

第六节　郑州开封再出发

二十年七月，石友三在河北顺德府（后来改为邢台县）叛变。从七月二十日开始，到八月八日投降，前后只打了十九天，是很短的战争。战事结束后，我们驻在开封，没有战争，从事训练整编。

炮兵编制屡次改变，以我所属的部队来说，刚从学校出来时，是中央陆军军官学校炮兵教导营；出发打仗时，编成教导第二师炮兵团，后来改为独立炮兵第四团；打了几仗之后，又改隶为陆军第四师炮兵团；我们到开封去了以后，又扩编为两团：独立炮兵第四团和独立炮兵第五团。我属于第四团，后来为了训练整补，又都归第四师管。第四师师长是徐庭瑶，他在师长里很突出，武器好一点的部队常归他指挥。因为他当过化学兵师长。

团长心里对我有芥蒂，迟早要找我的纰漏。果然后来借一件小事告我。我所在的营里，营长、营附都是湖南人，他们都是第五期同学，共事很久，俩人感情好得不得了，但是行为很卑鄙，我在杭州时骂过营长蜉蝣一世。营附比他更坏，完全是小人作风，他就想当连长。这回团长告我十大罪状，师部通知我到军法处问案。王营附假装好人对我说："不要怕，我陪你去军法处。"我说："我怕什么？你陪我去也好。"我心里老早明白，他想乘机当连长。到了师部，并没有开军法庭，军法官刚好是第六期的同学，大概他在大学里读过法律系，法律基础还不错，我们两人坐在行军床上聊天。他说："你团长告你十大罪状，你知道吗？"我说："我知道，会不会枪毙？"他说："笑话，你讲的哪里话。"我说："喔？那我全部承认。不要说十大罪状，多少罪状我都承认。"这个军法官也很好，他说："你们这位团长啊，大家都知道的，现在他来告你，你多少要有一点答辩，让我们也好报案。"我说："好吧。"我大概地讲了一点。他基本上认为这个团长是很坏的一个人。

结果团长所告同军法毫无关系。原来我们的徐师长精细得不得了，他常有手令给干部，并且印刷出来发给大家。手令里有一条规定：一连在一个月内逃兵达十二人以上者，连长要当二等兵两个月；这应该算是行政处分。那个时间在杭州，各部队每天都有逃兵，虽然团长告我十大罪状，一条军法也找不出来，但他是曲解，他细心的找出一个上半月和上个月的下半月，加起来刚好够十二个逃兵，并不是同月！只找到这个行政处分，所以罚我当两个月的二等兵。我心里亮得很，我去当二等兵，营附才可以接我的连长，那两个月以后，我干什么？我也不计较，因为当时我已经觉得环境很不好，而且我的基本观念是做两年革命军官，在这两年当中，我什么东西都经验一下，什么事我都不在乎。后来命令下来，罚我到第五团去当二等兵，这是团长失算的地方，我不在自己团里当兵。要去报到时，连上士兵还送我，我浩浩荡荡前去报到。

到了第五团，我先到团部，团部要我到第三营营部去。一到第三营，营长说："唉！你们这个团长！"他就骂起来了。我说："老兄，要给我安排哦，我是二等兵。"他把我交给一个连长。那个连长更是不高兴的样子，他说："我下通知好了。"他叫一个班长来说："黄连长要找一个位置。"那个班长好像认识我，大概我这件事情两个团都知道了。他很妙，只说一句话："我的班里现在没有空位置。"在营房中每名士兵大约有一公尺左右的位置，要是班长不暗中帮忙，挤一挤就可以了，怎么会没位置呢？但是连长说："好了，那只有我们两个人住在一起了。"我就在连长办公室架了一个行军床。

每天我除了和连长聊天外，没什么事。我告诉连长："出操我还是要参加，不然连上会少一个人"他说："检阅的话你就参加，不来检阅的话就算了。"结果上面没人来查，我一天就是吃饭睡觉，一点事都没有。这下我的机会来了。我观念中一直想念六才子书，但是还没有看过。其实真正所谓的六才子书，应该是讲《庄子》、《史记》、《离骚》等等古代的书，清朝以后讲六才子书，是指《三国志》、《红楼梦》、《水浒传》、《儒林外史》、《西厢记》等小说，那时候我观念中的六才子书，也是这从宋到明的六部小说，这下有时间看了。我先看《三国志》，再看《红楼梦》，每天废寝忘食，还没看完，两个月就到了。我看的《三国志》是《三国志演义》，不是陈寿的《三国志》，我愈看愈有兴趣，接着看《红楼梦》，更有兴趣了，这部书是曹雪芹现身说法，他是乾嘉时候的人，距离我们这个时代没有好久，康熙和乾隆一百二十一年是太平盛世，当时世家没事可做，整天就是风花雪月、闹家务，《红楼梦》的内容就是如此。曹雪芹是诚实的才子，写得太好了。

两个月过后就要回去，怎么回去呢？还是要等命令。第五团的连长、营长在我的行政处分期还剩一个月多一点时就天天在算还有几天，他们认为在未满两个月以前第四团就应该送公文来办理调回，但是一直没有公文来。两个月到了，还没有公文来，第五团的人抱不平了，他们说："第四团团长那么可恶，我们去问第五团团长。"他们对第五团团长说："那个人在团里已经期满，你应该让他回去啊。"第五团团长是个好好先生，他说："那我告诉第四团请他回去。"这样第四团才来公文把我调回去。

我一回去先到营部，营长把我带去找团长，团长正要去解手，很不高兴的讲了一句话："跟王营附对调。"我早就知道王营附要接我当连长，而事实上我离开两个月间的代理连长就是王营附。要我当营附，我还是到营部去。当时团长以为这么一来我非走不可，没料到我又回来了，所以他非常不高兴。而我们的营长，他的好朋友已经去当连长了，他想再找一个湖南人来当营附，但是我来了。营长第二天就同我讲："营附要管教育计划，"军队里头军事的教育很重要，一般干部都不懂这一套。这个营长没读过多少书，他以为搞教育计划可以难倒人，所以他对我不是好意。我问他几天要，他说："那当然愈快愈好。"我说："我明天交卷。"这个难不倒我，画两张表就好了。画好之后，他没话说。他又告诉我："你每天要出操，出操时营附要讲评。"他又以为讲评会把我难倒。军事训练在操场上举行，每天收操之前，十几二十分钟由长官讲评，评论各连优劣及应该改进的地方，有时候讲评是比较难的事，营附和连长同一阶级，可是好像能力强的人当连长，所以营附讲评不容易服连长。我虽然当营附，各连连长都是我的老同学，可是我毫不客气，收操前十五分钟，我喊："连长集合！排长集合！"然后开始讲评。十分钟完毕，众人欣然服帖，因为我们营里从来没有人这样做过，而且我讲的也入情入理，营长无话可说，我是得了机会出风头。

不打仗后，我们从开封南调。因为炮兵往往放在重要的地方，大战事中要用炮兵，平时炮兵则摆在首都附近。我们被派驻在安徽滁县已有数月，离南京非常近。

二十一年，一二八事件发生，战况激烈。一月三十日，日舰开赴南京下关江面，对着南京城打了两炮，情势紧张起来，我们奉命到南京去。但是因为江上有日本军舰，假如我们在浦口渡江，日军会用兵舰干扰我们，所以上面命令我们不坐火车，依北方话就是"起旱"，要步行走陆路。从滁县坐火车到南京，不到一个钟头，但走路则要一个礼拜。由滁县到南京，陆路会经过和县、全椒县、采石矶和江宁县，炮车走得慢，一天走六十里，还要渡江，一个礼拜可以到。

头一天晚上，我听到营长嘀咕讲不满意的话。他说："这次出发最惨了，草鞋费也没有，行军费也没有。"从前的军队，每次移动，第一笔费用是行军费，归营长、连长；第二笔费用是草鞋费，经过营长、连长领取，再发给士兵，当中有的营连长可以揩油。所以出发对部队长来说是件好差事。他讲了好多，嘀嘀咕咕的，我没有回答他，因为我以前没听到过这种事。我自己当连长，出发过许多次，却没有领过什么费。

第二天，部队到和县，这次同行的部队有二、三两营。第二营营长刘修林是第六期的，他很聪明、能干，长得很清秀，和我们营长一样是湖南人，他两人交情很好，一路上彼此协同一致。这天晚上罗营长对我说："我跟刘营长已经商量好，因为没有发行军费，所以要地方供给马干和其他东西，县政府乡镇公所送来东西时，要打收据给他们，你帮我盖图章。"他拿了他的私章给我。我说："好啊。"第二天就有人送东西来，我以为是马干，结果连白米、稻子都送来了，完全超出了实际的需要，等于是向地方收捐。我依照营长的交待，东西送来，收据拿去，每天都有人送东西来。

部队到采石矶后渡江，罗营长和刘营长商量，决定他俩人先到南京去，因为团长老早坐火车到南京城里了。他们先去见团长，两营部队就通通交给我，要我带到南京通济门外的通光营房。我说："好，没问题！"我就带着两营人到南京去。

我在夜里十一点到南京。营房很大，我找到自己的营部，看到营长坐在行军床上，他见了我，叹口气说："倒楣！"我问："营长有什么事？"他说："你不是打了很多收据吗？"我答："对啊，营长教我打的。""收据到那去了？"我不晓得。他说："通通送到总司令部去了！又不给我们发行军费，又不发草鞋费，老百姓捐献一点，就把收据送到总司令部，难道要处罚我？唉，岂有此理！"

部队到后休息两天，到了第三天，我忽然得到营长写的一个条子，叫我马上到南京城内三十四标去找他。我觉得很奇怪，不知道营长为什么到三十四标来了，是不是他调差了？找到他后，他在一个大寝室里，睡在双层床的下面一层。我问："营长病了吗？"他说："没有。"他和我讲话时，手没有拿出来，后来才发现他两手铐起来了。他说："倒楣！收据都到总司令部去了，就把我押起来。请你跟团长讲，我有一个兄弟是团部的军需上士，万样事都由我来当，已把我押起来了，不要再押我兄弟，否则我对父母没有交待。”我答应了。

回到营部，我真的对团长讲：“营长既然押起来了，军需上士完全听营长的话，请团长下要再押他了。”团长说：“好！营长关起来了，你来求情；营长兄弟军需上士关起来，你又来求情；你有那么多情来求啊?”他不卖账，我也没什么办法。我心里想，罗营长和第二营的刘营长都是团长的红人，平时团长对他们言听计从，今天这两名营长通通关起来了，团长见死不救，这家伙好狠啊。

营长既然被总司令部收押在三十四标，这时候营长的权责自然落在吾头上。可是团长对我是去之而后快的，而吾对营长的职衔，可以说，“无动于中”。尤其在这样的团长领导下，前途暗淡！

到南京已经好几天了，我曾到南京城见了一些朋友，感觉到南京市内的空气很紧张而又神秘。许多人都说现在有一个新兴组织，外面传说是蓝衣社，而真正的内容，谁都不知道。有同学见到我就问我，“你看过康泽没有?”我说：“没有，我不认识。”“你看过贺衷寒没有?”我说：“没有，我认识他，在杭州时他是我们的总队长，就是最高长官，但他未必认识吾。”还有人问我：“你看过滕杰没有?”我说：“我和他也没有来往，只知道是江苏同乡。”他们问我这些话，我不晓得他什么意思。后来我慢慢了解到：蓝衣社的组织很严密，是由校长组织的，要整个把国家改变过来，现在日本大军压境，为了团结一致对外，所以成立新组织。

我的想法是要做革命的军官两年。我读了三年军校，奉献两年给国家并不算少。二十一年三月，两年的期限已到，现在我应离开了，因为再这样下去也没意思了，也不晓得哪天才能升到中校、上校；至于当团长，当时全中国只有五个炮兵团，最高当到上校团长，再上去，偶而有人去当要塞司令，但是我们认为那种职务是养老，要塞要多少年才发生一次战争？不发生战争，守在那里没事做。我学的是炮兵，前途很清楚，而时局如何，我们部队一点也不知道，营长、团长一天到晚只想升官，我对上尉以下的职位都干完了，再上去也不过是少校营长而已，所以我该走了。至于走到哪里去？我一点都没有考虑。要选择什么路线？我也没有概念。

那一天，部队到操场出操，我很闷，早上起得迟，没有赶上出操。团长跑到我房里，站在我床铺边，看到团长来，我当然起身，并且把衣服穿起来。团长说："我站在这里这么久，你动作还不快点?"后来他先走了，我穿好衣服出来，他说："跑步！跑步!"我还是大摇大摆的走到他面前，他说："要你跑步，你为什么不跑步?"我说："我不是走到了吗？何必一定要跑步呢?"于是两人展开舌战。他说到我自己耽误前途等等普通军队里的话，不晓得怎样把我刺激了，我说："你不要自以为了不起，你是军阀余孽你知道吗?"后来我又说了一段："你不过是个陆军上校，我要离开你这地方，不出三年，就和你一般高。"他听了大为奇怪，所以他又讲了一些不好听的话；我就不讲了。他说："你讲啊!"我说："我讲了话得罪人，何必呢?"他说："你很会讲话，你讲你的。"我说："我没有话，我讲完了。"他唯一抓到我的是没去出操也没请假，于是我回去后马上写个条子请假一天。

这时候刚打完仗，通常部队逃兵多，逃官则没有听说过。团长怕逃兵多，自己站在大门口看。他没想到我这个军官也要走，走到他面前，递个条子请假一天。我出去之后就不回去了。这是从来没有的事，营房里大惊小怪。干两年军官的我时间已经到了，他大不了通缉我，但是我不穿军装了，他通缉什么呢？就这样我离开了部队，又跳进了政治圈里。

陆：那时候连长的待遇多少？

黄：不折扣的话，连长有五六十块钱。

陆：待遇蛮高的。

黄：不过，九一八以后，军官一律发国难薪二十块。生活相当苦。不但军队发国难薪，机关也发国难薪。那时候金钱不是我们考虑的因素。但是我们的营长是例外，所以我才骂他。没有料到他真的不知道朝生暮死的悲哀！后来听说当年的连营长经过抗战都当上了营团长了，他离开了监狱，向老部下求当一个营附都办不到，真够可怜！

第五章　全阶段的训练

军校毕业以后，吾经历了党、政、军等各方面的训练，现依次记述。

第一节　军官教育连学员

中央陆军军官学校毕业，便取得军官资格。一般性的毕业生，由学校送一笔治装和旅费，分发到各部队去。分发到中央军基本部队的，样样条件都好，而分发到普通部队的，待遇也不错；至于分发到军阀或者原属地方部队的，则会受排挤，很难处，有人待不住就回头了。我们属于特科大队，炮兵队又是特科大队里比较突出的，优秀分子也多，一百二十五人里，八十人被学校留用，没有分发。当时我们不晓得学校的计划。后来搬进校本部，成立军官教育连，让德国顾问来训练三个月，才知道学校要成立新部队。

那时候我们每天上课和出操。出操就是操作日本新发明的方向盘，盘上有四、五层，用来测定方向，是一种瞄准器，相当进步。以前的瞄准器都是根据度数划刻线测量距离的，一个圆周有三百六十度，精细一点的话加十倍，共有三千六百个刻度，而这种方向盘每一刻线则有六千四百分之一，比较更精密，每一个刻线的夹差为二十五公尺，比冯玉祥部队的迫击炮夹差五十公尺乃至百公尺好很多。这种方向盘我们买了两个，买来之后，会用的人没几个，每天出操时，就搞这个东西，在操场上轮班操练，拨来拨去，算是比较实际的术科，此外就都是学科。（又：当时我们用的望远镜，是最好的德国蔡斯镜）

上课方面由两名德国顾问负责，其中一人好像比较有权威，他参加过第一次世界大战，不懂中国话，随身有一名翻译官。翻译官的德文还不错，但是没受过军训，不懂军语。他头一天上课就翻译说："搁炮的地方。"我们大家哄堂大笑，现成的术语应该是"炮兵阵地"，大家晓得他是外行，所以看不起他。这个德国顾问最喜欢问肤浅的问题，往往问完一人，他要另一人再答，连着问了十几二十人，大家都烦了，这不是教小学生吗？

后来发生问题了。这个顾问讲的课，稍微涉及军事性的地方，翻译官就翻不出来。翻译官翻出来的话，我们明明晓得错了，但是不知道原文怎么。这样上了两、三次课以后，我们对翻译官就很不客气了，认为他翻得不对。翻译官心里也很着急，他认为他没有错，他是照原文翻译，怎么学生不满意呢？一定是顾问讲的不对，因此两人就在黑板前面吵起来了。他们一吵起来，就有同学起哄："走啦！不要上课了！"于是我们就走了，只剩顾问和翻译官。后来上面晓得这件事，认为顾问太差，所以把他辞退了。

成立军官教育连不到两个月，有一天教育长张治中亲自到队上来，教我们大吃一惊。他说："现在要分发，点到名的首先分发；我们要成立炮兵教导营。"这个营用十二门日本改造的三八式野炮。教育长共点了六个人，一连两名排长，三连六名排长。第一个点到的是我，他根据的是什么？完全没人晓得。所以我平生第一张委任状是校长蒋中正给的，这时候蒋中正已经当了国民政府主席，我们的委任状相当特殊。我的职务是试任少尉排长。

隶属中央陆军军官学校炮兵教导第二营第四连。

第二节　特别研究新闻系（与第六章参看）

我从部队下来以后，有人介绍我去别的地方当营附，我不考虑。他说："你那么骄傲啊？你是那一期的？"我说："不管是哪一期，营附我不做。""那你做什么？""我也不知道。"

那时候我没房子住，我们黄埔同队的同学在黄泥岗租了一间房子，里头摆几张行军床，一个月一人付两块钱，我虽然没住满一个月，也付了两块钱。住在里面的同学，都是从部队下来的。

当时还有别人介绍工作给我，我都不考虑，因为他们首先都考虑期别，然后再注意我当过什么。他们没有料到我根本志不在此，所以我宁可与失业同学住在一起，整天在南京市上逛街。

有一天，我到军校调查科，看到一个布告，说现在要招考特别研究班，研究什么？我不晓得，反正是军校办的，我就报了名。之后又毫无准备的去应考，考完了就去玩。我们曾经在滁县待过很久，我有一位同学在当地认识了一名女孩，他要我陪他一起到滁县去。从滁县回来后，发榜了，我榜上有名。发榜的地方是南京的三道高井，当地有很多训练机构。

这个特别研究班真特别，六个星期毕业，不穿军装，没有出操，就光是上课。上课时分系，多数是政训系。但里头有新闻系，我对新闻系很感兴趣，学什么？首先学速记。我学了两天，有一次特别演讲，我们几人用汉字来记，教官和有些同学用速记记录，记完了翻译出来，和我们的纪录一比，差别很大。教官虽然会速记，但是没有我们的政治常识，我们常识比较多，有很多术语、专有名词都记下来了。从此，我觉得何必学速记，许多同学因此不学速记了。但是我很喜欢听讲，有国际问题等演讲，我听得很有味道，也记得好些。

六个礼拜很快就结束了，又和军校毕业一样大批分发到部队，部分校级官做政工，多数的人是尉官，都下部队去了，但是留下二十人不分发，我又在其中，这真是莫测高深。不久，我被请加入了复兴社。

我参加这个组织期间被调查研究讨论搞了半年，后来听人家说，先前曾经三次提出我来都通不过，说我太复杂了，有汪精卫的关系；好像除了共产党，吾都有嫌疑？也可能有新国民党太子派新生命社等关系？他总是不就业？其中有一个关键是飘萍，后来我晓得他参加生产党的福建人民政府，在当中负了相当高级的责任，他曾经带三十万大洋到南京来，要活动李济琛参加做他们的领导人。有一位好朋友，他知道我和飘萍有关系，也知道我和飘萍的组织没有关系，他说："你何不写个东西给吾，拿给他们看？"于是我写了一篇文章给他。后来我的介绍人是特别研究班主任康泽和梁干乔，他们介绍我，是很危险的负了责任，吾却一无所知！

参加组织后，有一天书记康泽召集还没有分发的这二十人在中国日报座谈，这二十人有的已经参加组织，也有的还没有，大概都不成问题。这些人都是不简单的，尤其是两、三名四川人，都是自负不凡的角色，能力强，基础智识也足够。

康泽在会中报告说："现在要办一个政训研究班以吸收干部，将来毕业的人要到各部队去掌握政训工作。我们预备招收五百名学员，要派人去工作，从总队长、大队长、区队长到指导员、训育组长、教务组长等等。"他征求二十人的意见，有人愿意当指导员，有人想当队长，一一分派之后，康泽又说："有没有人愿意去当学员？当学员还是领少校待遇八十块，不足之数团体补贴。"我立刻举手，此外没有其他人，于是我就去当学员受训。

第三节 政训研究班工作

我在政训研究班时是工作，不是受训，也就是后来所谓的职业学生。在那个时期，国内的思想界，乱到极点，九一八以后，学生运动尤其闹得厉害，最严重的一次是在总统府门口挂一口钟，说是日本人这样子欺负我们，国民政府睡着了，所以要打钟惊醒它。另外就是到中央党部请愿，连教育部长蔡元培这样一个德高望重的教育家也挨打了。此外，行政院长陈铭枢也挨打过。委员长下野后，乱得更不堪设想，那时候青年界也是思想庞杂，各种报纸、杂志多得不得了，派系分立，闹得年青人昏昏沉沉。后来各党派力请蒋委员长回来。他回来以后，很有趣的，有一天各大学学生到南京请愿，全体中央委员、常务委员在开会，学生要求抗日，由戴季陶出面接见。他留着小胡子，刚一出来，学生就喊："昏庸老朽！不要！不要！"虽然他很会讲话，这下子也没办法讲了。然后由陈铭枢出面，学生一看到他，就喊："军阀！军阀！不要！不要！"没人可以讲话了，于是还是请蒋先生出面。蒋先生一出来，空气就不同了，他也很会讲话，他说："你们大家要抗日吗？我领你们去抗日！现在我们就准备！但是我们不是乌合之众，请你们大家参加训练三个月，训练之后，我就带你们去！现在军校都准备好了，你们想要参加的就签名，签名之后就到中央军校编队。"讲完之后，学生一声"哗！"散掉了，哪个真要参加抗日？所以还是他有办法。当时情势太乱，尤其是军队的观念还是不一致，地方行政也各自为政，讨逆战争虽然已经结束，可是杂牌部队还在；各地军队很多，中央直系的军队比较少数，尤其北方的军队最为复杂，于是要找一批干部到部队去辅导。

首先北平成立军事委员会北平分会，分会的委员长由军事委员会蒋委员长兼任。蒋委员长还没到以前，何应钦将军代理委员长长驻北平。为了找一批水准高一点的人，于是开办政治训练研究班。这个训练班没有登报，就在南京贴几个广告，招考大学、军校、政校毕业生。广告一贴出去，不到一个月，已经有一千多人报名，可见那时候青年要为个人找出路，也要为国家找出路。

决定受训之后我就回家去，在家里忽然接到辗转转来的一个电报，要我赶紧回南京去。我立刻回南京，找到团体的人，那时候我还有中国日报采访员的名义。到团体后，他们告诉我要准备考试，我说："派我去，为什么还考呢?"他们说："做做样子，不然不便工作。"距离考试没几天了，考什么我也不知道，反正应付一下。我就去考试了。

开学之后，根据放榜名册编队，我去报到时，看到我的名字列在名册眉上第一名，我看了很刺眼，队官何以那么没有头脑?这谁都懂我是特别派进去的，弄得我好难为情。后来我向阮总队长说："不要让我这样暴露了，害我不能工作。"后来他给我写个条子："学员黄通准自由出入营门。"不必要经过请假手续就可以自由出入，避免人家说某人老是请假。

另一方面和所有参加复兴运动的同志成立分会，在分会里担任干事。政训班主任刘健群没有参加分会，有许多事大家对刘主任不满意。

我们奉命在一个月之内将班上学员调查清楚，以便吸收好分子。本来规定政训班四个月毕业，事实上上了六个月课。由于期限短，我们开会开得很紧张。我们一共四个队，每一队有二三位同志，彼此间互不知道。我是第一队，队中派了一位浙江大学毕业的人在工作，他工作技术差一点，还没两天，就被我发现了。

一个月调查完毕，我们把优秀分子列册，而且很快分批地吸收他们。

可是刘主任却对于我们所列的名册说："好的还没有吸收。"这句话他讲坏了，每一队都有人在工作，报上来的名单都是公认的好学员，刘主任一个人说不好，怎么作准？而且大家明白他的意思是说他心爱的人都还没有吸收，这些人和他比较接近，在别人看来，都是趋炎附势的。

有一天在研究班的干事会议里，我提出这个问题说："吸收新同志要客观，不能凭感情。幸好到现在为止凭感情吸收的很少，因为大家都是考取来的，没有利害关系。我们调查工作已经做完了，刘主任认为优秀的人还没吸收，是因为刘主任有私心。"刘主任想表示打入群众，来参加小组会议，没有料到，他参加我们小组时，我站起来对他的论据表示怀疑，弄得他很难过。还有一天，复兴社的总书记在朝天宫召集会议，会上，不仅是政训研究班的人，还有其他的人也公开批评刘主任私心自用，在团体内培植他的心腹。

后来我们慢慢晓得刘主任的来头。这个组织是三民主义力行社，之下有革命军人同志会和革命青年同志会，我们参加革命军人同志会，刘健群参加的是革命青年同志会。学员当中，多数人是革命军人同志会。可是学员之间没有分别，有分别的是刘健群。他对革命军人同志会没有接触，只能指挥少数几个革命青年同志会预备吸收的同志，而这些同志也还没有能在第一批考核合格的当中，在组织里没有地位，所以大家很不愉快。

他确实很聪明，尤其会讲话，贵州腔的普通话讲得非常流利、生动，但是由于久在军阀军队中，后来才到何敬公的东路军总指挥部政治部当上尉，升少校，以后到总司令部，现在在政训研究班是中将，升得太快。他最了不起的是在民国十八年写过一部"蓝衣社的组织"，复兴社是民国二十一年起来的，但是大家因为他写的书而误会复兴社的领袖是刘健群。我们知道他不相干，而且他还是革命青年同志会的人。他晓得团体派了好多位同志在政训班，他当主任，但是没有人去找他，没和他接近，他不太愉快，彼此有成见。因为这是秘密组织，彼此如果发生误会，连解释的机会也没有。也许他太聪明，公、私生活不检点，家庭问题尤其复杂。他在家乡贵州有一个太太，但是另外又同一个小同乡（贵州遵义）罗宝华谈恋爱，后来两人闹翻了。罗在当年妇女界是杰出的人才，常常投稿杂志、报纸，和刘健群闹翻后，办了一份杂志，名称是《抗争》，这份杂志街上有卖，政训研究班同学每人送一本，专门破坏刘健群，把他伤害得很厉害。

这时候刘健群已经离开何敬公。后来政训班结束，成立华北宣传总队，刘健群是总队长。华北宣传总队要到北平去，而当时北平军分会最高军事领袖是何敬公，所以那一段时间是他平生最得意的时候。但是他太聪明，有时候自己误了自己。他到北平时，力行社同志工作在北平的仅有九人，这九个人都是知名之士，像桂永清、郑介民等等，有两位东北领袖，两位河北领袖，像我则算是小区区。在团体里却很民主，除大家捧蒋先生当领袖外，其他人没有哪个人是领袖。不过，一般人的看法，好像某一个人代表领袖，事实上不是如此。团体里有一个中央干事会很重要，有许多事情经干事会决定后就执行，至于内政、外交大政方针，则向领袖报告，可以说中央干事会干事有决定权，可是刘健群不是干事。

有一次他出了纰漏。我们正在开会时，有电话来找刘健群。当时他是北平军分会政治训练总处长，电话接完后，大家问："哪个打电话来？我们临时决定在这里开会的，他怎么知道？"他答不出来，只说："是何敬公的电话。"何敬公怎么会知道？既然秘密泄漏，大家立刻散会，另外指定地点集合。这件事搞得很严重。

中央干事会对刘健群也不大好，有两件事情可以证明。

第一件事是政训班受训完后，学员要分发，分发地点分几个部分，一个部分是两个实验县：一在湖北、一在江西，一县有十几人，有一位指导员被派去当县长，带了十几位学员去做干部。除了这二十几个同学到实验县去工作外，大部分的人参加华北宣传总队。为什么称为宣传总队呢？因为用宣传的招牌，可以不刺激到非中央系统的部队。总队之下有三个大队，包括东北军两个大队和西北军一个大队。总队长下面有大队长，大队长下面有中队长，中队长下面就是队员。比较与部队有些渊源的人士派当大队长，例如王德溥是东北军方面的大队长，阶级是少将。而中队长则是学员中比较资深的。中队长的阶级和大队部的秘书相同，我们三百多同学中，去当大队部秘书、中队长的有二十人，这二十人阶级特别高一点，相当于上校。我不参加分发为中队长，我连毕业文凭都不想要，当然他们还是发给我。我不接受分发，因为团体的组织处长周复已经派我为南京第八区分会的助理书记，负实际责任。虽然照例不发书面通知出来，但是已经有人告诉我。刘健群和我不和，故意抢先分发我当中队长。二十二年三月二十九日华北宣传总队在浦口上火车，到北平去。在前一天，团体里代理书记康泽要我到中国日报找他，我在夜里十二点到达的时候，他的客厅里大餐桌周围坐满十几、二十人，我一进去，看到有这么多人，以为轮不到我讲话，想不到里头办公室请我进去，见面后康泽一定要我到北平去，我讲了很多理由不愿意去。辞行时，他送我，从最后进一直送我到第二进的大门，沿路劝我去。吾不得不去了！

分发的人有新缝的军服、新做的皮鞋，我什么也没准备，但是第二天我还是去了，为什么非要我去不可？那时候团体里负组织责任的是江西人周复，他和我私人间没什么关系，完全秉公处理，他请刘健群不要把我派出去，结果两个人在电话里发生冲突。听说刘健群质问周复：“你们用的人是私人的还是公家的？华北宣传总队是公家的，已经派他当中队长，你们要另外派他什么？”两人讲讲，把电话都摔了。而最后代书记康泽，又如此诚恳的劝吾去！

我们到北平以后，一下子还不能分发，先要由总队部和各军各师联络好，正式行文去，然后定期到达。大队部配合军部，中队部配合师部。我是中队长，被派在第一一五师，我要等到命令出来才能走。正在等待中，总队部有人告诉我说，南京有电报来，要我立刻回南京到差。这件事我不能不告诉刘健群，他说：“现在是君山负责，告诉君山，你离不开。”他对着办公室说：“有线电快？还是无线电快？”办公室的人说：“有线电快。”他说：“发有线电！打给贺衷寒先生，说黄某人不能去。”他就是不肯我回去南京。后来庐山开中央干事会议。他不是干事，中央干事会当然可以指挥调度全国各地的同志，但是他不接受。庐山训练团开办，第三营水准比较整齐，要找指导员，中央干事会开会时，我们北平方面有两人参加，余洒度回来后报告说：“中央干事会决议北方八名同志调到庐山去。这八个同志第一名是大队长刘强，第二名是中队长黄通……”报告到这里，刘健群就说：“刘强不能调，西北军很麻烦，没有适当的人可以派；黄通更不能调，一一五师很麻烦。”他这么跋扈，大家就不能讨论，这样我又去不成了。我没去反而有人批评我，说我在北方阶级高，要留在北方。我们是到师部去，做了一段时间，才把宣传队改为政训处、政训室，实际上就是军政治部、师政治部，中队长就是师政治部主任。

刘健群口才不错，有一次北平学生闹风潮，他一上台演讲，娓娓动听，学生就散了。他在广东时，学生也不安定，他上台演讲后，也安抚了学生，这些是他了不得的地方。

后来他调回团体里当总书记，又同我好了，没料到十多年后大家进了立法院，在立法院里他把我当亲人。我也在许多方面帮他的忙。不过他做事情若干地方不太适合，第一是不会用人，第二是不会用钱，第三是不会应付女人。夫妻关系从一而终，是终身大事。他曾经真到庙里去当了一、两年的和尚。他手很松，常常花钱解决问题，这种做法在旧社会也许有效，但在现在这个社会有时候会弄巧成拙。所以靠近他的人都是会拍马屁、卑躬屈节、唯唯诺诺的人，有一点骨气的人对他不太好。我同他的渊源很深，三分三合，最后是合，却帮不了他的忙。

我对特别研究班本来不晓得它的内容，只是偶然看了布告就自己闯去报名，去了之后，才知道是复兴社借此吸收社员。而政训研究班则刚好相反，是预先晓得内容，团体里派我去工作。这件事也做得很成功，吸收不少人。

第四节　防空学校研究班

吾在政训班受训完毕，分发到华北宣传总队，后来调交通研究所当指导员。受人排挤，乃到江西星子特别训练班当区队长。不久随康泽入川，南赴贵州（详见下章）。

吾被调贵州省会警察局第五分局长，第五分局在南门外，吾住在局内，了解地方上大烟是全城普遍的，不能用激烈手段；赌风很盛，因为附近有营房；娼妓也因此较多；于是先抓赌捉娼，很快奏效！

这个分局长吾干得相当得意。地方绅耆认为没有见过这样年轻的局长；一清早北门的小学生赶来参加我们的升旗礼。问他们原因，说这里没有小偷，他们北门一带，晚上小偷跑屋顶，瓦片声音好害怕！

求全之毁比不虞之誉厉害。一次总局会报中，有位局长说，南门外的小偷，都由五分局赶进城里来了！这是明白的颠倒黑白。但也有籍贯和军校期别的观念作祟。分局一至四的局长，都是川滇黔的人；在军校是三至五期的。吾是江苏人，又是七期毕业，就此遭忌，岂不是笑话？

有一天总局会报中报告，中央防空学校要调训，我立刻报告："我去！"因为我学炮兵，防空学校就是研究这个。局长说："也对。"于是就调我去。我去的目的拟去了之后就不再回贵州。但是去以前，局长派我两个任务，一件是替省政府买消防车，第二件事是看看别的省市户籍警察的办法。因为有任务，我先到广西桂林，桂林户政好，治安好；再到广州，广州有几个消防车公司，我通通去参观，买了一部消防车；然后再转到上海，参观上海市警察局；最后到南京，参观首都警察厅。这两件工作做的都很好，消防车买回去，隔了半年，那时候我已经不在警察局，可是局里总务科长告诉我，我还一笔钱没拿，说是我买消防车的回扣，我说那是公家的钱，与我无关，他们上上下下都很奇怪。

我在防空学校受训，实在志不在此，但很奇怪，队上对我另眼相看。我们研究班在学校里是最高班，研究班出门时带队官常常是我，所以很受优待，不像是学员。

结业后，贵阳方面催我回去，我只好回去以后再说。

回到贵阳，知道总局长换了，新总局长姓汪，我不认识，我就拜访他，他告诉我已经决定调升吾当省会警察局督察长，等于副局长。我说："我没有学过警察，不懂多少事。"汪总局长很有趣，他说："你总比我多搞几天，你来当督察长帮吾的忙吧。"同时民政厅长也召见我，因为民政业务中有防空这一项。

贵州正式成立防空司令部，是在七七抗战前一年，司令由保安处长兼任，在保安处内增设防空科，由吾负责筹设司令部。这是民用防空也就是消极防空。司令部人员，是从所有与防空有关的机关借调，例如电力公司等等，调了四五十人。司令部成立那一天，都来报到。吾逐一介绍了这四十多人的职务和他的本职，随口报导，不看资料。出足了风头，也太露了锋芒。从此吾在贵阳，很受各界的重视。民政厅主任秘书巴壶天，有文名也很自负，他对人说："黄某人是长袖善舞"。防空科长由省主席顾祝同任命为上校，吾觉得好笑。后来省主席换来文人，郭警备司令和绥靖主任薛岳，都是广东人，很合作。但是要向省政府拨些经费，总是感觉为难，感情不融洽。有一天警备部要了解防空实务，找吾去问。吾答复他防空的第一关就是监视哨。于是郭司令就提出黄某人讲的防空设备不足等等。这一段谈话，中央日报的社论引用起来了！唯一大报看的人多，省政府很难以为情！有人怪吾为什么要告诉警备司令部呢？其实，任何人问吾，吾也必须实话实说。

第五节　抗战初庐山受训

二十六年八月，我被调到庐山受训。我在八月九日上山，到海会寺报到，一报到就上课。

八月十一日，团长（蒋委员长）训话："现在要打仗了，你们下山吧。"就这样，十二日匆匆忙忙下山，十三日真的在上海打起来了！这是训练期最短的一次。

其间有一段插曲。下山来时，我到九江等轮船，港口附近有很多旅馆，我在旅馆里休息。有一名女相士帮人看相，每人五毛钱，没有好久，她赚了好多块大洋了。后来看相的军人教她来找我，他们判断我阶级很高。这女相士到我房间来，说我的相怎么怎么好，我说："大相士，你还没看我的手啊。"她说："对！对！对！"一看，就说："朱砂手，好啊。"我晓得她是乱吹，没什么学问。我说："大相士，你很不错，可惜你没有好丈夫。"说得她毛骨悚然，确实她没有好丈夫。她马上站起来说："领教，领教。"就走了。那时候我看了许多相书，我大胆地说她没有好丈夫，乃是侥幸而言中。

第六节　革命实践研究院

总裁对于办训练很拿手，最早是在黄埔，办得很成功。北伐完成以后，开办庐山训练，效果非常大，尤其对军阀部队的影响很大。庐山训练是慢慢开办的，二十二年先办军官营，当时我在北平，中央要调八个人去庐山当指导员，其中第二人是我，可是刘健群和我作对不让调走，并且用我们来对付中央干事会，所以我们都没去成功。后来我知道，很多杂牌部队的部队长受训之后态度都改变了。

之后才是珞珈山训练，再来是峨嵋山训练，其后是复兴关（原名叫浮图关）重庆训练团。其中，庐山训练我只参加两天，其他的训练我都没去，尤其是中央训练团，第二期召集我，我的长官说："自己办训练忙得很，不能去！"他把我挡住了，我就没有去。后来办高级班。毕业后，全国各地的文官都在那个地方，而且这批受训人员的名单都在陈果夫手上，他当时是侍从室第三处处长，哪一省要厅长、专员、县长等等干部，都由陈果夫签报，于是当时许多人奔走于陈果夫之门，能得到他提携就前途无量。

后来总裁再办重庆国防研究院，训练人员更加高级，这些训练都很成功，有相当的收获。

但是大陆失败了，这主要是军事上的失败。总裁在汉口时就考虑过这个问题，说来说去干部的训练最重要，后来成立总裁办公室，研究一个设立革命实践研究院的方案。

终于在三十八年十月十六日，毅然决然在阳明山成立革命实践研究院。那时候阳明山没有多少房子，第一期开办，使用一栋榻榻米的房子，只能容纳五十人。过没几年，有一次大台风，房子吹掉了，只好在附近地方添建临时建筑，也可以说是违章建筑。又隔多少年，张晓峰当主任时，要办国防研究院，才造了比较像样的钢筋水泥房子。到现在，不错啦，有很有规模的大礼堂，有几栋二层楼房。

革命实践研究院第一期只有五十人，第一期至五期受训人员都是军官，后来人数增加一点，但是也不太多，到第六期开始才慢慢调来学校校长等文官，到十一期，文官调得不少了，从十八期起，女性学员也有了。立法院从十一期起每一期都调一些人。我还没有受训之前，已当选立委党部小组长，研究院通知我们小组长，每一期调一个人上山受训，那时候我们开玩笑这是“保长征兵”。

每一期调一人，多数人是求之不得，但是少数资深、有成就的党员就兴趣不大，所以要征求他的意见，有时候要费点精神才能调一个人。我当选改造委员后，总裁召见，党部小组长被召见，这是前所未有的事。他第一句就问：“你看过党部训练的纲要没有?”我说：“我看了，要办革命实践研究院训练干部。”他问：“他们有什么意见?”我说：“有的同志说：哪个来训练？我入党很晚，民国元年才入党。”总裁说：“他不愿意受训，你不要叫他来；愿意受训的人才调他来。”

到十七期，一个通知下来：从前在重庆高级班结业、国防研究院结业、现在当立监委员或国大代表、中央军校毕业、中央政治大学毕业等等，两、三百人通通要来受训，所以十七期的人最多，我也在内。

我在四十一年四月九日上山，四月十一日开学，当时天气还很冷。洗脸用冷水，冰冰的，吾就此养成习惯用冷水洗脸。

十七期里怪物很多，黄朝琴就是一个。夜间集合号一吹，紧急集合时，最先到的是黄朝琴。他肚皮大，为什么会跑第一？原来是他还没睡觉。夜里十二点钟，大家都睡了，他还在开“地下讲座”，在那里聊天。

不过，十七期风纪之坏，也是前所未有的。我们的主任是万耀煌，他当过陆大校长、省政府主席，有他的高明之处，他晓得这些人惹不起，可是不讲又不行，于是讲了个把个钟头，委婉曲折，要骂也不敢骂，要捧也不敢捧，绕山绕水之中，大家听得很明白，知道他是骂我们纪律太坏。骂了以后多少有一点效果，毕竟学员中社会上有地位的人很多。可是副主任邓文仪就因此搞垮了，他在夜间集合时讲话，讲得不伦不类，用共产党用的术语，同学反应坏，认为他身为副主任不应当满口共产党术语，后来院长把他换掉了。

在我受训的十七期结业后，照例要推几个同学做留院研究员，负责整理学员的研究报告，我也在内，所以我在山上多留了半个月。就因为这半个月，我能有借口把台中市党部主任委员的工作辞掉了。

整理完研究报告没有多久，倪文亚当革命实践研究院副主任。听说有一天总裁问经国先生：“倪文亚在干什么？”经国先生说：“倪文亚是立法委员。”总裁说：“我知道。他太闲了，把他调到山上来当副主任。”副主任也很闲，没有固定的职务。那时候革命实践研究院已经训练一千多人，于是成立通讯研究部，要把每期结业的人联系起来。先由中央改造委员会通过方案，发交革命实践研究院，再由革命实践研究院制定通讯研究部组织办法，派倪文亚当通讯研究部总干事。总裁的观念是做大事不要做大官，很重要的职衔也要改小一点。革命实践研究院副主任的地位很高，但是到通讯研究部却当总干事；中央党部的总干事地位还在副主任之下，阳明山的副主任本来比中央党部的副主任还要高，相当于主任，现在还要用总干事的名称，这是总裁的做法，做大事不要做大官。

负责人既然称为总干事，实际工作的人就只能称为干事，由总裁指定了十位结业研究员，其中有党工人员，有军职的少将、中将，有教育人员，有民意代表，我也是其中一个。

我们已经结业，前半个月吾就是留院研究员，但有些同学就是下一期的指导员也叫留院研究员。在通讯研究部当干事，等于长期性的留院研究员。

要开始工作之前，院长慎重其事，单独召见这十个人，当面交代我们出去后怎么访问，怎么联络，怎么转达他的话，同时要博采众议，听取大家的意见。那个时代总裁最注意两件事，一件事是推举人才，所以他召见我时，对我说："你要给我推荐人才。"另一件事是提意见，说明对党政军有什么意见。他交代这十个人到各地方去，回来后要交报告，报告的内容重点，一个是人才，一个是大家的意见。

第七节　联合作战研究班

革命实践研究院第一至二十五期是第一阶段，所以我说是全阶段的训练。第一阶段训练完了，总裁就办第二阶段，目标是从新建党，当时已经改造，所以先办一期建党研究会，挑选各方面对党务有经验的人来受训。这一期结束后，就开办党政军联合作战研究班。因为以前训练过的军事干部只晓得军事作战，不懂党政军的联合，现在集合党工人员、行政人员、军事干部来受训，这些学员来自第一阶段受训人员，是总裁认为比较可以深造的人，由总裁自己圈选。那时候总裁只有六十多岁，他对每名研究员的自传都要看过，因此把眼睛都看坏了。

开办党政军联合作战研究班后，我们通讯研究部十名干事中，少数有几人调到联战班，有几人还没有调到，就主动离开通讯研究部，连倪文亚都不晓得。后来他问："怎么回事?"我说："我们不好再做了，通讯研究部的对象是辅导结业研究员，党政军联合作战研究班结业后，我们马上要去联系，我们自己都没有参加过，这就不方便。"他说："分批、分期调训的嘛。"

到了第三期时，调到我了。前面第一阶段是一个月毕业，联战班要三个月，时间长一点。受训的内容是党政军联合作战，有作战上的军事方案，举行演习。我们那一期演习大鹏湾登陆，我们研究登陆地点的选择，研究用多少陆海空军兵力，由留院研究员做好方案，同学就来演习，每次演习完毕，总裁亲自讲评。这是纸面上的工作，可是非常认真。那次演习被讲评得一塌糊涂，总裁说："这个方案照这样做的话，大家都会变成俘虏，没仗可打了!"草拟方案的人，也是留院研究员，而且是学军事的两名中将，应该是军事专家，被总裁一骂以后，两人都下台了，连军职都动摇了。

另外是文官演习，假设一县或一专员区（行政督察区），演习的科目还是县政府。同期的同学当中，有好几个县长，组织好几个县政府，演习在当地兵工粮款怎么应付?管教养卫怎么推动?研究班的方案很多，预备将来印发给各部队，打仗时可以使用。联战班共办了十期。

同时，在石牌有一个所谓的地下大学，他们也在办训练，可是没有名义，而且不公开，是为了避免中共知道，尤其担任训练的有两位教官是日本人，主要的教官是日本人白鸿亮，这是翻译的名字，原来日本名字不知道是什么，他对军事训练很有研究。这一批人毕业后没有名义，就并入联战班，所以郝柏村跟我们同期，可是我们没见过，我们结业以后，开同学会，他来了，我觉得奇怪；而且不只他一人，还有其他的中将、上将，后来知道他们是所谓地下大学的人。

联战班结业以后，我一直没有回院。民国四十八年，通讯研究部要我去当副主任，以前称为总干事、干事，后来因名称通俗化，总干事改称主任，另外设一名副主任。这时候倪文亚已经当中央第一组主任，通讯研究部的主任是詹纯鉴，他是台湾省党部书记长，正在办选举，不能来，革命实践研究院主任张晓峰他们商量要我当通讯研究部副主任，负实际的责任，一般的情形来说，当副主任却要他负责，是不可能的。他们认为詹纯鉴和我的关系可以办到，所以他们打电话给我，我说我没有话讲。就这样子我负责通讯研究部，名义是副主任。

本来通讯研究部的主任一定是院的副主任兼任，后来他们把通讯研究部主任设在院的副主任之下。我们的基本观念是留院研究员，既没有阶级，又没有待遇，连汽车都没得坐，一直到我当立法委员党部书记长，才有车子坐。这个工作我由干事、副主任、主任前后做了近二十年，其间大部分时间用在联系结业同学身上，但是最积极的事是建造实践堂。

兴建实践堂是我的得意之作，自认为真正替国家，替党做了一点事。造房子，哪个机关都有？可是我们不同：没有一块钱，没有一寸土，赤手空拳造了这么大的一个房子，在中华路延平南路之间。一共有七百五十坪建地，面延平南路三百坪四层高，面中华路四百五十坪十一层高，超过三十五公尺，是当年台北市三大建筑之一，另外两大建筑是国父纪念馆和土地改革馆。

实践堂兴建成功，第一个要归功于袁守谦主任，他大气磅礴，信任干部，对干部不干涉，一句话做了再说。第二个要归功于詹纯鉴，他虽然先在省党部，后在阳明山，可是他倡议这件事。实际的工作才由吾来做。

原来通讯研究部在贵阳街办公，这个房子是保安司令部的。日据时代，军部、总统府、法院、银行排成一列，军部前门开在爱国西路，后面是最高军事长官的官邸，面积有一千多坪，靠贵阳街博爱路。当时彭孟缉是保安司令兼革命实践研究院副主任，所以能把房子借给通讯研究部。但是那个房子太老了，白蚁把大梁吃掉，台风一来，真危险，已经掉了一根大梁下来，这个房子非要拆掉重建不可，无法修补。

由于革命实践研究院结业的研究员很多，院长下令要联络，同学经常要开联谊会，但是当时台北市的公共建筑太少，想开联谊会，找不到地方，常用的地方是警务处大礼堂，现在来看那是很落后的建筑，可是在那个时候是很难得的所在，此外哪里能借得到两、三百人开会的地方呢？

后来同学在办公室后面，向博爱路开门，自己捐款造了一个小规模的实践堂，至多只能容纳两百人，而且台风漏雨。虽然地方既小，房子简陋，可是吴稚晖老先生过世之后，就在这个房子里供各界人士来瞻仰遗容三天，可见当时真不容易找出适当集会的地方。

袁守谦先生来当主任之后，听我们大家的意见，有一个构想，说我们现在有同学一万多人，最大的联谊会大约有六百人，要到哪里去找可以容纳六百人的大礼堂？我们不要外求，我们何不就在办公室前面空地上造一个房子，由另一个机关来共用，我们只要一个礼堂。那个时候，不像后来有营造商和地主合作的办法。袁主任对这个构想并没有反对，但也没有什么把握，先做着看。

这个消息一传出去，居然西门町有好多人来找我，我当时在西门町商场上有了名气，今天这人请吃饭，明天那人请吃饭，其中也有结业同学，都来谈过！搞了一阵子，我发现不对：他们完全是做生意的人，把我扯在里头，我变成商人的筹码了！若以后有人问我："你赚了多少钱？"我跳进黄河也洗不清了！

尤其可恶的是我们自己的同学周秀兰，她是泰国侨领的媳妇，找了妇工会副主任带来看我。她很有钱，神气十足，进来后把皮包往我的写字台一搁，就说："吃饭去！"我们一面吃饭，一面谈实践堂造房子的事。我心里想，她是当一桩生意来做，不是提供同学的意见，吾要拒绝她。她问我有什么条件，我说没有条件，她说没有条件，怎么订约？我说我们大约要使用六百坪，房子不能超过八层，六百坪之外的地方由建筑商来用，可是建筑商我们要"验资"。这是我现学来的，意思是要有财产保证。她问验资的数目是多少？我说新台币两千万。那个时代两千万是不得了，她还要充有办法的样子，说："好！好！没问题！"可是她去了就不回来了。再有钱的人，把两千万冻在银行，还能做生意吗？

还有人好像是富商，找出吾常接近的故交，就请我们两人吃饭，他家客厅里有酒吧，画了好漂亮的一张图样给我看；我心里很明白，这张图样绝对不是为我们画的，因为画一张图要好几万，我对他虚与委蛇，赞口不绝的欣赏图样，但对订约事，吾说不是吾负责的！

连续好多天，包围在商圈里，真是吃不消！我灵机一动，在同学的联谊会中，公开宣布，造新的实践堂，不与商家合作，限于和同学主持的公营事业合作。这个宣布很有效，商人不敢来了，同学中头一个电信总局来了，电信总局就在隔壁，总局长钱其琛同学说，我们只要造一条桥就过来了。

那时候黄杰当警备总司令，他听到造高楼的消息了。黄杰和袁主任非常要好，他说："你们房子造好了，我们警备总司令部就垮了，因为你们比总统府还高，我们警备什么？我换一块地给你们造房子好了。"后来在另外一个机会中遇到黄总司令，我说："我们是同学联谊会，不要找偏僻的地方，交通要方便。"他说："没问题。"没料到居然就在延平南路，竹篱里头有一栋日式房子，他们挂了一个牌，要里头的住户限期搬走，一户补偿两万元，全部搬走，房屋拆除。所以后来警总政治部主任王超凡问我要这些钱，我说："我们只有人，没有钱；人员天天增加，钱是没有的。没有办法。"

地点确定后，电信局不来了，因为双方距离太远。于是我们在联谊会中继续报告。有一天，我在自己的律师事务所接到中油公司来电话，说总经理胡新南要来看吾，他也是革命实践研究院的同学。他带了财务协理、人事处长等五位大员，谈了几句话，我们一拍即合，就是由他们出钱，我们出地皮盖房子，房子要怎么造，要我们同意，于是组织一个实践大楼兴建委员会，我们派两个人负联络责任，后来派我和另一位总务处长，平时不管事，开会时去参加。兴建委员会由姚总工程师主持，他是圣人，所有石油公司的工程都是他经手建筑的，他不但没有赚钱，还挨了不少骂。建筑商打过交道的都骂他，说他太精明太刻薄！

委员会成立后，因为大家晓得革命实践研究院要造房子，而且是通讯研究部管的，多少知交好朋友给了我意想不到的压力。

尤其可恶的是打捞公司总经理吴新干，他同我关系不够，就找了我经常一块的南京人立法委员，叫他来找我，我们平时一起吃饭，没想到那天一下车，抬头一看，是东云阁酒家，他们准备好了，总经理、会计长、总务主任、大批人都来了，一坐下来，一人一个酒家女，他们还问我："更夫兄，你的小姐呢？"我说："什么小姐？""别人都有，你怎么没有？"我说："有啊，这里的小姐都是我的小姐。""你不要胡扯嘛！究竟是哪一个？你叫嘛！"我说："张小姐、李小姐都是的。"那样子吃饭，专为我一个人，完全是做我的工作。打捞公司本来是捞沉船的，怎么这下子到岸上来造房子了？我告诉他们："我别的帮不上忙，我只能报告进度通消息，让你们知道进行什么，因为我是兴建委员会委员之一。其他的我根本不能做主。"他们看吾作不了主，就设法往上找，找上了袁主任。吴新干居然上公文给袁主任，里头有两句话："你当部长时，打捞公司代交通部有许多开支，我们有些待归垫的亏空，现在要造实践大楼，请你把工程交给我们弥补弥补。"这是将一军。想不到袁主任批示："交更夫兄"四个字，这是他对我的信任够，知道我不会和他们勾结，也不怕他们威胁，袁部长不会用他们钱，无从威胁的。他这么一批，我心里有数，知道他不接受任何人情的压迫。

他们来催问公文到了没有，我说到了，并告诉他们批了四个字。他们问我怎么办，我说："我在兴建委员会，只能通消息，兴建委员会有好多工程师，其中有一位总工程师，他对有意承造工程的营造商发通知，你们来也可以发通知，现在已经有三十二家，这三十二家大家议价来比。"于是打捞公司也送来议价单。姚总工程师告诉我："来了三十二家，现在要去掉一半十六家，这十六家价格太高，第一家就是打捞公司，比别人要加一成。"我们是包工不包料，工钱一千万。十六家再淘汰八家，八家再淘汰四家，四家再淘汰两家，最后剩下造国宾饭店的建业和陶馥记两家，请胡总经理来决定。胡总经理打电话给我，告诉我他很困扰，说剩下的两家中，建业估价比较便宜，少五十万，可是论建筑商，陶馥记比较可靠，他不敢决定。我说："我请你和袁主任见一面，他住在温州街十三号，电话号码吾也告诉了他，我跟他联络好，说你要看他。"他去见过袁主任后，告诉我："解决了！"我把情形报告了以后，袁主任问我，一共一千万工程费中的五十万是几分之几，我说是二十分之一。袁主任说："二十分之十九都出了，二十分之一舍不得吗？"所以就交给陶馥记。

交给陶馥记得了两个好处：第一，施工两年多，没有追加过钱。第二，如果照建筑师的图样造大礼堂，大门会打不开，因为图样错了。营造商提出质疑，建筑师不知所措！于是靠营造商来修改。第二天起，建筑师就不来了。五十万建筑师公费也不敢领，好在事前就承诺还要捐一部分给公会建造会所用，所以全部由公会领去了。这件事办理之初就考虑到：一则造大楼毫无经验，一则地点靠近西门町商场。一开始就主张成立兴建委员会，本院两人只负联络责任；向同学联谊会公开报告，进一步限定与同学主持的公营事业合作。在办理过程中，一切公开。明知道许多同学或其他好友打主意承包：土木、水电、五金、玻璃以至冷气等等工程，全部落空了，吾得罪了多少好友？但顶多怨吾这个朋友不够意思甚至无情罢了。

当时这栋实践大楼，是内政部特准的三大超高建筑之一，其他两栋是土地改革馆、国父纪念馆。市政府对实践大楼不敢决定，还是内政部长连震东主持会议通过的！

另外一个问题是怎样答复院长的质问？在当时，公营事业机构，不准大兴土木，是立法院预算委员会的决议；院长也曾在一个机关责备过："你们不想回大陆了吗？"而且机关与营造商合建房屋的事，市面上还没有过。适逢行政院内有一个餐会，主人是副总裁也就是"副总统"兼"行政院长"；席间，袁主任提出报告，正好“国防部长”、警备总司令、参谋总长、经济部长等都在座。大家一方面夸赞这个合作方式，一方面也不约而同的愿意，如果“总统”兼院长问起来，大家共同负责，互不推诿。其中尤其重要的是宴会主人陈副总裁，他也表示支持，就此大家放心。事后院长莅临实践堂，前后巡视一过，认为满意；还问过一个出人意外的问题：要多少钱一月的维护费？房子造好了，维护费很重要！院长在训话中讲过多次的。袁主任据实报告七八万一月，总统听了，连说不贵！不贵！

实践堂的产权属于革命实践研究院。有一天我碰到徐立德，告诉他我要找个时间拜访他，他说他来拜访我才对。我想要提供他意见，为实践堂成立财团法人，不然的话，将来怎么办？

陆：所有党的财产都应该登记才有产权，否则许多财产都被市政府要去了，像中山楼，党花了多少心血，现在却属于市政府了，而钱宾四也被赶出素书楼，这是不应当的。

黄：实践堂应当成立财团法人，是革命实践研究院结业同学的同学会。这件事我一直念念不忘，你这样一讲，我格外要加紧告诉徐立德，早日办理登记。

第八节　战地政务研究班

国家安全会议成立后，设立四个单位，而蒋经国负责其中的战地政务委员会，他举办战地政务研究班培植战地政务人才。由于敌情常常在变，到后来，发现原先的计划常派不上用场，例如针对人民公社拟计划，结果人民公社过去了。

战地政务研究班的课程太机械，讲课的人不敢放肆的讲，所编讲义连一个字一个字都算好了，写好字，有时候用银幕显示出来，对着银幕读，刚刚读完，时间也到了。当然也可以自由讨论，可是时间太短。

最初由蒋经国自己负责，后来由唐纵负责。战地政务研究班人才从沿海各省开始调，之后调内地人。老先生对培植干部真下了功夫，办了许多训练班，蒋经国也跟着做，却很不同，因为蒋经国是第二代的人，对干部的吸引力不如老先生。

蒋经国办战地政务研究班，主要让这些人有所联系，受训时间很短，在几个礼拜当中，每个礼拜都要交换房间，让同住的人认识。

第九节　国防研究院七期

联战班是训练的第二阶段，办完十期以后，改组为国防研究院，张晓峰同时兼任革命实践研究院主任和国防研究院主任。国防研究院是怎么来的？这是第二次世界大战以后的产物，二次世界大战后，战败的国家，当然被破坏了；但是战胜的国家也是疲敝不堪，所以大家研究打仗究竟是打什么，因而产生“大战略”这个新名词。以前最高军事学校是陆军大学，后来改称三军联大，研究国家战略，国防研究院研究的战略层次更高，称为“大战略”，其实就是非共、反共，反共是和共产国家集团的对抗，非共的国家不一定反共，但是非共和反共有的地方可以合作。这时候日本宪法已经规定不能有军队，他们也反共，就在这个立场和我们合作。

国防研究院只办了十二期，毕业了七三三人，花了不少钱，十二年当中长期的调训，每期召五十人左右，后来召六十人甚至于六十几人，都是文武各半。

十二期当中，立法委员只调了廿八人，每一期调一二人，就只有我们那一期（第七期）一下子调了四人。第七期以后，除了十一期又调一人外，没有再调立法委员。

一般说来，少将从国防研究院受训后一定升为中将；中将如果被调训，上将有望。因此军人调训非常严格，完全是被动地被挑上去，军职人员一旦被调到国防研究院，每人都是志得意满。

但是也有两个人因此老命丢了，一个是黄埔第一期的王锡钧，看他的样子年纪很轻，他是中将，被调训时，全家庆祝，朋友也来恭贺，他进国防研究院，到结业前两个月，突然通知他退休，他的年纪已经过了退休年龄，本来以为调训就可以免退休，不料通知仍然来了，他人就这样呆了，每天喃喃自语说："国家对不起我。"就这么一句话。结业后回家，半年就过世，因为他神都没了。

还有一位江西老表胡献群，他参加国防研究院结训学员东南亚考察团时是团长，因为他是中将，考察团团长一定是将官，外国以军礼欢迎。他受此尊荣，大家说那时候他已经有点走样，考察团通常好几人乘坐巴士，可是团长单独坐一辆车，人家还要派同阶级的人陪伴，前面有开道车，插着两国国旗，一路都是绿灯，威风凛凛，自己很神气，对同学不大理会，很多作为都有点不平常了。但结业后亦受命令退休，不到一年就过世。所以军官被国防研究院调训，比什么都高兴，可是就怕退休，一退休，什么都垮了。

陆：国防研究院一共办了十二期，从现在来看，毕业的人是不是都有很高的地位？

黄：多数是这样。除了武官，在文官方面人都散了。

关于升迁，最高阶的武官，安排会困难一些，譬如胡宗南，他老早是上将，而且名望太高，除了当国防部长，没有职务给他做，但是或许他的年龄也大了一点。另外有一位罗列，第五期毕业，他也是上将，大家对他很好，认为他希望无穷，但是毕业后没有适当的安排，最后抑郁以终。本来武官的出路就太少，只有参谋总长、国防部长，求其次的话有参军长、总司令。

至于文官，前前后后行政院长有孙运璿、俞国华、李焕；部长比较多一点，头一个是李国鼎。我们第七期年龄最小的张建邦后来也当部长了。头一个出去当部长的是经济部长陶声洋，他一毕业就当部长。他发得早，也死得早，留学德国，娶了德国太太。他当经济部长时，他太太跑到经济部去吵："还我丈夫！"说他当了部长，见都见不到了。陶太太死要钱，陶声洋当部长后，住公家的房子，把中和乡一栋自有住宅卖掉了，他太太把钱拿回德国去，就花光了！陶声洋的生活太坏，每天中午就只是简简单单一碗面，没有好的营养，也没有人照顾他，所以他死得早。

我们这一期最有福气的是蒋彦士，他当了几次部长。我对这个问题是看得太穿了，我们家乡话说"人比人气死人"，人最好随时可以满足。在我们同期当中，我们同时看好陶声洋、蒋彦士、张研田。但是张研田只当过经济部次长，也当过台糖董事长，最后是亚东关系协会理事长，没当过部长。他是学农的人，学农的人当经济部长的很少，因为现在是工业时代。他英文很好，日文也懂一点，又是台大教授、中兴大学教务长，条件很好，可惜没有好的机会。不过，我们一期出了三名部长，这也不容易了。

国防研究院结业后，许多人年纪大了，纷纷退休，一退休，威风都没有了，因此过世的不少，现在剩下的人大概不超过五百人，立法委员前后受训二十八人，今已过世了九人之多。

对国家来说，国防研究院是国际化的人才培植。我在国防研究院受训，是我最后的受训。

吾的毕业论文是《伪中央政府研究》。全期印行专集六册。

国防研究院每期为时一年，这一年当中，政治、经济、军事、教育什么都研究。每一期结训之前两个月，就组织考察团，因为顾虑到旅费和其他因素，不能走远，只限于东南亚菲、泰、马、新，和东北亚日、韩，因此每一期组织东北亚、东南亚两团，每一年都是这样。

虽然名为考察团，实际上无形中有军事联盟的味道，因此仪式非常隆重。我参加东北亚考察团，到韩国时受到军礼欢迎，就像欢迎别的国家元首一样，隆重得不得了，而且他们准备充分，所有军事情形都告诉我们了。我们还到他们的军校去，参观很多地方。日本和我们没有邦交，而且不需要建军，可是除了用比较简单的军礼之外，其他的招待同韩国差不多，他们自卫队的最高负责人，也就是自卫厅厅长，跟我们聊了两三个钟头，可以说无话不谈，我们也不客气地问他许多问题，我们问得最尖锐的问题是："你们的工业很发达，假使在你们的工业机构里发现共产党怎么办?"他说："我们非要把他拿出来不可，我们不容许这种事。"他就这么直接了当地回答我们。所以大家很合得来，有彼此考察的情形。国外来考察，也是到国防研究院来，一年总有好几个国家来。

国防研究院调训的人员来源，除了第一阶段比较普遍性外，第二阶段的人都是总裁亲自看过第一阶段人的自传而决定的。此外，现职人员当中，也有人没受过训，而由总裁挑选的。总是先从部队挑人，把优秀的分别列出陆海空三个系统，把名单送国防部，经参谋本部，最后由总裁裁示，真是挑了又挑。为什么挑出这些人?只有总裁晓得，连张晓峰都没办法从中讲话。很多人兼职，职务很重，调了之后要求改期，却被拒绝了，张晓峰告诉他们："就是要调忙的人。"

国防研究院第七期一共有五十九人，现在还剩四十人。五十九人当中，出了三位部长，现在只剩蒋彦士一人。那时院长一个礼拜最少去两天，找几个人来谈话。由于人数少，有的人和他谈过两三次，至少谈一次，每次谈半个钟头以上，谈得很多。他心目中的高级干部就在里头，所以下了大工夫培植这些人。我们这样受训的人不以为意，算是自由分子，但在职的文武官员每天却都很紧张，因为他的前途在此一举，好容易调训，不要出纰漏。院长真正下工夫，亲自负责选训用。这种训练对反共步调的齐一有帮助，有时候讨论比较现实一点的问题，大家的意见直接送行政院长采用。在我们受训的时候，财政部长徐柏园把所有研究员都看成立法委员，仔细听大家的意见，正反的意见都有。其他部会首长也很虚心，一到院里头，就好像自己也是学员一样。所以这个训练成本大、花钱多，提供的参考资料也不少。讲座都非常专门，都由那一行的专家主讲，譬如南美洲的问题就找南美洲的专家，中美洲、北美洲也是如此，没有人敢综合起来讲。

可是办到十二期以后就不办了，后来新出来的人物就来不及容纳，邱创焕、林金生受过训，但是连林洋港都没机会受训了。不再办的原因是因为老先生年纪大了。我们第七期受训时，老先生已经八十岁。他的牙齿很麻烦，当年牙医技术差，不如现在，他讲讲话假牙齿常会掉下来，有一次吾进去他的办公室，向他行个礼，他说：“好久”，“不见了”还来不及说，假牙就掉下来，等装好了再讲话；吾看他很辛苦。

第六章　复兴运动与吾

第一节　密受侦查被吸收

吾和刘团长吵架后出来，自己一个月花两块钱，住在黄泥岗，可是吾并没有住满一个月。住在那里也有好处，同学多，辗转相传黄某人现在没事，于是人家来找吾工作，可是吾都拒绝了。

这时候报上登出革命黄埔同学会启事，我们看了觉得奇怪，不晓得为什么黄埔同学会上面还加革命两字，后来才知道这是汪精卫搞的。当时汪精卫是行政院长，上海有一部分军校同学捧他，组织革命黄埔同学会，和南京的黄埔同学会有分别，可是这时候南京的黄埔同学会已称为中央各军事学校毕业生调查科，因为北伐完成，国家已经统一，军校系统毕业的同学很多，尤其在东北没打一枪就把青天白日旗换上了，从此大家不再分彼此，所以合称中央各军事学校，拿东北来说是东北讲武堂，过去还有保定军官学校，其他云南讲武堂、贵州讲武堂及四川各讲武堂等，都容纳在内。汪精卫组织另加革命二字，显然是想分化一部分黄埔毕业出来的人。

不晓得怎样，有人造谣，说革命黄埔同学会在南京也有组织，就设在黄泥岗，由黄通负责。本来吾自己并不知道，后来消息传来，愈传愈多，吾赶紧搬到外面住，搬的地方离中央各军事学校毕业生调查科愈近愈好，所以吾先住在调查科附近洪武路，后来吾干脆就搬到调查科里去住。尽管如此，人家还是怀疑吾，吾感到莫名其妙。

后来我发现班里头似乎有一部分人动作、态度有异样，打听打听，有的是留俄的学生，有的是共产党自新分子，我们觉得自新分子在班里头特别活跃，似乎居于主导的地位。

有一天，我和吴中杰在安徽同学丁培鑫家里谈话，我们认为特别研究班的空气好像很异样，这是不对的。他们说："是自新分子在搞。"我说："自新分子不是共产党吗？不是清党了吗？怎么现在又复活了？我们最好查一查。我们开一个大会，让同学自由参加，大家来讨论这件事。"他们都一致同意了。开会的地点就在大讲堂。下课后，来参加的人非常踊跃，差不多一半以上的同学都与会了；我说："我发现自新分子非常活跃。"有人说："我们发现有蓝衣社组织，他们的活动内容是怎样？我们派人去查！"于是我们分了八区，八路英雄分头去调查。调查的结果，所有蓝衣社的秘密机关都查到了！

到礼拜六上午，黄埔第四期的卢碧湖同学告诉我："训育组长梁干乔找你。"我问："他住在哪里？"他说："住在韭菜桥很远，希望你能跟他谈一谈。"我答应了。卢碧湖平常不大讲话，也是自新分子。到礼拜天早晨，我去找梁干乔。他对我兜圈子说："有人不满意，准备怎么样怎么样。"我说："你讲的事我全部晓得，那没有什么了不得的，是我们几个同学谈起来，觉得班上有异样的现象，好像自新分子很活跃。我们革命的对象是共产党，因此开了个大会，动员大家来应付这件事。"他也没劝我什么，了解我所说的实际情形后，他再问吾，要闹到什么程度？我说："没有什么，我们要就不闹，闹的话就闹翻天。"他问什么叫闹翻天？我说："天在这里呀！"

没有料到礼拜一早晨总理纪念周居然有校长来主持训话。我们感到很奇怪，难道我们的情形校长都知道了？校长很懂心理学，一上来就来上马威。那时候同学都是便装，有几个同学头发长，不修边幅，他指着他们骂道："看你那样子，三分像人，七分像鬼。"这一骂，大家鸦雀无声了。然后他训话，当中最要紧的是："我蒋中正一辈子是革命的，你们是革命的，跟我来！哪一天你们发现我不革命了，你们拿枪打死我好了！我蒋中正不会不革命的。"他在话中好像承认组织的领袖是他，并且似乎欢迎想革命的人参加这个组织。他骂了一场后，我们就不吵了。

第二天，梁组长又来找我，问我："怎么样?"我说："不闹了，碰到天花板啦!"（十多年后卢碧湖当江宁县长，居然向共产党归队了，给汤恩伯总司令查出来枪毙了!）

特别研究班结束后，由于吾是新闻系，中国日报聘吾当访员。那个时代新闻记者的地位没有现在高，采访部的待遇很低，每天跑两条新闻就行了，所花的时间很少。

另外有一位四川人郭姓同学，他办了大华晚报，也请吾当编辑。这时候吾学会了一句口号："怎么办小报？剪刀、浆糊、红墨水。"吾这编辑，就是用一把剪刀，一瓶浆糊，一瓶红墨水。每天仔细看日报、杂志，把各式各样的小消息用红墨水一圈，然后剪刀一剪，浆糊一贴，很快就拿去印刷厂排字。那个时代，在上海办小报的人，一个人就可以办报，经常带着一个皮包，皮包里放着剪刀、浆糊、红墨水。

吾对新闻很有兴趣，可是那时候很年轻，也没有人告诉吾要小心，大华晚报办不了好久，大概是讲错了话，也不是政府来干涉，不过有人要中国日报通知我们不要再办大华晚报了。吾在中国日报兼采访，中国日报是当时中央日报之外的大报。为了避免麻烦，也觉得没什么大的牺牲，就不再办大华晚报了。

在这一段生活当中，因为吾太潇洒，和几个同学故意外穿阴丹士林布长衫，内穿西装裤烫出两条线，很有些派头。人家看了就说：他们就是蓝衣社吧？另外似乎有人注意吾的行踪。有一天吾在新街口发现有人跟着；吾故意跑到另外一条叉路，他也绕过来还是跟着。那时候我们不晓得什么叫盯梢，可是情况很可疑。

吾搬到洪武路去时，也常有人来访问吾，所以吾意识到有人调查吾，也有人在盯梢，显然已经成为人家的目标了。

当时思想界确实很乱，一个青年稍微想对国家负责任都很难，因为中国国民党里头，改组派的势力很盛，汪精卫当了行政院长，十九年的扩大会议虽然失败了，可是陈公博这一批人文章写得很好，简直是掷地有声；另外胡汉民他有杂志，也有组织，就是新国民党；孙科方面，所谓太子派，也有杂志，有组织；另外还有青年党、国社党。那时候民社党还没有起来。这么多党内杂志，而且都是由党内负很高责任的人所主持，青年真是无所适从。同时有一份比较畅销的杂志《新生命月刊》，由陶希圣、萨孟武、周佛海领导，周佛海写了一部《三民主义的理论体系》，非常叫座，青年里肯读书的人都看过这一部书。《新生命月刊》的内容非常新鲜；很符合青年的心理，所以在那个时期，我们认为陶希圣、萨孟武是青年的偶像。后来吾和陶希圣、萨孟武在立法院共事，问过他们："当时你们怎么会办这份月刊？你们有多少人？"他们说："有几个人，在上海租了很蹩脚的阁楼，在很穷的情况下写文章。"但是这份杂志几乎代表了本党，很多青年受它的影响。

这时候国家究竟要走什么路？大家莫衷一是。当时内忧外患非常剧烈。内忧是什么？北伐是统一了全国，可是各地方的军阀并没有消灭，甚至于打了国民革命军的旗帜还是军阀，例如四川、贵州、云南，都在军阀统治之下，而且年年打仗；两广有多少军阀，也是经常在打仗；北方的军阀更多，西北是西北，东北是东北，华北是华北，国家要如何统一？我们亲身的体验，一离开上海，用的钱就不一样，上海用的银角子，十二个银角子等于一块大洋；但是到广东去时，一块钱毫洋只值十个角子，而这十个角子比上海的角子价值还差得多，铜板也不一样，三分六、七分二，有时候算不上来；到四川、云南，算法也都不一样，上海一块银洋是七钱三分，但是云南的一块银洋却只有一半，贵州比较靠近四川的部分跟着四川走，靠近云南的跟着云南走。地方上用钱、讲话、习惯都不相同，所以国家没办法统一。

外患是什么？当时日本人不希望我们统一，就希望我们分裂，好让他来分别解决，所以日本人天天想咬一口，东海、黄海沿岸，日本人可以占为势力范围的地方他就占。英国人尤其厉害，由于做生意，五口通商以后，他们占有长江、珠江一带的势力范围。有好多青年想：日本是怎么搞好的？答案是明治维新；日本人靠什么强起来？大家都知道是军国主义、军国民教育。此外，大家对欧洲国家都很羡慕，那时候影响中国最大的是英国，其次才是法国。而新兴的两个国家德国、意大利，他们几乎亡国了，又站起来，他们怎样振兴起来？德国是靠褐衫党，后来称为纳粹；意大利是靠棒喝团，他们的民族性太坏，墨索里尼当权以后，他下命令要人民做，如果百姓不服从，就灌他蓖麻子油，一喝就泻肚子，这样来镇压反对的人。这时候德国、意大利新兴势力蓬勃发展，尤其希特勒在一九三三年进军柏林，占有了德国政权，傲视了全世界。这许多情况都影响到中国青年。

中国到底应该怎么做？一个人有一个说法，酆悌具体拿出了东西，他草拟了救亡社组织纲要，有一部分同学也参加了，不晓得怎样，在上海给小报的记者拿去了，报上登出十三太保的名字，这个救亡社同后来的组织完全无关。滕杰也搞了一个组织，他是日本留学生，对组织很有研究，他在榻榻米上写了一个东西出来。九一八以后，日本刺激中国人很厉害，滕杰、任觉五在日本留学都娶了日本太太，这时候为了表示抗日的决心，都和日本太太离了婚回国来，另外娶中国太太。还有其他同学也写了很多东西，可是正式的组织起来，都是军校同学自己在做，领袖没有出面；组织好了向领袖报告，他没有否定。请示他原则性的事情，他也有一点指示。所以外面传说蓝衣社或是复兴社，说是某人某人在负责，都是各说各的，一直到现在，写这种书的人不少，其中一个是戴雨农的干部陈恭澍，他是上海情报局的负责人。其实陈恭澍跟吾差不多同时，他参加组织受训时，戴雨农先找吾，可是吾没有参加。吾和陈恭澍很熟，而且他也是特别研究班结业的。他写的这本书的内容，是他所知道的一部分。邓文仪的儿子也写了一部书，那本书大部分是邓文仪所知道的；邓文仪不知道的，他也写不出来。还有湖北人干国勋也写了一部书，也是他自己知道一部分，他还油印寄给我。至于组织的全部，即使问领袖，他也不知道，因为各个组织是同学自己搞的。刚开始时是二十一年元月、二月间，在南京糖坊桥蜀峡饭店，二三个人开一个会，就说是成立了。那时候吾在南京，就有了消息。到底是谁负责呢？有一段时间，康泽来到机关所在地大树根办公厅，贺衷寒就走了；贺衷寒来了，康泽就走了，大家都很客气。究竟谁是书记？可以说是贺衷寒，也可以说是康泽，滕杰负责的时间很短。

为什么那个时候秘密组织很多？因为一个系统是革命军人同志会，一个系统是革命青年同志会，后来领袖亲自指导三民主义力行社，吸收到两百多人之后就不再增加，这两百多人的来源，一部分人在早期发起时就参加了，一部分人是革命军人同志会升起来的，也有一部分人是革命青年同志会升起来的。每个人的行动都是机密得不得了，不对外公开。后来扩大组织外围团体，先成立西北复兴社，再成立东北复兴社、西南复兴社、东南复兴社，都叫复兴社，复兴社就很普遍。但是负责的干部都是革命军人同志会或是革命青年同志会的成员，而高级干部在地方负责则属于三民主义力行社。后来更慢慢有系统了，有总社，有分社，社里有书记，隐然有体系存在。

其中酆悌很奇怪，因为他的救亡社泄漏消息了，后来成立组织时就没有他，领袖派他到欧洲考察，很长的一段时间，转了一大圈，回来以后，才让他参加。刚开始时，他是分会书记，吾是同一个分会的检察，书记与检察是对立的。每次开会，他什么都不懂，东问西问，但是官僚架子十足，当时吾对他印象很坏。他是书记，吾是检察，要检察全区工作，但是吾是他的部下。他是交通研究所的主任，吾是交通研究所的队长；他挂中将衔，吾是少校衔，这悬殊太大，所以他相当骄傲。吾看情形不对，吾告诉总检察李秉中，请他另派职务给吾。总检察说："哎啊！酆悌大家都知道的，他又何尝尊重吾呢？勉为其难吧！"

吾是怎么参加组织的？本来吾被怀疑、盯梢，也被考察。大约在二十一年六、七月间，有一天接到通知，说校长召见，也可以说是委员长召见。吾对委员长召见向来很淡泊，一般的人认为委员长召见这件事很不得了，等于专制时代的面君，是千载难逢的机会，要好好表演。吾倒是很淡泊的，如果是要升官，武官的话，吾的地位大不了当营长，再大一点当团长，没有什么了不起；文官的话，大不了当县长，但是那是不可能的事，所以吾很淡泊。通知既然来了，吾就到指定的地点去。吾说是委员长召见，门口的人也都这么讲，结果出来的是贺衷寒。头一句话他说："委员长昨天晚上接南昌的电报，飞到南昌去了，要吾代表接见。”由他代表？他是什么身份？我们也不知道，他也没说，不过想必他就是书记了。他跟吾谈什么东西？贺衷寒专门习惯教训人，他讲张良、韩信。他问吾：“当过什么？”吾答：“吾当过排、连、营长。”他问：“你怎么不干了？”吾答：“军事下级干部吾都当过了。”“那你现在不做了？”“是啊。”“你不要你的历史吗？”“这算不得什么历史。”这是第一次和他谈话，吾记得一清二楚。

这时候我住在铁管巷，有一位特别研究班同学四川人袁渔溪，他同吾住了快三个月，这个人很好，读书也读得不错，吾很佩服他，但他突然搬走。

不久，有一位朋友告诉吾：“明天下午两点，某人在某地等你。”到了时间，吾去看，当场有十几、二十人，干什么呢？结果有一个人出来说：“今天欢迎各位来宣誓。”吾先不晓得，连西装也没穿，穿着新衬衫，宣誓之后就正式参加了。这时候吾才了解他是来做吾的工作，做了三个月，三个月中，我们无话不谈，谁知道他来做工作？

正式参加组织以后，经常有人跟吾联系。特别研究班结业后，大部分同学分发去做军队政工。但留下二十人不分发，这二十人有人老早就参加组织，吾算是最后参加的。参加以后，马上派吾职务，第一次戴雨农找吾，吾没同意；团体派吾当溪口警卫团政治指导员、军需学校政治科长、陆军大学政治科长，还有朝天宫干训班指导员，前后接连五个职务，吾都不干。他们觉得吾太难搞了，可是吾要选择，吾做得了就去做，所以最后去当学员。

在政训班当学员，表演当然很多，所以有个通知来，要我去谈话。谈话时就好像博士论文口试，一排人，一个个各别谈话，要关关都能过才可以。隔了几天，通知来了，要吾去宣誓。怎么又宣誓？这次是加入力行社。同一天和吾宣誓的还有两个人，一个是少将阶级的魏炳文，他在西北相当有地位。另外一位是徐培根，留学德国，这时候是中央军校高级班主任，也是少将阶级。吾只是学员，他们都是全副武装，领章晶晶亮亮，吾则系小皮带，穿士兵服装，很奇怪为什么我们一起宣誓。

后来我们编小组，隶属三民主义力行社。在政训班里有干事会，吾是干事，负实际训练责任，吸收新进人员时，吾要是反对，那个人就通不过。因此虽然吾只是学员，在团体里发言权很高。

政训班结束后，吾已经是三民主义力行社的人，组织就派吾当南京市第八区分会助书（助理书记）。那时候团体的组织在南京分区，这些区有的是机关，有的是地区。区的书记通常是公开的，阶级相当高，实际工作则由助书负责。当时组织处长是周复，江西老表。吾还没毕业，组织就已安排好。

可是刘健群和吾在小组里冲突过，那时他还没加入三民主义力行社，他也认为吾这个人很棘手，可是他也聪明，他看支持吾的人相当多，所以他很快就发表吾。政训班四百多名学员，结业的只有二十人阶级最高，或者是军政训处的秘书，或者是师政训处的主任，他派吾当师政训处主任，起初叫中队长。他是华北宣传总队总队长，其下有大队，每个大队在军部，之下有中队，在师部。用宣传队的名义，进去军队之后，等到环境熟了，再改为政训处。刘健群把这份好差事给吾，可是他派吾到最难做的师第一一五师，师长是姚东藩。这个姚东藩，军长何柱国的话他都不听，刘健群没料吾在那里把环境弄得不错。

还没有去之前，吾是坚决不去，明天就要到浦口上火车了，团体今天晚上通知我，说负责人康泽要吾到中国日报去谈话。吾进去时，已经快到十二点，他的会客室外面有一张餐桌，围了好多人，天气又冷，许多女士穿了高跟鞋脚都冻得敲起声音来了。吾进去时，照样递个片子，里头马上通知吾进去，这很特别。进去后，康泽劝吾一定要去，讲了很多话，最后送吾出来，中国日报在南京旧式房子五进三院里，他从最后五进送吾到第二进，一路送出来，在这种情况下，吾才答应参加华北宣传队。因此，吾到东北军去，完全是团体命令吾才去的，不是刘健群以总队长的身分能够安排的。

第二节 在东北军中去来

我们是以华北宣传队的名义，由南京到北平，然后再一个大队配属一个军，一个中队配属一个师。配属的部队有东北军、西北军和其他北方军队。东北军原有十八个旅，九一八后一路撤退到关内，改编为国民革命军，俗称中央军，四个军十二个师三十六个团。四位军长是于学忠、何柱国、王以哲、万福麟。吾是中队长，配属到第五十七军何柱国部的第一一五师。师长姚东藩少将，保定军官学校六期毕业后，在日本士官学校深造，是张作霖向士官学校留学生中挑选的十二人之一，与何柱国的来历一样。部队驻扎在河北滦县。二十二年四月间，我们的总队部分配既定，便以中队为单位，向配属部队去报到。事前完全没有什么联系，也不知道任何情况。十多人一群，还随带了载运行李的牛拖大车一辆，跑进戒备森严的司令部去，有点唐突。上午九时到达了村外的树荫底下，让大家休息等消息。吾一个人携带了军事委员会北平分会转下来的公文，徒步前往。通过了几关哨兵，到达了司令部的副官处，转弯抹角见到了副官长。他一看公文就说，北平军分会有过公文来了。吾就要求见师长报到。他说，待他去报告，吾就定下心来等待。一个小时一个小时的过去，他们都去吃中饭了，还没有回报来。他们问吾吃过饭没有？吾说吃过了！这时候吾怕树荫底下等吾消息的同志们，可能比吾更尴尬更着急；但吾不敢离开副官处去告诉他们弄饭吃，慢慢等。一直等到下午四时，吾在副官处已经七个小时，终于有了消息，要吾上"师长院里"去。没有人引导，但卫兵们似乎都知道有人要来，出了副官处，问清楚到"师长院里"的路，先通过途中的哨兵，再请教"师长院里"的卫兵，他要吾去见侍从副官，副官又带吾通过师长室的卫兵，找到马弁，马弁再带吾通过房门口的卫兵进马弁室。师长出来到马弁室接见了吾。吾看他高高个儿小胡子，也许军书旁午，睡眠不足，没有笑容，有一些威仪；他看吾穿着中山装布军服，年轻小伙，文弱无能的样子，而且独个儿来的。一坐下来就说："人家说您这回儿来，是调查咱们来的，咱可不信那一套！"吾随口说明我们是宣传队，宣传对象是民众，以后我们的工作，随时要听师长的吩咐。他似乎有点乐意的样子。后来他问吾有多少人，住在哪里？吾答复他有十多位，现在村外树荫底下听候命令。他就吆喝着："来人啦！"叫副官处给他们找一个地场住下来。晚上九点钟左右，忽然师部传达来到，说师长要来回拜，大家有点受宠若惊！我们十几人大部分坐在一张大坑床上静候。果然，一路岗哨，后面还跟着很多人，持枪实弹，皮鞋声连绵数十公尺，全副武装，威风凛凛的师长驾到了！坐定以后，吾为他一一点名介绍，他也寒暄了几句，旋即辞别回去了，我们才算是安顿了。

住定以后，吾每天必去师长室请安。哨兵卫兵也都熟悉了，副官马弁都对吾不见外。吾可以进去师长室。师长室中有一张等于是客厅沙发椅的一张炕床，当中用全张报纸覆盖，下面是什么东西，吾没有看过，也没有问过。就当着没有看见一样。后来双方熟了，他干脆撤去罩面不掩盖了，吾还是若无其事。这东西是抽大烟用的全套烟具，吾认识的。

第三天在他房里闲聊，他说要去检阅部队，问吾愿不愿意陪他去？吾一口答应奉陪；他更交代副官处为吾挑选一匹乘马，要拣老实一点的！上马时，他问吾骑过马没有，吾只说试过，他根本不知道吾还是乘马兵科毕业的呢！上马以后，前呼后拥有几十匹乘马，龙骊虎视的奔驰；他走的小快步，他告诉吾不要跟那些小伙儿跑，咱们慢慢走吧，到目的地下了马，走进操场，他问吾："南方有这样大的操场没有?"吾说："很少，很少。"其实这不算是大操场，到处都有的；有两个长行，排列了机关枪迫击炮，他问吾："中央军有这些家伙没有?"吾说："没有见过。"其实，这是团部直属连的武器，已经不算最新的了！以后在师部天天见面，吾没有敢在他面前卖过聪明让他感觉不舒服，他对吾已经无所顾忌。他很寂寞，有时一个人吃饭吃不下去，叫马弁，马弁答应有，他就喝一声"跪下"，就很顺利的吃下饭了。等把饭吃完，骂一声"去你妈的"，马弁再站起来收拾好餐具走开。他邀吾陪他吃过小米稀饭，小菜很多，算是请客，师里人说，他没有请过别人。一天吾刚走到他的房门外，听到里面在骂人发脾气。吾一直闯进去，他还在电话筒里继续骂个不休说："什么师长？咱是旅长……孙河一战，借去吾一团，至今没有还吾，这回又要咱们去看壕沟，咱不干!"说罢把电话筒摔掉了！吾便问："师长为何发怒?"他说："他是军部参谋长，要咱们上前方去！瞧！王以哲光吹牛，天天报上登大字，什么了不起？这回日本鬼子真来了，吃不住了！要咱们去帮他们看壕沟，真正岂有此理！不用吹了，咱们来跟他比比看!"吾想日寇已经到了滦河东端，整个平津的防卫，军分会何委员长一定有他的计划。吾看姚师长的盛怒平了一点，就向他进言，究竟前方的战况如何，咱们的部队怎样布置才对，应该有一个了解。师长不妨先派一部分人员去侦察一番。他采纳了吾的意见，派了一位副团长两位营附去侦察。第二天下午七时，传来师长命令："出发"！

我们都很兴奋！天天喊抗日，没有碰到过日军；明明在前方，都没有听见过枪声！这一声"出发"的命令，当然就是上前线去了！姚师长特别关爱，给了我们三匹马，除了吾的坐骑，还有拖载行李或者乘坐的两匹马，自由使用。吾去师长院伴着师长。他要等六四三团走前面，走完后才是师直属部队，才是司令部，然后是六四四团——团长是师长的亲信。夜行军，二路纵队步行，速度很低。在等待六四三团通过中，姚师长和吾聊天。他问吾这炮声有多远？吾告诉他听人说过，这是敌人的野战炮声，白天听到这样大声音，距离比较近，大约在一百华里以内；夜间距离比较远，大约在一百华里以外，滦河还没有过来呢？他又问吾这样的路程，要走多久时间？吾说中国军队一天也可以赶到，日本鬼子穿的大皮鞋，听说他们每天只走八十里，可能要走两天？他没再讨论下去。大约九点多钟，确定前面这一团已经走完了，师部就接着前进。走了一个多钟头，到达了一个村庄问问路，带路的民夫说不清楚。再问了本村的人，才知道就在我们出发这个村子的邻村。一个多钟头，不过是转了一个大圈子！师长大光其火，一声妈那把，手枪子弹上了膛，对带路的民夫大声骂道："吾毙了你！"院里乌黑的，吾在马上，挺身上前喊道："请师长息怒！"他问："谁呀？"声震屋瓦！吾忙答："是吾！"他一面说："是你喔！"一面装枪入套，撞击声特别清脆！吾骂那民夫："还不向师长磕头？""滚！"民夫叩谢，马弁在旁，扬起鞭子一挥，好像打在牛马身上，民夫连滚带叫的走了！换了一个民夫，继续前进。我们只知道跟着前面师部的人走，可不知道走的是什么方向，目的地是哪里？一直走到第二天上午十一点了，据说离天津只有五十里地了，才停止下来。吾找到了师长休息的大院，问师长这回儿听不见炮声了？他说："听不见了，大伙儿休息休息吧。"原来出发的目的地不是滦河前线，而是天津附近的杨村！

在杨村，离前线愈远，第五十七军何柱国军长兼任的临榆警备司令，也没有任务了。师长既少公务，又没有家眷，成天无事，只有多抽口鸦片烟消遣。姚师长在这村上真所谓孤家寡人一个。唯一可以不拘形迹的就是吾。他训过马弁说："黄主任来，哪个还要你鸡猫子喊叫的?"吾也为了避免军礼上的拘束，特别穿上长衫子，随意进出岗哨，周旋在各级军官以至军眷之间。全师上下都说吾是"红人"，要向师长进言，只有找吾。吾进师长室，师长照例说声"躺下"，躺在他大烟盘的下手。他称吾黄主任，惯称老黄，昵称小黄。随当时的场合或者他个人的情绪而改变。有一天下午，阵雨过后，师长的马弁来报告："师长有请"，吾进了门刚躺下来，姚师长哈哈大笑。忙问他为何发笑？他直说打了一个营长的屁股！吾说吾要早一点知道，还可以向师长求一个情呀！他说吾知道你会代他们求情，所以打罢了才告诉你。他又说气候不好怪闷闷的，打个营长开开心。

姚师长在进保定军校前，读了一些古书，史地常识相当丰富，生性又傲，自认是出类拔萃之才；他常对吾说："咱们是大帅挑选来的！何柱国，什么东西？他当团长，咱还不是团长？他当旅长，咱还不是旅长？这回儿他妈的当上了军长，咱却是一个师长！只有两团人，还是个旅长咧！他妈的！"他从来没有称呼过何军长，不是喊老何，就是喊何柱国。军长以下，都不在他眼里！本师副师长是东北讲武堂出身的，胖胖的一脸福相，全副武装起来，着实威武堂堂！来见师长，虽然马弁已经报告过，他还必须站在门外大声喊"报告"，师长答"进来"，他才敢左手握住指挥刀柄，正步进门，皮马靴带马齿，两种音响，同时着地，立正在炕床前，脱帽鞠躬九十度有多。师长就装鸦片的原姿势骂一声“妈那巴子！”副师长连声答是！是！师长又呵斥一句，他又一句是！不管话语粗鲁到什么程度，副师长一句答一个是，或者连声说是！是！是！最后师长说：去你妈的！副师长一面应声是！是！一面熟练的立正、握刀、鞠躬、向后转、戴帽、正步走出门去。团长有幸应召来，更没有好面孔好话讲。自动求见是不大可能的。凡是见过师长出门来的，都有很重的荣誉感。有位最受宠爱的六四四团刘团长，一进来师长就：“妈那巴子你这团长是哪里来的？”团长立刻答说：“师长给的，师长给的！”挨罢了师长一顿臭骂出门来，走在路上轻飘飘的，头抬得高高的，逢人便先说：“师长房里来！”神气活现！

在打罢营长的当晚他留吾晚餐，餐后再躺烟盘。他要吾抽大烟，吾不敢抽；他正言厉色的说：“你会做宣传工作，咱可不会做的！”意思是要有外人批评他抽大烟，就是吾宣传的了。他授过烟枪来，吾随机应变的说：“这是冷枪，应该先敬师长！”这下子他乐了！忙说：“小黄！你还懂得这规矩！”第二次授过烟枪来，吾装着吸了。随抽随喷，没有吸进去，但装做似乎要醉了。吾报告师长：“头昏。”他立刻又装上烟泡说：“再来一口就好了！”“要喝茶，喝一杯浓茶！”吾喝了茶就躺着不动，装糊涂。吾想他是有意要吾烟醉了好套吾的话的？他的话匣子打开了！从唐宋以来，历朝开国之君的用人行政，他都有所批评。他忽然问吾，知不知道有个黄埔？吾答听说过。他问：“黄埔是革命的，这革命是谁教的呢？”吾答：“是保定，保定是黄埔之母。”他问：“这话是谁说的？”吾答：“是蒋校长，就是蒋委员长。”他从烟榻上翻身起来，问吾：“真有此事？”吾就历举北伐名将刘峙、顾祝同、钱大钧、蒋鼎文……等等都是黄埔的老师呀！他竖起大拇指说：“这才是全国的领袖！哪像咱们东北军，这会儿全是东北讲武堂的天下了！咱们当教官的，没有劲儿啦！什么少帅？张学良这小子，是个‘鸟’！”他说，他原本要上南方去的！咱是保定六期的啦！吾接口说：“如果像师长这样的人才，早去广东参加北伐，说不定已经当上了总指挥司令了！”他既兴奋又后悔，他历述了东北军中的遭遇，他是臧式毅的关系，他和王树常是亲戚；他综合性的议论张学良、张学铭、东北军、东北讲武堂；各军师长的关系，伪满政府内纵横错杂等等。越讲愈起劲，浓茶喝得多，大烟也抽得多。吾很清醒，他却是真醉了！吾从烟榻上起来回到宿舍，已经早晨七点多了，吾没准备收集多少资料，可是已经满载而归了！

吾听好几位本师高级人员说过，姚师长常找部下打牌。可是部下和他打牌，能输不能赢。曾经有位团长，有来头又有本事，赢了师长的钱。过不到几天，突然来了军需副官等一大群，要清查团部仓库。团长平时很严峻，现金、武器、弹药、被服等都没有短缺亏欠，最后在报废的废品中发现差了一条棉裤，就下令撤职查办！

从抽醉了大烟以后的姚师长，每次见面的话题，就是想见委员长和游江南。他问吾可不可以见到蒋委员长？吾说：“可以”。他说他要能见到蒋委员长，就要向他报告说：“吾已经四十多岁了！不当师长也可以了。请委员长批给吾十万元，休养休养。”他又屡次问吾：“南京是在江南吧？江南人对咱们这个脑袋瓜子，不会是杀鞑子吗？”吾说：“不会。”南京上海全世界的人都有，政府机关里，东北人西南人做官的也多得很啊。有一天，他在烟榻上突然问吾：“江南可有这个劳什子？”吾说：“不容易找到。”“那咱们戒掉这劳什子！”他讲过几次戒烟以后，真的行动起来，要吾陪他到北平西山戒烟去。北平吾是去了，他何时去西山，没有和吾联络。十天以后，他回到杨村，居然已经戒掉大烟了！戒烟以后，他怎样消遣呢？就只有打牌了。

姚师长戒烟以后，就拿打牌做消遣。北平军分会派来一位参谋长，陆大毕业，年龄比较大，师长是以客卿相待的。吾已成为他基本的玩伴，只要拉上一位参副首长，就可以成局。一天晚餐以后，师长问："几点啦？"马弁答："九点。"吾接口说："还早呢。"不料师长又说："你说早，好吧，摆起来吧！"吾这才明白，他几天不打牌了，他要别人来奉承他的意旨，又要诿过给别人！军需处长似乎先有准备，桌子四方都摆上同样数目的钞票作赌本。打了五六圈，师长说："困了！"叫副官长来代打。这时候师长是赢家！吾当然是输家。此后一星期总有几次马弁来请吾过去，吾既不会打，又不敢赢，输得吾发不出薪水。他更会推牌九，赢得又快又多。中秋节营长以上聚餐，姚师长指定著名的酒坛团附敬吾酒。师长说："你不会喝酒喝绍兴酒，用玻璃杯；团附是酒坛喝白干，用饭碗。一杯对一碗！"马弁分别为我们两人斟酒，酒坛端取一碗，一喝而尽；吾也只好拿起酒杯喝个干净，全体鼓掌。绍兴酒什么味道，吾是知道的，但吾干了一杯，似乎没有好大酒味？师长看吾没有醉，高唤再来一杯！大家有点为吾担心，马弁很快分别为我们又斟满一杯，酒坛也看看酒碗，分几口喝下去了！吾呢，吾把酒杯看了又看，下一个决心端起来又一口一口的喝光了！师长看吾没有倒，再来一杯白干吧？吾作揖求饶作罢。刚散席，师长又问："天井里摆好没有？"副官处答："摆好了！"是牌九，师长做庄家，让吾坐对面，称为天门。军需处又已经对师长和吾的座位面前，摆好了银元银角铜元等等，合计总有二十元左右。吾真的不知道怎样下注。副官长坐在吾隔邻，吾就跟他下。不料，连赢好几把！一则吾不能赢，但也不能输；再则吾喝了那么两大杯绍兴酒？没有酒量的人，也应该酒性发作醉倒了？吾把面前赌注的本利一推，报告师长吾醉了，要休息了！师长得意的说，吾说你不行吧！吾就走了。实际上吾没有醉酒。他们的传统，宴会中斟酒，一定是马弁。为吾斟酒的就是师长贴身的马弁，对吾特别熟悉而且尊敬；也许看吾对待他，不像他们所侍候的长官们那样威风，而有些亲切感，所以知道吾不会喝酒而暗中预先冲泡好一壶茶，去了茶叶，保存颜色，临时加热，连吾当事人自己都没有以为不是绍兴酒咧！但那位团副喝的，却是道地的白干酒，满满的两饭碗，又喝得那么急！听说他不但没有上牌九桌，他骑马回去，几乎从鞍上滚下来了。

第五十七军奉命移防，军长仍兼警备司令。我们第一一五师司令部，移驻邢台县。驻定以后第三天，吾有机会下乡去，顺便问问老百姓，这一带治安好不好？答说："一向还好，前天开始，发生了抢劫的案子！"算起来就是我们这警备部队到达以后的第二天了！姚师长现在似乎要负警备责任：一方面训练干部，一方面负责治安。他要办教导队，问吾能不能派个队长？吾答复他吾带来的人都是摇笔杆的，找不出会练兵的干部来。事实上政训班同学文人居多，在这一师只有三位毕业过军校的。吾知道他还有一些怕中央不信任他，怀疑中央的政工人员将来会不会接收他的部队？他现在相信我们没有军事干部了。他又想了解政工是什么一回事？因为中央既然重视政工，尤其张学铭也很重视，挑选了一批东北大学毕业的学生，分发到各师各团，骈着中央所派的人员以副职配属来工作。我们这一师的副主任比较年长，齐鲁大学毕业。姚师长教训部属，咱们现在是中央军，每周要做纪念周。他要吾教他主持纪念周，恭读总理遗嘱。在首次纪念周中，他只命令连长以上全体干部听黄主任训话，他自己也立正在行列里恭听，他只有一句话："咱们是中央军！"

五十七军军部在石家庄，举行过一次会议，少校以上军官都出席。军长何柱国有条有理，给大家的印象，真个像中央军。姚师长住在有暖气的正太饭店，很豪华。我们都住普通炕床的旅社。回程的火车票师部副官处代买，把吾分配在师长一个房间里。天明以后，车到邢台站，马弁副官参谋长都不敢喊他。不得已商恳吾“请驾”。吾由小声而大声，连喊三声“师长!”他猛然醒来，手握二号白朗宁手枪，喊一声“干吗?”可见他随时有警觉做防备的！过不几天，军部开重要的军部会议，只要师长参加。行前他找吾商量了几次：必须向军长报告些什么，要求些什么，准备哪些答案？尤其驻防到邢台以来，他就和吾研讨过多次，就是邢台附近这一条河通运河，直达天津。每年秋收以后，西南方上来的陶器商，一船一船的往天津方向去行销，每天成群结队，数以千计；一个冬季，以一船一次论，在十万以上。姚师长说：“我们必须保护沿河商旅的安全，应该设卡收税，每船一元。这件与民众有关的事，就由你政训处办。”吾问他：“沿河治安情形如何，师长何妨派一部分人去察看一次?”他果真派人去察看了三天后回来了。他又问吾：“现在还没有情况，以后保不住没有，你看怎么办?”吾说：“没有匪情，就用不着派队伍去；不派队伍去，就用不着抽税；不抽税就用不着设卡。”他要去军部了，他又问吾：“咱们不设卡不抽税，军部去设卡抽税，他们就吃干饭，咱们喝汤罢了；还不如咱们先设上卡收起税来，缴一点给军部。那咱们就可以吃干饭，让军部去喝点汤好了?”吾说：“设卡抽税的根据是匪情，咱们也查过没有匪情；倘若北平派人来查，军部还是要各师去查，查到本师，咱们说‘没有!’军部又如何下得台？况且运河线那么长，支流那么多，咱们一个师也包不完，看军部又如何包得了?”这件事是彻底的扰民之事！一块大洋的陶器，一两个人还背不完！要卖出多少陶器，才能赚上一块大洋？有史以来，自由自在的小本经营，陶器上行，年货下行，船户回家，要靠它过年的！一个卡收他一元，再来一个卡，也要收一元，师部规定一元，团部营部加上几毛，或者关卡所属的官兵再加上一些小费，天高皇帝远，船户还能活得下去吗？师长是顾虑军部，把责任推给政训人员，还来不及为陶器商考虑什么。他听了吾的分析，明白到如果上峰来查，吾是不可能为他背什么责任的了！过了一天，他再对吾说："咱们扔了这十万元吧！"吾看他好可惜的样子！

姚师长去军部之前，把吾当做他的参谋长一样，事事先找吾商量。他从军部回来了！上午吾等到十二点钟，他还没有差人来请吾去！他应该有许多话要告诉吾的，怎么没有消息了呢？下午二时余，吾主动闯进他的办公室，参谋长张团长都在。见了吾，很冷淡！歇了一下，师长开口说："咱们少帅快回国啦！"吾说："是张副总司令嘛？"（豫鄂皖三省剿匪副总司令）他又说："黄主任！（打官腔的称呼）你的主儿姓蒋，咱的主儿姓张，他俩不打架，咱俩打不起来的！"张团长在一边接口说："黄主任！咱来保您的驾！"看情形如果吾一冲动，他很可能把吾扣起来表一功。吾真弄得莫名其妙，就很没趣的离开了他们。

当晚吾赶到石家庄军部，军政训处刘处长广瑛兄很高兴的告诉吾，前天何军长对姚师长说："钱主任大钧要吾告诉你，对中央派来的人要好待一点！"这一段话，使吾恍然大悟了！姚师长对吾已经到了言听计从的程度，万料不到吾会向行营主任面前好像叫了苦，告他的状，说他的坏话啊！他正怀抱着满腔中央军的新希望，还准备晋见委员长的！这一下他见委员长游江南的美梦，岂不是全部落空了？吾也万想不到代表委员长的钱上将，何以把我们的实情实报，当做了个人的恩怨，竟会如此的帮了我们一个大倒忙！当时钱上将是保定行营主任，在平津以南检阅部队，驻在河北省邢台县一带的，除了东北军第一一五师以外，还有西北军商震部的第一三九师，政训主任是王芸。我们知道钱主任要来了解部队，我们所知道的实际情形，也许比较客观深入，应该提供钱主任参考。所以我们联名写了一封信给他，请他在到达邢台后，拨出一个时间，听我们报告一番。我们没有提到相处得好不好；也没有提出什么要求或建议；只希望钱主任能够多了解一点部队的实情就够了！哪里想到他会在何柱国军长面前讲姚师长对待我们的话？钱主任他哪里知道何军长对姚师长是最头痛的！

何军长对吾在姚师长面前是所谓的“红人”，却是一无所知的！何军长听了钱主任的话，正好两面讨好，以为吾告了姚师长，他乐得讨一个好，也对钱有了交待，而对政工人员也算是善意的关顾。这显然是钱主任误解在前，何军长误解在后，而把姚师长误会得万念俱灰；却把吾搞得全功尽弃，不知所为何来，无从解释了！不久吾因为回南京开会，又被派到军委会交通研究所工作，没有再回任而辞职了。第一一五师先奉命开拔麻城、孝感一带，后来姚师长犯了军法，被他所说“咱的主儿姓张”的，下令扣押法办了；而何柱国据香港《争鸣》杂记载：“何柱国是西安事变的主谋之一”，“张学良的亲信”，事变后任“抗日联军临时西北军事委员会参谋团主任”，“三十八年投共，历任全国政协常委，民革中央常委等要职。”何在大陆撰写的回忆录，由“政协文史资料研究委员会”审核发表。何是广西人，赤手空拳投身东北军，至与于学忠、王以哲、万福麟齐名的军长地位。

第三节　交通研究所雄图

进交通研究所之前，吾在东北军中，基地是北平。复兴社的组织发展的相当大，核心组织是三民主义力行社，在北平只有九人，除了两名东北人、一名河北人，其余六位都是中央的人，譬如桂永清，那时候在筹备张北分校，事实上是在察哈尔、绥远建立基地，可是我们在北平开会时他就来。第二个是郑介民（郑心雄的父亲），华北的情报由他负总责。还有刘健群，他是华北宣传总队总队长。此外还有余洒度，他是留俄学生，团体派他在北平的实际工作吾忘了，不过他在团体里地位很高，是我们政训研究班的教务组长。之下是廖兴序和吾，我们算是地位最低的。这九个人非常认真地开会。有一天，我们正在开会，外面接来一个电话，是何应钦打来的，当时他是北平军分会委员长，他要找刘健群。何应钦怎么知道我们在那里开会？显然已经泄漏机密了。这个电话接完之后，会议立刻解散，再换一个地方开会，而且还要查是谁泄漏了机密。后来这九个人公开职务变动，都散了。

南京开过一次三民主义力行社的年会，最高的内层人员有两百二十三十人参加。三民主义力行社开始时慢慢吸收成员。吸收到两百多人就停止了，嗣后不再发展。继续发展的是革命军人同志会和革命青年同志会，后来合并，就叫做革命青年同志会，参加的人也是干部。普通的组织是复兴社，有东北复兴社、西北复兴社、西南复兴社、东南复兴社，大量发展，而核心组织则永远是这两百多人。复兴社在二十一年成立，二十三年时在南京励志社开了一次年会。这次年会神秘得不得了，没有书面通知，通通是口传的，与会人员不准坐车到门口下车，必须在军校黄埔路口下车再走进去。进去之后，从早到晚，不准一个人出去，只有领袖一个人中午回去吃饭，休息后再来。整个过程又神秘又紧张。这两百多人是各地重要负责人，很少有机会集合。这次开会，主要是听领袖讲话，和讨论政纲、政策，谈得很细，像立法院审查法案一样逐条讨论，所以从清早讨论到晚上。开始时，领袖点名，这些人他差不多都熟了，很亲切的样子。有一个趣话，一位同志贵州人刘伯龙，点到他时，他喊：“有！”领袖说：“刘伯龙同志，你站起来啊!”刘伯龙很矮，他说：“报告领袖！吾是站着的!”全场都笑起来了。吾来参加这次会议，也是在北平时由人告诉吾的，那时候吾的工作地点在邢台县，因为钱大钧帮倒忙，东北军姚师长大大地误会吾，正好吾要参加这个会，就把职务临时交给一位比较年长的同志代理，吾就到南京去了。

会议开完后，有一天晚上吾在中山北路步行，陆梦衣骑脚踏车迎面而来，他是留俄学生，和吾很熟，吾问他到哪去，他说到干乔那里去，就在附近，于是两人一道去看梁干乔。

梁干乔对吾一向很好，平时虽然不通信，但是见了面亲切得很，我们不来寒暄这一套，一见面他就说：“现在我们有一个大任务，要掌握战争的动脉交通。领袖拨了十六万块钱要办交通研究所，学员都是邮电路航当中的中上级干部，另外还找一些大学以上毕业、比较有专门知识的学员，一共三百多人。这次训练，不仅训练学员，也训练干部，将来他们起码要会开汽车，才能指挥。”这个交通研究所不久就要开办，梁干乔突然说：“明天上午九点钟开会，请你来参加。”他和吾很好，所以有这个要求。

第二天吾真跑去交通研究所，因为吾以为，既然是交通研究所，完全是个学术机构。开会那天还没开学，于是分配干部，当场指派总队长、总队附、第一队长、第二队长，可是没指派到我。最后派吾当区队长。吾说：“你们是军事训练吗?”他答：“对啊。”吾说：“吾身上穿长袍，怎么能当区队长?”“那很简单，去缝两套军装好了。”非叫吾立刻去缝军服不可。梁干乔和吾的交情，完全是组织的交情，不是私人的交情。吾在政训班工作时，重要的团体任务都是吾负责，尤其新吸收的学员常常要开会，梁干乔要吾去找房子来开会。房子是找到了，但是南京人的旧规矩，没有家眷的人不租，当时吾还没结婚，梁干乔问吾有没有对象，吾答：“有啊。”“那把她接过来就是了，先找她来再说。”吾就是这样成家的，于是派人回家乡把未婚妻接来。吾租的房子蛮大的，当中有一个步道，左右各有大房间，吾另外找了同学住在对面，大嫂是四川人，家事非常能干，可以教吾太太。后来吾到北平去了，太太暂时留在第三期的袁显阳家，梁干乔还派人送了三十块钱给吾的太太，那时候我们没有什么收入，三十块钱是笔数目，他这样安排，吾真铭感五内。

在交通研究所一个月，梁干乔说：“你们的队长住院，恐怕短期间回不来，队长你来做。”梁干乔是黄埔一期，我们的张队长也是黄埔一期，而且他们还是同乡广东梅县，梁干乔虽然是黄埔一期，但是作风并不是军人作风，对阶级不大清楚，他认为放心就可以。吾说：“不行啊，张队长是第一期的，我们队上还有第五、第六期的人，吾期别比较低一点，让他们先当队长。”他说：“那不管，队长你做。”本来吾是师政治部主任，来当上尉区队长，阶级降得很低，干了一个月的区队长就当少校队长也还差两级呢。

两个多月后，酆悌（力余）来了，他是交通研究所主任，因为到欧洲考察去了，由梁干乔全权代理。开课以来，请的都是交通界的专家学者。酆悌回来后，不知道为什么，和梁干乔两人不对头，在领袖面前告了梁干乔一状，领袖就说梁干乔以科学的方法骗他，把他骂了一顿，骂得梁干乔都不敢来了！酆悌也是主任，把梁干乔先前的决定大部分都推翻了。梁干乔对干部爱护得无微不至，简直没有话说，但是酆悌则用力经营自己的权位。

酆力余从欧洲回来，身兼八要职，红得不得了，可是吾看不起他。他出国之前原来没有参加团体，写了一本“救亡社组织纲要”，给上海某小报记者找到，刊登出来，所以团体成立时没有要他参加，他也出国了。他回国以后，才让他参加，一参加就派他当分会书记。书记的公开地位高一点，吾是检察，地位和书记对等，检察的对象就是书记，可是在公开职务上，他是主任，吾是队长，相差很悬殊。他到差以后，我们内部开过会，看他什么都不清楚。而我们也经常到外面参加团体内中央的例会。第一次他去开会时，叫工友来喊黄队长，工友来找吾，说主任请。吾去了，他要吾上车，告诉吾要到外头开会。他在车上讲："梁干乔莫名其妙！编制搞得那么小，交通研究所的主任是吾，吾是中将，怎么可以搞成少将呢？"他是振振有词的骂，吾心里想："你这人，讲什么革命？不是要力行三民主义吗？怎么计较这个？"他身兼八要职，其中文职阶级最高的是童子军总会秘书长，武职最高的是司令部政治部主任，阶级是中将，交通研究所也是兼职之一，中将、少将有什么关系？可是他斤斤计较，一路骂梁干乔。他每天夹了一个皮包进进出出，忙得不得了，今天要去拜访戴季陶，明天要去拜访陈布雷。别人告诉吾，他想当中央委员。吾心里想："你这个黄埔学生，一脑筋尽是升官发财，怎么革命呢？怎么被领袖校长重用呢？"

后来出事了。他很注意干部：大队长是湖南人，大队附也是湖南人，第一队长湖南人，第二队长湖南人，都没有问题。第三队长黄通，他问："黄通是什么关系？"他发生疑问了。后来他大概了解到吾在团体里的地位比较高。可是他也很注意区队长，区队长也是湖南人多，唯有第二队有一位区队长罗友伦是广东梅县人，梁干乔也是广东梅县人，因此酆力余认为罗友伦是梁干乔的人在他那里卧底的；于是无缘无故下个条子："区队长罗友伦着即撤职，即刻离所，不准片刻逗留！"吾是队长，首先看到这个通报，吓了一跳，因为罗友伦也是第七期的同学，虽然他不在吾这一队，可是我们还是同学。吾立刻拿了通报去找训育组长胡轨，这个人是真正革命的。吾问他："交通研究所里是不是有政治犯？"他说："没有啊！""没有？那你看这个通报，这不是对政治犯的做法吗？训育组怎么不办这个政治犯？”他看了之后说：“这个酆力余，岂有此理！”吾说：“那我们要去问问他。”他说：“好！现在已经很晚了，明天早上我们去质询他！”第二天早上，吾带队出操，回来后没有到自己的办公室，先到训育组去，里头的人告诉吾：“组长不在。”“哪去了！”“回家去了。”这么早回家？他跟吾约好去找酆主任的，怎么回家了？他家离交通研究所很近，就在三条巷，吾直接去找他。找到他，问他：“我们约好去看酆主任，你怎么回家了？”他说：“吾去过了。”“怎么说？”“吾问他为什么对罗友伦做这样的处置，他告诉吾，人事的问题你不要管。吾是训育组长，人事问题不要管，那吾什么也不管了，所以吾就回来了。”他就这样不干了。之后酆力余还是用湖南人当训育组长，名字是邵令江，邵向来做政工，黄埔第四期。酆力余用了心腹，内心舒坦了。吾跟胡轨讲：“你是训育组长，说不干就不干；吾是队长，带了队伍，是军职，不能说不干就走了，不然通缉起来要枪毙的。所以吾还是要等机会，机会不到，吾不能离开。”

不久放暑假，回来以后，他调吾当中校指导员，让吾升官，但是吾不到差。队长是小一阶，可是调吾当指导员是明显的排挤，同时什么原因都不讲，只是调职，吾不到差。

过了几天，邵令江来了，对吾非常客气说：“吾当训育组长，正在安排工作。可是北平的曾扩情打电报来，要吾到北平军分会政治训练总处当主任秘书，也是上校衔，吾不能不去，已经请示过酆主任，训育组长请你做。”吾问：“什么阶级？”他答：“上校。”“上校？太高了！队长是少校，中校指导员吾还没到差，一下子变成上校，太高了！谢谢你，也请你谢谢酆主任，吾当不了。”于是吾上了签呈，辞去指导员职务。

酆力余先是问过人家：“黄通是什么关系？这个人有点可

疑。”他发现吾不是湖南人，也不是广东人。后来他大概弄清楚了，所以要部令江邀吾当训育组长，这下他对吾很好了。吾辞职后，他送吾五十块钱旅费，会计处跟吾说：“这个不容易，主任还没有对谁这样优待过。”就此吾离开了交通研究所。

第四节　贵阳市整饬警风

离开交通研究所后，江宁要塞司令部要吾去当参谋长，吾并不晓得那位司令是谁。长江下游四大要塞是江宁、镇江、江阴、吴淞，其中最要紧的是江宁要塞。江宁要塞司令要吾去当参谋长，吾谢绝了。他说：“参谋长的地位很高，工作很清闲啊！”吾说：“这样子吾尤其不要去。”后来他要吾兼合作社主任，吾说：“吾不是为钱，也不是为地位。”吾了解，要塞炮兵都是传代的，一个人当兵，一家都住在要塞边，要塞的炮很少，兵也不多，只有一营兵，最高的是营长，那些兵一年到头没有事情可做，不需要移防，所以家眷都住在附近，什么工作他们都包了，因为外面的人进不去。他们父传子，子传孙，士兵的资格老得不得了，听人说要塞炮兵发炮时，眼睛都不需要看，手摸就可以知道了，甚至可以闭眼拆装炮械，熟得很，因为他一辈子就搞这个。吾当参谋长不是当一辈子，年轻人怎么跑去干这差事？

不干要塞参谋长，那要干什么？那个时代，吾的基本观念要革命，怎么样对国家、对党有贡献，吾就去干，至于待遇、地位，吾都从来没有考虑过，所以给吾当上尉吾也做，反倒是给吾当上校组长吾不做，因为吾觉得没意义，况且交通研究所的邮电路航，吾一点都不在行。

吾听说那时共产党闹得很厉害，尤其江西、湖南各地方非常紧张，我们在都市里头的人不知道。又听说为了剿共，所以在江西星子县办了特别训练班，由康泽负责。特别训练班内容怎样？吾不知道，吾想去看看。于是吾写信给康泽，请教他特别训练班是什么，吾想了解。很快的回信来了，信上说："请即驾西来。"吾就提了一口箱子，连铺盖都不带就去了。

到星子县，和康泽见了面，看到的每个人都像士兵一样，从主任到最基层的人都是如此，里头的空气坚苦卓绝，吾认为这才是有了革命精神！剿共才有效果！康泽对吾说："你在交通研究所当队长，到这里也给吾当队长好了。"吾说："吾对特别训练班还不了解。"他说："不管，你当队长没问题。"过了两天，他又找吾去，翻出名册说："队长缺都没有了，你当区队长好了。""区队长是什么阶级？""是上尉。""上尉好多钱一个月？""五十块钱。"吾说："五十块不够吾一个月的生活费。吾在南京租房子，一个太太，两个兄弟，吃饭、睡觉、读书，五十块钱怎么够？"他说："喔？这样子啊？太太不要读书，太太书读多了会变的；兄弟也不要读书了，现在毕业就是失业。通通到吾这里来好了。"吾说："好，吾要考虑一下。"他说："你区队长只要做一个月，一个月后，他们就毕业了。"他先写张条子送吾旅费五十块，之后又写张条子，告诉吾："这个月发双薪。"这样子就有一百五十块了，吾不能不答应。

于是吾到差了。在吾内心认为：再当区队长，实在委屈，可是到了队上，才发现大谬不然。这个特别训练班的人都是军校毕业，在部队里没有工作了，才跟来受训，有的当学员，有的当基层干部，最低的期别是第六期，像吾这样第七期的还没有，吾应该去当队员，现在当区队长了，所以吾没有话说。

想不到我们的队长对吾相当忌刻。不只队长，有好几人都对吾很忌刻。因为还有一个月就要毕业，人家当了多久的队员，仍是队员，而吾从天上掉下来马上当区队长，他们的想法："你是什么来头？”所以对吾很忌刻。怎么样忌法？很巧，刚好特别训练班来了一次战斗训练，也就是野外演习，名义上是团的编制，事实上全班官长、学员全部参加，演习科目是战备行军，主要的科目是前兵连连长的动作。我们的队长是第六期的，上面派他当前卫营长，他就派吾当前兵连长，等于演一台戏请你当主角。吾既然当前兵连长，前兵连的官兵，都是队员，但是队员吾一个都不认识，因为吾才到差两、三天而已。加强连里除步兵以外，有机关枪排、步兵炮排、通信排、卫生队、担架排等等，编了两百多人，可是都是假想的，机关枪排没有机关枪，担架排也没有担架，只有各队调来的队员。吾不能不接受，硬着头皮做。演习时，大队附骑马追到吾前面来，吾没资格骑，吾是走路的。他说：“慢一点，后面队伍跟不上。”中间队伍空了好大一段。吾趁口而出：“战备行军，应该是前队联络后队，还是后队联络前队？”他说：“对！对！对！你讲的对，他们不懂，吾再去告诉他们要派人到前面来联络赶上来。”吾是前队，没办法调过头来联络后队。其实吾也不是根据书本，而是根据实际情况。战备行军的重点是步兵动作，吾没有学过，临时说出来的。这个动作吾做对了。再往前走，遇到山头要转弯，山头的另一边要休息一下，吾这一队队员就地大便、小便、抽烟，搞得一塌糊涂，后面康主任、演习的统裁官、参谋长，团长、营长，一大群高级长官骑马浩浩荡荡快来了。吾想到，转弯过去军风纪那样坏，要给他们看到了，怎么得了？灵机一动，冒胆走上前去向统裁行个礼说：“前兵连长报告！前面敌情不明，请统裁官停止前进。”主任莫名其妙，问参谋长：“前兵连长说前面敌情不明，要我们停止前进，怎样？”参谋长说：“对啊，前兵连长说前面敌情不明，我们当然不能前进。”于是暂停前进，休息了十几分钟，我们的队伍已经走过去了，后面的队伍跟着走上来，刚才乱七八糟的情形他们都没有看见。到第二天，康主任对演习讲评，批评很多，中间有一句话："前兵连连长动作合法。"也是好笑，军事演习哪来合法不合法？不让他前进等于把他骗过去了。本来队长和一些人相当妒忌吾，这下子不妒忌了，认为黄某人相当了不起。

一个月完了，吾准备走了，康泽派吾到别动队第五大队，还是当区队长。吾不愿意干，别动队是什么吾都不知道。后来跟吾熟的几个朋友说："你不要得罪他，他派你应该是有作用的。"这时候刚好委员长行营参谋团入川，因为中央军队不能贸然入川，别动队是组训民众，则可以去。吾被派去的第五大队这时候要在九江上船了，吾要到那里到差。在路上一面追赶，一面问人，一直追到九江，才追上而到了差。

天下事有时候有因果的关系。到汉口上岸后，休息了一下，吾没到过汉口，就到街上到处走走，看到店铺橱窗里头有个证章，好像是特训班的证章，一问，是这家店铺做的，吾以为我们在江西，怎么会来这里做证章？显然这是伪造的。就拿了这个证章到隔壁警察局去；警察局接受了，还要开庭，要吾等一下。开庭时，我变成原告了，问我姓名、年龄、籍贯，吾一肚子气，吾说："我们很善意地告诉你们这个情况，让你们去处理，你把我当讯问对象来问案，这成什么话？"吾生平没进过警察局，尤其没看过警察问案，这次算是经验过了。后来到贵阳，想不到自己也当上警察局长。

在汉口休息了一下，再往上走，到宜昌等船等了一个礼拜，这一个礼拜里，我们还是训练。这时候吾才知道，吾来当区队长还嫌低一点，因为队员当中虽然有十七八岁年轻学生，可是多数的人是老资格，有的是三期、四期的人，吾当区队长来管他们，不算是虐待了。

这时候四川还是军阀割据的情况，行营参谋团入川是很新鲜的事，吾能参加，也算不错。到重庆之后，待了一天，命令下来："开贵阳。"吾感到奇怪。原来是委员长要去贵阳。同样的情形，不能派部队去，这是后来我们从政治观点看才知道的。这时候李宗仁在贵州边境蠢蠢欲动，贵州境内只有贵州军队，没有中央军，如果中央军来，桂系会借机先入为主，因此中央不派军队，派别动队来。理由是委员长到贵阳，别动队去组训民众、维持治安。当时公路还没有通，有汽车也开不进去，只好走路，一天走六十里，头两天不习惯，三天以后就无所谓了。走到贵州边境桐梓县时，通知来了，不准前进，因为朱德、毛泽东正在贵阳，等到前面的战斗部队打掉朱、毛之后，再让我们前进。我们等了个把礼拜，消息来了，朱、毛跑了，其间共党还从从容容开了遵义会议才走。他们走了，我们就开进贵阳。

进了贵阳城，对吾个人来说收获太大了。满清末年，专制政治之下，地方行政是怎么回事？所谓军阀割据又是怎么回事？这下子彻彻底底看到了。

首先我们的大队长发表为贵州省会公安局局长，那个时代没有警务处、警政署，省会公安局长最大，直属省政府，所以我们也驻在警察局里。那时候街上也有警察，但他们通常早上九点以后才起床，衣服也没有穿好，歪歪倒倒。公安局长也就是我们的大队长一看，这怎么得了？这样的警察有什么用呢？于是一个人发一块洋钱要他们走路，只留下两三个块头又高又大的人，叫他服装穿整齐一点，派在全贵阳市最热闹的中心大十字岗亭上。各警察局都没有了警察怎么办？就办一个警察教导队。还没有训练好之前，别动队几个队都驻在警察局。那时候贵阳市除总局之外，分别有东正署、西正署、南正署、北正署四个署，别动队驻在四个正署里代行警察职权，除了不站岗之外，同样受理民众纠纷等事。

吾驻在西正署。西正署相当大，起初到贵阳时，别动队的人认识吾的也不多，吾刚到差不久嘛，对地方上根本都不认识，所以吾在那个环境里，简直是虎落平阳，没有人对吾有什么了解。

后来因为怕桂系蠢动，所以把别动队调到龙里去。龙里再过去就是都匀，都匀再过去就是独山，我们派在这条线上组训民众，实际上是防桂系。我们在龙里时，除了有机会游山玩水，首先要跟县政府接近联系，于是去拜访县长。之后县长请吾和陈队长两人吃饭，他说："明天请吃少午。"第二天我们两人如约，正午十二点到县政府，大门进去，一个人都没有；到二门，还是没人；之后是三门，还是没人；一直到最后第五进，也就是县长的官邸，依旧一个人都没有。那时候流行手上拿根手杖，我们两人把手杖在地板上敲，一敲，县长闻声披衣而出，沙哑地说："啊！你们来了？"他还没起床呢！"吾请你们吃少午。"我们说："是啊，我们十二点来了。"原来在贵阳吃少午是吃晚饭的意思，不是吃中饭。县长为什么这时候还没起床？他抽大烟。后来我们和他商量："县太爷，现在我们都是中华民国了，应该要升旗。"他说："对！对！升国旗！"我们问："你看几点钟升旗好？""早一点！早一点！"吾心里想：早一点你起不来，于是吾说："普通升旗是早上七点，我们晚一点，九点钟好不好？"他说："好！"很勉强的九点钟起来陪我们参加升旗典礼。

我们到的地方，老百姓都知道我们可以调解纠纷，因此来告状的人很多。我们干脆分几个组，摆几张桌子，每张桌子有一两个人，他们进来就问他有什么事，能够处理的就帮他处理，一天到晚很热闹。那天碰到县长，吾就问他："县太爷，你这边衙门打官司的人多不多？""很少啊！"我们说："我们那里是忙得不得了。""你们是不要钱的啦！到我们这边要花钱的。"所谓"黑漆衙门八字开，有理无钱莫进来。"他讲的是真话。后来我们用好多好多的方法来改变社会风气，改变那种颓唐、散漫、尤其是抽鸦片的习惯。

这阵子不晓得什么时候吾讲话漏了一句，提到某要人的名字，好像是说吾认识他，于是马上就招忌。招忌还有另外一个原因，按编制，队上至少有一名队长、一名队附、三名区队长等五个重要干部。我们的队附调到城里当第四分局分局长，队附出缺，新任队附应该是吾，因为事实上许多工作都是吾在做。而我们的队长非常官僚，他专门只做报告：每天他起得很晚，起初还到队里一趟，后来人都不来了，只打电话问："昨天做了什么事?"吾就告诉他一件、两件、三件、四件事。"今天要做什么事?"吾又告诉他一件、两件、三件。电话一讲完，他马上到大队部向公安局长报告。天天做这一份工作，他队长的任务就完了。到龙里也是这样。现在队附出缺，他不报吾。调去当分局长的队附原来就兼办警察教导队，还没找到地方，暂时在分局里招生，没开始训练。这时候队附出缺，要找一个警察教导队队长，我们的队长就推荐吾，表面上是好意，内心上吾却了解，他是怕吾当上队附会把他队长的位子挤走。就这样吾到贵阳去当警察教导队长了。

这是吾生平第一次为公家开天辟地，因为所谓教导队也者，没有地址，没有一张椅子，也没有一支笔；只交给吾新招收的三十几人，这三十几人要住、要吃，每人手上有一只碗、一双筷，此外一无所有，要吾成立教导队。到哪去成立？他们说皇殿是空的，多少年没住人了，可以利用那个地方。于是我们就到皇殿去。贵州是偏远地方，皇帝不会来，有一年据说皇帝要来，特别造了皇殿，相当高，阶级恐怕有二三十级，比普通大礼堂还高。可是房子至少一百年以上没有用过，上漏下湿，里头的植物长的屋顶高，几乎变成一个田园了。这种房子怎么住？那真叫开天辟地了。吾学过几天军事，基本上还懂，就跑到附近部队去借镰刀、十字镐、斧头，三十几人分成几个班，先把高秆植物削平，房子就空了，可是泥土潮湿得不得了，我们到附近买稻草一类的干燥柴火来铺在地上，再到附近营房借了军毯，一个人一床，两个人合起来，地下铺一层，上面盖一层，住的问题解决了。

那时候行政院介绍一个人到贵阳准备当分局长，他是警高毕业，没地方住，暂时住在吾那个地方。我们的局长每次打电话来，接电话的一定是吾，那个人没接到过。

我们住好了以后，局长来看，觉得不错，宿舍是宿舍，操场是操场，贴布告出去，中学生就来报考，马上考，马上取，马上编队，天天招考，天天训练。可是每次训练到第三天、第四天，分局就来要人，因为分局陆陆续续成立，已经成立到第四分局，没有警察就向教导队来要，训练三天的人就给他们要走，但还要很节省的给，要三人只给一人。我们训练出来的新警察真不错，警察制服一穿，动作很整齐，贵阳从来没有这样年轻力壮的警察。后来第五分局将要成立，局长找了行政院来的这个准备要当分队长的人，另外还有一位他打电报找来的贵州老乡韦本宁（军校六期毕业），加上吾，一共三人到局长办公室去，局长说："现在要成立第五分局，你们哪一位去？"吾先讲："当然是本宁兄。"因为吾晓得他是局长打电报找来的。韦本宁说："当然是更夫兄，他已经在训练警察了，他把训练的警察带去就成了。"我们两人推来推去，就没推到行政院介绍来的这个人身上去。局长说："韦本宁不恰当，那就是你去。"他对着吾讲。吾说："报告局长，吾长到这么大，还没进过警察局，吾怎么可以当局长呢？"他说："你会不会放哨？""放哨当然会。""那就去放哨吧。你没学过警察，吾派两个警官学校毕业的学生给你帮忙。"他真的派两个警官学校毕业的学生来。吾就当分局长去了。

吾当分局长是雷厉风行，把税捐处分处长都抓来开庭，因为他打老百姓。对于小偷，吾真是想尽办法，抓了二十几人，在他们身体前后各贴上“贼”字游街，从分局走到总局，走了半个贵阳城，告诉他们：“让大家看到你们的面孔就晓得你们是小偷!”这样子小偷就绝迹了。怎么证明？每天早晨升旗时，北门的小学生也跑来参加，问他为什么到南门来，他说：“你们这地方没有小偷啊。”第一分局分局长和第二分局分局长都是贵州人，第三分局分局长是四川人，第四分局分局长是云南人，他们称吾是下江人，对吾有点妒忌，居然在会报时说：“各分局的辖区里小偷很多，都是第五分局赶来的。”吾简直啼笑皆非，吾说：“你们有城门可关，吾还没有呢!”但是吾知道自己遭忌了。吾为什么遭忌？大概是有许多工作跟他们不一样，太认真了，雷厉风行得一点都不假，所以吾的辖区内小偷、娼妓都没有，薛岳当过二路军总指挥、贵州省主席，威风大得不得了，但是他曾玩过的娼妓我们照样把她关起来了，所以娼妓听到我们分局的名字就害怕。没有小偷、娼妓，赌也很少了。因此对吾很妒忌。同时其他分局长还有期别和地域的观念，所以吾招怨了。

这时候南京防空学校要调防空研究班学员，吾自己要求去，准备不回贵阳了。当时吾就想：吾在星子委曲当区队长，居然还要遭忌，后来吾才了解，队员当中期别高的人多，当然会遭忌；现在吾做警察工作，也是非常委曲，居然还遭忌，他们的观点当然不同，第一吾不是这个地方的人，连西南三省（川、滇、黔）都不在内，第二是吾的期别低，第三是大家平平稳稳做，吾却做得很突出，这些都是遭忌的原因。

吾到南京后不想回去，没料吾毕业后贵阳还来催吾回去。为什么催吾？吾不晓得。吾回到贵阳时，总局长已经换人了，吾去拜访他，他请吾当督察长，等于副总局长，在局长之下、分局长之上，吾说："岂敢！吾没学过警察，不大懂。"他说："你比吾多搞几天，总是比吾懂得多一点，吾更不懂。"吾没话说。

当了督察长，吾更是雷厉风行，弄得全贵阳市没有娼妓，当时吾自以为是得意之作，但事后想，吾错了。那个时代没有公娼，娼妓当然是私娼。自从委员长来过以后没有几个月，委员长又来了一次，有两个侍从副官同我们很要好，来聊天时谈到这里的妓女户故意设计仙人跳，害得有一名副官跳墙。有一天局长也对吾讲："现在省政府对我们批评很好，但是说贵阳市内娼妓太多。"吾说："这个问题容易解决，局长如果要办，吾有一个要求：局长不要向吾讲人情。"他说："那好，你去做吧，吾不跟你讲人情。"于是吾选择端午节，头一天晚上，把侦缉队（刑警）集合起来，下令说："你们自己分组，今天晚上十二点开始，把全贵阳市的娼妓通通抓来。"吾宣布之后，居然有一个资格老的侦缉队员，他看吾年纪轻轻的，就试探吾说："私娼都是暗的，我们怎能都知道她是谁，随便去抓？"吾立刻骂他："混蛋！你们都不知道，她还敢做娼妓吗？"骂得他们一个都不敢讲，事实上这句话毫无根据，然而的确是实情，他们这才不敢冒犯吾了！吾说："赶紧分配！今天晚上十二点出发，漏了一个，唯你们是问！"居然生效了。第二天早上七点钟，司法科长摇电话来："不得了啦！现在司法科院子里头全是人，你快来！"吾说："你处理啊！你问案啊！"他说："吾问不了，司法科没办法处理，你赶紧来！"七点多钟吾就去了，真的院子里都是人，因为一个娼妓一定有一个鸨母，至少有两个人，八十几个娼妓，一百多人把院子都占满了。吾要司法科长正式开庭，问得了的就问，问不了的留下来归吾问，吾在旁边小房间另外设一个法庭。吾对娼妓了解不多，但是吾知道少数知名的几个，头一个吾就叫法警把薛岳玩过的对象带来。她一进来，满面泪痕，不敢抬头。吾就问："认识吾吗?”她马上点头承认，吾说：“今天吾也不打你，也不骂你，罚你一个月之内非搬走不可，可以吗?”她说：“可以！可以!”这个压下去了，其他的真是风扫落叶，有的罚她做两个街上水泥制的垃圾箱，有的罚她捐警哨、笛子，一个多钟头不到，通通解决了，从此贵阳市很难找到娼妓。有一天吾到最大的电影院去看电影，吾忘记自己在民间的影响力，还是穿着皮大敞，黑帽子，黑边眼镜，提了铁棍子，一进戏院，里头好多女孩子跑出来，吾先是不懂，后来他们说：“这些都是娼妓，看到你来都跑了。”

当时贵阳城就只是一条大马路，比台北延平北路还小得多，现在当然又不同了。吾头一天到贵阳时是晚上八、九点钟，吾在大十字问一位店家：“你们贵阳最热闹的地方在哪里?”他说：“就是这个地方。”你看可笑不可笑? 这个地方连电灯都没有，来往的人很少。从民国以来，经历前清、民初的军阀，没有什么建设，老百姓的生活确实苦，而且军阀太权威了，我们去时周西成老早过去了，换了王家烈当权，我们到了之后，他坐飞机跑了，他的太太拿着手枪对着飞机打。王家烈是军长兼省政府主席，他的太太姓万，太太的一个兄弟在省政府当秘书长，一个兄弟在军部当军需处长，这二万出面，什么事情都可以解决，要人有人，要钱有钱，所以贵阳人打麻将的规矩，只要摸到二万就和了，可见这是多么权威的时代!

第五节　巴黎梦参与缉私

二十三年底，武汉行营参谋团入川。入川以前，川、滇、黔三省连币制都不统一，最大的不同是这三省准许人民抽鸦片，抽得厉害，军队中一个兵两支枪是很普遍的事。中央势力入川以后，虽然在军事上中央军没有去，但是政治上要有所改革，抽烟是第一件要改正的事，所以要禁烟。中央政府本来就已经有相关法令禁烟，处罚很重。于是在武汉成立禁烟督察处总处，相当于法庭，执行审判。地方上各省都设立禁烟督察处，平行的称禁烟缉私事务所，直属于总处。各事务所编制很小，负责人是专员，里头分股，其下用了很多查缉员，负责逮捕烟犯。

贵州有禁烟督察处，也有缉私事务所。缉私事务所的专员是一位法国留学生，那时候在贵州省政府之下有好多法国留学生，尤其吴鼎昌当贵州省主席，郑道儒当秘书长时，引进好多法国留学生。贵州缉私事务所专员是刘秉中，他也是复兴社社员，因此同我们很熟。缉私事务所成立后，他先到贵阳。那时他很年轻，想充实他的缉私事务所，提高工作效率。吾对贵州社会相当熟悉，担任贵州省会警察局督察长，全省都晓得吾这个人，所以他同吾商量："你可不可以参加这个工作?"吾说："吾对这事根本一无所知，而且毫无兴趣。"他说："缉私事务所依法缉私，每个月比照上校的薪水，也等于你督察长的待遇；此外还有公订的奖金，相当优厚，一年以后，吾可以得一万，你可以得五千。到时候我们去法国。"他已经去过法国，他说他要再去法国，而且再去以后，有一点成就，没有电报不回国。他说，像你这样的人才，按部就班升上去，太慢了！你知道有人写信骂吴稚晖，目的何在？骂了之后就是希望吴稚晖给他回信，得到了回信马上就登报发表，说他和吴稚晖通信。吴稚晖的名望太高了，有人写了一年的信，吴稚晖都不答复他，他还是继续写，结果吴稚晖开玩笑写了几个字答复他，这个人一下子就成名了。他说："年轻人像你这样努力，工作做得那么好，可是其他地方都不知道；你要是到法国去，等个两年，身价就完全不同了。"他天天跟吾催这件事，催了三四个月，吾多少有点心动了，可是吾法文一个字也不认得，他说："依你的聪明，坐轮船到马赛上岸，你就会讲法国话了。”但吾怎么能离开这个环境呢？这位老兄对有关的人，省保安处长、别动队支队长、组织里头书记、警察总局长等等，他有办法，一个个去游说，居然没有人强力的反对了。于是他说：“现在差不多成熟了。”力邀吾到缉私事务所工作。这时候正好发生西安事变，人心惶惶，吾在治安工作的岗位上，不能离开。到了二十六年年初，委员长已经回京了，他又非找吾去不可！两人准备一年以后到法国去，于是吾同意了，从此离开警界。

贵州缉私事务所设有三股，吾是第一股股长，当然名义是股长，因为吾和地方熟，他给吾的权很大，差不多缉私事务大部分要吾负担。缉私事务所下面有一批查缉员，虽然没有再分设机关，可是贵阳城中东、西、南、北门都分配有查缉员，等于一个查缉员就是一个单位。慢慢地吾明了了，比较有办法的查缉员都是帮会的人，其中尤其地位最高的是“东门大爷”，起初吾听说“东门大爷”这个称呼，以为是三头六臂的人，后来才知道他是我们的部下。他以为吾是警察局出来的人，对他来说如虎添翼，更神气了。居然有一位原来警察局的人来向吾密报说：“你们有一个老牌的查缉员（东门大爷），我们四川一个老乡挑了一担东西被他查到了，卖的东西里头有鸦片成分，查缉员拿了，还罚他两百块大洋，这两百块他吞了，没有报事务所。”吾说：“这件事吾要查确实，如果是假的，吾要办你的罪。”他说：“不会，绝对是真的。”适逢刘专员到汉口缉私总处开会，吾代理专员，全权办理。那一天我们举行会报，所里所外十几人都来参加，会报地点在二楼，吾特别通知要东门大爷来参加。他来了，年纪较长，真像个大爷。他一上楼，吾也不问，马上给他一个耳光，问：“你知不知道你犯的罪？”他把头低下来：“知道。”吾说：“吾是干什么的你知不知道？”“知道。”吾又问：“你服不服？”“服。”吾一句话说：“送警察局关起来！”那时候吾虽然离开了警察局，要送一个人去关还是很容易的。

然后吾才告诉参加会报的人："他无缘无故罚人家，拿人家两百块大洋，真的缉私的话，拿到了应送督察处，让他们去审判，自己拿两百块钱不是贪污吗?"吾借这个机会说："缉私工作非常重要，也很危险，我们没有武器，我们单凭个人的能力缉私，很可能要吃亏，因此我们要锻炼自己的能力。"于是吾在外头租了一个房子，月租十块大洋，差不多有五十坪以上，隔了好多小房间，所有东南西北门的查缉员通通集中在这里，每天早上五点钟起床，起床以后出操，请专门教练来教捕绳术，练罢，八、九点时吃饭，他们没有人有异议。这样做实际的效果是什么？等于停止缉私了。专员说过一年内他可以得一万，吾可以得五千，哪里来的？简直就是抢人家的。那时真正的走私者，一连人带着枪，几十斤几百斤鸦片浩浩荡荡成群结队挑着走，缉私人员看到了，望望然去之，敢碰吗？吾听说有个乡下人，家里死了人，要办丧事，没有钱，因此怀了一饼鸦片烟在棉袄里要去卖，却被查缉员抓到了，鸦片没收不算，还要罚钱，老百姓怎么受得了？审判这名烟犯时，他在地下打滚，哭上整天，可是办案的人很忍心地非要罚他钱不可。这一类的事情吾听得很多，也亲眼看到很多，吾认为这是残民以逞、伤天害理的事。所以吾将查缉员集中，有能力的人查缉到烟犯要立刻送审判，如果审判下来无罪，查缉员也有罪。这样子等于没有奖金了，因此根本缉不到私了。

隔了一个多月，专员回来了，回来之后他大惊失色。关起来的东门大爷是他非常宠爱的查缉员，拜他的太太为干妈，常常到他公馆，关系非常密切，现在被关起来了，他非常痛心，而且他太太也不放过他。其次，吾这么做以后，缉私的案子很少，没有奖金，所以专员对吾非常不谅解。有一天他和吾谈判，要吾先放了这个查缉员，吾说："吾不能放，吾以代专员的身份把他关起来。现在专员回来了，专员有权放他，吾没有权放。"他还是要吾放人，吾说："请问你放的理由何在？我们是革命同志，都是献身革命的，这种做法是革命呢？还是反革命？吾集中训练他们，希望他们真能依法缉私。如果不能依法缉私，他们那么多人在社会上，还包括线民，简直是社会的祸害，缉私事务所要他们干什么？现在你回来了，很好。你去处理吧，吾不再参加意见。"这番话弄得他同吾两人下不去，但道理是对的，他也只好认了。

这个查缉员要关到什么时候？吾已经叫人通知他："你赶紧自了。"也就是把两百块交出来。后来消息来了，被他抓的四川人回去了，两百块钱还他，怀疑有大烟的物品也已经发还他；所以吾就通知警察局放人。他一出来就来看吾，吾没多讲，我问他："事情了了没有？"他干干脆脆地说："了了。""还有什么麻烦没有？""没有了。""那就回去。"这个人放出来后，训练还是继续办，办完了重新安排人员，有贪污、腐败记录的不能再用。举例而言，有一个人薪水一个月十五块大洋，可是他有三个公馆，这些钱他从哪里来？他不是天天害人吗？这样的人还用他吗？一个个清理下来了。帮会里有好人也有坏人，中国旧式帮会分青帮、红帮，武汉以下是青帮，武汉以上是红帮，红帮都是船上的人，怕被人欺负，所以结帮互相关照，云南、贵州没有大码头，在都市里比较有红帮组织，乡下没有，都是以城门口为地盘，清理之后他们已经不是有多大的力量，而帮口的人也有好也有坏，好的人就用他，做过坏事的人就不用，这样一搞，缉私事务所面目一新。

正巧吾到庐山受训，回来之后情况就不同了。后来吾到武汉参加"奉安会议"。这时候秘密的复兴社结束了，成立公开的三民主义青年团。这一天，在武昌中学，全国复兴社代表集中开会，一省五个代表，吾是贵州省代表之一。此外有保安处长、调查科长（实际上是团体的助理书记）、省会警察局局长等人。开会时，大家感觉非常异样，因为向来党里派系非常分明，这次戴季陶也来了，王世杰、朱家骅也都参加，所有复兴社要角都来了。他们分别做国际现势报告、国内时势报告以及政治报告，贺衷寒负责政治报告，提到将在下半年成立三民主义青年团，任务是实行三民主义，他没有提到团体要结束，实际的意思是不要这个秘密组织了。下面一句话，他非常用力的讲："今天在座的各位，就是第一批宣誓入团的!"他也许以为这么一宣布，大家一致鼓掌，那三民主义青年团不就成立了！没有料到，他这个话一出口，不晓得哪个人开始用脚沙沙地擦起地板，奇怪，不约而同地，大家都一起擦起地板，擦了好一阵子，贺衷寒和其他领袖都愣住了，怎么回事？这是一种抗议。所以我们私下称这个会议为"奉安会议"，因为在这个会议里团体死掉了。想当初大家下了多大的决心参加复兴运动，宣誓之后，完全献身团体，如今一句话就解散了，重新成立公开的三民主义青年团，那以前的活动有什么意义呢？但团体既然结束，我和复兴运动的关系，亦遂至此而止。

第七章　重披军装主训练

第一节　考核表决定县长

那时候抗战快一年了，中央政府迁到武汉。吾不想回贵阳，吾自己破坏了缉私工作，即使再回去也不能做了。吾同刘专员私交很好，可是等于吾把他的饭碗打破了，因此吾不想回贵阳。我在武汉、长沙到处玩。吾同最要好的朋友两人去找摸骨相士仇清云（后来他也到台湾来），普通人他都是几毛钱就摸一下，可是他摸我们两人时，先摸吾的骨，没讲一句话就把挂号的签丢掉了："再谈的话两块钱。"我们考虑了，在那个时候两块钱费用太高了，问他什么道理，他说："不同啊！前程不同！"吾说："算了！"他说"前程不同"一句话就够了，至于将来怎么发展那是自己的事情，于是两人走了。

那时候吾在长沙辗转接到电报，要吾"急速回黔"。回贵阳后马上碰到军管区司令部的人，原来是各省的国民军事教育处，简称军训处，现在撤销了。各省成立军管区司令部，其下分编练处和征募处；征募处专管征兵，编练处专管训练。原来的国民军事训练，都是归编练处管，直属军事委员会第六部，后来就是军委会政治部。军事委员会派吾担任编练处第一科上校科长，这是谁推荐吾？一直到现在都没有人告诉吾。吾只好去报到。一报到，编练处长就说："你不要办公，赶紧到指月堂办贵州省各县保甲训练干部讲习所。"吾问他："是不是训练保甲长？"他说："不是，是训练县长。"他要吾当讲习所训育组长。吾到讲习所报到，教育长是遵义行政督察专员，他也是同志，我们很熟，他看吾来觉得高兴。吾的本职是科长，现在摆在一边了，有什么事，别人可以代理，倒是讲习所训育组只有两个人，学员一六六人，训练两个月后要派出去当县长。所以吾两边都报到了。

讲习所分教务组、训育组、大队部，大队部有大队长。他们说教务组组长张金鉴是行政管理学专家，这时候大学里政治经济合一，设政治经济系。张金鉴是行政管理专家，这是属于专门研究行政，和政治系研究的不一样，国内没有这样的学系。张金鉴从美国回来不久，他离开南开大学，路过贵阳，准备到重庆去，省政府请他来当教务组长。吾听说他是行政管理专家，便自卑了。吾这个训育组长，哪一门都不专，怎么跟他比？而且教务组二十几人中，硕士有五人，那时候全国只有南开大学有硕士班，这五名硕士都是候补县长，而我们的训育组连吾在内却只有两个半人，吾算一个，另一位黄友群兄当过县长，中央政治大学第四期毕业，我们都是互喊名字，也不称呼什么职衔。还有一个人是保安处借来的人，每天来半天，所以总共有两个半人。那怎么能同教务组平行？教务组将来要办行政管理课程，我们却没什么工作，所以一开始吾什么工作也不做，只是"混"，买个照相机这里那里拍照，或是办壁报，文章由学员写，吾只负责照相把相片贴上去，引起他们的注意。学员一天到晚在教务组进进出出，训育组则没人来；而且训育组房间也太小了，教务组办公厅好大。

不过，训育组也有工作内容的，于是吾也排出程序，第一件事是举办常识测验，出了好多题目，分别出了政治、军事、行政、外交等等各式各样题目，然后再抖乱，总共有几十个题目，里头同行政有直接关系的题目，吾找了一本行政法总论的书来参考。吾认为，学员里政治大学毕业的人不少，还有法国、英国、美国留学生，也有多人当过县长，尤其主任秘书很多位，大概都懂行政法，所以吾从书里找题目。常识测验的题目列了一张表，有的是是非题，有的要写内容，五十分钟之内要交卷。学员看是训育组发来的卷子，满不在乎的样子，可是卷子一打开，慌了！尽想也想不出来，但是时间到了，纷纷交卷。我们看这些卷子，答得最好的人只得三十分，此外得零分的人过半数。在吾以为这是常识，在他们却认为是难题，尤其怪的是行政法总类的题目他们也都答不出来，可能政治大学没有这个课程，当过县长的人也没研究过政治学。这下子学员认为训育组不简单了，训育组比教务组还要麻烦。

接着开小组会议，教务组首先开张，他们把全体学员分了十几个小组，每一组开会，有的开了十分钟就散会，顶多开十几分钟也散会了！都没有几个人发言。到下个礼拜，排定训育组主办的小组会议，小组会议讨论题目，是吾跟当过县长的黄友群约好，每次小组讨论的题目，纲要由吾写，内容由他写。他说："没问题，拿来好了。"第一个题目是"国家至上主义"，下面的纲目是：国家至上主义与帝国主义，国家至上主义与国家主义，国家至上主义与民族主义等等，最后是结论，也就是我们的主张。这位老兄对吾的估量也不高，内容也没看，抓了纲目就回家去了。到第二天，他来了，拍吾的桌子拍得好重："你杜撰！"吾说："什么杜撰？""哪里来的国家至上主义？"吾说："书上有。""那一本书？"吾说："吾看的书太多，记不得了。"他不高兴："你讲不出来，吾怎么写？"吾要他去找书，他自负得很，他以为看书比吾看得多，但是这题目他根本没看过、没听过。于是吾说："我们去查！"两人就跑到街上，到商务印书馆、中华书局、世界书局，把政治类的书目，通通翻过，有点接近的就拿出来，合起来恐怕有上百本。他说："怎么办？"吾说："没关系。"回去吾打电话给省政府，说："我们现在在办训练，要找参考书，这些书我们讲习所没有，要到书局去买来，书目已经开好，三家书局的书单，请你省政府派人去买来。"他们很好讲话，果然照办，还买了一个书架，装了一书架的书来。这位友群兄吾真佩服他，他两天两夜不睡觉翻书，第四天他到办公室来，得意的告诉吾："找到了！国家至上主义是德国教授汉斯金讲的，希特勒受他影响很大，这个主义在欧洲政治学里很有地位。"于是他把指导纲要全部写了出来，解释纲要的要点，写出来不公开，从外面请来指导员，除了大夏大学外，也从省政府和其他机关请来，把指导纲要发给他们，告诉他们怎么讲都可以，但是希望他们不要超出指导纲要。开小组会议时，指导员分组指导，我们到各组去听，见到开会情况紧张热烈，发言踊跃，足足两个钟头，没有哪个小组有冷场的。这下把教务组震动了，张金鉴也去看，最后指导员根据纲要做结论。前面一个常识测验，后面一个小组讨论，学员都认为训育组不简单，可以说是指导有方了。从此学员常往训育组跑。

保甲训练干部讲习所快到结业时，省政府要发表县长。这一天好像是礼拜六，教育长告诉吾："下礼拜二省政府会议要发表县长，我们要提供参考资料，吾问教务组要成绩，教务组说还没有考试，没有成绩，训育组有什么办法？"吾说："训育组管考核，考核表现在还没有出来，因为还有一个礼拜才结业。"他问："你是不是可以赶办？"吾说："可以，但是不能全部，一百六十六人都有考核表，吾来不及办；但可以先办最优秀的十多人，最坏的十人。"为什么要办最坏的呢？是希望省政府不要误派这些人。这天是礼拜六，礼拜一要交卷，吾没把握，受训同学中以政大毕业的最多，吾在当中找了两人，提供许多参考资料，在一个礼拜天尽量地把表填起来，填了十四张最优秀的人，十张最差的人，一共二十四张。到礼拜一上午，讲习所副所长，也就是民政厅长孙希文来上课，吾当着教育长的面一张张在表上盖章，教育长简单的一看，就交给民政厅长看，民政厅长摇头摆尾说："所见略同。"因为这些人他都个别谈话过了。教育长把表送给秘书长，秘书长郑道儒非常谨慎，看都不看就往保险箱锁起来。

第二天省政府会议，根据讲习所的考核名次发表县长，只剔掉了第一个成绩最高的人。那个人的名字是赵连福，政大第四期毕业，在当时，他的身材、仪表、品行、学术、能力、语言，什么东西都是第一，可是曾经在一本杂志上写文章攻击军方，引起反应，所以省政府不敢发表他当县长，怕会引起党军政磨擦。(后来不久他就当上相当于厅长的地位，省训团教育长，又不晓得怎样到联合国担任文书工作，回台湾以后，什么事也不好安排，最后到陈立夫的中国医药学院当职员，一直没有出头，原因也很难说。他当过县长、省训团教育长以后，非要竞选省党部委员不可，他同期同学的太太极力劝阻都不行。刚好那个时候吾路过贵阳，爱护赵先生的朋友，都对吾说："请黄先生跟他谈，也许有效。"吾真的跟他谈了，最后他还是要竞选，他为人太走极端了)。

除赵连福之外，其余第二名到第十名，九个县长，次序都不乱，通通发表了。第二天吾看报纸，连吾都大吃一惊，那么多省政府委员、厅长，都没有一句闲话而照我们的考核表发表，这很不容易。学员看了，知道是训育组的考核，从那天开始，每天吾下班回去，前脚进门，后脚就有人敲门，要来运动吾。赵连福没发表以前也在办公室看过吾，他人很高，吾抬起头跟他开玩笑："你想当县长？没问题啊，早去早回来，晚去晚回来。"他听了这话不知道什么意思，他跟同学讲："黄先生讲，县长个个有希望：早去早回来，晚去晚回来。"大家听了吾所说的话都不解所以。隔了一年、两年，他们才恍然大悟，因为没有哪个干上两年、三年的，那不是早去早回来，晚去晚回来吗？很多县比较落后，生活很苦，地方上上有土豪劣绅，下有土匪，县长很难当，我自己都不愿做。此后，县长阶级的这些人都对吾熟得不得了，后来吾继续当军管区司令部科长，管国民军训，各县都是军政部派来的人当副团长，团长由县长兼任，两人常发生摩擦，县里每每发生问题，吾写封信，两边一劝，问题就解决了。

第二节　司令参长竞垂青

抗战前，全国中学生实行军训，贵州省亦不例外，吾在学生集中军训时，授课时数很多，所以各县青年界对吾都有印象。尤其二十七年大规模的暑期集中军训，吾担任训育委员会副主任委员。学生闹风潮，公然带了队伍到贵州省政府请愿，省政府慌了，因此改组。请吾去兼大学生较多的第一大队大队长，吾兼了大队长之后，不再有请愿，就很有秩序了。省主席吴鼎昌很妙，在集训结束以后，有一天要吾去他办公室，他问吾："学生能不能用？"吾说："当然可以用，但是要经过训练。"他说："对，要经过训练。你登一个报，报名到一百二十人就开班。"训练什么？他也没告诉吾。过了几天，吾报告他："学生已经到贵阳中学等着了，因为训练的消息传出去，全省六个高中的学生对吾都有印象，听说吾要主办这个训练，所以他们就来了，现在已经超过一百二十七人。"他说："好！那就开班！"吾说："办训练要住在里头才可以。"他说："对，你就搬进去。"吾说："吾是科长啊，吾每天要上班。"他说："你把这个训练办完了再上班。"迫得吾只好从命。

吾在军管区和处长简直像兄弟一样，他向来不管吾，而且他不上班，吾开始办公后，他就把事情交给吾。那时候我们为了防空，到山洞办公，每天清早起来就上班，晚上才回来。他不上山，他把图章交给吾就不管了。

兼司令吴鼎昌更妙了。司令下面是参谋长，参谋长下面是处长，然后再到科长，我和他隔得很远。军管区的人员业务，通常由参谋长管，但是司令兼省主席却直接管吾这个科长。他通知吾到主席办公室办干部训练，他还问吾："会不会蚀本？"当时吾不懂他的话。他是经济学家，曾办银行，是四小行的领袖，吾以为他是商业头脑，实际上是问这项教育投资能不能有所收获。当时吾没有懂他的理念，吾说："看我们怎么用，用的好，训练有效；用不好，训练就浪费了。"他说："对！对！"非叫吾办不可。因为没有编制，到总务科领钱要盖吾的私章，先是几百块，后来是上千块，这样累积下去，以后要是搞不清楚，吾可赔不起。搞了三个星期，吾上签呈不干了。他也不批，突然就跑到部队来，不寒暄就问吾为什么辞职，他说："是为人呢？还是为钱？为人吗？吾有三颗印，一颗是省政府主席，第二颗是军管区司令，第三颗是滇黔绥靖公署副主任委员。这三颗印能调动的人员由你调！"这真了不得。"至于钱呢？用了再报！"这番话吾听得毛骨悚然！因为他是有名的经济学家，财政厅长编的年度预算送到他那里，被改得乱七八糟，削掉了多少，因为他太精明能干了，人家都说他用一个钱要分厚薄，今天他却对吾说用了再报，这么大方！可是不行，最后吾还是离开了，因为那时候吾多少有一点成见，他是政学系的人，同时对吾再好又怎样？厅长不会让吾做，留在军管区，顶多给吾当处长，但是现任处长是吾弟兄，吾总不能把他挤下去。吾老早看准了，在省里没什么可以发展的。可是吾留在贵州的名望已令人够满足了。

至于参谋长，前后有三个人，头一人是何辑五，何敬公的兄弟，他有公子哥儿的味道，本来很骄傲，可是他对吾特别好，要办学生干部训练时，吾迟迟不到差，他找吾说："你快去办这个训练；你不去，那就是吾去啦！"他又说："主席非常重视，可是现在委员长召见，吾马上要到重庆去；你快点到差！"他对吾是好的不得了。

第二个参谋长是韩文焕，他的名望非常高，后来当保安处长，他为了当参谋长，别的方面还没做什么，先来看吾这个干部队，看完了之后向主席报告："这一批青年干部好的不得了，问题是两个月训练不完，要四个月。原来军管区的军官大队可以不要了，让黄某人把这一队人办好就行了。"他对吾非常的特殊。后来韩文焕当保安处长，还把吾留住他家三天，三天内想说服吾到保安处去工作，最后吾说："你是中将，保安处里有没有少将？"他说："有，一个参谋长，一个副处长。"吾说："副处长是战将，你不能调动他，参谋长是陆大毕业的，也不能调动。""还有呢？""下面都是上校。""吾上校已经干了十几年，现在上校的职务不能再做。"这下把他难倒了。他说："那我们到重庆去再谈。"他把吾拖到重庆竞选第六次全国代表大会的中央委员。他对吾简直是求之不得了！

第三位参谋长是杨文琏，日本留学生，他是军人，但是很斯文。他先试试吾，有一次纪念周他指定吾报告时事问题，吾当然准备了好几天，在吾报告时，礼堂大门外有汽车经过，有两名职员调头看了一下，参谋长就骂："后面这两位同志！你们看什么？黄科长讲的你们听不听得懂？"把吾捧得不得了。后来他在主管会报上责问我们的处长："黄科长是军管区的人，为什么老是省政府在用他办训练？为什么把我们的人才借给人家用？我们自己不能用吗？我们办一个训练班！要他主持！”他真的办了一个国民兵团干部训练班，他是主任，处长兼副主任，吾是教务组长。在会报席上，他说：“我们都是教官，教官要服从组长，应该把教授大纲呈给教务组长。”他自己站起来，双手把大纲递给吾，真是把吾捧上天了？他说：“办一个训练班，应该有计划。”于是吾在会报席上送他一个计划，他一看：“啊！这个大纲很好！应该还有一个计划。”吾说：“请看第二号。”他又说：“这个计划很好！应该还有一个表。”吾说：“请看第三号。”这样一直到十四号，全套齐全。他是陆军大学毕业，曾留学日本军校，他看了计划之后，认为陆军大学学生也没有这一套，所以他很得意。三位参谋长都对吾好的不得了。

第三节　萧纶甫军政部令

抗战期间在贵阳，有一次和别动支队长萧纶甫在街上走路聊天，彼此看法相同，认为抗战会胜利，但是我们不能等待胜利，也要参加。到哪里参加？吾说：“最好是三战区。”因为我们是长江下游来的，南京、上海都在三战区，一旦抗战胜利，三战区最先到南京、上海。这位长官曾经读过北大，没有毕业，然后再到黄埔第三期，人很聪明，笔下也很好，气魄很大，吾对他很尊敬，他对吾亦另眼相看。吾跟他毫无关系，他突然要吾干这样干那样，对吾很好。后来他有机会到重庆陆军大学去读书，两年毕业后，回来贵阳，这时候军政部已发表他为第四十二补充训练处处长，这种情形我完全不知道。他毕业了以后回到贵阳，那时候吾在贵阳军管区司令部，为了防空袭，每天都到山上去办公。他刚回来先到吾家，吾太太在家，他告诉吾太太说他从重庆回来了，特别来看吾，他现在住在头桥一个朋友家里。讲了这几句话，就走了。吾下班回家，太太告诉吾，吾想："好几年不见了，应该去看看他。"所以吾到头桥去，找到他那个朋友家，他在那里跟好多人在谈话。吾一进去，他也不寒暄，就带吾到房间里去，把箱子打开说："这是命令，这是公文，这是印信，这是密电码。"通通交给吾。吾问他："干什么？"他说："吾发表新任务了，当第四十二补充兵训练处处长，也派你当主任处员；训练处在浙江金华。现在要去的有二三十人，住在旅馆里等，你把他们带去。"吾很惊异："吾把他们带去？"他说："你把任命状慢慢看好了。"吾看看是军政部发表吾的命令。吾告诉他："吾有现职在身。"他说："吾知道，你打个电报去请假就好了。"他看得那么轻松。贵阳到金华要经过好几个省，谈何容易？他说："你这边快点辞职。"吾说："吾是军事委员会发表的，恐怕不是随便可以辞得了。"他说："不管了，你把他们带去。"他这样坚持，吾只好去找参谋长杨文琏。

吾见到杨参谋长，强调要去前方抗战的事，是萧纶甫先生向军政部报准的。这时候他也发表了补训处长，他问吾："他是不是请你当副处长？如果他请你当副处长，吾没请你，那算是吾的错。"吾说："没有，他叫干什么，吾没计较；吾从来不计较阶级。""那你怎么去？你们的处长不久就要调军政部，下个月你就升少将，接任处长，你怎么可以走？"吾讲了好多理由，还是要走。他气了："吾没有权准你，要主席才可以同意；现在委员长叫他到成都去了，吾没有权准你。"吾说："那吾请一个礼拜假总可以吧？"他说："吾只能准你一个礼拜假，不能准你辞职。"于是吾请了一个礼拜假，吾就真的走了。他气得不得了，最后骂吾："不识抬举。"

吾到金华前，军统局戴笠叫人写信给吾，要吾到重庆去。吾没这么容易就去，先问他干什么。后来他回信，说请吾参加工作。吾函覆："参加工作可以，不要参加你们的组织。"他又来信："不参加组织可以，你要来工作。"这可糟糕了，情况僵住了。吾再给他信，问他要给吾什么工作。他又回信："你想要什么工作？"吾就考虑了，各县警察局长他可以派，税警团长他也可以派，但名额有限。县长他派不了。于是吾答复他："武官，团长以上；文官，县长以上。"他又回信："没有问题，你来了再说。"吾只好去了。那时候贵阳到重庆没有交通车，吾问到第二天三桥有一辆车要开重庆。三桥太远了，吾再问，他们说后天头桥也有车到重庆。到第二天，萧处长来了，后天头桥的车吾也不去搭，跟他到金华去了。

到了三战区半年以后，遇到一位第一次见面的朋友，大家一起打麻将。他是童骧，东南区特派员。吾问他："你在局里工作过没有？""当然！我们这样的人没在局里工作过怎么可以！""你知不知道你们局里等一个人等了三个月没到差？"他说："知道啊！""是谁？""是你啊！"吾感到奇怪："老兄，今天我们初次见面，你怎么知道？""哎啊！你也不要客气，我们局里不认识你的很少。"这句话说得吾毛骨悚然！吾也没出过风头，军统局怎么会认识吾？可见他们老早就对吾很注意。

吾一个人怎么带三十几人去金华？恰巧远征军要到缅甸去，卡车多得很，吾认识管交通的人，他们回程是空车，吾要求他们从贵阳载我们去金华。他问："你要几辆？""三辆。""给你拨三辆。"真是太好了，把我们送到金华，一个钱都不要，只是吃吃饭，送点东西慰劳一番就算了。

到了金华，先要成立补训处处部，就等于成立司令部，准备接收六个团。里头应该有参谋、副官一大群人，但是都还没有建立，只是吾一个人干。就这样把司令部建制起来，然后在金华乡下江山头正式成立司令部，下设好多科，上面有处长、副处长、主任处员。在分科科长中，有一个老资格，他是贵州人，跟萧处长的关系密切得不得了，他对吾不卖账，公文不送给吾看；不看也没关系，他把公文直接送给处长，处长看到了自然要问吾，处长对吾没话讲，吾不在乎。

后来陆续成立五个团，最后一个团成立之后，处长要吾去当团长。吾说："也好。"这个团称为永康团，团长、团附、营长、连排长、班长通通是永康人，地方关系太深，那可难办。吾去接事时，一直跑到团部，他们真的集合干部在训话，内容是怎么样对付吾。他也不晓得吾到了，吾在他背后轻轻敲一下，他转过头说："啊？你来了！你带了好多人来？"吾说："吾带吾一个。""什么？你的干部呢？"吾说："吾的干部不是在这里？"他感到非常奇怪，以为吾会带一大群参谋、副官、营长、连长来，没想到吾只借来一个勤务兵挑行李，他送吾到了以后还要回去。

到了晚上，吾对干部讲话说："你是上尉，你是中尉，你是少尉，你们阶级哪来的？"都不是国家的吗？吾说："吾也是国家的人。你们原来干什么，还是干什么，不要随便，各人自己负责。"他们觉得奇怪，本来他们都准备卷铺盖了。

但是有一名连长故意给吾上马威，要一手，吾想："你这么调皮，关起来！"吾把他交给一名营长，硬把他关起来了，压一下就好。他们说："这个团长在司令部好像非常软弱，怎么这下这么凶？"他们不晓得吾该凶的时候就凶一下，凶一下之后就好了。全团都很好，这个团长当下去，也很愉快。

第四节　练新兵驻阴阳界

吾到金华后，负责第六团的任务是训练新兵，新兵的来源由各县送来，其中大部分是农民，极少数则是兵油子。这时候已经是民国三十年了。这六个团不能够集中在一个地方，因为没有大营房，也没有大操场，所以分散在浙东沿海好几个县，从宁海一直到温州。

当时的分配、安排，吾似乎已稍有感觉，但事后更加明白一些：处长把吾派到最最北边奉化与宁海两县的交接点，地名桥头胡。在此以北是奉化县，是沦陷区；以南是宁海县，是自由区。所以一般人称桥头胡为阴阳界，当地没有日本人，但有汉奸，也有抗日分子，也有政府官员。派吾到宁海那个地方去，到达以后，吾才有两个感觉：第一个感觉，是派吾来发财的，因为他跟吾的关系好；第二个感觉是知道吾不会“下水”。我们的团部住在宁海县城内一个庙里，离桥头胡还有一段距离。

那时候宁海县县长是方引之，他当过委员长侍从副官，而且当地国军最大的势力是俞济时的兄弟俞济民，是游击司令，这个地方等于是他的防区。我们来这里并没有防卫的任务，但是我们有全团的基层干部和武器还有陆续编练的正规部队。吾到达以后，首先去拜访县长。吾告诉县长：“我们驻扎在这个地方，请县长多关照。听说桥头胡是阴阳界，是走私的园地。吾这个部队人很多，吾绝不容许任何一个官兵走私。请县长注意，告诉你的部属，如果发现吾这个团里的人走私，请你把他就地枪决，吾没有话说，绝不埋怨你。反过来说，吾的部队驻在这里，要是发现有走私的人，不管是哪一个部分，吾一样把他就地枪决。”县长给吾说的有点不高兴，表面上说：“是！是！是！”后来人家告诉吾：“你这个部队来了之后，县政府倒了楣，以前县政府常常一卡车一卡车走私货物，来来去去的，你这么一来，他们就不敢了。”吾说：“想不到有这样的好处。”他说：“不是好处，他们是恨你呀！”

吾要部队每天练兵，由于出操没有操场，就每天规定时间爬山锻炼，要把身体练好，并且严格限制他们绝不能够做买卖。当时物资非常缺乏，好多部队都是既走私又做买卖。

军政部派了一个会计、一个稽核到补充兵训练处来。不仅对我们的部队，对所有的部队都是这样。因为将在外，中央力不能顾，很多部队会计一塌糊涂，所以军政部直接派人来。那两位会计和稽核对吾的作风也有点知道，看吾驻在阴阳界，在他们观念中，这是一个大大的发财机会，所以就告诉我们的军需主任："你们这个团，要多少钱，只要团长开口，我们马上就照拨；而且不必等到月初、月中或月底，随时要随时拨。"吾告诉军需主任："我们按月发饷，领到就发，早给我们也没用，多给我们也没用。你就这样答复他。"隔了几天，军需主任又告诉吾："稽核想要买一点卷香烟的纸。"那个时候在前方战区抽不到好的香烟，普通都是买卷烟纸，自己买烟草自己卷。那种烟不好抽，所以从上海走私过来的香烟贵得不得了，用卷烟纸卷烟卖也很赚钱。吾说："不管他要买什么，要我们代买，我们买得到的就给他买，但是要拿钱来。吾也懂他的意思，他要吾送一点给他，可是吾根本不做生意，吾没钱来赔。"结果他钱也不拿来，东西也不要了。

有一天处长自己打长途电话来，他说："今年换季的军装要早一点准备，现在那个地方有没有阴丹士林布？"那个时代军装最好的是阴丹士林布，都是从上海来，吾说："吾派人去看看。"吾问明要多少匹？遵命照办，买了几百匹，买了之后要花运费，于是吾派部队一个人抗一匹，浩浩荡荡地送去。交出去以后，打了收据回来，吾就没事了。至于这一批东西是缝了衣服发出去了？还是没有缝衣服就卖出去？吾一概不管，吾也不知道，反正吾已经交了差。当中吾如果也买上三十匹、五十匹，这不稀奇，吾可以临时去周转一点钱，更何况稽核也说过要用钱只要吾说一句话，要多少拨多少，可是吾没问他要，也没有用吾自己的钱去买。不但是阴丹士林布吾没有买过，连所有走私的货，吾一样都没买过。他们怎样批评吾，一概不管。隔了没有好久，部队就调回去了，部队本来就常常被调来调去。我们调去的地方离临海县很近，是临海县的大田乡。

我们一个连一个连分开驻在大田附近各村落。每个月会计稽核到各团点名发饷。吾听说点名发饷这件差使是最好的，军阀时代也是这样，因为没有一个团不是花样百出的，都有空额，部队长一定要孝敬点名的人。大田到临海县只有二十来公里，可是没有汽车等交通工具，稽核来时要坐轿子，由两个人抬，费的时间多，到团部时已经十点多钟，随便谈几句话就快十二点了。他们来了以后，第一件事情就问："点名要从哪个村庄开始？"因为部队散驻在各村庄。他是故意这样问，为什么？吾没有这种经验，可是别人告诉我：部队点名时指定先从某村庄开始，然后再点其他部队，其间士兵可以游动，点甲村时，把乙村、丙村的兵调来充满空额，点乙村时，甲村、丙村的兵又到乙村去了。稽核这么问，吾却说："为什么要去各村庄点名？您们太辛苦了！吾把部队摆在河岸新开公路上，通通排起队来，你们就一路点下去，岂不是方便多了！"他也没办法，就这样点名了。我们有一个教导队在训练班长，兵从各连调来集中，点到某连，调去教导队的学兵就贴红条子，说这个兵在教导队。吾是实实在在这样做，可是点名的人却说："算了吧！"吾说："怎么算了？"他以为吾是空额，他要放吾一马。听他说算了，吾就下令："教导队解散！通通回各连！"让他亲眼看到教导队的兵回到各连去了。点了两个连，每个兵都在，他不点了，一直说："算了，算了！"吾说："怎么算了呢？要点就全部点。"他说："你没问题。"就算了。

这时候要吃中饭了，吾对他们说："照道理，二位远道而来，吾应该招待你们吃中饭，可是吾不能这么做；吾招待你们吃饭，吾就犯了嫌疑。吾到临海去再请你们客，今天你们有任务，吾就不招待了。”他们真狼狈，那个地方是乡下，连饭馆也没有，怎么办？我们的团副很聪明，他说：“团长不能招待，吾来招待，吾个人招待没有关系。”吾说：“这样也好。”他们才吃到了中饭。

这两名稽核、会计，从来没有看见过这样的部队长，而且搞得他们很下不了台。吾告诉他们：“我们已经很熟了，但是私交归私交，今天公事公办，我们在新开的公路（尚未通车）上排队点名。”点名之后，也不给他们饭吃，他们对吾一句话都不能讲。吾的部队里也有逃兵的，但是逃一个就报一个，没有空额。会计、稽核每个月都要点名，相信有的部队长会送一个红包，马马虎虎过关，吾却是硬碰硬地搞，稽核、会计反而吃不消，从此不来了。以后凡是点名发饷点到第六团，他们就说：“第六团不用点！他们不会有空额！”这个招牌打出去真不容易。

第五节　送新兵师长设宴

训练一两个月后，我们每名兵都肥肥胖胖的，他们在家里头不能吃饱，到部队来之后，吃得很饱，每天出操上课，一个个脸色红润，身体结实。突然一个命令下来：“送兵！”我们听了很难过，心想：“为什么不把我们改编为作战部队？我们的目的是来打仗，兵送出去，打仗就没份。”兵送给前线的作战部队第十三师。那时候第十三师长名字吾记不得了。交兵的地点是诸暨县。吾听人家说交兵的第一件事，部队到达之前，要先拜访他们部队长，我们是交给第十三师，师长之下，参谋长、团长也都要拜访；不但要拜访，还要送礼，因为把兵交给他时，他会挑剔，不但有好坏的问题，而且还有空额的问题。我们到了诸暨，没有任何人跟十三师打交道，他们派了一名参谋长带干部营长、连长、排长等等来接我们。我们在路上看到一些他们接兵的班长，哎呀！黄皮瓜瘦，连走路的力气都没有的样子，他们怎么如此差劲呢？一直到他们来接兵时，我们都没有和他们联络过，于是乎他们要来“上马威”，来了就问：“从哪一连开始接收？”吾也是这一句：“我们全团的兵在河坝上，吾摆出来，你们来接好了。”他听了这个消息，有一点感到奇怪，也许没听过这种做法。

有一连接兵部队不大识相，说要看看我们的连上，如果有病兵，他们就不接，因为我们不理他，他们故意这样来个上马威。那个话辗转传到吾的耳朵里，吾跟营长说：“你告诉那接兵部队的连长或营长，我们在河坝上交兵，请他们来一连一连接，如果挑剔，我们有哪一连哪个兵不行，我们就全连带回。我们的兵一个都不会输他们，不相信的话，请他们带十个班长来，我们也出十个兵，一个对一个打，是哪个会打赢?”话一传出去，把他们吓住了，他们说：“没什么！没什么！我们来接！”接兵时，同点名发饷一样，他们问吾怎么接兵，吾说：“一个连一个连接，照名册点名，少一个我们认赔。”他们没办法，很快地把兵接了。

还没接完时，先来报告：“请团长到师部，师长请吃饭。”吾问同事：“有没有听说过送兵部队的团长对方的师长要请吃饭?”他们说：“没听说过。”吃饭的地点在萧山附近，因为师长在那里作战。吾说:“好吧，师长既然有这个礼貌，我们就到师部去吧!”

到了师部，一会儿参谋长来谈谈，一会副师长来谈谈，就是不开饭，我们也没怀疑到什么。后来吃饭了，大家客客气气。

吃过饭，师长讲了：“请问团长，这个收据怎么打?”吾说：“这话怎么讲？刚才你们点了好多人，就照点名人数打个收据给吾就是了。”他说：“不瞒团长，我们部队作战时间太久了，行军的距离太长了，所以空额相当多。现在再接收新兵，希望能在接兵中把空额报销一部分。”他这样讲，吾还没听懂，吾说：“吾把兵给你了，你去补充嘛。”师长明说：“请团长在收据上多打一点，我们的兵员损失得多，多打一点可以向上面报。”吾说：“要吾多打一点接收兵额？那吾怎么报？吾交给你一千五百人就是一千五百人，如果报一千六百人，那一百人吾怎么报？”后来他们的团长，参谋长都来讲好话，吾说；“你们怎么讲，吾都没办法，少一个兵，多一个兵，平常吾都天天报，你们可以到军政部查吾的账；现在要吾一下子搞出一个从来没有的数字，吾怎么做呢？”搞了个把钟头，弄得互相下不了台。

后来吾出了个主意，要向补训处处长请示，因此摇长途电话给处长，报告处长：“吾交给他们多少兵，他们要吾打收据增加多少兵，多出来的兵怎么报？”处长说得妙：“你报到处里头就好了。”这样解决问题了。很显然，处长也有空额，不然他怎么凭空可以多几百人？

听了求情这件事，吾感到惊心动魄，闻所未闻！听完之后，吾非常痛心，我们看到不少日本部队，别人武器、兵员、服装什么都天天进步。我们不但不进步，连自然的人都不完整，还有那么多空额，那打什么仗？每次看到报上报导某次战役，“诱敌深入，聚而歼之”，我们自己损失了多少多少人。这都是假的，那是报虚账，根本没有牺牲这么多兵。这样怎么抗战呢？由谁去抗？这件事是吾亲身经历，而且第十三师是相当有名的好部队，那不好的部队要更坏到什么地步？送完兵之后，吾难过了好些天，送去的兵，不是白白要他们牺牲吗？我们的兵体格好，去当他们的班长都还绰绰有余呢。

第六节　高风亮节朱劼老

送走新兵后，营地只剩二三百人，都是班长以上，驻在黄岩县，散住在民房，暂驻待命，平时从事干部训练。

黄岩县有一位进士，他是他们那一科的第七名。据说他本来可能点状元，因为进士考试前十名的卷子由十个宰相来阅卷，等于现在的院长、部长，第一本卷子由尚书看，虽然是密封，例由小军机分送，可是送给尚书看的这一本发表出来一定是状元。这位黄岩县朱文劭先生号劼成，他的舅舅原来是小军机，但是朱文劭考试时，他舅舅已经下世了，因此得了第七名。在十名以内，也算不错了。他中了进士没有多少年，清政府就取消科举。民初对前清进士还是很重视，所以他曾经在民国时代当过二三年的广西高等审判厅厅长。任满要走时，他做了一件前所未有的工作，他算了算，累积下来的公费有大洋八百元，他把八百元封起来，告诉省议会议长："这八百元是你们广西省地方的钱，吾离职后留在地方。"普通官员把自己的公费带走，他却留了下来，很了不起。他在北伐前最后一任江苏省政府当过政务处长，一度代省长。后来北伐成功，朱文劭退休，回到黄岩。虽然没有官衔，地方人对他很尊重，历任浙江省主席要发表黄岩县长，都要先征得他的同意。他的脾气相当固执，在家里没事就打麻将，媳妇、女婿都来参加。吾慕名拜访他以后，他对吾非常好。

他家里种橘子园，靠橘子生活，每年橘子成熟时，一箱箱卖出，吾向他订购多少箱，他算账时打了八折；为什么？他说："你的钱得来不易。"由他讲出这句话真不容易。

这时候吾等候接收新兵，没事，他邀吾到他家做上宾，吾整整住了一个礼拜，每天就是打牌。打牌不是赌钱，妙得很，他规定无论老少男女，每人拿多少钱，分四份放在盒子里，盒子挂起来，不准自取分文，就是说不玩假的，要来真的。打完了，把盒子放下来，赢多少就分你多少钱。谁打呢？吾住他家，基本的角色就是吾和他两人，加上他的媳妇或是什么人，还差一人，要到外面找，今天找一个，明天找一个。其中有一位九公，大概是排行老九的。九公长袍马褂、道貌岸然，是地方的绅士，可是朱劼老不要找他；等到实在是找不到人了，他的媳妇来报告，没办法，只好要找九公来参加。可是他却说："不打了！不要这个人！"为什么呢？他的意思：九公是土豪劣绅！认为他的品格不够同我们一起来打牌。他是那样天生傲骨！那样嫉恶如仇！所以这个人很了不起。

不晓得他为什么对吾恭维得不得了。他写字作诗不要稿纸，他把立轴打开，一面想一面写，写完了可以挂起来看。他送吾一幅七言律诗，好极了！其中的话是恭维吾，可是并不是泛泛然的恭维，他都是有凭有据的，很实在的几句话。吾非常的感激他。可惜这幅立轴放在家里，南京撤退时没拿出来。

他的儿女不见得顶好，但是他的女婿很好。有一天晚上，他家里一桌人在打牌，吾没有参加。他的小女婿来了，是个德国留学生，在德国西门子洋行工作，最近才回国来。他在德国参加复兴社，我俩人一谈，大家是同志，所以谈起怎么样抗战能够胜利，分析利害得失、成败关键，俩人谈得非常合拍。吾觉得这个青年很了不起，应该很有前途，可惜后来没有联络了。

第七节　非战斗部队突围

我们的部队没有战斗任务；这个部队有三百多支枪，但是用来打仗是不够的，因为没有重武器，连机关枪都没有。可是上头命令下来，要我们到云和县接兵，等了很久都接不到兵，我们应该回防，也就是回（临海）台州府。可是台州已经为日军占领，我们往里头撤退到仙居县白水洋一带去。从云和往东走，一定要经过瓯江，瓯江的三江口离青田只有两华里，青田这时候被日军占领了。从青田上来，有一个城市是丽水，那条河岸上还没有日军，可是日军常常来来去去，白天来，晚上就回去了。我们要回到仙居县去，一定要通过三江口。浙东地形非常难走，不是山就是水，所以我们这一个非战斗部队要在日军围困之下突围。要怎么做呢？路怎么走？吾去请教云和的警备司令唐寅山，他人蛮好的，年纪大一点，老夫子一样。他教吾不要走，吾说："不行啊！不走吾很多问题是不能解决的。吾应该归队啊！"于是吾问他借地图来看，把地图读了两天，每个小地名都记得了，每一条小路都找出来了。

读完地图以后，吾下了决心。这是要冒险的，因为瓯江右弯一点一直到丽水，左弯一点有一条小江，一直到云和，那一段河面比较窄，水也蛮大的，每天来往的船也不少。尤其往青田走是顺流而下。吾算时间，算距离，算速度，算太阳，什么条件都算好了。我们一下子有十五条木船顺流而下，那真是危险，人在船上，动都不能动。

因为日军飞机只要太阳一落山就不来，飞机不来，陆军部队也不出来。所以我们等到太阳快要落山的时候，船就到三江口，我们派人在岸上放哨，望着青田，监视日军部队有没有出来。太阳下去后，他们的部队都不动了，我们的船正好利用机会靠岸。我们已经先同部队长讲好，部队上岸后一句话也不用讲。吾走最前面，大家跟着吾走就是了。一口气跑了二十里！草鞋泥土路，无声无嗅，二十里之后右转，走到山里头去了，再掉头问："后面有什么情况没有？"回答说："没有！"那就是说已经甩掉了日军。

事后晓得有一名害病的班长跟不上部队，他到第二天才过来。他说我们有一个动作做得好：因为到山上有一个叉路口，稍微右弯一点路比较宽，是大道；左弯则是羊肠小道。我们故意把右弯的地方的草踩平了，好像多少人走这条路过去了。小路的草则一动也不动的样子。实际上我们走小路，走过之后看不出来，我们就利用这一点走过去。敌人追来了，走这条大路，走了一段，看看追不到，才回去了。因此我们突围了。

前面提到的病兵赶到之后，我们就晓得我们很安全了。

第八节　一刻钟结束起立

本来在其他部队，余粮公开是部队长的好处，可是吾把余粮卖给眷属，变成眷粮。我们不但把部队的兵养得好，连军眷也顾虑到了。每个兵一天有二十几两的米，这个规定是很充实的，如果有空额，米会剩得更多，像我们这样没有空额，粮食还是吃不完。多的粮食怎么办？我们好多连长以上的人都有家眷，我们把多下来的粮，以外头没有的价钱五毛钱一斤卖给他们。收来的钱拿来办士兵的康乐活动，有眷属的人也吃了便宜的米。所以眷属都很开心。前方作战的部队，能够吃饱的并不多，我们不但兵吃饱，连眷属也吃饱了。

把兵送走之后，我们驻在仙居县一带。后来敌人走了，我们又到临海、黄岩等等好多个县，驻扎在那里，新兵没有来，怎么办？我们的干部有三百多人，吾叫他们能够有程度读四书的就读四书，不够程度的拿小学教科书认字。其中有好多人程度好，四书读得很好，吾对他们讲四书，借这个机会温习，大家感觉很有兴趣，每天都朗朗书声。尤其我们有些部队驻在庙里头，庙里和尚在念经，我们在念书。

敌人走了之后，我们回到临海县。在台州府，很难得的，六个团长都到了。有一天六个团长一起吃饭，一位团长有事情先走，其他五名团长都没有走，有人提议打牌，五个人就四个人打，一个人看。打牌时，连吾四人。很奇怪，那三名团长每人面前摆着两扎钞票，那个时候钞票一扎差不多一千元，两扎就是两千元。吾的面前没有。当军需的人，大概都晓得哪个团长有钱，哪个团长没钱。已经开始打了，有个人从吾背后拿了一扎钞票来，摆在吾面前，给吾充场面。吾掉头一看，他是军需处的人。这位军需好聪明啊！人家都是两扎两扎的，吾一扎都没有，他给吾摆上一扎。这件事证明每个团长都相当麦克麦克，不是像吾这样穷兮兮的。

后来我们奉命改编，也就是新兵送出去给作战部队了，干部也要拨出去。有的部队改编成某某军某某师。我们的部队拨出去，谣传我们的处长快要发表军长或师长了。结果都没有成为事实，就是把连长以下的人通通拨光了，每个团都办结束，大家就散了。办结束时，等了一个多月没有消息，这是怎么回事？吾就问我们军需主任："办结束嘛，就是粮秣、被服、军械、现金这四项，应该很简单，怎么办了这么久都没轮到我们啦？"军需主任说："一个团一个团办，有好多团发生困难，结束不下来。"吾说："这个很奇怪。吾不能等，你通知军需处，某月某日吾自己来办结束。"他就通知了。到了那一天，吾就到军需处办公室，室内有十多二十人在办公，吾一进去，大家就对吾起立敬礼，因为吾是老长官。然后吾找张桌子坐下来，问："谁管现金？"有人答："有！吾管！"吾说："吾有没有多领你的？你有没有欠发吾的？"他说："没有多领！"还有一笔钱应该给吾，吾要他打支票来，他打来了。好了，两分钟解决了。吾又问："谁管粮秣？"那个人站起来："有！"吾说："吾有没有多领你的粮秣？"他说："没有！""你有没有欠吾的？"他说："也没有！"吾又问："谁管军械的？"有人答："有！"吾问他："吾的武器有没有缺少？"他说："没有。"吾说："好！那你打个清单。"他也照办了。然后被服也是一样。四样事情在十五分钟内都搞好了。吾说："请问各位第六团还有谁在手续上不清楚的？""没有了！"吾说："没有，吾就走了！"他们全体起立，好严肃！向吾深深地一鞠躬。这样就结束了。怎么会办几个月办不清呢？

后来他们告诉吾，第四团团长跪在军需处长面前哭，哭了好几次，求他原谅。交不出来的东西多了，现金、粮秣、被服、军械都有问题，几个团都这样。吾说："这个吾早在意料中。"因为军政部有一个军风纪调查团，有一部分专门查账的会计部门，到我们这个单位来过三次。吾已经当了团长，有一天回到处里，吾问处长："我们这个处从成立到现在，处长！你知不知道军政部发我们多少钱？我们发给各团多少钱？军政部对我们这个处是长发还是短发？我们这个处对各团是长领还是短领？"处长一句话都答不出来，吾问："为什么军风纪调查团来了三次？"吾不由自主地哭了起来，显然我们军需处的问题很大。处长把吾带到军需处，当众乱骂一通，把他们骂了好多分钟。回头吾自己想："怎么骂他们呢？他们顶多手续上搞不清楚，大的数目是处长的责任，办手续的人他晓得什么？"所以到这个时候，军需处对吾简直是恭维备至，其他团长他们看不起。如果各团都能尽职守份，全部的结束手续，也不过几天就办完了，何必要几个月？

第九节　借住上饶失业群

部队结束后，大家回到上饶。上饶设有第三战区长官司令部。到上饶时，我们还有一二十人，是处里面最基本的干部，都在一起没有散，可是处长也没有力量养那么多人，各人自己料理自己。最可怜的是医务室主任，他夫妻俩生了一个小孩，因为太穷，母亲的奶不够，小孩子饿死了。这位医务室主任没什么办法，就在吾家在凉榻上哭。他是干干净净的人，其他人生活好过的也不多。大家怎么办？希望萧处长发表新的职务再跟他去。吾则不然，吾本来预备做革命军官两年，这回吾又搞了两年，前半年等于当参谋长，后面一年半都是当团长，所以够了，不要再做了。

陆：你们办理结束之后，政府怎么就不管了呢？

黄：结束之后政府就不管了，因为是部队，不是机关，改编就没了。你提这个问题很好，抗战胜利以后，四处都是散兵游勇，闹得天下大乱，后来都跑到共产党那里去了，因为没人管。

吾自己第一个不愿到师管区去。那位司令是云南人，保定毕业的，在贵阳吾跟他认识，可是到了三战区没有见过面。他知道我们这个处结束了，他要吾到他杭嘉师管区去当参谋长。因为战区里交通不便，也没有电话联络，所以他托人传话。第一次传话来，吾当面表示不干；然后再传话，要吾当参谋长兼团长，恐怕吾只当参谋长嫌没有权，但是吾也不要；第三次再传话，要吾兼合作社主任，管钱，吾还是不要。为什么呢？师管区？吾志不在此，要带兵的话机会很多，吾都不去，师管区一般来说比较腐败些，不是正规部队，吾不去。

那个时候暨南大学搬到福州去，对军训教育特别加强，要设主任教官，少将缺。他们请吾去，吾笑笑：“少将也买不到吾，要当军官就是带兵，要教书就当教授，既不是教授，而要在学校里头当少将，不伦不类，吾不干！”

后来邓文仪当第三战区政治部主任，他兼办过东南夏令营，就在三十二年夏季办了夏令营，上饶附近一带的中学生来受训，邓文仪当主任，教育部长陈立夫都亲自来校阅。那里头临时编了三个队，上面还有一位大队长，吾是第三队队长，也就是吾跟过邓文仪当过几天队长。这一次他要吾在政治部当科长，吾说："谢谢！吾要当军官就当军官，要当文官就当文官，对政治部科长没有兴趣。"

吾的生活也很艰难。先有一位当过吾的连长的人，他是上饶人，他看吾住在上饶，生活很艰苦，他从家里推一车米来看吾，那一车米居然我们吃了一个月吃不完。

吾的军需主任也跟着吾，他不另外找工作，就等吾。吾的生活这么艰困，他的生活当然比吾更艰困。他晓得从沦陷区买东西带到战区来相当赚钱。他没本钱，没向吾要钱，就靠两条腿来回走路，吃就吃干粮，跑了十几天，到沦陷区买东西。那也不是什么名贵的东西，很普通的，他带回来，赚了钱送给吾。吾说："你自己用啊！你不能再救济吾啊！"他说："你将来有办法再说，现在你没有钱用。"这真是个圣人。后来抗战胜利，他又在江西护送内人带着小孩到南京。他在南京结了婚，成家立业，才分散。这人真是了不得！

吾在上饶穷兮兮，做什么呢？吾发现看绍兴戏非常有趣，每天晚上都去看。当地没有好的戏院，临时搭盖的芦席棚子，雨大了还会漏雨，吾也和好多人一样带把雨伞去看戏。

第十节　脱下军服民间去

李总司令觉是湖南人，何键的女婿，这时候他在三战区当第十一集团军总司令，阶级是上将。有一天他请吃午餐，那是夏天，天气很热，吾走到司令部去，看到里头通通都是冰。那个时代没有冷气，靠墙壁堆了很多冰，一进去就很凉快。同时他批评附近部队军风纪不好，因为有一天晚上他坐了汽车出来，马路上都是兵在睡觉，他汽车开不出来。所以他很恼火，骂那些部队长不负责任。这两件事情使吾印象很坏。第一，你是在前线作战，哪怕你是总司令，房子里头那么多冰，但是别的人，像我们当团长的，一块冰也没有，还不是这么过。你这个总司令为什么要这样奢侈呢？那些冰一天消耗很大的。第二，白天敌人的飞机，看到地上有人就用机关枪扫射，所以白天一步路也不能走，要行军的话全靠夜里头。走到十二点钟以后，人困马乏，倒在路边就睡觉了。你有汽车，你天黑就走不可以吗？夜里十二点钟以后，当然路走不通了，走不通就骂人家军风纪不好，那当什么总司令？他对士兵、对部队一点都不同情，所以吾对他们非常的失望。

萧山前线送兵以后，吾对抗战的前途冷了大半截。这怎么抗呢？第十三师是好部队，好部队如此，我们的好兵送给它是白白牺牲了，尤其作战训练不够，不是白白送死吗？第三战区如此，其他战区又如何？吾不敢想象。

吾到长官司令部去了一趟。这是我们最高的司令部，它有八大处，吾到每处都转了一下，也同各处的人接触了不少。他们是长官司令部，吾是团长，接触下来，彼此相见，很自然的大家应该会谈到抗战怎么抗，部队也应该怎么做等等；可是却没人谈到抗战！都谈什么呢？拿两句上海话来形容："眼睛乌珠是黑的，洋钱是白的。"就是看着钱，不管什么处，都是谈怎么样赚一点钱。这是战区长官司令部啊，嗐！

吾转了一圈以后回来，再参加了东南夏令营，东南夏令营倒是希望很高，因为都是青年——中学生嘛！

东南夏令营结束之后，吾自问：抗战的实力在哪里？那个时候老百姓已经很穷困，我们跑了多少县，无论哪一县，当一名县长就是管兵、工、粮、款四件事情，要征兵、征工、征粮、捐款。可是民穷财尽，这是民间；部队呢？打什么仗？哪一个部队真在打仗？所以吾非常怀疑抗战的实力在哪里。日本军队有技术，有好武器，我们有什么东西？吾真想不通，不是吾一个人想不通，好多高级军官同吾的想法一样，对抗战前途非常的失望，所以以后吾下决心离开战区，脱下军服，从此不当兵，另外要去找对抗战能够着力的工作。

很妙，当吾离开上饶，往西南走时，在信江临时浮桥上遇到一名少将副师长，他问吾："你到哪里去？"吾说："到西南。"他说："那吾也走了！"吾说："我们要到上饶的公共汽车站坐长途汽车。"他说："好！好！好！吾回家拿铺盖就来！"他真的很快的回去，把铺盖卷卷就来了。这是代表当时的人心，混混的人是有，有觉悟的人还是不少。对抗战的前途怎么发生信心？大家都是很焦虑的，像这样一位副师长，三言两语就同吾一起走了，决不是临时起意的。

结果吾不但离开了战区，而且永远脱下军服，从此不当军人，因为吾认为当军人对国家没有好处，没有用力的地方！

陆：抗战时第三战区没有什么战争嘛。

黄：其他的战争吾不晓得。顾祝同给吾《九十自述》这本书，等于工作报告。据此书，仗是有打，不过敌人是进攻，靠海空军的优势，不会孤军深入；我军是守势，靠山川地利，不是会战不会硬拼的。至于胜败，承认失败的人很少的。

陆：军政部也不了解，蒋委员长也不了解第三战区人民对抗战所抱希望多大吗？

黄：他们当然不了解，不是当事人，没人搞得清楚。当初吾和萧先生说走就走，到第三战区，对抗战抱的希望多大，愿意以身许国。结果如此！所以吾走了。这样的环境，贪恋少将中将没有什么意思，即使是马上让吾当上将也无济于事呀！

陆：三战区是这个情形啊？所以共产党的问题处理不好。

黄：那时候共产党的新四军在三战区已经很活跃了。

陆：当时屯溪办了一所临时中学，收容江苏省流亡学生，吾在沦陷区里，准备到那个学校去；后来没去成。

黄：那时候全国大概办了十所临时中学，设在江苏、浙江、安徽、湖北、湖南、贵州。当时最好的中学就是临中，因为是国立的，临中毕业的学生，多半考取大学，通过统考。

陆：那时候我们对三战区很向往，听你这样讲，那就不对了。

黄：不过，假使你去了，不会有吾这种感受，因为所处的社会环境完全不同。吾的感受，就是好多部队长也没这个感受。吾非常客观，非常冷静，没有迷在里头。我们有六个团长，第一团团长老早发了财走了；第二团团长是个胖子，没有好久也走了；第三团团长比较能干一点，他升了官；第四团团长就是向军需处下跪的那一位；第五团团长在长官部当警卫团团长，同吾最要好，但是他迷得不得了，他节节高升，很得意；吾以为这没有什么意思，升官同抗战的实力没有影响。凭良心讲，部队里头的部队长不发财的人很少，发财太容易了，第一是吃空缺，其次是军粮、被服。他们靠这样发财，不是直接卖官鬻爵，不过也差不多。军风纪巡查团雷声大雨点小，没有效果。

第八章　高原梦断哀思

第一节　上饶西行止贵州

三十二年年底，吾在上饶考虑再三，还是决定到西南去，或许可以找到真正有益于抗战建国的实际工作。

那时候交通很差劲，旅途中要一段一段想办法，才能到贵阳、重庆。吾在贵阳熟人多，这里聊聊，那里聊聊，耽误了好多天。听说重庆方面对县长专员或者团长以上的官都有价码，吾决定不去了！后来碰到第四区的行政督察专员廖兴序（字稚岩），他是吾的老弟兄。我们俩人跑到东门外去，那里漫山遍野是草地，不下雨时还蛮好的，我们就在坟堆的草地上聊天。头一天聊得很好，约好明天再来；第二天又聊了一天，还没聊出结论来，连着三天，结论是拿他的行政督察专员区九个县作为一个基地，把它建设成三民主义实验区。后来台湾称为三民主义模范省，我们那时候就搞三民主义实验区了。廖稚岩把专员公署的主任秘书调为参事，公事照看，就是主任秘书的名义给吾。吾根本不在乎什么地位，吾每天也看公事，处理事务，但是主要研究三民主义实验区怎么计划。

那个地方属于云贵高原。当时共产党的活动地区就是避开公路线的正面，大部分在山谷里头。汪精卫也有一部分的势力，他的军事干部利用湖南土匪头陈渠珍去收聚土匪，另外加上一部分杂牌部队，在湘、鄂、川、黔四省交界处占领恩施高原，准备发展游击战，对付国军。而我们则是在云贵高原，在云南、贵州、四川、湖北四省，一方面跟他相对，一方面也可以联结国军。云贵高原的高度超过恩施高原，区域也比较广，出路比较宽，必要时还可以通海口，从云南出去，敌人封锁不了云贵高原。而且这个地方比台湾大多了，中心点就在毕节，我们认为这个地方很好。

那个地方很穷！已经冬天了，很冷，不是下雪，也不是下霜，而是下“凝”。踩上去很滑，有点像霜，但是霜没有那么滑；也有点像冰，但是冰比它硬。天气很冷。老百姓负载的东西都装在背兜背在背上，最普通的是背煤炭，他们叫“乌金”。吾看到有人背着谷子，问人家这个乡下穷人在做什么，他们说他要去交公粮。吾看他上身没有衣服穿了，披了一点碎布好像是上衣，千补百结，成了一件百衲衣，像鱼鳞片一样，袖子也没有了。这样子穷，他认真的来缴公粮！吾不由的惊叫：“这才是抗战的实力呀！”（表示民间对政府有信心）

专员公署里有个保安司令部，有一点保安部队。我们所属的机关、部队，都有好的成员，前前后后有七位，大家志同道合，每周都有一段时间专谈问题，非常民主，都是自由谈话，没有任何拘束。谈到后来，七人结拜弟兄。吾以前没有做过什么结拜的事，就这一次，真的把红地毡铺起来跪下来拜。

在这七个人中，有一人（吴颂平）当过县长，非常老成，他的思想也比我们迟钝一点，但是他很有经验，我们应该借重他。而且这个人很本分。因为年龄最大，所以我们就喊他“老大”。第二位名刘熙乙，小学没有毕业，会做生意，刚开始他背“乌金”卖，后来就背盐巴，慢慢就发财。他认识吾时，他的地位是省政府请他当财政厅长他没有做，于是乎请他当贵州省银行的总经理，那时候省主席是杨森，杨森在四川有个大川银行，也请他当总经理，他自己办了一个聚康银行，也是他来当总经理，因此他是三个银行的总经理。有这样大的财富，他应该是炙手可热的，但是他虚怀若谷，尤其难能可贵的是他富贵不骄人，一直到吾去的那一年，吾还亲眼看到：要过农历年的二十九、三十两天，他往自己开的中药店柜台一坐，桌面上摆满了一堆堆现洋钱、角子、铜板。毕节城里的穷人照例陆续来到，那些穷人也不要介绍，他都熟得很，他自己从小就是穷光蛋，所以话都不用讲，他一个个都认识。他问："张阿三，今年过年过得去吧？"他随手抓一把钱，没有数，三块、五块就交给张阿三，张阿三谢谢走了。再来是李阿毛，他问："今年过得去吧？"李阿毛嘿嘿嘿笑，他也抓一把洋钱角子给他。他衡量他们的家口、老人小孩过年的需要，大致差不多。尤其三十这一天，从早上到晚上抓钱给他们。钱发完了，已经是将近夜里十二点，快年初一了，他也回家了。他送了多少人多少钱？他不计较。真是一个大善人。他是老二。行政督察专员廖稚岩是老三，吾是老四。然后是老五赵发智，他是学农的，中央大学毕业，是农业实验所的所长，书读得不错。还有老六李思齐，刚从云南大学毕业，从来没做过事，夫妇俩人都来了，非常会聊，大言不惭，什么开天辟地的话他都会说，我们认为他是可造之材。最小的老七是老二的亲兄弟刘裕远，他也很纯洁，没有一点富家子弟的气氛。他后来当选国代。

我们七个人磕头以后，每星期有次聚会，从老大开始，大家轮流报告他的生平以至于祖宗三代，多数的人在报告当中边哭边谈，完全是真心话，肺腑之言，所以激动了。没有哪个人服从哪个人，大家有意见尽量提出来讲。

在我们当中，了不得的是老二的一句话，他说："建设三民主义实验区，钱从哪里来是吾的事情，钱该怎么用？是你们的事。”就凭这些话，这个人太可贵了。他有自知之明，更有容人之量！

第二节　共研三月获结论

我们就具体地先研究国家前途，分析民族文化，政治主张，再到民生社会都考虑了。研究三个月后才得到结论，大家集思广益写了一本书，我们的结论认为：抗战必胜；胜利以后，国共必战；国共战争之后，国民党必败；国民党必败之后，我们怎么办？所以我们的计划是要抓到基地，从基地来发展。这本书相当厚，到吾离开南京时，吾再三考虑，把书烧掉了。为什么？吾认为这本书完全讲真话，我们的检讨很真切，但是共产党拿到以后，我们都要砍头，因为都是反共的罪证；被国民党情报人员拿到，也不得了，不但是失败主义者，而且廖兄曾任谍报课长，好容易才脱离关系的！这本书批评性很重，怎么可以带着走？结果就烧掉了，大家辛苦集合智慧写出来的书，就这样付诸一炬。

后来时局变得那么快，我们估计不到“说胜利就胜利了”，我们晓得抗战必胜，却不晓得会这么快就胜利了。

我们建设实验区，是一面计划，一面实施。我们从办合作社、机器耕作开始。当地是山地，不能用机器代耕牛，但是我们可以开合作社，把农田耕地面积扩大，扩大之后就可以机耕了，可以增加财富，农民都愿意来当社员。

其次就是培植人才，把各校中的中小学教师集中，开办训练班，吾来当教育长。同时民间的消息太封闭，就办一个西黔日报，由行政专员当社长，吾当副社长。吾请了两个人来，一个是专门写社论的杨先生，一个是当总编辑，就是后来到中央日报当副刊主笔的孙如陵，他刚从政治大学毕业，文笔尚不老练，写的稿子有时需要改过，但是在乡下找一个政大毕业生来当总编辑，已经很不容易了。后来他进步得很快，比我们都强。

中小学老师都是大学生。现在台湾才这么做，我们那个时候已经非大学毕业生不要。不过老师都是重庆来的。

对外方面，云南同我们的关系太大，我们要睦邻，所以和四川、云南都有联络关系。首先从云南开始，再到四川。尤其云南是我们的出路，假使云南把我们封锁了，我们就不能出去了。

现实的政务也很忙：独山失守后，人心动摇，贵阳也很吃紧，靠鸭池河边的黔西县对岸，汽车抢渡，排队排了几公里，县长很怕，吾去坐镇。县长是很谨慎小心的书生俞兆和先生。

这个督察专员区有九个县，每个县县长同行政专员关系都很好，有一部分是吾的学生，有一部分是吾的老朋友。水城县县长彭季良和吾写信时称呼如兄如弟，我们在贵阳同一个房子住过一段时间，他家里有母亲、太太，没有儿女。吾家俩夫妇。大家住一个房子，出出入入，大家都晓得我们如兄如弟，这时候他当水城县县长。有一天廖专员告诉吾："现在水城县县长季良兄出事了！"吾问："怎么回事？"他说："假使我们不处理的话，百姓要关城门。""关城门干什么？""要搜索县长，这是山城里头特殊的作风，就是民变了。现在我们要处理他，他人在毕节。"廖下个条子交给吾，吾叫传达送信去，请县长吃过晚饭到吾办公室来。

当然毫无问题的他来了。来了以后，吾把专员写的条子拿给他看，条子上写的是扣押他。他如果有冤枉，当吾的面随便什么话都可以讲了，可是他看了条子以后一句话都不讲，就是哭。他一哭，吾也哭了，两个人你看吾哭，吾看你哭，愈看愈哭，愈哭愈没有话讲。就这样一夜到天亮，一直到第二天早上七、八点钟，两人就是对哭，一句话都没讲。那就证明了他任内贪赃枉法千真万确，假如有一点冤枉，他对吾还不讲吗？这个时候如果我们不办他，老百姓眼中就没有政府了！再派个县长也派不进去了！结果在兼保安司令的军法职权下，把他扣了起来，毕节城内传说水城县长关起来了，话传得很广，水城全县的人都知道了。吾真的教人到他家去准备铺盖，要特务连连长清出一个房间，把床铺摆好，请他住在里头。事情怎么样？他也没告诉吾内容，吾不明白。但是他给我们的冲击很大，他等于是吾，怎么会变成贪官污吏？这时候他已经另外娶了一位毕节小姐，还生了一个女儿，做吾的义女，吾还给她取了乳名。现在吾亲手把他关起来，实在难过！我们用人简直一点通融都没有，我们想，辖区九个县里，要是一二个县有营私舞弊，那就全行政区都完了，所以严刑峻法是必要的，放松不得。

烟毒要犯也要整顿。三十三年六月三日，吾跟行政督察专员考虑，禁烟治罪条例是全国通行的，没有豁免区。我们这里明明是产烟区，不但生产，还有贩卖。可是六三禁烟节还开纪念大会，毫无实际行动，演讲一遍，不是空话吗？我们考虑必须要有点具体行动才行。吾就交代警察局："不要害人，也不要随便受运动，要选一名最著名的烟毒犯，拿来正法。"警察局晓得是谁，就派几名警察到那烟毒犯首领家。他站在门口笑嘻嘻，手里抓了一把钞票，往警察口袋里放，他以为这样就没事了。警察告诉他："不行喔！现在的保安司令部这样做是不行的喔！你不要害我们一起枪毙！"他又加了一把钞票，以为这样就算了。警察又说："老兄，不行啊！"就把他的毒品、烟具搬了好多，要当证据啊！他还以为无所谓，再花钱托人说人情。第三天开纪念大会，本来是六三开会，因为这样的因素晚了两天，五日才开。这时候已经经过军法审判程序，确定了他的罪状，死刑确定，烟毒治罪条例非常的严格。廖专员就在大会上公开宣布，这个大烟贩全城里大家都知道，禁烟治罪条例大家也知道，但是从来没执行过，现在公开宣布依法审判要判死刑，当事人这时才知道不得了了，在大会上当众大哭，那也没有用啊。专员也说明："警察上门跟他讲得非常清楚，他一把一把钞票拿出来送警察；如果警察接受贿赂，自己也犯罪了！"那个时候警察对办案确实很认真，不敢随便，所以交给军法审判。

这个时候我们一面在计划三民主义实验区，一面日常行政也做得有声有色，也很有劲，可能别的行政督察专员区都没有这种做法。但是我们想：如果汪精卫的势力发展，我们的力量可以平衡他；如果共产党来，他要建立各种基础，那我们已经先做好了，他在民运上未必胜过我们。共产党专门组织边区，例如湘、黔、川、滇，我们先下手了，所以我们做得很开心。这是三十三年的情形。到了三十四年年初，我们正在兴高采烈中，尤其那时候吾在办训练，产生了意外的收获，每一期仅仅训练两、三个月，成员都是学校老师，他们就对吾很尊重，个个要吾写字，有许多人拿回去挂在中堂，摆上香案，早晚拜，不晓得为什么要这样做？他们这样的崇拜，实在是闻所未闻。

第三节　时局突变人事变

我们安心地建立三民主义实验区，别的事情都不考虑，但是没料到突然间奉命要吾到南京去。那个时候三民主义青年团中央团部组织处长康泽刚刚交给倪文亚。吾奉命去当南京支团书记，实际是从事地下工作。

本来吾要在贵阳办报，最后吾没办成，老六李思齐倒是办起来了，报纸的名称是《力报》。事隔四十余年，最近吾才知道，他办这个报专门骂政府，而且总编辑偏偏是个共产党，他年纪轻，不晓得共产党的厉害，结果共产党把他操纵了。老二拿钱出来办报，老二没读过好多书，不晓得报纸的舆论正不正确。多少人劝老六劝不醒，他愈来愈不成话，最后谷正伦把他关起来了，握有具体的证据，等于是投共了，谷正伦主席就把他枪毙了，七兄弟少了一人。

下来是老二的问题了。这个报纸是老二出钱办的，所以要问他。原来要他当财政厅长，他没当，现在还在当贵州省银行总经理，因为他不晓得利害，旁边人推波助澜，把他也关起来。他被关起来以后，因为他和保安处长韩文焕关系很好，韩文焕送了一个信给他，要他赶紧走。他跑到成都去了，消息平静一点才回去，但是他的事业已经一败涂地了！老二是又孝又义，了不起的人，可是受了累还不知道。他也到过南京。原来吾先到南京，他要吾带一百万法币，吾没带，吾说吾箱子里有公款，再加一百万，掉了怎么办？吾没接受。后来他匆匆忙忙到南京来，没告诉吾他处的环境，他还没有以为很严重。他准备在南京开分行，吾帮他找了房子，他还要买房子，先回贵阳再汇钱来，但是吾等了半年没有消息。以后才知道他为办报受累了。

老大吴颂平这个人很浑厚，他一直到最后都没走，结果他就自杀了。

老三廖稚岩是国代，正在南京开会，他很有忠义精神，在大陆西南危急时，省府又发表他当毕节专员，他还要回去。但是那时候交通已经很成问题了，他问吾怎么办，吾想了想说："车站司令里头有好多人曾在交通研究所受过训，认识吾，吾让你冒充吾，你先到头一站，就开始找车站司令，说黄某人要来了，熟不熟他都会相信，请他告诉前面车站的负责人，说黄某人某月某日要来，请你们给他方便。"就这样一站接一站，到了就拿吾的名片出去，拆穿了也没关系，因为是吾同意的，就这样凭吾的关系到了贵阳。他到贵阳时，贵阳已经很危险，他还要走，居然走到毕节到差。他刚到差，区保安司令部的干部已经被迫阵前起义，这时候共产党的军队已经来了。他跑到水城，但是因为消息很快，共军后面跟着追，把他抓住处置了。

老五是学农业的，在农场工作，没有什么作为，政治性很淡。还有老七，年纪轻，也没有什么作为，但是他是国大代表，还到南京选总统，回去贵阳，还保住老命幸存了！

七兄弟最后只剩吾一人。这件事影响吾的一生。我们在高原的梦也断了，我们的书写完后几个月，计划还没完成，尚未着手组训民众，要是组训起来，一年后会完全改观。当地人口、面积、物产都够条件，在几个高原里头是最有作为的。

陆：力行社团体应该是知道你们这样做的吧？

黄：团体早已解散多年，不过这也是我们团体的精神，力行社成员中我们兄弟就占了两人，一个山区有两人是很难得的事。

陆：这时候你们的团体怎么会解散了呢？

黄：我们的团体在二十七年三民主义青年团成立后就没有了。

陆：原来的两百多人在团里还是另外有个团体吧？后来老总统旁边的人还是这两百多人吧？像严家淦就是。邓文仪的儿子（邓元忠）所写的书，把严家淦也列入了。

黄：依我们团体的标准看，严家淦没有加入的可能。他可能在上海很久？九一八以后，他们圣约翰大学毕业的，没有听说过有什么人参加进来；后来在福建省政府财政厅当科长，力行社早已停止发展。如果参加了复兴社，吾也没有听到福建戴仲玉、黄珍吾等负责人说过。

陆：他是宋子文的人。

黄：也不是，他是资源委员会的一分子。

陆：你们的团体虽然解散了，可是恐怕在老总统心里，你们还是干部?

黄：那当然！不过大家都是自由发展。老总统很重视伦理。

陆：贺衷寒很受重用。

黄：对，贺衷寒和袁守谦都当过部长。

陆：梁干乔后来怎么发展?

黄：他很了不起，胡宗南保他当集团军总司令等，连打五个电报给委员长，复电说：不能、不许、不便、不可、不准。到了最后一个电报，他看了，自己敲敲头说："干乔！干乔！这一辈子出不了头了!"他本来有神经质，这一下真的神经错乱了。他当过侍从参谋，总裁对他相当了解。他能力强，决心强，动作快，忠党爱国是绝对的。但是有的时候不很正常，在老先生面前就怕这一点。非常可惜!

第九章　九月九日九时

第一节　一再意外喜望外

在这一章里，吾的遭遇是一再的意外。

毕节县正在召开党员代表大会，选举省代表。吾的党籍不在那里。但是书记长跑来请我，说：“我们现在在开会，请你来坐一下。”吾说：“吾的党籍不在这边。”他说：“与党籍无关，请你来坐一下就可以了。”因为他是吾的学生，现在他当书记长，既然请吾到会场去，吾还是去了。去了之后，才晓得是在开代表大会。吾坐下来之后，发现开始选举了。开票结果，得最高票的是吾。吾真是不好意思。吾问：“怎么一回事啊?”他说：“争代表的人太多，吾这样安排，大家就没话说了，不然今天会打架。”这完全是意外，吾同党部从来没有联系过。因为当选省代表，吾才到贵阳开省代表大会。这是第一件意外。

第二个意外是韩文焕处长留宿三天。那个时候他在贵州是第一位红人，身兼保安处处长、省政府委员、省党部委员、青年团干事长等要职，很有权威。而且他在省代表选举中得票最高，炙手可热。他突然要求吾说：“你搬到吾家去住，吾家准备得很好。”吾说：“吾住一、两天就走了。”但是他一定要吾去住他家，因此吾就去了。

吾在他家，他每天中午、晚上回家，一定要和吾聊天。虽然聊天的内容各方面都牵涉到一点，但是他的中心意思是要吾跟他工作，他认为吾现在在专员公署很不恰当，既不是专员，也不是县长。在他的想法，吾现在的工作没有什么重要性，因此他要吾到保安处去。我们连讲了三天，谈得很多，但是吾不答应。最后他说："我们就譬如合伙作生意，你看看吾这个股东值不值得你合伙？假如你认为值得，我们就合伙来做。"讲得这样恳切，吾只好和他摊牌。吾说："你在保安处，你处长是中将，副处长是少将，参谋长是少将，此外还有少将没有？"他说："没有了。""你的副处长是有名的剿匪战将，不能换；你的参谋长也是能文能武，对地方情形非常熟悉，也是不能换。你要吾到你保安处去，没有吾的职位啊！吾坦白告诉你，吾在十多年前就当了上校，现在不能再当上校了，非少将不可。"他想不到吾会这样讲。于是他才说："我们到重庆再说。"因此吾到重庆去，这是吾另一个意外。重庆正在开六全大会，吾对六全大会先前一点期望都没有，所以吾完全没有考虑到当代表甚至当委员。

吾在贵阳要筹办大报，但是我们的基地还是在毕节。刘熙乙知道我们计划中要办一个大报，他把房子都准备好了，问吾够不够用？吾跑去一看，是一所丁字型的建筑，编辑部、经理部、印刷部、工房都有了；吾说可以了。接着要买印刷机，他也晓得。那个时候贵州没有卷筒机，还是四四方方的平板对开机，还有小的圆盘机，因为没有生产这些机器的工厂，所以买人家的旧货，一家、两家去收，收了十二架。贵州没有哪个印刷厂有十二架对开机的。房子、对开机都有了，只要再把办报工作的人找来就行了。吾很兴奋的筹办这件事。

韩文焕要吾到重庆去，因为他想要竞选中央委员。不光是他想要竞选中央委员，何应钦的兄弟何辑五也要竞选中央委员。何辑五住在上清寺，他对吾讲：“你搬到上清寺来好不好？吾要竞选中央委员，请你帮忙。”那时候吾住在两路口一个合作社的宿舍，这是韩文焕帮吾开的房间，两个人都在争取。吾说：“吾不搬家，但是吾帮忙。”吾不是六全大会的代表，不能进会场，好在那时候六全大会的代表最大的活动区域是胜利大厦，吾也常常到那里去，在里头吾的熟朋友很多，他们也误会吾要来竞选，吾告诉他们说吾不竞选，吾是来看看。那次选举，即使是得票多了，仍不能就算决定，因为名单要由总裁核定，没圈到的也不能当选，结果总裁没圈到他们，他二人都没当选。

第二节　康先生说你怕死

第三个意外是吾没有料到的一位朋友张超（号毅夫），要去见康泽。重庆六全大会刚开完，要见康泽的人太多，张超要见他，他的目的何在？吾后来才知道。张是福建人，当时是中央训练团东南分团教育长，地位很高，但是他希望到将要成立的三民主义青年团南京支团当书记。吾完全不知道。我们在七星岗路上碰到了，他要吾同上公共汽车，吾问他到哪去，他说去看康先生，吾说：“吾到重庆来不进衙门不见官，吾是老百姓，吾要办报。”他说：“我们是到他家里去，不是到中央团部。”吾说：“好吧，陪你去一趟。”走到康先生会客的地方，进门一张圆桌，坐满了刘健群、黄宇人等等中央团部的领导干部，一个一个等康先生跟他们谈话。我俩一看这个局面就说：“走！走！还轮得到我们来谈话吗？”于是我们投个名片送进去，转身就走。在名片上，吾是西黔日报副社长。可是走不到几步路，有人出来喊我们回去，说康先生要你们进来。我们回头后，康先生出来说：“这里人太多，我们到上面小房间里去。”我们一坐下来，毅夫就提出成立南京支团的计划书，康先生翻来翻去反复地看，看完之后就谈布建南京支团。康先生忽然面对吾说："你去!"吾说："什么事?"他说："去当支团书记。"吾问："什么是支团书记?"他说："三民主义青年团南京支团书记。"吾说："喔？吾又不是你们三民主义青年团团员。"他问："你是不是党员?"吾说："党员？这没问题。""那就行了，可以了。"张超急了，他的目的要去南京支团，找吾同来是为他帮腔的，所以他问："那吾呢?"康先生说："我们再考虑。"没有再谈下去。但又对吾说："吾马上报常会去。"吾还是不答应，他说："你不敢去的话，是怕死!"吾说："大丈夫岂有怕死者！吾去拿下汪精卫的头来给你看!"他笑了，吾算答应了。吾和毅夫出来了，走到门口，康又对吾说："你是个战将，去南京最好!"吾和毅夫出来后，感到有点不解。毅夫说："他一定要你去。"吾说康先生组织处长不是下来了吗?他说下来是下来啊，目前大事还要他决定，他还没离开啊。吾说那就算了，他怎么上报我都不管，吾明天回贵阳。

第三天吾就到重庆对岸海棠溪搭黄鱼车。哎啊！那车子一车挤多少人，没有哪班车这么挤，吾就下车了，吾想后天再去吧。下了车，就回重庆去。

吾住在重庆大河顺城街要走下半城，在半路上碰到上官业佑，那时候他是组织处副处长，他说："哎！碰到你好得很，康先生派了三个人找你，找不到!"吾问："什么事?"他说："你赶紧写个履历，要报你到南京当书记。"吾说："哎！吾有什么履历!"他说："你不要客气了，你上过政训研究班，当过师主任等等。"吾就随便写一点，再写通讯处，重庆一个，贵阳一个。他说："吾今天碰到你，很好，算吾运气好。"吾写好他就拿去报了。这样吾又等了两天，车子有了，吾就回贵阳去，以便先把报馆筹备好再回毕节。这个时候已经到七月底了，吾已经筹备得差不多，要离开贵阳了。

第三节　团长召见电飞渝

七月底，一辆汽车在贵阳大街上找吾，车里面人叫司机开车到吾身边，口里喊："重庆长途电话，委员长召见，你快点到保安司令部去。"保安司令是韩文焕。吾问："委员长召见吾干什么？"委员长召见在地方来说，都是第一等大事。他说："你别开玩笑，是真的。"吾说长途汽车要四天赶得到。他说明天你就要到重庆。怎么去？坐飞机。他给吾买票。第二天吾从清镇飞机场坐飞机到重庆，八月一日就到中央团部去，还是先到康先生住的地方找他。他说："现在中央干事会通过了，报领袖召见，召见以后就要出发。"吾问："干什么？"他说："要成立南京支团。"那怎么去法？当时这是地下工作，吾要从重庆坐飞机到长汀，从长汀化装经陆路到芜湖，再到南京。

吾晓得要去南京，中央团部也要去联系一下。这时候倪文亚是组织处长，吾要的文件、钱、人事名册他们都准备好了，现在主要是等召见。他们要吾把电话留下来，接到电话就召见，于是吾在大河顺城街刘熙乙的别墅等待。

吾在中央组织部里有一位朋友陈惕庐，他能干得不得了，当过贵州省党部调查处长、组织处长、书记长，最后代理特派员。后来他到重庆去，吾和他在重庆见面，一起分析时局，两人见解差不多。我们都认为：现在想做一点事，只有在西南、西北，西北方面我们人生地疏，而且那个地方太远，因此只有西南，西南的重庆是中央政府所在，人才太多了，云南也没有什么意思，此外只有贵阳。我们后来谈到，希望冯剑飞当保安处长，也希望陈惕庐当省党部主任委员。大家谈得很愉快。那怎么样进行呢？我们一方面找陈果夫，一方面找其他有关的人，分头进行。结果保安处长没有进行成功，而省党部主任委员的签呈上去了，总裁看到了批示："战地政务重要，陈惕庐同志派战地党务处长如何?"因此他当了战地党务处处长。这个时候吾想："他发展党务应该没有什么问题?"但是他就是喜欢搞小组织，他原来搞青年阵地社，经常联络青年，一天到晚都有青年来看他。总而言之，他非常会组织。他同吾，互相明知道是冤家，可是大家非常要好，谈得很投机。所以吾曾经讲过："假使你发表贵州省党部主任委员，吾愿意当你的书记长。"这么一讲时，两人从沙发里站起来，手握得紧紧地。后来他发表战地政务处长，我们的预约就吹了，但是吾还是去看他，他请吾吃饭，约好某月某日中午十二时到他办公室，吾准时到达。他的办公室里，除公文卷外，什么也没有，简单极了。两个人谈谈，看到有人端上一盘蒸饺、一壶开水，他就说："好啦，我们吃饭了。这里有三十个蒸饺，你十五个，吾十五个。"这是他请客，哈哈！抗战胜利后，他反而没有被派职务就下来了。下来后他到上海正风书局办公，在里头没什么名义，在党里头也没什么任务。可是他忙得很，接触的人非常多，常常到南京来。到南京时，他有一位好朋友吴子良，民国十八年号召共产党员自新时，他俩同吴子良的太太麻大姐三人翻山越岭，花了两三天，一起过来自新。吴子良的太太能干得不得了，三个人都是老共产党。自新以后，三人都是国民党了，而且都是中统，陈惕庐的地位相当高，可是他们的联系还是继续的，在上海搞孙文主义同盟，这是我后来晓得的。陈惕庐在吴子良面前吹嘘吾，一定要吴子良跟吾怎么联络；同样地，在吾面前他也吹嘘吴子良，可是他始终没有露口风说他要组织什么同盟，可见他是极深沉极谨慎的。但是吾当然老早就怀疑他，他虽然常常到南京来，吾看不到他发展的组织，而且他似乎要把南京的组织由吾负责，中间联络的是吴子良。可是他始终不敢出口。南京究竟有多少属于他的组织？吾不知道，一直到后来，汤恩伯把他枪毙了，吾才晓得他搞孙文主义同盟。汤恩伯枪毙他不是为这个原因，而是共产党喊归队，大概他归队了；吾在南京、上海的好朋友当中，被枪毙的不只他一个，还有卢碧湖，是在特别研究班，在吾与梁干乔之间联系的人。最后卢碧湖当江宁县长。他很深沉，态度非常亲切，怎么晓得他回去当共产党？共产党渡江时，大概他暴露了，卢碧湖也被枪毙了。

刘裕远是我们七弟兄中的老幺，年纪很小，但是已经当国大代表。他也到重庆来，他看到吾住在他们的别墅，穷兮兮的。这时候正在抗战，大家一致对付敌人，可是重庆阶级却很悬殊，吾穿着学生装，看起来像个穷小子，到军事委员会去，头一次卫兵挡驾进不去；第二次通过了一关卫兵，还是进不去；接连三次都进不去。刘裕远到重庆来，吾跟他发牢骚。有一天我们俩上街去，跑到民族路西装店，他要吾自己选一套现成的西装，吾说也好，挑了一套，穿得很合身，他就把钱付了。第二天吾起床，西装口袋一摸，有好多钞票。吾说："你这小鬼，装好多钞票干什么？"他说："唉哎！你用了再说吧！"吾因为拜把弟兄的情谊，也就接受了。第二天吾又到军事委员会，直达总长办公室没人问！这个小兄弟现在还在。吾托人带一千块美金送给他，他说收到了这一千块等于他三年的收入。

第四个意外是翻天覆地的！吾静候召见，等到八月十日，召见的通知还没到。这天晚上，有两位客人在客厅，一位是张清治，后来他在台湾当过田粮司司长，他带了女朋友柳小姐来聊天。突然听到隔壁地板上有来来去去的声音，很紧张。我们出去看，听到有人喊号外！号外！我们借一张来看：日本天皇广播投降了！抗战胜利了！这是怎么回事？我们三个人不约而同立刻头低下来，沉默了好一会，抬起头来，大家不约而同的说："这怎么办?"因为我们觉得国家问题太多，毫无准备。我们下楼去看，先到小梁子，再到大梁子，就是民族路。街上人山人海，路也不能走。后来我们找了一家咖啡馆，三个人坐下来休息。我们看到美军简直是发狂了，一瓶啤酒整瓶地灌，还没灌完就往地下摔，听到这里"哐!"那里"哐!"，酒瓶子摔了一地，大家狂欢。我们没有见过这种场面，万众欢腾，一点都不错。

第四节　不待召见去受降

第二天一清早，吾到中央团部去看倪文亚处长。吾看他的目的只有一句话："南京是京华要地，人才济济，现在不一定要吾去了，胜利了，可以派的人多得很，请另外派人。"倪文亚说："开玩笑！现在不能等召见了，军政长官要见委员长等了一个礼拜没等着，见委员长的人太多了，不必再等；已经由中央干事会决定了，你赶紧去就职。"吾问："怎么走?"他说："去看康先生。"

康泽老早就准备好了，把一封介绍信拿给吾，告诉吾说："你拿这封信去宪兵司令部找宪兵司令张镇，你跟他联络，要他给你一个飞机座位参加受降。"吾就去见张镇了。

一见面，张镇满口牢骚，他说："权在美国人，我们一点支配权都没有。现在我们宪兵背包都不准放下来，随时等通知，随时上飞机，你跟我们参谋长联络，要上飞机时参谋长打电话给你，你就立刻赶去上飞机。"吾照他的话，等了一天、两天、三天，前后一个多月没有消息。

这个时候中央团部有一个东南督导团，有一位督导专员是吴兆棠，他领导十个人到南京去，吾参加这个团体，该搭什么车，什么飞机，都是团体行动。怎么搭飞机？当时考虑一条路是芷江，搭陆军总部的飞机；另一条路是到柳州，搭第三方面军汤恩伯的飞机。于是吾跟着这个团到贵阳，再打电话联络，最后决定到柳州，同三方面军联络，直上飞机到上海。飞机场有一百多架飞机，我们非跟着吉普车走不可，自己找不到。

房里尚留有一颗炸弹还没有爆炸，周围用绳子围起来不可以接近，我们住在这房子里，希望不要在我们离去以前炸开。我们这个团体共十一人，大家小心翼翼地等。有二天下午，吉普车来了，不熄火，催着我们上车，大家快动作提起箱子就上车，却有四个人散步去了还没回来，只有七人跳上吉普，下车后搭机就起飞了，往什么方向也不知道。

到了晚上，飞机停下来，驾驶员、服务员都走了，一个人都没有，飞机场墨黑一片，我们七个人我问你、你问我："这是什么地方？"谁都不知道，这里就好像在海里头一样。后来有一辆吉普车走过，我们抢去问车上的美国人这是什么地方，他们说是"康威"。我们这七个人中，有人懂德文，有人懂英文、广东话、上海话，各样的话都听得懂。我们知道这是江湾机场，上海到了。

为什么四周墨黑？本来飞机应该停在大场，但是白天由上海来的人太多，在路上压死了不少人，所以改在江湾降落，人少一点，灯光等等还没有设备好。我们下飞机后，看到有辆卡车来，问他哪里去，他说是回上海，我们说："请你把我们带去可以吗？""可以啊！"于是大家就上车了。

上车以后我们到虹口进市区，守卫的都是日本兵，盘查时一口日本话，我们一概不管，只说："三方面军！"他就放行了。到虹口时，有个钟，钟面上指着九点，那天正是九月九日，这时候刚好是下午九点，非常巧。

第五节　上海有天上地下

这时候上海起了一种风，凡是天上飞来重庆来的，地下工作冒出来的，都是第一流的，非常神气！原来在市面上活跃的汉奸之流，通通下去了，不敢抬头。我们是天上飞来的，那还了得！我们进城以后，到处找旅馆，通通客满了，途中跳上车来两个人，他们问我们是不是要找旅馆，我们说是啊。“你们是重庆来的吗？”“是啊！”他叫司机到一家大饭店，请我们上去。原来他们住的两个房间，现在让给我们。那怎么行啊？我们也来不及问他们姓什么、名什么、干什么的，他们也不讲。他们不但把房间让给我们，还招待我们到附近吃虾仁面。重庆没有海鲜吃，虾仁下面是多少年没有尝到了！他们招待我们住，招待我们吃，还问我们要什么，替我们服务，可是他们是谁？我们不晓得。把我们安排好，他们就搬到别处去了。

第二天我们就到上海支团去，找到支团干事长吴绍澍，他也是天上飞来的，也是地下上来的，非常了不起！他想要超过杜月笙，这时身兼上海监察使、上海军事特派员、上海市政府副市长兼社会局局长、三民主义青年团干事长、上海市党部主任委员数职，重要的职务都他一个人兼了。他晓得我们来了，第一件事情问我们要多少钱用，吴兆棠无形中等于我们领队一样，他开口：“一人借五千万好了！”吾听了吃一惊：“五千万？将来怎么还？”他说：“没关系，各人借各人的。”吾不要借那么多，就借一千万。隔了一、两个月，法币和伪币币值的兑换率出来了，吾借的钱还不到五万块法币，本来我们都不知道会有这样的兑换率的。

吴兆棠到南京后，住在南京支团部，不久，教育部又发表他当督学，他本来是督导东南各省市青年团的工作。吾和他住在同一个房间里。他一天到晚动脑筋怎么开展团务工作。这个人很干净、负责，可以说是忠肝义胆，但是在政治上活动，似乎不太顺利，没有被重用。他能力很强，就是帮别人的忙，也是无微不至。他帮南京支团，第一件事情问吾："现在教育部要成立几个临时中学，支团部要不要学校?"吾说："要。"他问："哪个来当校长?"吾说："支团筹备主任沈先生是办教育的，他原来是东吴大学附属中学的训育主任，当校长没问题。"他说："好，吾打个电话，你去找张维桢跟开会的几个人讲一讲就行了。"张维桢打电话，要吾用汽车送她到下关，吾送车子给她，一清早，到教育部，太阳才刚刚出来呢，吾上楼去找她，告诉她今天开会，我们要一个临中。她说他们还没来，叫吾留个条子再走，他们会办。后来真的给支团部一个第二临中。

第十章　南京市的纵横

第一节　工作空间广且大

吾在南京的工作，可分三方面来说：一是党务和教育，二是参与选举，三是协助治安和市政。现在先说第一方面。

吾现在回想起来，在南京时的工作，也许是吾的各种工作中，最足以考验吾能不能有作为的一段。那时候吾的年龄四十岁还不到，各样的常识、能力都有一点，吾也没想到要干什么，要怎么做；是不是有人这样做过？吾也不知道，吾就是凭自己能力守着分际认为该做的就负责努力去做。

南京支团的工作空间广且大。吾下飞机后先到支团部，听人说南京支团原来是一个区团，属于上海支团，胜利后改为南京支团，里头大大小小的人员都来自上海支团；中央团部发表吾来当南京支团的书记，第一个大吃一惊的是吴绍澍，他问他的左右说："黄通？是什么关系？从哪里来的？"他要调查吾的人事背景，但是查不出来。因为他们所谓的背景，无非是和朱家骅、陈立夫、王世杰、康兆民、蒋经国这些人的关系，所以都不对。他对南京支团，从书记开始，各组组长到分团主任、股长，都已经安排了一张名单，中央团部也拿给吾看过了。而南京支团方面对吾更是摸不清楚！只看到吾和吴兆棠很密切而已。南京支团主任沈祖懋当过上海支团书记和江南区团主任，但他是被上海支团排挤的，不尊崇吴绍澍；吾先问过康泽：支团部应该有一个主要负责人（主任），是谁？他说是一位教书先生，当中央干事“一圈当选”，因为他是东吴附中蒋纬国的老师，由蒋经国提的，你一定会和他处得好。这位沈主任高高大大，看起来很像样子。吾一进支团部，除了书记这把椅子没人坐，每个职务都填得满满的。吾发现，沈主任信任的只有两三人，不是地下工作同志，都信基督教。他是浙江人，太太是苏州人，他在苏州住过，当江南区团主任，用了许多常州人带到支团部来，等于现在这个支团部是江南区团的扩大。我们是来工作的，吾发现筹备主任及职员，同南京地方没什么关系，所以没有群众基础与基层。本来青年团的群众基础是青年，扩大一点就是社会，但他们同社会没关系，连讲话都不相同，很少人会讲南京话。在没有群众和基层的情况下，成立六个分团，主任、书记只有两位是地下工作上来的。

青年团在地方上应该和党政军都有关系，但是南京支团没有，可以说工作找不到方向，只是用几个人、用几个钱。吾由上海坐火车来，大约在下午一两点到达，箱子还没打开，衣服还没换，管钱的庶务就来讲：主任说中央团部发了一笔钱，请你带来了，现在拿给吾。他这个动作，给吾很大的一个失望也是安慰。吾想：喔！原来这个主任只注意钱。这笔钱是公款，吾老远带来，也不会吞掉，现在吾连衣服都没有换，箱子也没有开，就先问吾要钱，为什么不问一问有什么重要的公文？可见他的重点不在工作。后来再看看内部的人员，就晓得他不能全部都掌握。所以吾说这个工作的空间很大，沈主任都没有做；他不做，我来做，吾来就是要做事，吾倒不在乎钱、人。那么大的一个设在首都的支团部，吾从重庆孤单一个人来，吾坐下去，他们公文都不给吾看，吾也不在乎，就是先把环境搞清楚，尤其是南京市党部和重要的人民团体以及青年有关的学校团体。

南京市党部原来是地下的，由主任委员李文斋管，胜利后改由卓衡之当主任委员。胜利了，应该可以大大的公开做事，他玩夫子庙的歌女去了。卓衡之的太太杨德文很能干，是中央党务学校（政治大学前身）毕业的，能力很强，可是管不了他。党务工作怎么做？南京市党部、南京支团部都没有什么工作可言。倒也平安无事。

吾上来第一件事是在绣花巷一个旧仓库里办训练班，容纳一百多人。那个训练班穷得不得了，除了几个办公的人，之外没有干部。吾以为办训练班是大事一件，主任非亲自主持不可，但不然，他不在乎，请他来演讲，他便来讲；不请他来讲，他看都不看。他怕花钱。可是我们穷兮兮地搞，也搞得有声有色，把训练办下来了。我们有了基层干部。

吾又办了一所建业高级补习学校，这是吴兆棠出的主意。那个时候双十节已过，各校都没有开学，教育部只来了三名高级职员：刘英士、甘家馨、黄如今，其他人都没来，学校通通放假了，满街都是大学生、中学生，什么时候开学？不晓得。正好吾为中央团部来的人预租住宅，吾看到国民大会后面的慕慈医院要出租，吾就垫款租下来。除了吾住的那一户之外，其他还有四栋都是空的，吾就办所补习学校，包括初中、高中、大学。大学有文、法两科。那么多班次，学生上课哪有那么多教室？于是吾排表，每一班都有一张表来排定教室。教授也是问题，有合适的人来，我们就找他，国内外各大学出身的都有。校长就请吴兆棠，他是留德教育学博士，校名建业高级补校是他出的主意，他说加“高级”两字就可以招大学生。于是一天十几个小时，每个教室都不空，都在上课，没有那个学校这样办过。后来有人告诉吾，菲律宾是用这个方法，吾说吾没有学过教育学，这是吾自己发明的，进行得还蛮好的。吾用了多少人？两个人，一位男的管排课、管教务，一位小姐收钱办杂务。建业高级补习学校前后有两千多名学生出去，后来学生运动能掌握情况，就靠这批学生，当中有好多人认识吾，各校开学后，他们分散在各校，还会找吾联系。

后来教育部也办了一个临时大学，收容了所有的大学生，中大、金大、金女大之外，有一部分是安徽大学的学生。临大有一门课“抗战史料”，没有一致的教材，请了八位教授上课，方向都是抗战建国的，但是内容各教各的。抗战中吾曾在大学讲演多次，现在要系统化一些。普通每班学生二三十人，教室最大容量五十个人。吾分到两班，头一次去上课二十几人，第二次再去上，坐满了。什么原因吾不管，根本哪个学生是吾班上的吾也不知道。第三次去上课，吾走不进去，教室窗台上都坐了学生，剩了一点缝隙可以进门，吾怀疑：他们是不是来听吾的课？吾问一个学生：吾有没有跑错教室？他说：没有啊！是这个教室，大家在等你啊。吾就进去。这个课是应该连上两节，中间休息十分钟。那天吾看学生太多，休息时间到了，吾问学生要不要下课，他们说：“不要下课！”吾就不下课，继续讲下去。以后每次都是满座的，到学期考试时，两个班级顶多五六十人，却到了一百五十人，怎么那么多人？人家说他愿意听吾的课，上课一次也是吾的学生。在临时大学上课，后来效果很大。

两学期之后，临大解散，中大的回中大，金大的回金大，各回原校去了。

第二临中后来改为市立五中，校长仍由沈主任兼。沈校长的发表，虽然是吴兆棠和吾为了青年团的发展，拜托张维桢促成的，但是沈校长公开对人家说是朱家骅部长给他的。他喜欢夸大，常常自诩是蒋经国的干部，他认为和朱家骅、蒋经国这些人搭上了！我们只希望他办好学校，所以我们去过他的学校，也始终没有告诉过他拜托张维桢的经过！免得伤了他的颜面。可惜他没有能为青年团培植几位干部，反而因为搞钱，内部闹纠纷！他在支团部也为了人事和经费，会报席上，干部公开检讨，吾站出来为他掩护下去；中央团部一度停发他的经费，也是吾去中央帮他解释，继续可以领取。所以他和吾没有冲突过。至于工作，他似乎除了有机会演讲外，不太关心：地方会报不参加，民众团体不联系，不下基层，不接触群众，连干部也很少接近。吾很忙，告诉他，他似乎另有苦衷，不谈工作也罢。

这时候中央规定江苏、上海、南京支团开联席会，有很多工作，在地下时代分不开，现在分开了，许多工作，三支团有连带关系，所以要开联席会。但是这三支团之间斗得很厉害，上海支团认为：南京支团等于它的分部，江苏支团大部分是他所属江南区团的，所以他在三个支团当中是老大。可是江苏支团干事长是省主席王懋功，这次会议，几个重要的干部都来了，例如书记徐铨是顾家女婿，尤其保安副司令贾韫山，黄埔一期的也是干事之一，他来了，眼睛里哪有你吴某人？而南京支团主任是浙江人，大家看他是吴绍澍的干部，但上海支团原来是把他挤出来的，也不重视它。所以三个支团联不起来，互相冲突。这一下吾就重要了。吾是江苏人，江苏支团对吾好，上海支团对吾也好，吾现在在南京支团工作，京沪苏三方面都能相得，遇到有什么不协调时，吾出来就好说，大家因为吾的关系也就比较和谐。所以会议开下来，有问题就交给南京支团的书记，好像就没事了。

胜利后中央办了三个青年夏令营，北平一个，庐山一个，南京一个。每一个夏令营有一个主任，重要的人有总队长、训导处长、教务处长，南京夏令营的训导处长指派吾来兼，地点在汤山。可是在同一时间，南京市政府也办了南京市训练团，吾兼教务处长。南京市训练团的教务处长，每天早上都要升旗，吾把市内的升旗时间提早，五点多钟就升旗，升罢旗，赶紧上吉普车赶汤山参加汤山六点钟的升旗典礼，两头赶，每天如此。两千学生，来自苏浙皖和京沪各大学的团员。是胜利后第一次青年干部的集合，热情兴奋，效果丰硕。

复员还都后，九月初，三民主义青年团在庐山开了第二次全国代表大会。这个大会主要是选下一届的中央干事、中央监察，还要听团长的训话。九月一日报到，九月三日开会，开到九月九日。其间有几件特别的事情：第一件，吾是九月一日上山的，一到山上，已经有很多人都来了，空气很坏！反蒋经国！说蒋经国搞青年军，好像他要夺取青年团，那时候他已经是青年团组织处长，可是大家对他议论纷纷，谣言甚多。在会场上，只要是青年军的代表发言，大家就说这是蒋经国的代表？吾不了解蒋经国的环境有那么坏，为什么那么多人反对他？第二件，在九月五日的大会上，有三名现任中国国民党中央委员在会议席上公开地表示要辞去中央委员会委员，为什么？下文也不讲。哪三个人？第一是吴绍澍，第二是何浩若（经济学家），第三是任卓宣，这三个人先后站起来大声疾呼，等于脱党一样。当时会外谣言有人要组织新党，他三人希望在新党里有地位，而且听说新党的领导人还是团长，所以他们要捷足先登，动作惊人。当时他们这样宣布，也不敢说对或不对，还要听团长训话时看怎么讲。不过那时候出席会议的人如胡庶华（湖南大学校长，后来靠拢了）、谭平山（自新分子）都坐在第一排，所以那里头分子太复杂了，各样人都有。后来大家等团长训话，团长讲了：“吾蒋中正生为中国国民党党员，死为国民党党魂！”这一宣布，新党就没有了，大家都不敢再讲话，那三位自己也觉得动作得太快了一点，倒有些难为情了！

在大会期间，领袖召见我——就是三民主义青年团团长召见。吾接到通知以后，打听到并没有人同去。召见的地点在委员长庐山牯岭临时官邸。到那边一看，没有年轻人，只有广西省主席黄旭初比吾先到。吾进去以后，先谈了几句话，还听他们俩人谈话，也不避讳吾。那不是普通的召见，一直搞了两个多钟头，吃中饭就我们三个人，一面吃一面谈，偶而问吾几句，多半时间和黄旭初谈广西的事。这时候是三十五年九月初，应该算是第三次召见。第一次是民国二十一年在南京，通知到了以后，由贺衷寒代表见吾，说是南昌吃紧，领袖飞到南昌去了。第二次是民国三十四年八月初，吾从贵阳赶到重庆，结果日本投降，委员长忙得一塌糊涂，各军政长官等了一个多礼拜都还见不到，所以中央也不要吾久等，吾干脆走了；那次召见也没成功。这回是第三次召见，真的召见了，但不是普通的召见，他们在那聊天，吾听也不是，不听也不是。总裁问吾的机会很少，吃完饭，应酬几句话就走了。这事实上是第一次召见，大概重点在见面观察，不在谈吐。

回南京以后，吾自己平平实实的做，但吾也没想到自己社交广，各方面对吾这么好。吾也不知道，吾只晓得脚踏实地去做。他们要吾参加“星五座谈会”，吾就参加，后来才知道参加星五座谈会的都是财经界的要人，每星期五有一个餐会，会中由一二人报告，意义是财经界的联谊组织；吾不是财经界的人，他们也把吾拉了去。

参加“效忠领袖聚餐会”的人恐怕和以前的复兴社有关，现在参加的人有好多抗战有功的将领，桂永清、黄伯韬、丁治磐、刘安祺都在会内，吾也经常参加餐会。吾看他们效忠领袖的目的虽然很神圣，可是也有问题。吾那时年纪轻，看得很明白，吾不会落到漩涡里去，他们拿这个会向领袖邀功，好像是社会上有作为的人都被他们网罗来效忠领袖了，这个会一直没有取消。但现在多数人老了、许多人过去了，发生不起作用来了。一二年前还可以聚会，现在聚会越来越困难了。

“中央地方兄弟会”是吾参加的第三个会，这个会不知道是谁发明的，把吾拉了去，吾看目的没有什么不纯正，于是吾也参加。这是纯联谊性的组织，是跨界的，不是某界或某机关，南京地方是首都所在地，全国各地的人都有，当时这种兄弟会很多，幸好那时吾年纪轻，不然现在不得了了，某个好朋友是哪一个兄弟会的，会搞不清楚了。

在重庆时，陈立夫任组织部长，公开承认重庆各种小组织有一百五十个。复员后，小组织都搬到南京，而且还成立许多小组织。其型态呢，弄不清里头有什么分子，有国民党人，有青年党人，也有民社党人，这还是大家晓得的，至于有多少共产党员就不知道了。这种会多半在晚上开，连名称都不一定有，也没有领袖，多半是电话通知，也有书面通知的情形，一下子二三十人聚会。一个会两三个钟头开不完。吾参加第一二次时还有一点新奇，到后来次数多了，吾才晓得不过尔尔：批评现实，头头是道；策划将来，一筹莫展！骂政府、骂领袖，骂得有条有理，但对于要不要反共？怎么反共？谁也讲不出一套来。这样的会，吃过晚饭就开会，吾一个人前前后后参加了十五个，名称吾都不知道，召集人不同，参加分子不同，吾之所以愿意参加，是要看看他们搞什么。他们之所以找吾，是因为吾在南京，而参加的分子多是各省菁英，对地方情形不熟，有吾参加，给他们很多方便，因为吾对南京熟。

前面讲的是秘密谈话，还有公开向政府立案的社团，前前后后吾参加了二十五个，这倒与青年团的工作很有关系，换言之即是党工的活动。可惜党中央和青年团中央都不重视，这点很使我奇怪，吾是国民党员，总以为既然要民主、要行宪，地方社团很重要，党的干部如果没有社团，党的工作怎么做？吾是抱这样的观念。这二十五个社团也不都是吾发起的，都是人家发起，发起之后有吾一份，一选举，吾最高的是当理事长，有好多个理事长。其次是常务理事，再其次是常务监事，只当普通社员的也有几个，不过比较少。吾在二十五个社团里都负了相当的责任，也就是说这二十五个社团有什么活动，吾差不多都知道，这对党务工作来讲非常重要。有一天吾到中央团部，书记长陈诚前方去了，不大管事，副书记长是袁守谦和郑彦棻，吾开给郑彦棻一张南京各社团的名称，告诉他吾一个人就参加了二十五个。他看了半天："喔！好啊！——"轻描淡写并不重视，可见他并不了解。吾当时就想："党务工作同作官有什么不同？"都是一双眼睛向上看，没有看到群众。

陆：这些社团是否有固定经费？财源从何而来？

黄：这些团体是社团，不是财团，都是自动自发组织的，花不了好多钱。以前也有社团，在训政时期比较被动，到宪政时期就比较主动。但是我们的党不懂得运作，要达到目的，必须唤起民众，还要联合世界弱小民族共同奋斗，我们的党员都不了解共同奋斗，都是自己奋斗。

第二节　南京的民意代表

以前所讲的都是和党务及教育有关，现在谈选举方面，先说竞选市参议员。

南京的民意机关先成立临时参议会。临时参议员由中央指派，南京市要我们报。我们支团部主任摸不到头绪，不知要报谁，就叫吾报，吾熟人很多，一报报了八个，连吾在内。发表之后，八个当中有六人是正式参议员，两人是候补，吾是候补。事实上为地方和谐，免去人我之见，谁都应该这样报，尽量包括农工商学妇女等等。因此，虽然开会吾不去，可是要通过重要的提案时，吾事前告诉他们，他们会动议通过。那时还没有党政关系的规定，市党部根本没有管，支团部更没有什么办法。

南京市新生活运动促进会，市长兼主委，吾兼书记。我们请市参议会通过最重要的案子是：抗战胜利后，南京市舞厅很多，几个月之内，陆续开张的，共有十四家。有一天吾看到一家舞厅门口用布幔围起来，里头男男女女在跳舞，大门布幔外面，许多像乞丐的小孩子把布幔拉开一点朝里看，里面竟有学生把书包往旁边一摺，下舞池跳舞，外面围拢来偷看的人越来越多，里头这样男女老幼灯红酒绿的情景怎么不会令社会对政府起反感？而且在我们眼里，年轻学生撂下书包，下池跳舞，这还成什么社会！吾就告诉临时参议员，明天中央要召开新生活运动促进会，吾代表南京市参加，吾要提案全面禁止营业性的舞厅，希望参议会也提案全面禁止，以振颓风！第二天报上有两条大新闻，南京市临时参议会通过一个议案，全面禁止营业性舞厅。中央新生活运动促进会提案通过，全面禁止营业性舞厅。消息大，市府命令很贯彻，营业舞厅没有了！

三十五年底成立正式参议会，选举参议员。想不到的一个结果是：六十三名参议员中当选了二十三名青年团团员。我们市党部有一个提名小组，每个礼拜开一次会，小组提名人选举结果当选半个，也就是说被提名人只有一个人当选候补。我们这个青年团都是年轻小伙子，也无所谓提名，就是在每个区找一二名团员，总共有二十三名团员，这二十三名全部上榜。吾拿着当选名单到中央团部，他们：“喔！我们青年团也有当选的吗？”吾答：“当选了二十三个！”“哦，也不过如此。”他们还不晓得参议会的重要，对民意机关没有足够的认识。我们青年团有二十三个人当选，还以为当选很容易？但是吾以为市民给了吾的经验，吾也初次尝试了普选的味道。支团部成立之初，吾劝请几位分团主任去当区长，当时虽然遭遇到反讽，事隔一年，大家也知道了地方自治干部的可贵了！

选举前，支团干事会议中主张，第一次参议员选举，应该每一区推举候选人，但是第三区没有人应选！第三区是夫子庙一带，九流三教都有，我们却推不出人来，后来有人说吾现住的内桥头，是属第三区，所以大家推吾去参选。其实吾是借朋友的房子暂住的，吾没有什么基础可言，但是大家推不出适当人选，吾只得熬苦吃酸梅，下去吧！吾找基层同志研究办法，决定不走大街，专找住户密集的小巷，集中力量去联系了三十五条巷子，每条巷子这一头有一位同志，那一头也有一位。预定了日期时间，由他们挨家挨户去联络通知，说参议员候选人黄某来拜访各位。到时候吾盛装持帽，一进巷口就看到家家门口站得有老少男女，表示欢迎。吾就打躬作揖，缓步左右施礼。走过一条又一条，一天花几个小时这样走访，他们高兴的是黄某人不摆架子，上门来看他们，当然大家应该去投票选他当参议员呀！

参议员选举后，不久又有立法委员的竞选。

国大代表、立委选举是全国性的大选。参选立法委员的人很多，听说别的省市地方，有提名就能当选。南京是首都，人才济济，候选人超额甚多，所以加倍提名，自由竞选。五个名额中央提名了十个人。五个名额中，有一名妇女保障名额，男的当选名额，只有四人！还有民社党一人，也听说是保障当选的？幸好此人在投票前放弃了，不然我们只有三名男性可以当选了！结果我们等于八人竞争四个名额，二选一好紧张！别的省县地方，据说有些票柜不出门，就放在县政府。但南京和上海是中外观瞻所系，照规定设了很多投票所，投票时也是一人一票依次投入。每天准时开门准时关门，职员负责管理看守，候选人各自派人轮流监督；开票也是三天，候选人都各派年轻有力的人监视。吾的助选人都是青年男女，他们告诉吾，好多人不愿换班，三天两夜都守在开票所，把吾感动得无以复加，幸好当选了，他（她）们才欢天喜地的接受了吾的早餐，回家去睡大觉！

候选人中，任卓宣活动力大，演讲的号召力更大。他跑遍了中央各机关。青年部有群众，是候选人竞争的大目标，传闻部长陈雪屏答应了他，甚至连教育部在内，都是他的票？所以有人警告吾，吾的基本票也给任卓宣吞了！不料投票的第一天，青年部有人打电话给吾，“你怎么不来拿票啊？我们部里的三百多张选举权证（一张换一张选举票）都在吾这里，快来拿去！”吾立刻派人去取来，就一大把扔进字纸篓！可见谣言不可靠，任卓宣没有得到青年部一票，但吾也不要！吾要的话，就必须派人去投，万一被人抓到一张，吾岂不要全功尽弃？吾要的不能做假，硬碰硬。吾的竞选方法是和陈耀东、秦杰三个人连线。全市十四个区，一、二、八等三个区是陈的基本区，吾转移三个区内吾的选票为陈助选；五、六、七等三区，吾和秦以汉中路、中山北路和中央门为界，东西对分；十区是秦的，吾为他助选；三、四两区陈秦为吾助选；其他九与十一至十四区，是汤山、八卦洲、江心洲等郊区票很少，只有吾都去过，都由吾去积少成多。全市计算，当然吾的票最多，可是吾不争第一名，希望三人都当选。结果吾是第二名，秦是第四名，陈候补第一。南京几个老资格的：在临时参议会当副议长的陈耀东以下的，南京中学十年老校长李清悚候补第二名，中央月刊社长张文伯车子房子都赔光了，只得候补第三名，任卓宣候补第四名。当选四名男的，一名女的是中央妇运会主委刘蘅静。梁寒操的夫人黎剑虹，很有群众基础，她身任保长，组织一个保长联谊会，作她竞选张本，可是她没有党籍，党不能提她的名。她自由竞选，得票不多，开票三天，她哭了三天，终归无用，梁也因此辞去了中央党部理论委员会主委的职务。可见党的辅导单位，办得很公正也很吃力难为！

市参议员选监察委员很有趣。民青两党十二位参议员选他们的一人，六十三位国民党和无党籍的参议员，应该选出两位监委来，但候选人有三位。卢前号冀野，有江南才子之称，他年龄稍长，又擅赋诗，交往的时人名流甚多，倚老卖老，自认为笃定当选。投票那天，他问吾有没有问题？吾只好说："你老应该没问题，你先回去休息，听消息好了。"我们算定他只有十票，开出来果然是十票。票到哪里去了呢？就是本党固有的两大派各一名，两方面对分了。卢以为他和于右老诗人关系，当监委最合适，却不知道监院一位现任参事庆深庵先生很尖锐，六十三票中只能有十票可以不计较，余下五十三票，庆先生分二十七票，也就是最多数了！可是他怕分得的票当中有不可靠的，一定还多要，吵得不得了！吾压住另一位孙先生少要一点，保证能当选，最后把吾自己的一票，说定亮给庆先生看也投他，他如愿以偿才不吵了，他结果得三十票，一票不少；孙先生得二十三票，也当选了。如此安排，终于保持了党内和谐而没有分裂，是可喜的。可惜庆先生因病，在赴粤途中去世，但南京市本党同志，再没有派系观念，是难得的成果。

这是我们做成了示范性的市民普选。立法委员选举，三天投票三天开票。投票期间，连三天大风大雪大雨，连吾自己都不很愿意投这一票，全市居然能投出十几万票，真是谈何容易！

南京市地方的团结过程好辛苦。吾总共用了一年多的时间，费了多少功夫，把所有地方上的民意代表以及党政教育各方面的干部，统括的团结起来，公私生活中经常在一块，无分彼此，遇事就和衷共济，毫无扞格，不再分裂了！在广州，谷正鼎在当中央组织部长，吾当着许多同志面前问谷部长："各省市都有派系，南京地方有没有?"谷说："没有，没有!"证明中央也肯定了我们的团结一致。可惜南京市已经没有了！

在南京前后三年多，事后想想，吾平生最得人缘，工作范围最广，事情做得最多，就是这段时期。当时吾自己不觉得，事后才听人说吾是南京三杰之一，任梦湘是市府参事，他向来是市长的智囊，他妒嫉，说："什么三杰？是三恶!"因为三杰中没有他。这时南京地方有大事商谈，常常找我们这些人，很少有人去找他，所以他感觉寂寞了！有一名广东华侨选出来的立法委员，他很有趣，来台以后和吾在阳明山一起受训，他才大胆的对吾说："现在吾才敢跟你讲话。""那有什么不敢的?""你知道，你在南京，我们看你是南京的杜月笙!"为什么？因为他亲耳听到金陵大学校长竞选国大代表时对人说："吾这个代表没问题了，因为黄通已经点头了!"吾说："哪有这样的事呢?"他说大家都这样讲。事实上是听话的人，会错意了。金陵大学校长陈裕光要竞选国大代表，本来我们要选总统和夫人，一个男的、一个女的代表，后来总统是由奉化产生代表，夫人就不愿在南京产生，我们在会报中就决定选陈裕光，他是市参议会议长，当国大代表也很合适。陈裕光对吾很重视，他当金大校长，每学期开学，他先问吾："这个学期学校有什么事没有?"吾也对他很尊重，可惜他没有出来。吾常常检讨自己在工作中有没有做错？吾有让人不了解的一点，也许是吾没有财产，没有房舍。其实吾若有房屋财产，就必须先处理，那吾就出不来了！吾铺盖一卷就走，是为送走家眷，回来好打游击，没想到这一走就回不去了！

在南京有几个年长的市参议员对吾很好。像张简斋、孙荫浓、陶桂林……张简斋是清末的御医，南张北施。北施是施今墨；张就是南张。他聪敏过人，求诊的人太多，他就两手把脉，同时处方，左右两人纪录！他也很傲，容易发脾气。他常和吾邻座谈话，很亲切，没有发过脾气。孙荫浓听到吾搬家，一个人跑去吾的新居，看到租下一栋四五个房间的旧式住宅，房子里是空空的，他买了一套沙发放进去，事后才告诉吾。他是中南银行的经理，为什么对吾这样好，真是愧不敢当！他早已过世了！陶桂林太好太好了，吾陪一位竞选监委的同仁去向他借钱，他没有答复吾能不能借，他说："你们不要看吾陶桂林那么多洋房，还有洋太太，都没有什么了不起？吾十四岁到上海，只有一条棉裤子，上装都没有的。"这个人真是了不得，说："这么多洋房，还有洋太太（他的太太是医生，有一张毕业文凭是英文的），都不过是一条棉裤子而已啊！"他最后说："要好多钱？更夫兄明天来拿支票。"那个竞选监察委员的朋友胃口也不大，拿了钱吾就告诉他："你再穷，这个钱也要还他。"后来他还了钱，监察委员也选上了。陶桂林对我这样子好啊！诸如此类的参议员也有很多位。后来吾竞选立法委员，潘树藩说他政治前途都没有了，就指望你了！要吾赶紧去准备钱竞选。吾说："竞选就竞选，等提名啊，准备钱干什么？""竞选要花钱啊！""吾不明白，吾哪来的钱啊？""只要你不反对，你点头，吾负责找我们共同的朋友十个人，一个人出法币一千万，存在南京商业银行（因为他们派吾是商业银行常务监事），你什么时候要用钱就什么时候去支用。"就这么几句话，隔不到一个礼拜，商业银行的经理打电话来："黄先生，你的款子已经到齐了。"吾问："多少？"他说："一亿。"吾说："那么多钱干什么？"他说："唉呀！吾现在拿支票簿给你！你什么时候用钱就开支票。"吾生平没用过支票，一下子拿来六本，吾就摆着，吾哪里会用那么多钱呢？没有料到到投票的时候，很多电话来，有的说大家奔走拉票肚皮饿了，要吃东西了；

有的说借来的交通车要加油了；到处都来要钱，开支票的小姐和他们吵架："你们一开口就几百万、几百万，黄先生哪有这么多钱?"第二天，吾打电话问银行吾开了多少支票，有没有透支。"唉呀，早呢，你开好了!"投票过后吾再问他，他说："早透支了!""那你怎不讲?""讲了你就垮了!""那怎么得了呢？透支了多少?""唉呀！没关系啦，一二千万。""一二千万吾怎么办?""啊？你放心啦，这点事情交给小弟来办。"过一个多月，吾问他怎么样，他说："做生意的人，一进一出，一两千万就有了。"那些人对吾的热情和出乎意料之外的辅助，好感动啊！尤其是江南汽车公司的总经理吴琢之，他说："现在吾这里没有车子，风雪太大，路上也不能走，回来一部车子吾扣一部。"扣来干什么？给吾运投票的选民！这些事吾事后想到，都还会流出眼泪来，他们对吾这么厚爱！吾将来还要把这些事实写出来，真是可歌可泣！所以南京市这一阶段是吾一生的高峰，超过台湾阶段。

第三节　协助治安与市政

协助治安方面，先从处理学潮谈起：

胜利后教育部办了一个临时大学，校长是王书林（后来他也到台湾来)。临时大学开学后，不晓得哪个人、哪个地方偶然讲了"伪学生"这句话，他们就拿这三个字当题目闹起来了，又发动起反饥饿运动，口号是"反饥饿，反迫害"，闹得很凶。那时中央政府还没到南京，没有人负责处理学潮。学校没办法，向法院提出告诉，因为打了校长，法院只好发传票，学生传一个到一个，法院的处理则是到一个押一个，真是笨透了!

先是大家没有注意，后来风潮越闹越大，南京市地方首长会报：南京市长、社会教育两局长、首都警察厅长、市党部主任委员、宪兵区司令、地方法院院长、青年团干事长参加，干事长不愿参加，所以由吾去出席，一共八位首长开会，众口一辞要法院严办，法院就把学生押起来。一押不得了，共产党轻而易举出了一个决策：找几位女学生探监，监房里什么东西都没有，坐监的学生在窗子里，探监的学生在窗子外，坐监的学生看到探监的学生来就哭了，里面哭，外面也哭，愈哭人愈多，一直哭到离开监狱，哭回学校，学校学生都哭了，学潮愈来愈大。

法院押了十四个学生，怎么办理啊？地方首长要求快点开庭。我记得一天下午两点开庭，学生们高明，把大学生、中学生都通知来了，涌到法院里，法院的范围不大，一下子涌入二三千人，里里外外走都走不动，怎么开庭啊？院长站在大门口说："黄先生来了没有？"他在等吾，等吾有什么办法呢？学校校长都挨打了。当吾到达后，院长问我："庭一定要开，怎么办？法庭很小，三百多人要旁听证怎么发？"吾说："你拿三十张旁听证给我，机关要的由你发，学校要的，吾发。"他这下轻松了，现场很混乱，吾灵机一动，请一个学生把隔壁第三女中的号兵借来，吾请他站在操场上吹集合号，学生通通集合了，很有秩序。吾很开心，他们不知道吾的身份，吾也不说明，吾只说："法院开庭，法庭太小，人太多，大家要领旁听证才能进法庭，总共只有三十张旁听证，吾帮你们领来了，一个学校派两个代表到吾这来拿旁听证。"正好有十几个学校，学生乖乖的来领取。这样子开庭了，但是路上犯人走不过来，吾又叫大一点的学生过来，把身上的白手帕扎在左臂上做纠察队，手牵手排成两行，隔出道路来，让那十四位在押的学生从这条路进法庭。他们一出来，学生都鼓掌，吾又高声说法庭不许鼓掌，大家就鞠躬。开庭了，法官还不识相，传吾问话，把吾气极了！吾是保人，替他们解决问题，怎么还问吾那么多话呢？学生另外还有几个保人，讯问之后，法官要开合议庭，就退庭了。这个空档，人挤人的法庭，很容易出事，吾急得跑到后面去对法官们说：“你们赶快去宣布保释啊！”但是没有一个法官敢出来，他们都怕挨打。吾说：“我来代你们宣布哦。”法官也不反对，吾就跑到法庭上说：“法官已开过合议庭，决定全部取保释放，吾来保大家，一起跟吾走！”大家鼓掌，跑出去。已经搞到下午八、九点钟。法院在白下路上，白下路转过去是中华路，再到新街口、鼓楼，再过去才是金陵大学，这么长的路上，站满学生和老百姓欢迎释放学生，声势浩大，事情就这样落幕。如果不放人，群众再闹一场，问题就更难收拾了！

吾的处置在学校里没有话说，已经落幕后，大家也觉得轻松了。可是在事前，法院弄得一筹莫展；吾和我们支团负责人沈干事长、临大校长王书林三个人开过一个会，决定只要有人出面把学生保出来就容易解决，可是校长不肯保，沈主任也不肯保，吾说：“你们这样还做什么青年运动啊！”他们说怕上级责怪，吾说：“吾是副教授，拿副教授的身分出面来保，总可以吧！”结果是吾一个人出庭具结担保，问题解决了，让支团部报中央团部，校长报教育部，分别邀功去吧。

吾以为青年运动大都是盲从的，学生保释当晚，马路上都是人，这下子共产党声势浩大，我们怎么办呢？恰好重庆沙坪坝大学生发动了十万人大游行，反对苏联外交部长莫洛托夫干涉中国内政。我想机会来了，重庆大游行是元月二十一日，吾在二十三日看到报纸后去临大上课，下课后学生找吾谈话，吾问：“你们是不是爱国学生啊？”“当然是。”“那好！重庆沙坪坝十万学生大游行，我们南京十万没有，三万、两万总有，你们去发动爱国大游行啊！”“好！好！我们去！”两、三句话就发动了。三十五年元月二十五日我们也办了一个反对苏联莫洛托夫干涉中国内政反俄反共大游行，也有五、六万人。吾走在最先头，浩浩荡荡走遍了几条大马路，学生用粉笔写标语，写满了墙壁门窗和固定器物，以至人行道上！我们翻本了！

又一次，上海学生自己开火车到南京来，要发动游行示威，大约一百多学生来南京开始串联。但是他们不知道南京的环境已经转变了，不再是我们大游行之前一面倒乱喊反饥饿反迫害的情况，他们自己太胡扯。他们到南京以后，不知道要找哪个机关打交道，那时教育部只有刘英士、甘家馨、黄如今等三个人，部次长都没有来南京。唯一的临时大学，已经安定下来，现在闹事是上海的学生挑起来的，只吸引了少数学生。当天夜里九点钟，临大学生打电话来说："现在又要出事了，黄先生您来一下，好不好?"吾说："怎么样?"他说："上海来的学生发动我们学生在大礼堂开会。"吾说："你赶紧报告训导长。"那时临时大学的训导长是吴兆棠，他说："训导长知道，没有办法!"学生一直叫吾去，吾就去了。九点多，吾赶到金陵大学，到宿舍找学生。他们唉声叹气躺在床上说："大礼堂开会都是他们的势力，我们插不上嘴，黄先生您去好不好?""只有你有办法啦！你去！和他们讲一讲也许好一点!"吾考虑了一下，说："吾去，充其量给他们打一顿，吾又不是政府官员，为什么要打吾呢?"吾就单枪匹马、一个人去。学生放步哨，吾一出去就碰到一个步哨，吾说吾是黄某某，是你们的副教授。一路通过了五个步哨，才到了大礼堂。很奇怪哦！吾进去以后，学生把吾迎到主席台，很妙，他们讨论得非常热烈，可是没有具体办法。上海来的学生不知如何找出办法来发展下去，就说："欢迎黄先生讲话。"大家鼓掌。一鼓掌吾的胆子也就大起来了，吾就讲九一八以来的青年救国运动，尤其是五四以来的爱国运动，结论是学生是爱国的，政府应该重视。中间讲话激昂，女学生很受感动。吾讲完以后，第一个站起来讲话的女学生一面哭一面讲，声音发抖，影响其他男女学生好多人都哭了。他们讲完，吾再上去讲，主要意思是说：你们各位，尤其是上海来的同学，我们完全是为了国家，是爱国的运动，现在要回上海去，如果遭受非法干涉或非法逮捕，吾负责！吾去跟他们交涉！大家精神振奋，情绪激昂，吾最后告诉他们政府已准备好火车，明天上午推派代表三人到教育部递书面意见，然后你们全体坐火车回上海。吾替他们找到下台阶，大家鼓掌，上海学生就散了，南京学潮就结束了。

吾从这件事得到很大教训：处理学潮要自己站稳脚跟，不是跟着学生走，也不是代表政府发言。吾是临时大学老师的身份，吾同情学生，吾做这样的工作，上不报政府，下不邀功，尤其对青运和教育行政当局半个字也不提，绝不说吾如何的把学潮平了，能守到这一点的话，天下太平。事情处理好之后，行政和教育人员都来了，只论他们职权上的关系以及他的地位，搞到后来，对于真正平定学潮的人只要不说坏处就够了，不要希望有好处。这是吾亲身的经验。尤其青年团主任，学生闹了，他站在旁边；事情平了，他站在前面，吾一点也不管，让他去邀功。

政治大学是中央很基本的一个学校，党团统一后，团部已经结束，我们都到市党部去了。有一天丁家桥中央党部袁常委守谦来电话找吾，说："政治大学闹学潮闹得一塌糊涂，我们都在组织部长陈立夫先生的办公室，党政要员和中央常务委员都在，就是不知道消息，究竟政治大学学潮怎么样，没有人了解，请你查一查。"吾说："我们的团部已经结束，青年运动没人管了，哪里去查呢？"袁企公要吾帮帮他们的忙。吾就说吾想办法问问看吧，便打电话问政大的学生。学生当中有很多人很热心，果然一清二楚都报告了。吾要他们继续注意风潮的发展，我们保持联系，然后打电话到中央党部。他们还在开会呀！学生反对蒋经国当校长，准备去游行，里里外外都是标语，闹得很厉害。袁企公报告后，他们才知道了风潮的内幕，不然还不知道为了何事！

青年部是从事青年运动的，有一次学潮闹得厉害，学生把青年二字都加了一个反犬做偏旁，变成兽类。那时原来青年团没有了，支团主任去当市党部副主任委员，上面命令市党部组织青年运动委员会，由副主委兼主任委员，没有派我们当委员，他以为过去的青年运动都是他的功劳，另外找一些人当委员，至少可以独揽经费以及向上级报功，所以我们就不管了。我们不管以后，他们的消息都得不到，不要说怎么处理，反害得青年部无法掌握青年运动了！

其次谈处理停电事：

那时国民大会正在开会，但国民大会堂常在开会时停电，市参议会常骂电灯厂陆厂长，可是无效。有一天，吾问一位和劳工界很熟的年轻小伙子，他在首都电厂有没有熟人，他说："有。"吾叫他联络这熟人，看看小工有没有破坏电灯厂。他去查，不久报告来了，果真两个小鬼随便一动就把电拉断。吾说："好，不要骂他，等下次停电的时候，另外找两个小鬼揍他一顿，也不要讲什么话。"一打就好了，外人都不晓得。吾问电灯厂厂长陆法曾为什么现在不停电了，他也不晓得为什么。

再谈处理上海青年来京请愿事：

后来情况愈来愈坏，上海马叙伦领了二三十名青年人，里面有新闻记者浦熙修（很有名的女记者）到南京来请愿。这时候党团统一，青年团已经不存在了，可是吾还常去支团部。有一天吾在吾原来的办公室接到一个电话，是下关区长打来的，说：不得了了！上海请愿团由交大学生自己开火车到南京来请愿，从上海出发一路没有停靠，现在火车快到镇江了，问吾怎么办？吾说，现在向上请示也来不及，你在你那附近临时发动男女青年二三十人到月台去献花。献花时把他们送到会客室开打，一打他们就怕了。群众人数如果不够，再发动码头工人来参加。他立刻照办。火车快得很，苏州、常州、丹阳、镇江一路过来，电话催得急，火车站干紧张。到了之后，月台上热闹得不得了，人山人海，非常拥挤，在到会客室途中，有人对这批人挥打乱拳，他们说："打人啊！"这一叫，前面喊打，后面也喊打，大家在喊打，一下子就打得乱七八糟，有的人从窗子跳出去，浦熙修衣服被撕破，马叙伦都被打得躺下来了，共产党从来没有这么失败过。宪兵、警察吹哨镇压，一哄而散，只见好多人躺在地下，就用担架把他们抬到中央医院去了！我们的卫戍总司令部当天下午通知各机关紧急会议：今天上午请愿团在下关车站被打得乱七八糟，什么人发动的？要严密查办。这是严重影响了国共和谈啊！吾也参加了这个会。卫戍总司令说要彻底追究。吾也站起来讲，建议由党政军各机关各系统严密追查。大家都赞成，哪里去查？根本查不到！这一打，三十六年共产党联合政府从此不谈了，因为他们还是怕群众。而国民大会还是照预定时间开幕了。

对于协助治安方面，再谈弭平抢米风潮：

抢米风潮是地方人士协力弭平的。三十七年十一月七日，京沪在各种谣言的攻势下，人心惶惶中发生了抢米风潮。南京市内并不缺粮，九日在徐州会战开始中，突然发生抢米的情形，米店恐慌，纷纷关门，十日在光天化日中有人在街巷打枪，情况更加严重！吾问市长沈怡知道不？他说知道；有什么办法制止？他说没有；找卫戍总司令部啊！他说也没有办法；报告行政院怎么办？他说还是没有办法！吾说，好了，我们来试试看，明天中午请你在市府招待所准备一桌席，我们大家到，客人吾来请。沈市长满口答应。吾立刻用电话找地方父老，第二天果然都来到，还特别邀请粮食部长关吉玉参加。农工商学妇女领袖，包括了地方各派各系的负责人，齐聚一堂来解决抢米风潮。共同一致的主张就是请粮食部借给地方存米十万包，交粮商发售，由在座各位共同负责筹还，不麻烦市政府了！于是第二天满街就有米卖，当天下午芜湖的米船也到南门外了。这是地方各界不推诿不指摘他人团结一致的效果！

关于协力办首都市政方面：

吾是市参议员，又是青年团的书记，市长主管的好几个名堂，也是由吾负责，市长兼任新生活运动促进会主任委员，书记由吾来兼。吾同市政府的关系很多，开始时市长马超俊对青年团印象很坏，他刚回南京时说，青年团是土匪，后来因为他的左右也有青年团团员，吾和他们都有联系，青年团有一种青年的精神，他很喜欢。所以吾就以个人身份或工作关系向市政府多所建议。吾的建议不是说说就算，吾一定慢慢让市政府非办到不可，所以首先要谈“协力办理首都市政”。

第一步棋是设立市府民政局：首都市府没有民政局，只有民政科，两三个人。这么大一个都市，两三个人办得完吗？所以我极力主张设立民政局。开始时，他们不大重视，后来慢慢重视，决定设立，但是在马超俊任内没有来得及设立，到沈怡任内才成立。第一任民政局长硬是不出吾所料，未发表之前，有一天吾同市党部书记长汪祖华在街上走，随便聊天。吾说：“市府要设民政局的话，这个局长你去当最好。”他不大相信，他也不十分了解民政局的业务。过不了几天，市长正式公文到市党部，延请市党部汪书记长当民政局长。书记长问吾他该怎么做，吾说：“祖华兄啊！吾现在要到杭州去，三天就回来，回来后先带你去拜访参议会各参议员，然后再谈民政局怎么做。”民政局很重要，因为以后要办选举，等于选举委员会主任委员。

第二步吾主张增设两区公所：首都太大，所谓龙蟠虎踞，龙蟠是指长江环绕，虎踞是指紫金山耸立。明朝建都时，南京市外城七十二里，内城三十六里，城外有护城河，护城河出去有好几县：江宁县、高淳县、江浦县等等拱卫首都。南京市有好几个地方，市政府的人都没有去过。吾极力主张，南京东北部的八卦洲，西南部的江心洲应各成立区公所。乾隆皇帝很重视八卦洲，他在燕子矶上做了一首诗："当年闻说绕江澜，撼地宏涛足下看，耳喜涨沙成绿野，烟村耕凿久相安。"我们市政府里却没有人到过八卦洲。江心洲其上居民很苦。江心洲的土是黏土，居民造房子完全用土，没有一块砖，土堆起来留了洞，就是一个窗一个门，平时走路，稍微下一点毛毛雨就没法走，路滑得好像擦了油一样。吾去时，从上新河摆渡上去就上不去，撑船船夫穿了草鞋把吾背上岸。去时还好，回来时下毛毛雨，要下坡到河堤上船，没办法，还是请人背。那天老百姓还留吾住一晚，在当地吃两、三个土菜是有味道的，但是睡觉睡哪里呢？房子里有好多稻草，没有床，睡在草铺上。吾去了好多家访问过，南京市政府从来没有人到过。这两个地方吾极力主张成立区公所，以便建设，后来果然成立了。不只如此，江北浦口也成立了一个区公所。有人认为浦口不属于南京，吾说浦口不属于南京的话，南京路都没得走了！津浦铁路由天津到浦口，就是到南京嘛。后来浦口也归南京，成立了一个区。江心洲、八卦洲先成立，浦口后成立，南京由十二个区成为十五个区。

第三步筹办南京市训练团：市政府依法成立了训练委员会，聘了很多委员，吾也是委员之一。委员会照例开会，没有实际工作。吾和另一位也是参议员兼任的委员意见相同，主张筹办一个训练团，训练地方基层干部。我们以为南京市沦陷了八年才得胜利复员，这个首善之区的地方干部在哪里？怎么做？市政府的脚踩在什么地方？所以我们认为应该有一个训练机构来训练一批干部。训练委员会开了几次会，市长、副市长、教育局长、社会局长等等也是委员，都参加了，但在会中副市长、教育局长和社会局长极力反对成立市训练团，唯一的理由是没有钱也没有人，但是我们极力主张办。最后市长兼主任委员马超俊讲："革命就是赛跑，哪个跑得快，哪个得奖，没有什么可以不可以。"妙极了，不愧为老革命家，于是我们就去筹备。这是吾第二次赤手空拳，辟草莱去办训练。没有地点，我们就在市立第一中学操场上搭了一个芦席棚做办公厅，很快就搭起来，暑假期间把教室当做宿舍，向各方面借架子床，到各机关借办公桌，人员从各机关调，通知单上写明调用某人，某月某日开始办公，请携带椅子、写字桌、毛笔等等，这样就成功了。市长当主任，议长、党主委、团主任当副主任；各单位首长，都是讲座，开学典礼他们都来参加，好惊奇啊！没有花好多钱，规模很大，有一千多学员，把各区公所重要职员，尤其各保的保长都调来了。

陆：训练教材从哪里来？

黄：除了新县制实施纲要、民法概要请学者来讲以外，市政课程由市府局处的首长或者业务主管来分担，尤其民政局成立后办些什么事，就告诉这些干部，所以民政局的人排课就排多一点；其次是社会局、卫生局、教育局、地政局、财政局、工务局以至警察厅等都来把主要业务告诉他们，他们就是各区局行政的基层干部；还有分组讨论，可以由市府官员，听听他们基层意见。干部训练完毕后，就去充实各区公所的工作。原来的区公所多是空架子，训练完毕，各有所司，区公所就充实起来了。

最后两件事，一是协助滕杰组成南京市政府：党团合并以后，团务没有了，党务也只有形式了！三十七年十月，南京市党部由滕杰来当市主任委员，原来主任委员是萧赞育去当组织部副部长。滕杰讲理论非常会讲，有他的一套，可是真正怎么做他缺乏地方关系，实务经验也少。不过他有一个特长：信任干部。许多朋友都说和他共事很难，可是吾觉得他很能合作。吾同他认识不算多，关系最深的一点是和吾是同一个兄弟会的成员。他发表为主任委员以后，原来的书记长不干了，他要找人，兄弟会里有好多人，都认为书记长一定要对地方有所了解，大家向他建议，最好请黄某人。他很赞成。可是吾已经当立法委员，每天要去开会；南京市参议员还没有辞掉，也常有会议要开。吾说吾再当书记长会分身乏术，他说：先把党务领起来，以后再交给别人也可以；现在吾刚接事，这个主任委员怎么做，吾也无从着手，你来就驾轻就熟啊。吾说这也有道理，所以吾就答应。吾没料到他是这样的好共事，两个礼拜开一次委员会，他当主席，大家当场发表意见，最后他做结论就是决议，决议后就照这样交给书记长去做，他就不再管。这个书记长责任很重，也不是很好做。一个多月以后，局势愈来愈坏。有一天他打电话给吾，叫吾："快来！快来！总统要吾接市长！"吾说："好啊！可以啊！"他说："市长怎么做?"吾说："那也没什么困难啊！"他说："你来！你来！"吾就上他家去。上来第一件事情，问吾市政府有多少单位，又问："那些各部门的局长人才哪里去找啊？吾一直在军队里，这些人吾一个都找不出来。""那也容易，慢慢找啊！"他急着说："不啊！马上要接事了啊！"吾说："那吾先打听一下，看哪些人留，哪些人不留。"一问，大概都不留。从秘书长开始，民政局长、教育局长、建设局长、卫生局长，好多都是悬缺。那时天寒地冻，路都不能走，急不来！头一个秘书长吾建议请参议会的萧秘书长过来，以后参议会的事就好办了，他说好。吾连着三天同参议会秘书长联络，他不干，他虽不明讲，但吾懂，他想当监察委员，因为有一名监察委员过世，还没确定人选，参议员要投票，他参选的话可能票会比较多。萧秘书长不肯答应，滕杰很快就要交接，他问可不可暂时请徐州剿总的主任秘书吴一舟来当秘书长？吾说可以，吾也知道吴这个人。接着各局局长一个个找，很顺利，就是财政局有问题。吾告诉滕杰，南京市是消费都市，本身没有多少税收，所以唯一的办法是伸手向中央要钱，中央不给，市政府就没钱，财政局长必须能向中央调度钱，第一要财政部走得通，第二要中央银行走得通，还要行政院主计处要肯点头帮忙，有了这样的财政局长，市长就不用管了。这样的人哪儿去找啊？吾说还是吾去找吧！因此吾才找到陈耀东，他是中央银行顾问，抗战胜利后担任东南区财政特派员，代表政府接收财经机关，他当过南京市临时参议会副议长，现在是中央大学教授，自己挂牌当律师，收入也很好，没有做官，现在有机会，请他来做大概有希望。这个消息陈本人知道了，也蛮高兴，但是他太太反对，因为他竞选立法委员花钱很多，他太太很心疼，但当选候补第一。吾征求他同意时，他很坦白说："吾是可以啦！可是吾太太不同意。"吾就打电话给他太太，我们大家都很熟，吾说："大嫂啊！今天晚上有七八个朋友要来吃饭！"这点她很慷慨，满口答应马上就去准备。吃饭时，我们还没讲话，她就先开口骂陈耀东："官迷！官不论大小就是要做官！"吾说："大嫂，你的意思是要耀东去干什么？既然你说官太小，是不是希望他当立法委员？"她说："哪里来？"吾说："在这里啊！他是立法委员候补第一名，吾现在要求耀东兄当六个月的财政局长，六个月后吾辞职，他不就候补上来了吗？"她说："说话算话！"吾说："拿条子来！"吾当场就写：六个月以后，吾辞职。她再补上一句："六个月以后，你当财政局长！"吾说："吾没有这个本事，财政局长吾当不来！吾干什么不管了，反正说话算话！"这样子问题解决了，陈耀东第二天就到差，他打电话告诉吾，说："吾接事了。"接了之后，又来电话，吾说："赶快到上海搬钞票！市政府穷得一塌糊涂！”他说：“吾马上走！”他花了两天把事办好，第三天回到下关就来电话，叫吾派车去运钞票。他和财政部长及中央银行行长熟得很。（可惜陈耀东撤退时动作慢了一点，被俘了。）这样各局局长都是吾帮滕杰安排的，只有社会局长是他自己找来。到台湾来以后，才知这局长投共了！滕市长对人感慨地说：“就这一位局长是吾找的啊！”

另一件事是维持市党部：就在滕主委兼市长之初，三十七年冬，所有各级党部中央党部命令停发经费，等于关门一样！当时吾心里想：首都所在地，我们这个党部怎么能停摆？怎么样也要维持。中央在大批裁员，转任行政官员，南京不能都转任，至少保留二十七人，因为我们有十五个区党部。一区至少一人，大区要二人，市党部还要有人，大家要吃饭，怎么办？吾就自己想办法，跑到市政府跟滕市长讲：“我们南京市党部还要继续工作，向市政府借三百万，一个月后通通还清。”他说：“你哪来的钱还？”吾说：“吾有办法。”他答应了。我就打电话给市银行，市银行的总经理和吾很熟，请他给吾买一条十两的金子，第二天打电话说金子买来了，吾便请市政府转账拨款，立刻又打电话给中国实业银行的梁经理问他现在什么生意好做？他说面粉，吾便请他帮吾买三百万元的面粉，钱由市银行转账，几个电话就解决了。一个月后打电话给实业银行梁经理说：“我们要发饷了，有没有钱？”“有啊！”二十七人的薪水发过了，一文不少，而面粉并没有减少，因为实物天天涨价，法币天天贬值，利用这种情势，不但维持按月发薪水，后来还多了好多两金子，市党部又成立一个保管委员会，专门保管这笔钱。全国没有像这样一个党部。有趣的是党部发薪，都发银元，害得市府职员向市长请愿，也要求发银元！市长说：“那你们去党部工作吧？”

后来总统下野，和谈声中，中央政府没人负责，行政院搬家了，地方政府只好挣起来，我们这个团体——兄弟会在太平路上一个三楼上，每天中午吃饭，把地方首长都请到，随时汇报，帮助地方治安。但是没有料到参加会报的有一名卫戍副总司令覃异之动摇了，他虽是副总司令，长江北岸都是他负责，可是他做假报告，他头一天打电话告诉吾，沿江北岸，固若金汤；我们见面后过不几天，他却搭机飞走了！

市党部主委兼市长滕杰告诉吾，他跟他们商量好了，另外一个副总司令，有一个军，即五十六军陈沛一军，加上宪兵一团、警察八千人和市政府警卫旅，整个编起来打游击，要吾发动地方青年，吾想少不了一万人。他说你要先把家眷送走，而且要吾送台湾。三十八年四月二十二日晚上，吾在基隆上岸，共军却在浦口渡江。把我们的计划全盘打翻了。

第十一章　以宪制为己任

第一节　选择法制委员会

现在行宪治国了。建国大纲第一个军政时期，是短期的、不得已的。国父生前一再北伐，最后在黄埔军校建军后，不到两年才完成；第二个训政时期，从十八年预定六年完成，就进入第三个宪政时期，而且准备行宪的五权宪法草案，已经在二十五年五月五日完成，制宪的国民大会代表，也已经选举产生；不料日本帝国主义发动了七七事变，三个月灭亡中国的目的没有达到，却激起中国人全面抗战，进而为全世界动员的第二次世界大战，终于战败投降，时间拖延了八年之久，迫使中华民国死里求生，伤尽元气。为贯彻行宪，国府召开了多次的政治协商会议，采纳了以中共为主导的各党各派制宪的十二项原则，制宪国民大会的召开，蒋主席早在三十四年三月一日对宪政实施协进会申明就在本年十一月十二日。但当时豫西豫南鄂北的抗战，正在激烈进行，自忠县以至襄阳樊城先后沦陷中！五月五日国民党六全大会开幕，因为墨魔和希魔已先后被杀和自杀，大会又正式决议十一月十二日召开国民大会。但日军投降后，中共与苏俄联手在东北华北以至苏南北扩军扩地，到了十一月十二日，国民大会还是无法召开！三十五年五月五日的会期，因为俄军占领东北，政府被迫延期，终于在七月四日明令十一月十二日确定召开，这才制定了中华民国宪法，三十六年一月一日实施。中华民国宪法的制订是千磨百折，遏阻了十年之久！

吾在军政时期，投考军校，历经磨折，完成学业，以革命军官两年自许，如愿以偿；吾在训政时期，参加了无数次民众的学生的干部的训练工作，尽心竭力；可贵的宪政时期来到，为求得国家的长治久安，人民的安和乐利，所以要参与竞选，有幸而进入立法机构，为法律制度尽力。

我当了立法委员之后，才发现立法院的前贤非常了不起。在民国十七年，国家尚未统一之前，各种法律都还没有制定，连民法、刑法都没有。到民国十七年底，也就是十二月二十九日时，东北易帜，全国统一。次年，国民党召开第三次全国代表大会，决议在训政时期由本党代表人民行使政权，正式成立国民政府及五院，立法院为其中之一。当时预定训政六年，也就是由民国十八年起到二十四年为止。这六年间立法成果非凡，拟出了各种基本的法律。当时立法院院长是胡汉民，每逢周六，别的中央首长都会由南京到上海度假，胡汉民却忙得没有时间去。在六年之间，六法差不多都齐备了。所谓六法，就是指约法、民法、民事诉讼法、刑法、刑事诉讼法以及商法。在这六年之后，立法工作再没有做得比这六年更丰富了。现在的六法和当时略有不同，应该把商法列为行政法的一部分，而成为宪法、民法、民事诉讼法、刑法、刑事诉讼法、行政法等六法。由于农工商业发达，现在的行政法还必须分类，甚至除了上述六种国内法之外，国际法也必须参考，因此现在的六法意义非常广泛。但是惭愧的是，四十多年来立法的成就比不上过去的六年。我在国民党第十次及第十二次全国代表大会上，也谈过此事，认为前贤都很努力立法；固然他们都是出自官派，并非民选，但也就因为是官派，所以多半是专家，人才济济，因此能将各种法律制订齐备。

行宪后的立法院，正是以训政时期的立法院为基础而展开的。凡是立法院组织法、立法院各委员会组织法、立法院议事规则、中央法规标准法等，在训政时期都已略具雏形，其中中央法规标准法订于一九七〇年，但是基础内容在训政时期大部分都有了，所以行宪后的立法院，可以轻而易举的开步走。

我参选立法委员时，应选总额七百七十三名，实际选出七百五十余人，而报到的却不到七百人。这些委员和训政时期的立法委员大不相同，过去是官派，未进立法院之前就已经被指派要参加什么委员会。那时候最初有六到十个委员会，后来增加到十二个。行宪之后，立法院的委员会相对行政院各部会，加上因应特殊事务而设的委员会，共成立了二十一个委员会。每一位委员可以参加三个委员会。民选的委员来自各方，各怀目的，为了究竟参加什么委员会而乱纷纷，多半由强有力的巨头拉拢委员参加某委员会。中国素来有南方北方等等地域观念，当时立法院中各地域的领袖都有；此外，关于工商方面的领袖也多，尤其上海一地大亨云集，最有名的如颜惠庆、吴绍澍、端木恺、江一平等人，都当了立法委员。由于各种人才多，为竞争当委员会的召集委员而争得不得了。那时候召集委员的名额是四十一名委员以上的委员会有三名召集委员，最多可以有五名。有志争取召集委员的委员各自号召，我由于正在南京工作，认识我的各省人多，争取我的人也多。有一位重庆产生的立法委员，他参加的是财政委员会，力邀我也加入，并说："不参加财政委员会，你当什么立法委员?"我了解他的意思，也就是说当立法委员可以发财，对财政应有所企图；上海的吴绍澍对邮电路航有兴趣，他告诉我："你要是不参加交通委员会，我会伤心哪!"讲得好严重。在这种情况下，怎么办呢？许多委员也拿不定主意要参加什么委员会。

我看大家为选举召集委员竞争得太厉害，于是我提出用抽签方式决定召集委员的提案。当时还没有召集委员选举办法，我的提案经过征求连署，立刻就满了法定人数，案子并且很快送到院会讨论。在院会讨论时，张道藩非常表示同意，为此在院会大发议论，所以后来报上报导，批评张道藩相信“神主”，不相信“民主”，误以为这是张道藩所提的案子。该案通过后，各委员会都用抽签决定召集委员了，自然平息了候选人激烈的纷争。

当时我参加法制、内政及地方自治、经济三委员会，其中最重要的是法制委员会，另外两会则是陪衬性质，我想借参加这两会了解一般政情。法制委员会在训政时期是立法院的首要委员会，重要的法律案，一定会到法制委员会来，那时的委员长（也就是后来的召集委员）都是知名的法界人士，例如行宪前最后一任委员长林彬，法学修养很高，他后来当司法行政部部长。

我对法律本来仅略知皮毛，参加法制委员会后倾心学习，第一会期开会时几乎不敢开口，只是多学多听，后来才慢慢参与发言。

行宪后立法院的法制委员会虽然不能和训政时期比，但是也有许多专家学者。多年来，最使我感到满意的是，法制委员会的委员在开会时在法言法，没有任何人离开法律讲话，虽然据理力争得面红耳赤，会外却相处愉快，交情都不错。有些专家虽然不是每次开会都到，但是在必要时会发言，有他的影响力，譬如萨孟武，他从没离开过法制委员会；还有陶希圣，他是北大学法的人，不过他多半讲法学原理，和法律的实质关系不那么多，但他常常发表精辟的理论，我认为很好。四十三年十四会期，修正通过了召集委员选举办法，用无记名单记法票选后，法制委员会有一个会期，有两位委员，一位是陕西的魏委员，一位是河北的张委员，不顾一切的竞选召集委员。那时召集委员的名额依照立法院组织法的规定，委员会委员人数在二十人以下的只能选一名召集委员。因为他两位争当召集委员争得太厉害，法制委员会的委员纷纷转去他会，只剩八个委员！在那个会期，常常发生一种情形：法制委员会开会了，台上一个主席，台下却没有委员。所以到了下一个会期，他两人都自动离开了法制委员会，原来法制委员会的委员又都回来了。之后大家有默契，愿意当召集委员的排一张表，大家都有机会当，虽然依法召集委员可以连任一个会期，但我们都不连任，每个会期轮流换人，因此非常和谐。事实上，法制委员会的人事应该是最复杂的，各党各派的人都有，包括青年党、民社党、国民党各派系，还有无党籍的人。后来所谓的党外起来了，有一个会期，他们的三巨头——费希平、康宁祥、张德铭——都参加了法制委员会，以为把握了法制委员会就可以掌握主要的法律案。张德铭很天真，曾经说："怎么搞的，我是律师，但是法制委员会所讲的许多东西我都不知道。"这是真话，因为当律师应用民法、刑法，加上两法的诉讼法较多，而法制委员会则除了基本的宪法之外，以行政法为多。行政法千头万绪，当律师的人不一定都清楚，正因为如此，三个人开会时都没有兴趣，甚至插不上嘴。一个会期后，他们都无聊地走了。也为了这个原因，多年来轮流当召集委员的，也只有五、六个人。我当初参加法制委员会，也实在没有想到这个会的内外环境会这么安定而且令人钦敬！

法制委员会在立法院不受欢迎，在行政机关更不受欢迎，因为这个委员会太咬文嚼字了，太死板了。法制委员会经常主审或和其他委员会会审法案，会审的委员会总是要和法制委员会争吵，因为法制委员会总有不变的原则，而其他委员会有些委员却比较没有尺码，因此法制委员会不受欢迎。

因为法制委员会有他的原则，所以有新闻报导写出了法制委员会的讽刺，戏称法制委员会是“文昌庙”。去（一九九○）年四月、九月，联合晚报提到法制委员会的情形，我把它附在这里：

（一九九○年四月八日《联合晚报》）

立法院退职浪潮日渐升高，具有名望的大老们逐一引退，已在院内造成巨大冲击。负责把守国家官制、官规重要关卡的法制委员会，在黄通、吴延环等资深立委相继宣布退职后，已呈现人才凋零、后继无人，四十二年来最凄凉的景象。

法制委员会是大陆训政时期立法院五个委员会中的“首席”，负责中央各机关组织、国家官制、官规，总统府荣典、勋奖，以及宪政上法案及所有人事制度等重头戏，不仅地位重要，更因其特殊专业地位，长期以来一直是人才济济。

据法制委员会相关人士指出，多年来立院内够分量的立委，大都选择参加该会，如大法学家林彬（后任司法部长）、宪法学者萨孟武、法学教授徐汉豪、行政法专家邓翔宇、张金鉴以及陶希圣、仲肇湘、黄通、张子扬、吴延环等，均是立院大老级人物，而民、青两党菁英也都集中此地，可惜近两年来均已相继凋零或退职殆尽了。

这个被戏称为立院“文昌庙”的委员会，一向以把关严谨著称。例如：数年前审查研考会组织条例时，主委魏镛为解决研考会所谓“黑官”问题，曾以弟子门生之礼，向老师张金鉴恳求高抬贵手，开下方便之门，但却遭峻拒。会里的大老个个高风亮节，数十年从未闻有任何操守上的评议。

但正因该会过于专业，这些年来也同样面临后继无人的困境，增额立委忍受不了“冷门”的气压，长期以来均乏人问津，而大老们从六年前即开始有计划的培植接棒人才，像前两届学法出身的郭林勇、上届的温锦兰及上会期侨选的杨庆南，但是这三人均相继“卸职”，使得培育计划一再受挫。

而这会期在逼退压力下，法制委员会更面临空前冷清的局面，一百三十个增额及遴选立委均投入热门的“财神庙”（预算、财政、经济、交通等）及“武庙”（国防、外交），而最清高的“文昌庙”，竟无一人问津。

目前委员会报到人数只有八人（创四十二年来最低纪录），其中黄通四月退职、吴延环宣布五月离开，剩下六人中仲肇湘脑力退化、余富庠几乎未曾出席，周南、傅岩是“没有声音”的人，有议事能力者只剩张子扬及何适二人。

更严重的问题是，目前法制委员会积累的案件已超过三十案以上，均是牵涉各中央机关的组织条例，如果无法消纳，影响可谓至巨；而本会期提出的“退职条例”修正案已有六案，也是交由法制主审，增额立委一方面限制禁止资深委员发言，而该会均是“老委员”，如何“开审”已呈矛盾尴尬的局面。

法制委员会召集委员、执政党部常委张子扬，上会期已频频向党部反映，要求指定或分派“增额”立委加入该会，但意见一直未受重视。如今大老们相继引退，使该会即将面临“断层”危机，如何解决已是当务之急。

（一九九〇年九月二日《联合晚报》）

在大陆时期曾扮演“首席”角色，近年来功能却逐渐式微的立法院法制委员会，在逼退风潮及民进党扬言攻占的双重压力下，新会期报到首日已出现“大老”出走的现象。这座素具传统的“文昌庙”，已出现人才断层局面，未来宪政改革修法工程及机关体制的重建工作，实令人忧心。

法制委员会是立院最具专业色彩，历来成员素质最高的单位，如萨孟武、张金鉴、陶希圣、关大成、仲肇湘、邓翔宇、吴延环、黄通、张子扬、何适等人，均是国内宪法、行政或人事学方面专家，多年来在国家官制、官规的建立，及机关精简人事的把关工作上，贡献甚巨，在立院近年来金权气息弥漫中，俨然成为一股清流。

但近年来，法制会大老们却相继凋零，加上退职风潮的影响，上会期首次出现低于十人（只有八人参加）的凄凉景象，而其中真正仍具议事能力者，实际上也只有CC派大老张子扬及曾任执政党立委党部常务委员的何适二人而已；历年刻意栽培的增额接棒人选郭林勇、温锦兰和杨庆南三人，则在选战及遴选中退出议坛，形成后继无人的局面。

而面对未来宪政改革的一连串修法工程及对政府体制调整的监督，扮演反对色的民进党立院党团，休会期中已公开发出攻占讯号，要争取一席召集委员，将反对势力伸入“文昌庙”中，争取修宪主导权。由于有上会期他们在司法委员会裁决限制资深立委发言及表决的前车之鉴，资深立委已相约退出，以避开攻击。

昨天报到第一天，法制会两位支柱张子扬与何适，一齐投入无法案审查压力的外交委员会中，而首日加入的四人分别是集思会林钰祥、高天来（山胞立委），新国民党连线王滔夫及建研会李碧祥（侨选立委）等，新生力的加入固然是喜讯，但这似乎是增额立委间争夺修宪主导权的先兆。

“大老”们的走避，已使法制委员会，面临四十多年首次人才断层的危机，尽管会内高层幕僚当面一再慰留，但张、何二老仍不为所动。执政党在推动委员长制的同时，却未能预见法制会的人才培育问题，如今“人去楼空”，岂不讽刺乎！

以上是《联合晚报》对法制委员会人才不继的报导，后来法制委员会有许多增额委员，有不少集思会员，他们不是为了法案而来，而是想来修改宪法。现在立法院主动修宪的机会小了，他们又来得少了。如果立法院不重视法制，尽是讲利害、讲现实，那这个立法院还得了？不但立法没品质，而且也成了无须立法的省议会。

第二节　总统就职疑不祥

大家都可以看到：总统就职时穿长袍马褂，而副总统则穿中山装，中山装上没有领章勋章。这是什么原因？我们在南京工作的人，都有传闻，听说原来缝制就职典礼大礼服时总统是五星上将，副总统是四星上将，本来这是通例，根本无所争议，但是副总统李宗仁尤其是他的夫人郭德洁女士，对此事非常不满意，吵了好多时间。到就职典礼当日，她一清早打电话到总统官邸，问说："今天总统是不是穿军装大礼服?"官邸答复说："是啊，早已经缝好了。"她却说："要就大家五星，给我们四星，我们不穿!"因此引起蒋公馆的注意，总统才临时改穿长袍马褂。大家都觉得典礼那天的副总统不好看，像个侍从副官一样，只有左手拿副白手套还像是在行就职典礼，此外，在服饰上看不出有什么典礼的意味。

行过就职典礼之后，当天总统在国防部大礼堂，也就是中央军校的礼堂，召集所有立法委员谈话。这个时候他换上军装，一进门就把帽子往桌上一摆说："这个总统干不干都无所谓!"大家听了都感到很突兀，奇怪总统怎么讲这个话。后来大家才晓得是为了副总统闹服装的问题不愉快，因此大家似乎感觉到一个不祥之兆。

第三节　立法院新旧派系

吾当选立法委员报到开议后，大体上了解立法院内派系不少。首先是地方上军阀时代的残余势力，例如主张联省自治的人，他们在地方上很有影响力，各地方还有些联系情形。其次是训政时期老立法委员的势力，立法院院长孙科领导了两个次级团体，他们共有三十几人当选，不少资深望重的专业性委员，虽然称不上什么团体力量，也算是一个势力。然后才是青年党、民社党、社会贤达以及国民党。最复杂的是国民党，前后任中央党部秘书长以及好多位部长级的人物都进立法院了，但是情况依然乱纷纷，各行其是，无法集中！

当时有一种反 CC 的现象。什么是 CC？CC 的人本身不承认。后来陈立夫在来到台湾以后解释，他说 CC 就是 Central Club，也就是中央俱乐部；另外有人说 CC 是指二陈——陈果夫、陈立夫，这是不正确的说法，其实陈果夫另外有 F F，成员都是江苏人，因为他当过江苏省主席，并不是全国性的团体。CC 也有人说本名是“青白社”，反共产党的红色，以国民党的青天白日为主。不管怎样，一般所称他们为 CC，其成员多半是多年的党工干部，因为陈立夫当过党中央的秘书长、组织部长，在陈立夫之后当组织部长的人，大都与他有关，因此 CC 的势力很大。也许在地方上有些 CC 做得过火了，未顾虑到各方面人才的运用。大家埋怨 CC 的重要因素，是在重庆召开的第六次全国代表大会以及选举前的提名。现在各地方的巨头进了立法院，都来反 CC 了。CC 自己成立了革新俱乐部，是当时立法院最大的团体。而原属三民主义青年团的干部，在民国三十六年党团统一，各级党部的干部由两个团体的成员一正一副的合并起来。小部分人合得来，大部分人无法融洽相处。尤其原来在青年团当主管的，他们在全国各省各县的干部，当选立法委员的不少，一般说来比较年轻，他们另外成立了新政俱乐部。青年团在立法院的领导人本来应该是康泽，但康到襄阳当绥靖主任去了？他曾经回来，到立法院报到，并约了一桌立委聚餐。席间他征求大家的意见，问大家要不要他继续当绥靖主任？众人都表示反对，我更明白地说：“康先生，能干绥靖主任这个职务的人多了，不一定要康先生你去；你康先生可以穿的衣服太多了，何必一定要穿军服呢?”他听了哈哈大笑，可是他还是去了。他走了之后，立法院内各省的领导分子，南方、北方、东北、西南都有，看不出由谁领导，但是还是自动组合成新政俱乐部。黄宇人很活跃，可是内部他未必能领导起来。其他刘健群、倪文亚当过副院长、院长，都没有自居领袖；陈辞修当过书记长，很有影响力，但接触少。袁守谦是总裁交代联系的，风格高，人缘最好，但他不在立法院。第三个大派是朱家骅派，他们的组织没有名称。朱家骅曾任组织部长，由于他当过教育部长，因此多用教育界人士，人数虽然不多，但是阵容整齐，也很团结，最活跃的是留法的杨公达，还有王启江、甘家馨都是领导人物。

新政俱乐部的成员多半是三种人：军校毕业的、在三民主义青年团工作过的，或者是曾经参加过秘密组织复兴社的。而军校校长、青年团团长以及复兴社领袖，全都是由蒋总裁担任。

就军校来说，虽然何应钦声望最高，但是他的影响力只在某一个阶段，而且他平时也没有跟军校学生联络，所以不能算是军校主要的领导人，我们甚至可以说军校除了校长之外，没有其他领袖。

至于青年团方面，当时负责较多的是组织处长，政府来台以前，前后任的组织处长是康泽、倪文亚和蒋经国。三个人之中，影响最大，建树最多的是康泽，因为他是倡导在先的首任组织处长，倪文亚则率由旧章，而蒋经国则在每一个单位派一个人来当副主管，这些人算是他的干部。组织处之外，比较有影响力的是青干班，后来并入干校，所以新政俱乐部里也有一些干校的人，但是人数不多。在青年团团长以下，负总责的是书记长，张治中是第一任书记长，他没有干部，在青年团影响力不大，后来他去当西北军政长官，只带了上官业佑一个人。上官业佑以后来台，据说是总统派专机去接来的，因为张治中靠拢了！某天晚上委员长打电话到西北军政长官公署去，问说："军政长官呢?"接电话的人答："不在。""副长官呢?""不在。""参谋长呢?""不在。""你是谁?""我是政务处上官业佑。""我马上派飞机来接你。"所以委员长派专机到兰州把上官接出来，也因此上官到台湾来了以后很红。青年团第二任书记长是陈辞修，他兼职太多，历任第一、第六、第九战区司令长官，政治部主任，东北、东南军政长宫，台湾省主席等，但是他到南京来，即使是染了病之后，也仍然和各省市负责人聚会见面，大家都尊敬他是书记长，比张治中亲切得多。首都撤退后，立法委员先后来台，他都照顾，后来他当行政院院长，要经过立法院同意，因为立法院里青年团干部很多，这时候新政俱乐部的委员自然一致拥护，成为基本势力。后来就公认为安定力量。因陈立夫本人在立法院，对立法院可以直接指挥，而陈辞修则在立法院外，只能间接联系，所以新政俱乐部不算是陈辞修领导的。不过，新政俱乐部的人反CC完全一致，因此和陈立夫对立。后来新政俱乐部的人无形中以历任院长、副院长为代表人物，其中倪文亚为时最长久，刘健群则负责过一小阶段，在倪文亚之后就没有什么代表人物了。有一点值得注意的是，历任的党部书记长中，虽然也有人并非新政俱乐部的关系，但是多数人有关，因为党的改造青年团干部的贡献比较多。那么，党部书记长算不算是立法院的领袖呢？不是。不过，在组织上他要多负一点责任，影响力自然也不小。

此外还有一四座谈会，参加者每星期一、星期四座谈，因为星期二、星期五是院会，在院会之前，他们先商谈准备。该会本来应该由桂系的黄绍竑或者程思远领导，他们却避免出面，让当过桂系参谋长的江西委员王泽民领导，非常活跃。

另外还有一些委员既不属于革新俱乐部，也不属于新政俱乐部的就是中社，哪一边也不靠，自立门户。他们的人数不太多，相当复杂，各省的人都有。其中佘凌云、杨一峰、严廷飏、李钰最活跃。至于主和派有童冠贤、刘不同、张潜华、范予遂、武和轩、卢郁文、李世军等，靠而不拢，可怜！

所谓主和派，就是靠拢分子，后来到香港组织第三势力，由童冠贤公开领导，这派人组织完整，除了童冠贤是书记长外，另外有组织部长、宣传部长、训练部长等。童冠贤自从辞去立法院院长之后，就没有再到台湾来，其他第三势力的人也都留在香港没有来，他们之中有两名部长同新政俱乐部、朱家骅派有关系。不久第三势力垮掉了。因此政府停发他们的入境证长达八年，真够他们受得了；后来才又对他们开放。

最后是秘密的共产党。我们不能确定当时立法委员中哪些人是共产党，陕西的于振瀛，这个人好像保守一点，但是他的太太陈建晨态度却非常激烈，大家都知道这个事实。他们怎么能够生存呢？原来他们同谭惕吾很好，谭是黄绍竑的情人，当时黄绍竑是和谈代表，也是靠拢的人。

上述是在南京时的情形。到台湾后，成立了智仁勇出版社，有人说是新中央，自称拥护中央，以周宏涛为联络中心。当时周是中央党部副秘书长，曾任机要秘书，可以直接向总裁报告。他们创立一个智仁勇出版社。

陆：在立法院内，政学系、黄埔系有没有势力？

黄：黄埔学生包括在立法院的新政俱乐部，都反 CC，三民主义青年团的前身一部分是复兴社，当然，也有好多复兴社的人没有参加过青年团，不过立法院有许多青年团的人来自复兴社。至于政学系，吾知道得不多，听说他本身有一个原则：只有领袖，没有干部，因此这个组织和其他政治团体不同。我所认识的政学系的人有几位，其中和吴鼎昌有部属关系，他在政学系中地位崇高。他和总裁的关系非常好，总裁是不抽烟的，没人敢在总裁面前抽烟，但是吴鼎昌去见总裁时，官邸会为他准备香烟。

政学系原来是由黄郛所组织的。黄郛是南方浙江人，吴鼎昌却一直在北方天津，是银行界四小行的领袖，而且是大公报老板，因此政学系在北方无形中以吴鼎昌为代表。黄郛、吴鼎昌同总统关系都很好，可能是无话不谈。吴鼎昌当过实业部长、后来发表贵州省主席，他只带了郑道儒去贵州省政府当秘书长。郑是南开毕业的留法学生，因此后来贵州省政府有好多留法学生，做二、三级单位主管，别人误会这些人也都是政学系，其实不然。吴鼎昌不但不随带干部，而且用人唯才。他当贵州省主席时，原有的县长，只要他知道是不错的人才，虽然和他一点关系也没有，他也会擢升这个人做行政督察专员。我亲身经历了两件事，若不是因为我早两年就来贵州，别人一定会误会我也是政学系的人：第一件事是吴鼎昌办了一个县长训练班。中央大员：陈果夫、陈立夫、陈诚和张群等纷纷写介绍信给吴鼎昌，要介绍人当县长。吴鼎昌一律批示："受训。"训练班的名称是"贵州省保甲训练干部讲习所"，我是讲习所的训育组长，到讲习的最后一周周六，教育长刘千俊告诉我："下个礼拜二省务会议，要发表县长，人选从我们这里挑，我向教务组要成绩，但是因为教务组还没有办考试，没有成绩。"他问吾怎么办？我告诉他训育组可以办考核。但是时间紧迫，吾可以提出最好的十四人和最坏的十人的考核表。下星期一考核表全部送到省政府去，秘书长看罢了就往保险箱一关。次日召开省政府会议，由大县到小县，总共发表了九个县的县长，次序都完全根据考核表从第二名到第十名。第一名没有发表，是因为他曾经写过一篇文章，登在省府有关的杂志上，得罪了军方，顾虑会引起军政磨擦，因此不敢发表，其他九个县长一人都不缺，连我看到报纸都拍案叫绝，全中国再也找不出这样大公无私的主席了！所以人家骂政学系时，我不以为然。政学系是真正做事的，他不卖面子给谁，也不引用私人，全凭成绩来用人。第二桩事情也跟训练有关。当时吴鼎昌兼任军管区司令，由参谋长实际负责，参谋长之下还有一个少将处长，我则是上校科长。有一天他跳过参谋长、处长，直接来找我，在军事行政系统上，是越级了。见了主席，他问我："青年学生可不可以用?"我说："当然可以用，不过还要加以训练。"他说："对，就是训练。你登个报，报名满一百二十人就开班。"不料未经登报，消息一出去，报名的很快就超过了一百二十人。主席就要我负责开班事宜。做了半个月，没有编制，也没有固定的预算，我上了辞呈，不干了！又不料他一个人突然到我队部来，问我："你为什么辞职？是为人？我手上有三颗大印：省政府主席、军管区司令、滇黔绥靖区副主任，用这三颗印你要调哪个都可以。是为了钱？用了再报。"他这么说，我只好再干下去了。从这样看来，政学系是做事的，不在乎派系、人事关系；我对吴鼎昌真佩服得五体投地。不知道其他政学系领袖的作风，是否也能像吴主席一样？

在立法院当然有政学系，不过都是老一辈的人。当时立法院以五十岁以下的人为多，政学系没有干部，谈不上派系。真正的派系是革新俱乐部、新政俱乐部、朱家骅派、还有一四座谈会和中社的五大派系。至于青年党、民社党则并不团结，尤其青年党有四个头儿：曾琦、李璜、左舜生、余家菊，内部吵得凶，所以现在有两个青年党。民社党也有蒋匀田等多派。

陆：曾琦这个人很有领导能力吧?

黄：他没有来台湾，因为过世得早一点。民、青两党的派系远比国民党多，往往各自作战，因此在立法院也谈不上什么力量。我和他们各派系的负责人，没有恩怨，关系都不错。在法制委员会中有徐汉豪，当过大夏大学法学院长，虽然代表青年党，但是势孤力薄，常常跟着我一起行动。民社党孙继绪、解子清，都是读书人。

在法制委员会内，各党各派的人都有，我生平很得意的有两件事，一件是在南京地方，一件是在立法院，在我的工作中，派系似乎并不显著，可以团结，我后来当书记长还算顺利，就是因为在法制委员会大家都一视同仁。

第四节　民主自由昙花现

究竟立法院派系同总裁的关系怎样？我们了解不够。我们只晓得他没有掌握到派系的力量。有一个明显的例子：第一任行政院长是翁文灏，在提名翁之前，中央本来想用张群当行政院长，但是听说立法院对于提名张群的空气不好，因此秘书长吴铁城召集全体党员，到丁家桥大礼堂进行了一次假投票，许多朋友间接听说中央的意思在张群，但是不投他，因为他是政学系，是官僚——这是一般人对政学系的印象。那么投谁呢？大家开玩笑互投，得到三票五票的散票很多，我认识各省的委员很多，因此也得到几十票；山东的王隽英是国大之花，人长得漂亮，得更多。开票结果，何应钦得票最多！中央根据这个气象台，不便提名张群，才提名了翁文灏，这是所谓专家政治，他是地质学专家。这一幕让中央很痛苦。后来孙科去当行政院长，中央提名李培基当立法院长，陈立夫继续当副院长。便发生了问题。

在院长提名之前，我们完全不知道会提名谁。有一天，总裁在官邸召见十二个立法委员，这十二个人派系色彩都不浓厚，其中以我年纪较轻，算是小老弟。总裁说：“现在国家的事情很多，你们有什么意见，大家谈谈。”于是有人讲军事，有人讲教育，有人讲经济，有人讲财政等等，讲完之后，他站起来，走过来走过去作结论说：“你们讲的都不是问题，在军事方面，现在的力量比北伐时强太多了，有什么问题？而财政呢？没问题。经济也没问题。现在成问题的是立法院。”当时大家听了还不了解如此严重。他又说：“你们十二个人在立法院一个人联络二十个人的话，将会有两百四十个人的力量，假如团结一致，立法院就没问题了。以后只要我在南京，除了礼拜四以外，任何时间你们十二个人任何一个人都可以来向我报告。”讲得好亲切。他又说：“你们联络人要花一点费用，我给你们准备。”最后他一面走一面讲：“中间，中间。”当时我不知道他是说中坚还是说中间，后来知道是中间，也就是不偏革新俱乐部，也不偏新政俱乐部。那时候十二个人之中，西安的王普涵年纪比较大，已经五十好多岁了，总裁说：“普涵同志，你岁数大一点，你跟大家联络。”好像指定他负责做联络人。可是王普涵想做官，他告诉过我：“光是召见有什么用？”意思是没给他做官啊。当天谈话出来以后，大家感到任务重大，虽然总裁的期望那么高，我们却没什么行动。不久，立法院产生了“民主自由社”这个新兴的政团，由吴铁城领导。

而吴铁老上了三团体的当。所谓三团体，是指民主自由社、一四座谈会和新政俱乐部。其中新政俱乐部比较有力量，一四座谈会则属于桂系，成员人数不太多，其中有一些人根本无所谓，也不是认为蒋总统不好，而是CC没有他，新政俱乐部也没有他，无所归属，于是参加一四座谈会。例如袁其炯，是马超俊的干部，而邓翔宇则是张群的干部，他应该算是政学系。邓翔宇和他兄长邓翔海两人都很了不起，当年在湖北非常有名，邓翔宇对行政法很有研究，曾经当过张群在重庆国防最高委员会的主任秘书，也当过湖北省政府主任秘书，最后当行政院参事兼议事文书机要三组长，对于抗战前后行政有关法律很熟悉。可惜人缘不太好。一四座谈会也有人才，不过群众不多，所以其负责人王泽民很起劲地搞三团体，利用三团体来壮大声势，表面反CC，实际拥护李宗仁。民主自由社是以主和派当主力，而新政俱乐部则因为反CC而参加了三团体联谊会，由每个团体产生五名干事，各个干事也不见得是三团体的领袖，像我就是干事之一，我年纪比较轻，不敢强出头，每天都会到新街口盐业银行旧址去开会聚餐。

新政俱乐部并没有主动的利用三团体联谊会，反而因为新政俱乐部人多势众，所以一四座谈会利用新政俱乐部，民主自由社也利用新政俱乐部。民主自由社是吴铁城所组织的，他的目的在于当立法院院长，因此也利用我们这些人。

民主自由社的领导人是吴铁城，我前面所说的总统召见的十二个委员其中没人领导，吴铁城却代表党领了经费在立法院做联络工作。吴铁城是中央秘书长，捧他场的人非常多，民主自由社的主和派，表面也说拥护中央。

孙科到行政院去以后，吴铁城想当立法院长，因为他有本钱，可是他的环境却不允许，孙科一定要他到行政院当副院长。吴铁城很想留在立法院，暗中积极活动。有一天他召集了三团体联谊会的十五个干事，在华侨招待所开会，他从外面匆匆进来，说他刚由官邸来，大家问他是不是可以不去行政院了，他苦兮兮的说："我什么话都向总裁报告了，可是总裁一定要我去啊！现在就看各位怎么办了。"我们同声说："去见总裁。"于是马上开了三部汽车，把十几人送到官邸。进了会客室，还没开口，总裁大概已经知道来意，所以当大家说到吴铁城同志时，总裁就笑嘻嘻地说："吴铁城同志，很好，行政院副院长很好。"他还是满脸笑容。他先这么讲。又有人问："那么立法院院长呢?"他说：

“再研究，再研究。”大家讲不下去了，只好回去。后来提名出来，立法院院长是李培基，副院长是陈立夫。党部提名立法院院长、副院长前，先召集中央常务委员到官邸谈话，当时也曾经有人辩论，最后决定起立表决，赞成的人起立。而黄宇人不起立，汤如炎则半蹲，总裁问黄为什么不起立？黄答多数人起立了，已经通过；又问汤，汤答服从多数。总裁最后问宋美龄说：“你怎么也不起立？”宋美龄说：“我不是常务委员啊！”她说得有道理，因为在官邸开会，所以宋也列席，但是她并不是常务委员，没有权利表决。

李培基、陈立夫虽获提名，但仍需在院会投票，而开票结果院长是童冠贤，副院长是刘健群，谁都想不到！刘健群是新政俱乐部的人，在民国十八年时曾著《蓝衣社的组织》一书，大家以为后来的复兴社就是蓝衣社，以为蓝衣社是由刘健群所领导，完全是以误传误。事实上十多年后的立法院选举，当时刘健群是本党中央常务委员，怎么可以把总统的提名人选给打掉呢？因此弄得很尴尬，连他自己都啼笑皆非！但是已当选了副院长，也无法不就呀！这样一来，民主自由社也完全暴露了，他们不是支持吴铁城，更不是国民党的，而是捧主和派的童冠贤。有人误会童冠贤是桂系，其实他只是读书人，没有干部，也没有群众，又没有什么主张，是没有立场而欲望甚高的人。民主自由社一直在捧他，拿他当傀儡，事实上他是没有用的。这次选举，真把国民党搞得天翻地覆，可说是史无前例的失败了！

吴铁城当不成立法院院长，中央提名的院长副院长，也全部失控以后，大家都懂得所谓民主自由社是在玩政治，玩弄别人，却终于只是昙花一现，就各奔前程地烟消云散，来台湾后就没有这个团体了。

陆：黄宇人是什么样的人？

黄：黄宇人是黄埔四期，既是军校毕业的，又是青年团，也是复兴社的，他不是 CC 的人。他曾经拿公费留学英国，回国后当过青年团中央常务干事，后来兼贵州支团干事长。他是道道地地的青年团干部，他每到重庆见委员长一次，就在委员长面前骂贵州省主席吴鼎昌一次，骂吴鼎昌政学系如何如何官僚，大概是骂的回数太多了，有一天总裁很幽默地说："黄宇人，你每次都骂吴鼎昌，吴鼎昌见了我多少次，都没有骂过你哎。"后来黄宇人就不敢骂了。在贵州支团，他的书记叫张景行，他唯一的心腹，而且也是贵州人，后来他同黄宇人闹翻了。到了台湾以后，张景行曾经前前后后向我讲了很多那一段时间的事，证明黄宇人这个人不能共事，他的个性很特别。因此后来黄参加了第三势力，当上某一部部长，过后搬到加拿大去，因为年纪大了，没有事情可做，多少年靠洗碗生活，一直到七八年前回来一趟，住在张子扬家里，他俩是英国留学时的同学。黄同我很好，人家请他常常由我做陪客，我一再劝他说："现在你可以长住在台湾了，没有问题啊。"结果他不听，依旧去加拿大洗碗过日子，以至寿终异域。

第五节　赶来冲破主和电

一天我们在全国经济委员会吃晚饭，大概有三桌人吧，大家东说西说，谈到刘不同太猖狂，英国泰晤士报三天两头有他的消息，不是称他为刘委员，而是称他为中华民国立法院的"leader"（领袖），连中国国内的报纸，像大公报等等，也都捧他，他也自以为是领袖，得意忘形，神气得不得了。那个时候受共党运用的记者非常多，而且都是新出来的，本身是不是记者都是问题，但是挂着记者的招牌，当时电信不发达，他们把共产党要讲的话写下来，请刘不同签名，刘也真得意冲昏了头，别人拿来他就签名，怎么写他都不管，结果报馆拿去刊登，搞得大家都说："这不是共产党的话吗?"当时有人提到："今晚国民大会堂内要开座谈会。""什么座谈会?""不晓得。"但是因为不限制什么人去，所以有人提议参加，于是大家快快吃过晚饭赶过去。

我们到达后，发现坐着百多人，已经开会，当我们进去时，刘不同正在那里张牙舞爪，他站在主席台前面的发言台，上装都脱了，大声疾呼地讲话。他讲完之后，我站在后面高声说："现在报纸上常常刊登立法院的领袖说什么什么的，谁是领袖?请他站出来!"接着就通电的事骂开了，很明白的就是骂刘不同，刘不同气极了，马上要站起来对付我，黄宇人坐在旁边，按住他的肩膀说："他是黄通小老弟啦，我跟他讲讲就没关系，你不要急。"他就没站起来。

可是当天座谈会本来准备在刘不同讲完之后发一个主和通电，他们想利用立法院的名义来发布，因为那天的主席是童冠贤，是当时的立法院院长，他们想移花接木，把主和当成是立法院院会的决议。结果我在会场一冲，他们觉得情况不对，而且大家也晓得黄通是新政俱乐部的人，所以会议就草草结束，不谈通电的事。他们是没有实力的，只是兴风作浪，给他一冲就冲破了主和通电的阴谋。

陆：刘不同和龚德柏有没有关系?当时报纸上常看到他们俩人的文章。

黄：他们没有什么组织上的关系。龚德柏是专门唱反调、专门骂人的，他没有派系，没有组织关系，就是一个国大代表，只靠报纸，和刘不同一样喜欢唱高调。有一回他骂孙科，气得孙科的广东同乡去打报馆。

至于刘不同则完全是外国报纸捧起来的，刚开始时他还很小心，他曾经提出财产法，还特别关照我："我要提财产法，请你要支持吾喔。"我说："好吧，你提出来，我赞成。"刘不同后来想靠拢却靠不拢，遭到清算斗争，搞得很惨。

第六节　疏散留京被栽诬

三十七年底南京各机关开始疏散，最糟的是十二月四日、五日那几天的疏散，下关车站很乱，人太多，车子不够，大家抢车位，行李堆满月台。这次疏散，行政院搬家了，也通知老百姓要疏散，民众蜂拥而来，其实其中以公务员为最多。我是南京市选出来的立法委员，现在南京市还没丢掉，如果我先跑，太不成话。至于我的家属则可疏散。而且我又负了南京市党务的责任，所以个人留在南京，准备必要时就集合壮丁去打游击。当时立法院很多主和派都到上海、杭州那一带去了，童冠贤还在南京。至于共产党所讲的"立法院里头的顽固分子"，大都随行政院迁去广州。一四座谈会也走了不少人，但是为了还要捧捧李宗仁的场，所以还有人不走。

这个时候桂系在活动，程思远不但不走，还可以和一四座谈会联络，像我这种人，他更希望我到桂林去，因此他陆陆续续给了我三封信，分别介绍广西省的主席、桂林市市长以及一个桂林的军事负责人。他告诉我："你拿这个信去，他们都会招待。"大家都晓得他是李宗仁的贴身秘书长，我把这些信收起来，但是我怎么会到桂林去呢？

程思远当然也晓得我是南京关系，但是另一方面他对我很友好。他从重庆到南京来时是一个人来的，从飞机上下来后，东南西北都搞不清楚，于是打电话给我，他说："我是程某人，现在到了南京，路也不认得，不知道到哪里去好，车子也没有，你想办法接我一下。”我真到机场接他，问他要到哪里去，他也讲不出来。后来我把他送到一个大旅馆，然后陪他找房子，在南京双龙巷帮他找到房子了。我以为他要安家，后来才知道他的太太没来，程思远当时帮李宗仁的忙，拉拢大家到桂林去。为的是李宗仁曾经有个计划，他们看共产党将要渡江，于是提出划江而治的计划，共产党不同意，非要过江不可。过江之后，中央政府站不住了，他们怎么办？于是他们要同共产党谈条件，共产党提了开府桂林的新意见，要他们把中央政府摆在桂林。程思远在疏散时就做这个准备工作，要把这些人拉去代替中央。那个时候他还没同李宗仁决裂。一直到三十八年九月间，李宗仁到广州，时局仍然没办法，程思远看开府桂林不可能，于是离开李宗仁。这个时候他已经同邵力子、章士钊两人要好，本来大家以为他一直跟着李宗仁，谁知道到最后他会放弃了李宗仁，投到另一边去当政协代表。后来共产党要做统战，才给他当副主任委员，他也把李宗仁统到北平去亮相。现在他非常积极，拿副主任委员的身份在对台湾统战。

三十八年二月下旬时，南京现有的立法委员已经不够法定开会人数，于是想办法找回去上海、杭州的委员来开会。

有一天，《江南晚报》登了好大的字说“黄通赴杭”，我看到了，感觉很奇怪，心想：“这个黄通是谁啊？我怎么一点也不知道黄通赴杭了呢？”大概他们也晓得我是在南京，不会跑掉，同时又晓得我熟识的人比较多，因此要捏造一个消息，给逗留在杭州、上海的委员，希望他们能回来。这是共产党的宣传手法，借这个消息来破坏广州的复会。《江南晚报》是新报，以前没有这份报纸，完全受共产党控制的。

另一方面，在广州传出一个消息，说黄通靠拢了？确实是有姓黄的靠拢了，但是他的名字是黄统而不是黄通。黄统是陕西人，曾经提案主张停止征兵征粮，这个案子不等于是帮共产党提的吗？停止征兵征粮后还能打什么仗？所以大家都知道黄统是靠拢分子。这一回有人误听到“黄通靠拢”，大吃一惊！这也是动摇人心的方法。

第七节 广州气氛危机大

大疏散中，吾的家小已疏散离京，徐蚌会战失利，吾和许多同志，计划打游击，乃先把家小送到台湾，不想刚到基隆，知道共产党已经渡江，首都失守，吾于是暂居台中。不久，立法院在广州复会（五月六日），吾先到台北，遇见许多委员，都准备搭飞机去广州报到。

我到了广州，从机场下来，感觉情况很不对。我下了飞机，自己扛着铺盖卷，带了一口箱子，走到马路上叫车，再找小旅馆，我住的是爱国酒店，很便宜，一天费用差不多等于现在新台币几百元。但是另外有一些人，汽车开到飞机机门口上车，直开沙面胜利大厦，这栋大厦等于台北圆山饭店，沙面是租界，胜利大厦是最好的旅馆。那些人也是立法委员，他们的车子哪里来呢？也有许多人住长堤爱群酒店，那酒店是市区内最高级的，怎么也进进出出很多是立法委员？这个时候我们才慢慢明白，原来桂系在南京就做好了工作，而且有许多人还先到桂林，然后来广州的。使我们更觉奇怪的，许多人似乎很阔绰很神气，尤其带着一股神秘色彩，不知道他们有什么神秘？又忙的什么？

而在立法院报到处，居然看到了三团体联谊会的通告，这通告是谁的主意？吾是干事之一，吾怎么不知道？

后来我们新政俱乐部开了会，在会中我提议：“到这个时候，首都都没有了，我们应该解散一切小组织，大家团结一致，把立法院维持下来。”我这个话一讲，响应的人很多，三团体联谊会不参加了，因为我们新政俱乐部不参加，联谊会就瓦解了！

第八节　中常会哭蒋李函

三十八年四月廿二日举行杭州会谈，参加的人主要是蒋总裁、李代总统、何院长、白崇禧、程思远五人，从溪口来的王世杰、吴忠信也参加了，一共是七个人。出席人大家一致同意两点：第一，成立党内最高决策机构中央非常委员会，由总裁兼主任委员，李代总统当副主任委员；第二，南京中央政府决定南迁广州。当时李代总统在场，白崇禧也在场，都表示同意。不过在杭州会议中本来有一个电稿，主张作战到底，由蒋李联名，既代表国民党也代表中央政府，但是李以为他的代总统是为主和而来，没有签名。

四月二十三日，行政院长何应钦遵照决定，先到上海，再转广州，而李宗仁却没有到广州，由南京飞桂林，想依共产党的意见开府桂林。他到达桂林后，在李任仁的策动下，广西部分立监委和省府委员厅长联名提出意见书，要求李宗仁补签共产党的国内和平协定，就等于“降书”，他也没有签署。白崇禧总是希望李与蒋划清界线，李总是拿不起放不下，摇摆不定。

杭州的主战通电未发出，情势更急。四月二十七日蒋总裁在上海的外海复兴岛上发表文告：“中正追随我爱国军民之后，拥护李代总统暨何院长领导作战，奋斗到底。”但因为李宗仁的摇摆，桂系急，共方也急。白崇禧在三十八年四月二十八日告诉程思远，说李德邻“庸而好自用”。第二天，他又说李是“扶不起来的人”。

而章士钊、邵力子在五月十八日写信给李，骂他：“公不以鄙言为可采，并不胜主战分子之胁迫利诱，竟然翩然莅粤，同流合污。阳冠僚采，阴侪傀儡。不知公有何把握；作何打算？犹岸然以国家存亡、民主祸福为张皇工具！伤哉伤哉！”其实李宗仁是什么把握也没有，什么打算也没有。他离不开白崇禧，却又不听白崇禧的！难怪黄绍竑早投共了；白崇禧还是主战，到底来了台湾；程思远等也都解放了！

章士钊是靠拢分子，所谓上海“七君子”之一；邵力子则老早就是共产党，但是他脚踏两边船，是国民党中央监察委员，也是三民主义青年团的干事。曾经有次国民党中央常务监察会会后，吾问邵力子：“国民党将怎么办?”他说：“快关门了!”章、邵两人都是和谈代表。

由于中央政府在广州，大家要求李宗仁到广州来，五月二日那天，居正、阎锡山、李文范、白崇禧、程思远、邱昌渭同时到桂林去找李宗仁，这是中常会的决定。会中推派居正、阎锡山、李文范去劝李宗仁，白崇禧等知道后，也跟着一起去的。

白崇禧号称“小诸葛”，人很精明，他私下向桂系说：“蒋某人不是不想出山，他一回来，代总统就完蛋了。”因此他竭力主张李宗仁到广州去当代总统，如果不去：连代总统都没有了。

五月二日居阎李等来桂的晚上九时，李宗仁找了桂系领袖们到他家里谈话，包括白崇禧、黄旭初、李品仙、程思远、邱昌渭、韦永成、黄雪村、韦贽唐等，讨论要求蒋总裁的文件，即所谓备忘录，其内容为：第一，关于军政人事，代总统应该有权调整；第二，将在台湾的金银外币运回大陆；第三，移存到台湾的美援军火运回大陆，分发到各部队去；第四，所有军队听从国防部指挥调遣；第五，党中央决策只能作为建议，不能强制执行；第六，请蒋先生出国考察，设法争取外援。后来这份备忘录改为谈话纪录，一份交居正、阎锡山转交何应钦，另一份请居正、阎锡山转张发奎，并由专机送上海，送蒋总裁。

五月四日，蒋总裁复函，其要点如下：第一，总统职权既由李氏行使，则关于军政人事，代总统依据宪法有自由调整之权，任何人不能违反；第二，前在职时为使国家财富免于共党之劫持，曾下令将国库所存金银转移安全地点；引退之后，未尝再行与闻，一切出纳收支皆依常规进行，财政部及中央银行簿册俱在，尽可稽考，任何人亦不能无理干涉，妄支分文；第三，美援军械之存储及分配，为国防部之职责；引退之后，籍册罗列，亦可查核。至于枪械由台运回，此乃政府之权限，应由政府自行处理；第四，国家军队由国防部指挥调遣，凡违反命令者应受国法之惩处，皆为当然之事；第五，非常委员会之设立，为四月二十二日杭州会谈所决定。当时李代总统曾经参与，且共同商讨其大纲，迄未表示反对之意。今李既欲打消原议，彼自可请中常会复议。惟民主政治为政党政治，党员对党负有遵守决议之责任；党对党员之政治主张有约束之权利，此乃政党政治之常轨，与训政时期以党御政者，自不可混为一谈。第六，若谓中不复职即应出国，殊有重加商榷之必要。中许身革命四十余年，只要中国尚有一片自由之领土，不信中竟无立足之地！在溪口时，曾对礼卿兄言：前次他们要吾下野，吾自可下野，现在若复迫吾出国亡命，吾不能忍受此悲惨之境遇！今日所怀，仍复如此。且在过去，彼等主和，乃指吾妨碍和平，要求下野。今日和谈失败，又贾我以牵制政府之罪，强吾出国，并赋吾以对外求援之责。如果将来外援不至，中又将负妨害外交、牵制政府之咎。国内既不许立足，国外亦无法容身。中为一自由国民，不意国尚未亡，而置身无所，至于此极！

这一封复李的信于五月五日专机由上海送广州，六日中常会开临时会，推阎、朱、陈（济棠）三人带到桂林欢迎李宗仁赴粤。五月八日李宗仁抵达广州。

后来我们听到中常会的常委讲到当时他们阅读这封信后的情形，他以低沉的声音说："常委都哭了。"我问："为什么哭啊？"他说："李宗仁写信给总裁，总裁回信，中央党部摘要印出来，每个常务委员看了都淌眼泪，很伤心。"我追问内容，他第二天带来一份给吾，我看了，也要下泪了！

南京疏散后，留在南京的中央委员人数不少，大约还有一百多人，其中比较引人注意的是居正、于右任。这个时候，报上登出来说于右任准备到北平去，连铺盖都卷好了。要陪他去的人是卢郁文，这个人也是靠拢分子，后来是所谓的主和派。他整天伺候于老，帮于老磨墨、陪他写字。报上登出这个消息后，人心动摇，如果连于老都到北平去了，大家还反什么共？

当时蒋总统已经下野了，行政院长何应钦还没有就职，孙科到广州去了，面对乱纷纷的情势，代总统李德邻一点办法也没有。那时候我是候补中央监察委员，虽然是候补的委员，中央监察委员会常务委员每两周在南京开一次会时，也一定会通知我们，我每次都与会，因此和元老很熟。现在情势这样混乱，我们几个监察委员商量，大家决定请居觉老和于右老出来，号召在南京的中央委员开一次谈话会，因为在三十八年三月三十日，广州方面的中央委员会常务委员会才开过会，通过决议，提出谈和五要点，表明本党立场，我们在南京的一百多位中央委员也应该有所表示。几个人去分别找了两老，请他们出面，在华侨招待所召开中央委员会谈话会，他们答应后，我们就负责去办事，通知了所有现在南京的中央委员。

当天到了差不多百把位中央委员，很热闹，年轻人发言激昂慷慨，老先生们自然也都点了头。最后谈话会决定拥护广州中常会的决议。这样一来，人心稍微安定了一点。

居正那个时候在南京虽然没有负什么实际责任，但是名望很高，有他领了头，把于右任也牵制住了。

陆：于右任的女婿屈武是左倾的人，北伐时听说于先生有些亲武汉政府，故于老本身有时候似乎有点左倾？

黄：是吗？我不晓得他们有这层关系；那时候我们知道屈武是靠拢分子，但他是和谈代表团的秘书。

第九节　居正院长差半票

宪法颁布以后，中央大员对于宪法有研究的人不算多，大家脑筋里还是重人不重法，总觉得蒋某人当了总统就大权独揽，很羡慕。

这个时候行政院长何应钦快要干不下去了。为什么干不下去了？简单说，何应钦是主战的，但是李宗仁的态度却是摇摆不定，甚至于在他的心目中，首都由南京撤退后，最好是撤到桂林去。但是一般人，尤其是孙科，老早就到广州去了，大家都认为应该撤退到广州。结果到了广州之后，何敬公等主战的人却没有办法战，因为主和的人不赞成，特别是他同李德邻两人也合作不起来。当时蒋总裁和李德邻之间的信函，都是透过何应钦来转达，何敬公在那个环境之下，实在非常难为。

李宗仁当了代总统之后，总是觉得权力不够大，认为总裁在跟他争权。他误以为总统的职权本来就很大，但是他不了解，如果没有临时条款，我们这部宪法里的总统，必须事事依法，没有例外，其实是什么人来做也没有特权的。有了临时条款，总统的权力才大一点，但是恐怕他也没有仔细的研究究竟权大在哪里。

那时候临时条款只有四项，也就是现行的前四项，到一九五〇年以后，才有第五项以下的规定。这前四项中的三项是有关宪法第三十九条、第四十三条还有第五十七条的实施程序。至于第四项所讲的国家安全会议，则是宪法上所没有的。宪法第三十九条规定戒严的程序，总统依法宣布戒严，但须经立法院之通过或追认，尤其后面两句："立法院认为必要时，得决议移请总统解严"，三十七年北平警备司令受惩戒，就是这原因。但是有了临时条款，戒严令可以由总统发布，不受宪法第三十九条所规定程序之限制。宪法第四十三条很重要，是关于紧急处分的规定，授权总统有紧急处分权，但是紧急处分权的行使要依据紧急命令法，而紧急命令法却一直没有完成立法程序。所谓紧急处分，主要是关于财政、经济方面的措施。那几年金圆券、银圆券都曾陷于极度混乱的状态，财政、经济大事都已经由总统在决定，这就是根据临时条款的第一项紧急处分而来的。李德邻也许以为根据紧急命令可以敛财，尤其他误认为蒋总统可以把国库都归个人所有，所以在上一节所说的信函中，他提出移台的金银问题，而蒋总统则要他去根据簿册问财政部，他应该明白了？宪法第五十七条是规定总统对立法院有复议权。他应该了解宪法没有规定总统或行政院长对立法院的解散权，也没有规定立法院对行政院长的倒阁权。但如果行政院的重要政策立法院决议变更了，行政院只有报请总统核可后，请立法院复议，复议要不足三分之二的维持票，行政院长才可以安全过关，否则就要变更政策或者辞职。这复议案可否提出，权在总统，如果总统与立法院一致，不提复议，行政院长又不愿变更，就只有自动辞职，就等于倒阁了。李德邻所未加注意。而真正重要的是第三十七条，第三十七条规定："总统依法公布法律，发布命令，须经行政院院长之副署，或行政院院长及有关部会首长之副署。"李德邻可能没有想过公布法律要依什么法，发布命令又依什么法？以为行政院院长可以完全听命于总统，所以他一定要提名居正，认为他对居正可以任意指挥；他压根儿就不晓得宪法规定总统的权限有多大，因此他还向蒋总裁要人事权、财政权等等。

后来何应钦辞职，李代总统在五月八日到达广州。五月三十日，他在绥靖公署大礼堂召集所有的立法委员开了一个谈话会。因为没有法律规定总统在提名行政院长之前可以召集立法委员开会，所以只开谈话会了。在谈话会上，他说的话大家听了感觉很奇怪，他说："何院长不干，他告诉我说，现在他只有两条路可以走，第一条路是自杀，第二条路是开小差。他无论如何不干了，这个样子，我没有办法，我只好准他辞职。何先生辞职之后，谁来当行政院长呢？一开始，我征求张岳公的意见，张岳公是重庆西南行营主任，他在长途电话上答复我说，现在西南非常重要，中央人多，如果他回中央来，西南要交给哪一个？所以还是让他在西南多负一点责任好。既然张岳公不愿回来，于是我要求吴铁老，吴铁老答复我说：'我身体太坏，你不要给我当行政院长，让我多活几年好不好？'吴铁老也不来。于是我再找阎百川先生，阎先生是反共名将，当行政院长一定很好的，可是他答复我说：'我从来都是做地方官，没有做过中央官，中央官做不来，行政院长我不能干。'我没办法，好不容易找到党国元老居觉生先生。"他的意思，他一宣布后大家会热烈鼓掌，那样问题就解决了，不料当时的反应却很冷淡，他再强调居觉生先生如何的忠党爱国，以及党国元勋等等，可是鼓掌的人依然很少。

谈话会散会后，大家纷纷传言这个不能同意，那个不能同意，有的人还直言说李代总统想欺负居老先生，因为居老先生是好好先生，他可以随便支配，要居老先生当行政院长，不就等于他自己当行政院长吗？这些话不少人同情的。当时党的组织也已经等于瓦解了，正常的做法是在提名之前开常会，经过讨论，由中央分头找立法委员疏通，然后再提名，不是随便讲一讲就可以让党员一呼百诺。尤其是在国共和谈破裂以后，李德邻的态度不明朗，而谈话会中也没有提到如何反共。李德邻来广州迟滞，尤其本党中央没有给每一个党员同志任何通知，更没有李德邻以外，任何中央大员出面沟通沟通，只见新贵模样的桂系人物在穿梭。如此情形之下投行政院长的同意票，就只有问桂系才能知道把握在哪里了！

当时李德邻派代表想要跟共产党和谈，共产党不接受他的代表，所提的条件一次一次在变更，而且越变越苛刻。但是有一个条件好像是共产党示意的？这个条件就是“开府桂林”，尤其那个时候奔走其间的是甘介侯，经常和甘介侯一起的是程思远，他们两人就好像是李代总统面前的军师，而他们都主张开府桂林。如果要开府桂林，粤汉路以东要让给共产党，所以当时传出来的消息，说李德邻要把粤汉路以东的部队全部撤走，也因此四个兼掌兵权的省主席要免职。这四个省主席是：广东的薛岳、福建的朱绍良、浙江的周嵒以及台湾的陈诚。陈诚是最大的目标，兼东南军政长官，如果这四个省主席通通免职，就可以符合共产党的要求，把粤汉路以东的军力通通撤掉。由海南岛以至台澎金马舟山群岛全都完了！这种传言除了桂系，谁都不愿听的！对李德邻的不利，自在意中。

第二天，也就是五月三十一日，立法院行使同意权。我敢说，多数的立法委员是不太在意法律关系的，很多人没有去研究选举法，但是选举总还是规规矩矩依法来办理。在投票以前先选六位监察员，管发票、开票事宜，开票结果的数目，也由监察员一一填表，每位监察员负责签名盖章，送请院会主席，由主席报告出席人数、发票数、收票数、同意票数、不同意票数、废票数，然后正式宣布同意或不同意。这一次的监察员有六人：江一平、皮以书、蔡培火（他比较年老）、黄通、余拯、覃勤，这六个人既然当了监察员，就要依据选举办法来执行。而一般人投了票之后就听听票数，是同意票多或不同意票多。一票票报出来后，先是同意票较多，达到一百五十一票，而不同意票只有一四三票，相差八票。大家都说通过了，同意了，一个个走了。到下午一点多，剩不到多少人，主席刘健群（代院长），他也以为不同意票少，同意票多。当时开票在主席台，六个监察员通通站在台上，唱票完毕后，主席拿了麦克风，开口报告："中华民国三十八年五月三十一日……"他讲到这个地方，我晓得不对了，大喊："主席！"、"主席！"喊了两次他都没听到，我又喊："主席！不要报告！"，他掉过头来问我说："为什么不要报告？"我说："没有通过！"他大惑："怎么会没有通过？不是多了好多票吗？"我说："不是的。"我请主席停止报告，让我们把计票结果讲个明白，他再报告。原来同意或不同意的票数是按出席人数的过半数为准的。今天出席了三〇三人，而同意票只得一五一票，岂不是还差半票，所以没有同意。并不是跟不同意票来比较多少的。还有九张是废票，废票是不算的。其中三张是空白票，三张同意、不同意两边都有圈，还有三张圈在骑缝上，两边不能算，而且很模糊。因为同意票没有过半数，所以没有通过，就是不同意。主席看清楚了，就宣告不同意。可是当大家离开时，同意通过的消息已经传到李德邻的公馆，李德邻很高兴，还有许多人到爱群酒店向居觉老道喜，大家都认为已经通过，没问题了，忙安排新阁如何组成去了。到了下午一点多钟，重新又有电话过来，说是没有通过，差了半票，李德邻光火了："怎么会这样呢！怎么没有通过呢？"他大发脾气，把桌上茶壶、茶杯、电话都打掉了。"叫刘健群来！"他也不讲刘院长。下面的人："是！是！是！马上打电话找刘院长。"刘健群吓坏了，不晓得会发生什么事，李宗仁是军阀，不会把他扣起来吧？

刘健群到李代总统官邸去了，他两腿发抖，李宗仁没有理由地命令他："下午你给我翻过来！"当天下午三点立法院继续开会。刘健群虽然长于说词，在院会怎么说才能翻案，倒是把他考倒了！

关于翻案，这一段蛮有意思的。下午开会时，大家还是陆陆续续的来了，静听刘健群主席的报告。刘健群是一个非常会讲话的人，但现在既不能把李代总统的虎威报告出来，又不能责怪监察员，更不能埋怨投票人！他讲了半个多钟头，内容是要大家体念时艰，对于李代总统的苦心，如何给他弥缝等等。他这些话不是讲给我们听的，他是要讲给桂系委员听，想对代总统有所交代嘛。但是多数委员我们听了很不以为然。

等到刘健群讲完了，桂系委员立刻正式提案应该逐票检查。当时大家心里明白，所以要主张检查，无非因为有九张废票，想在其中搞到一票就可没问题了。所以很多人反对检查，尤其反对检查废票。大家的理由，院会推举了六位监察员，这六位监察员来自各方，既然开票时已经有监察员监督，怎么还需要检查呢？检查岂不是对监察员的不信任？最后有人提出折衷意见，请六位监察员报告，说明为什么有九张废票。这个临时动议通过了，当时有人埋怨说："共产党还没来，就要清算斗争我们了？"

后来六位监察员开始报告，第一位是江一平，他是大律师，非常会讲话，结论是：没有错，不能检查。全体鼓掌；第二位皮以书接着讲，她是谷正鼎的夫人，四川人，留俄学生，也很会讲话，一口川腔很动听，最后结论也是不能检查。也是全体鼓掌；第三位是蔡培火，那时候他已经六十来岁，在我们的眼里是个老头，他刚开始也讲得不坏，但是后来却说了一句："要检查嘛，也可以。"这一句话很有一些放水的嫌疑，许多人在摇头。第四位是我，我有点气愤，含有怒骂蔡培火的意思，我说："我这个监察员是院会通过的，院会能信任我，我能不信任我自己吗？我的眼睛没有瞎，耳朵没有聋，看得清楚明白，没有错！不需要检查！”讲得大家热烈地鼓掌，这么一鼓掌，我也不必多讲了，反正就是不能检查！到第五位、第六位，都是一样的意见，同样反对检查。最后院会决议不能检查，检查反而违法。这个同意案没有得到同意是定案了。主席只好宣告散会。消息传出去，居觉老马上到香港去了！

陆：立法院行使同意权之前总裁有没有指示？

黄：没有，不但党内任何人没有指示，中央政府任何人也没有表示，这也是李德邻的粗心，其实在广州的中央常务委员不少，正式在中常会通过提名，打打招呼，都是应该的，但是他却没有做。而桂系事后检讨，认为只差一票、半票，是因为有两个广西人没有去投票，这两人一个是韦永成，另一个是张岳灵。听说他们两人本来在香港，三十日才赶到广州来，以为是下午投票，所以上午没有到立法院去，因此就少了他们两票。这种说法完全是不正确的，因为投票的日期是在三十一日，谁都知道会在上午投，他们却只怪这两个人没投票。当时也有很多人自称关键的一票在他身上，因为他没投票，或是投了反对票云云。讲这种话的有好几十个人。其实反正一票之差，哪一票都很重要。

事后传言，关于李德邻向立法委员报告向提名人选征求意见的情形，其中何应钦不会讲的那么小气；张岳公讲的话，吴铁老的话，听说他们都是客气话；尤其是阎锡山，李德邻并没有直接去找他，只是透过阎锡山最接近的人转达，据说是找赵戴文去讲的。阎锡山心里想：你不找我，我怎么可以答应？所以他没有同意。李德邻在报告时前面所讲的几个人都只是陪衬的，事实上他心目中要提名居觉老，没有第二个人；结果他失败了。这是五月三十一日的事。

那个时候情势紧迫，大家都觉得没有行政院长怎么得了，于是到六月二日隔了一天，再提名，六月三日星期五院会，再投票。这次提名的是阎锡山。大家都明白，上次李代总统没有真的要提名阎锡山，这次才是真的。这次提名，也没有开谈话会，只隔了一天，咨文就到了立法院，结果立法院投了到会人数百分之八十几的同意票，于是就通过由阎锡山当行政院长。

我说过李德邻没有研究宪法，他上任的第一件事，还是要免四位省主席的职。他对阎院长说："现在要跟中国共产党谈和很难，至于战呢？现在这个局面我们也战不下去，吾想最好把沿海四个省份的省主席换一换，或许可以和缓情势。"阎锡山这个人一口山西腔，回答说："这四个省主席要免职？俺不同意！"他知道宪法第三十七条，规定总统依法公布法律，发布命令，须经行政院院长之副署，或行政院院长及有关部会首长之副署。因此他有权不同意免四位省主席的职。李德邻和他愈谈愈气，于是说："你当真不同意？我免你的职！"阎锡山很幽默，他说："你免我的职，俺也不同意！"李德邻这才明白总统在宪法上的权力，不是他想象中那样为所欲为的！这个趣闻，正是山西老乡传出来的，蛮有味道。

第十节　反对倪任秘书长

一九四九年下半年，立法院在广州正式通过决议由刘健群代理院长，在这以前，童冠贤已经几乎没来开会，除了五、六月时童冠贤没来之外，下半年他也只来了两次。他自己看看局面，发现如果要主和，根本是办不到的事。他对立法委员的影响很有限，只有别人在影响他；至于他属于主和派，主要是因为有一批主和的人在捧他，他就跟着别人走，而其他委员们却不会因为他是立法院长而就听他的。童冠贤来了几次之后，就不再来开会，院会经常由副院长刘健群代理主席，这时候院里曾经举行秘密的谈话会，由于当时无法改选院长，于是大家决定由副院长代院长。到十月初，院会遂正式通过由刘健群代理院长。

院会一通过，刘健群很紧张，因为他要全权负责了。当天晚上，他跑到六榕酒店去找我。这个旅馆是广州最小的客栈，没有窗子，只有箩笆做的天窗，下雨时拉上来，出太阳时拉开。这样子的一个小旅馆，他居然在晚上摸索来了，他要找我谈话。

他为什么要找我谈话呢？我同刘健群的关系，还是在早期的复兴社，复兴社是外围组织。其后在政训班、北平军分会政训处、三民主义青年团等共事几次，进了立法院，在新政俱乐部内的关系更为密切。他当代院长就要靠新政俱乐部的支持，才能应付一四座谈会、革新俱乐部等团体或个人。

现在他正式代理院长，所以连夜赶来找我。他一见到我就说："我当院长，秘书长一定要找一个人来做，这个秘书长的条件是什么什么……"我听了他所说的条件，就说："依你所讲的条件，你心目中的人选就是贵州老乡倪炯声了。不错，他是吾在贵阳就熟识的好朋友，他为人很好，朋友也很多，他当过行政院副秘书长，但是不适宜当立法院的秘书长。立法院的秘书长容易当的吗？既要有学养，又要有人望，还要有办事的魄力，因为立法院里三山五岳的人都来了，全国各地方的人都有，他怎么能够应付呢？而且他太文弱，经不起风浪。倪炯声不行。"两个人谈了一个多钟头，他辩不过我，但是他还不甘心，他说："明天你请立法院内原来各地方重要的负责人到爱群酒店找我，某号房间，余大觉就是我。"

第二天，我真的找了二十来位委员到爱群酒店去，刘健群就公开地讲秘书长人选，我没有说话，但是大家也都表示反对。最后他说："我当了立法院院长之后，什么都可以听你们的，唯独秘书长我一定要用倪某人。"既然他这样讲，大家也没有什么话好说，终于还是用了倪当秘书长。

倪秘书长上任没几天，立法院就由广州搬重庆，由重庆再搬成都，成都待了几天，再搬海南岛，最后到台湾来。这样的大风浪，即使经验能力最强的人，也很难经得起考验，而况是个书生？

在搬迁过程之中，许多家当搬来搬去，花了不少钱。在这个当中，立法院秘书处安排的总务主任非常重要，他也是贵州人；至于副秘书长闵剑梅则完全是官僚；加上秘书长，这三个人在刘健群的左右，刘健群就搞不清楚了。立法院不是普通的机关，后来由于派系斗争，CC 提议立法院的开支应该有所监督，因此成立经费稽核委员会，委员由各方推选，当选了之后，监督立法院的开支，第一件事情就是查以往的账。一查下来，结果有十多万元斗不拢，单据不全，凭证不足。上下飞机轮船多次，秘书长搞不清楚，副秘书长说不能负责，总务主任说奉命行事，会计则说他是依法依例办事，究竟这些钱是怎么化的？查不出头绪来，立法院为这件事情闹哄哄，几个月的风潮，闹得总统都知道了！行政院主计处也爱莫能助，情况搞得太严重，大家劝刘健群辞职，以免政治事件变成了刑事案件。他到这时候，怪谁也没有用。最后只好辞职了事。真是可惜！他本是代院长，来台后已经在一九五〇年十二月五日改选过，当选正式院长了。他在政治上有极强的应付能力；在环境上总统府、中央党部、行政院都很和洽；外国友人也很多，在外交上也有影响力。这两年前用人不当惹出来的是非，像我们这样最关爱他的委员，也都救援不及了！事后有一天他和吾闲聊说："老先生（总裁）不会再用吾了！"真是悔之毋及呀！

第十一节　院会通过大整肃

阎锡山当行政院长时，我在广州提出全国大整肃案，因为当时发生司法行政部次长杨玉清匪谍案。这个案子是怎么暴露出来的？在田炯锦当司法院长时，曾任田的秘书长的程德受，当时是广州地方法院检察官，司法行政部就是管理高等以下各级法院推事检察官的。这位检查官很有魄力，他和警察带着拘票前去逮捕次长杨玉清，杨玉清说："笑话！"两个人斗起来了，但是因为警察也在场，所以杨玉清终于还是被逮捕，后来证明杨玉清确实是共谍。这件事情很轰动一时。

之后接二连三又发生共谍案，我认为：现在我们要对匪作战，要反共，如果机关之内都是共谍，还打什么仗？于是我到行政院去找上台已经快四个月的院长阎锡山请教，我说："你是反共专家，现在你当行政院长了，是不是要大大的整肃一下，把各机关有嫌疑的人整肃出来。"他满口的山西话，我只能听懂一半，不过他的意思是表示赞成，于是我把吾的提案先给他看，我说："还没经立法院通过，为什么我先请教你？因为如果通过之后行政院不能执行，这个案子的提出，就是考虑不周，没有用了。"他看了之后很赞成，因此我迅速地在立法院提案。

当时立法院内主和分子已经没有来开会了，所以这个案子顺利的照案通过。可是通过得太晚了，当时是一九四九年十月九日，第二天是双十节，不办公，也不开会，到十月十一日紧急疏散，后来立法院迁渝迁蓉迁台，这个案子丢到哪里去都找不到了！

一直到政府迁台，蒋总统复行视事了，立法院还没有正式复会，先在工业学校和中山堂召开了几次谈话会。在谈话会中，大家七嘴八舌的讲，有一位山西籍的委员李郁才提起说：“在广州时我们通过一个案子，是黄通领衔有五十多人连署提出的，为什么这个案子不执行呢？应该要向行政院追究。”当时大陆陷共，中央政府也因为若干官员滞留港澳观望，已下令限期归国；监察院也电告驻港澳委员，限期来院。谈话会就分别通过了成立整肃问题研究小组，以及函请行政院提出全面整肃的法律案，送本院审议、研究。全面整肃问题，一变再变，最后由国防部、内政部会同拟出《戡乱时期检肃匪谍条例》，由行政院提经本院通过，一九五〇年六月十三日后总统公布施行。整肃问题专对立法院内部，研究小组二十四人，大家推出黄通、李郁才、武誓彭、荣照、吴望伋、江一平、李文斋、陈紫枫、莫萱元、段永庆、罗衡、彭尔康、苗启平、侯绍文、穆超、邹志奋、余拯、刘振东、柴春霖、杜光埙、郭登敖、狄膺、赵惠谟、刘志平等担任。二月二十七日举行第一次会议，先推黄通、李郁才、武誓彭、罗衡、江一平、彭尔康、郭登敖、余拯、杜光埙等九人负责起草办法。三月一日举行起草会议，三月四日由整肃小组通过“严肃本院纪律以崇法治而奠定宪政基础案”。案中认为整肃二字有点看不起自己的意味，故改为“严肃”，但此九项办法仍不失为整肃的精神。

原来拟定的九项办法是：

1，本院委员有叛国事实尚未经本院咨请政府缉办者，应由本院根据其叛国事实议决，咨请政府依法缉办。

2. 凡居留国外及港九澳各地之委员，除因交通断绝无法来台或因重病经医师证明并经本院调查属实者外，均依立法委员选举罢免法第四十五条第三项之规定处理之。

3. 本院委员身陷共区而有下列情事之一者，得保留其名额：甲、被共拘留者；乙、在共区参加反共工作经本院调查属实者；

丙、失去行动自由，未有附共言行，经本院调查属实者。

4. 委员报到，须亲自办理，如有托人代办者，以未报到论。

5. 递补委员须经本院资格审查委员会审定后报到。

6. 凡非华侨及海外侨胞选出之委员而领有出国护照者，除因公奉派者外，一律于本案通过后两周内，将其护照缴还外交部。逾期不缴，由本院函请政府吊销其护照。

7. 本院委员曾经政府任命为官吏者，应依宪法第七十五条之规定，自其就职之日起，丧失其立法委员之资格。

8. 凡兼任政府机关或国营公营事业机构聘任职务之委员，合于聘用派用人员第二条之规定者，应于本案通过后，两周内辞去其聘任职务，逾期不辞去其聘任职务者，由本院函请聘任机关解除其职务。

9. 本院资格审查委员会，纪律委员会根据上列各条规定办法会同负责审定提出院会报告，经院会决议后执行。

这九条办法提经院会讨论交刑法、内政及地方自治、法制等三委员会审查后，将标题改为“严肃本院纪律办法”，于三月二十一日经院会通过，再改为“立法院严肃纪律办法”，并增列职员纪律之严肃及经院会通过施行两条，共为十一条。使广州所提大整肃案，有了两个成文的法律。

第十二节　国庆酒会后疏散

十月十一日紧急疏散，行政院正式通知迁往重庆，立法院是中央五院之一，也当然搬迁重庆。当时有一三六人飞渝；另外有好多人家眷在台湾，也由立法院备机先到台湾去，等立法院确定在哪里复会，再赶去也不迟；自购机票去港澳的，也竟有一二七人之多！除了粤籍人士外，观望的人居多。

到十月十一日下午，大家都走了。童冠贤早已飞香港。这时候主和的需要更迫切，徘徊歧途的人更多。就由他带头找到二十四位立法委员联名发表通电主张和谈。事实上李宗仁是因主和失败的，五位和谈代表都回来不了，二十四位立委连立足点都没有，焉能成事？在进退失据之余，他们另外组织了第三势力，不是共产党，也不是国民党。他们也有党的组织，由童冠贤当书记长，另外有组织、训练、宣传、总务等多少个部长，没有群众，都是大头目，好过瘾。

陆：第三势力的经费是哪里来的？

黄：钱的来源是一个谜。童冠贤到香港后，那一批靠拢共产党的人自身难保，他们就呆在上海不管童某了，什么范予遂、武和轩、李世军、卢郁文等等，都是无耻之徒，免遭清算斗争，就算幸运。至于第三势力中捧童冠贤的是哪些人？据说他们的组织部长甘家馨是朱家骅派，宣传部长涂公遂是新政俱乐部的人，果真如此的话，真是糟糕透顶！幸好发了主和通电出去后，并没有什么反响，搞不出什么名堂来。这批人后来还是要来台湾，经过拒绝入境八年后才又准予来台。

陆：立法委员中有一批人后来投共了，立法院如何处理他们？有没有通缉他们？

黄：没有，因为在立法院立法委员选举罢免法中规定，立法委员于一会期内无故不出席者，视为辞职。那些人既然不来开会，就不准他们再来报到。加以立法院严肃纪律办法通过后，不符合那个办法规定，就不能回来了！

第十三节 立监委国代纷电

政府搬到重庆后，李宗仁先到昆明（十一月三日），再转南宁（十一月十四日），后来到了香港（二十日）。阎锡山、朱家骅、洪兰友三人怎么请他，他都不肯到重庆去。后来行政院搬到成都，李宗仁于十二月五日托病飞到美国去了。在这种情况下，怎么办呢？只有请蒋总统再复行视事。

那个时候我住在台中，有一天晚上，隔了相当远的一个朋友来告诉我："台北有长途电话，你赶紧去接。"那个时候我家里还没有电话。我火速地跑过去，接到电话后，对方说："现在的局面，恐怕非请蒋总统复行视事不可，你们台中委员意见怎样？我们台北的立法委员将联名通电到成都，请蒋总统复行视事。台中的一百多位委员，是不是也联名？"我说好。于是我找了刘委员赞周，还记得那天是阴历十月十五日，月正当头，我们挨家叩门找人签名，大家也都签名了。因为到台湾来的都是意见一致的。第二天我就把名册送到台北，台北方面就一并联名发电。

至于监察委员方面，那个时候监察委员很少，他们也联名发电，主张蒋总统复行视事。同时国大代表也联名通电请蒋总统复行视事。当时国大代表没开会，也没有待遇，生活艰困，住在中部各县市，足有二百余人之多！

各方电报发到之后，蒋总统感到局面虽然艰难，但总要有人负责，因此同意大家的要求，在一九五〇年三月一日复行视事。

到了台湾之后，我们也算做对了这一件大事。

到台北来了以后，我曾经参加过许多会，第一个是在中山南路十三号所召开的谈话会。这是与青年团（新政俱乐部）有关的会，与会的政府官员很多，大家讨论时局应对方针。谈话会从上午谈到下午，中饭时一个人来一碗面就过去了。但是谈不出结论，大家发表意见，慷慨激昂，最后大家决定服从领袖，不论职位大小，各尽各职，团结奋斗！

另外一次会议是立法委员在工业学校开了一次谈话会，决议通电英国、美国，请他们的国会议员主持正义，不要承认共产党政权。我们的共同意志，还是反共。

来台湾以后，复会之前，前后开过三次谈话会，其中有两次人数较多，大约有三四百人，在台北工业学校开的那次谈话会，参加的立法委员有一百多人。工业学校后来改制为工专，大概是因为交通方便吧，所以暂时去那里开会，后来就借中山堂开会了。

总统复行视事前，有两次战役胜利，增加大家全力固守台湾的信心。第一次是古宁头大捷。战后我去古宁头看过，满地碎瓦破砖，房子都打破了，我们在瓦砾堆上走来走去。那一仗打得很好，把局面都稳住了。关于古宁头大捷，我见过一篇文章，是当时参与战役的军官写的，他说：中共把厦门都占了，为什么金门还能固守？他说中共自己认为指挥官有责任，因为指挥官太轻敌。那时候中共势如破竹，好像不会有什么问题了，所以一鼓作气的渡海登陆吧，没有料到，他们从厦门渡海过来后，到了古宁头却上不了岸，通通战死在海里头。当时金门没有什么防御工事，就是挖一点土沟而已，而且也挖得不太深厚，居然挡得住，把共产党军队打下海去，真是不容易。这一仗增加了大家的信心，大家认为台湾一定可以守得住。

隔了不过十天，又传来登步岛大捷的消息。登步岛是舟山群岛中的一个小岛，在那样的小岛上也能打了胜仗！古宁头及登步岛这两仗一打，人心就稳住了。

以后撤退来的部队都集中在台湾，政府进行整编，共有六十万大军。台湾这么小，怎么能够容纳这么多军队？同时许多官兵都是转战千里，已经疲敝不堪，但都功在国家，而且战志高昂，政府乃逐步加以整补。后来金门、马祖不知经过多少战役，终于成为海上长城。

陆：后来古宁头大捷各方争功，说是胡琏的功劳？还是汤恩伯的功劳？所以现在国防部没有这方面的战史，大家都争，就不写了。

黄：他们俩人的功绩应该是不相同的：汤恩伯接朱绍良当主席兼绥靖主任，负责前线福建沿海岸。而胡琏则是金门的防卫司令，专门守金门，两人都有功而职责不同。战史的事，吾不知道。

陆：李宗仁不赞成汤恩伯当省主席，没有发表汤的任命，所以汤恩伯没有印，只能用木刻的关防。

黄：李宗仁要求阎锡山免四位省主席的职，阎院长说不给副署，前面已经讲过了。汤恩伯当省主席用木印的话，吾不清楚。不过据当年福建省政府工作的朋友说：李代总统要发表的人选，就是原任绥靖公署副主任吴石。吴后来调回国防部当参谋次长时，查出他有匪谍的证据，依法处决了！没有接任过省主席。汤恩伯接任省主席兼绥靖主任时，福州已经在保卫战中，汤朱两人是约好在飞机场见面，秘书长也赶去机场，没有随带大印；但是绥靖公署的参谋长却带出了绥署的大印，后来就迁厦门办公。

陆：魏道明的太太有没有到台湾来过？

黄：她在南京报了到，以后一直在上海，连广州也没有去，台湾更没有来了。

陆：有人说她很可惜，她来台湾的话可能可以当立法院院长。

黄：那倒未必。立法院院长最可惜的人选是梁寒操，他留在香港不来，后来才跟香港一个文化考察团到台湾，但是来的时候已经过了一个会期，连立法委员的资格也没有了。他如果一九四九年来台湾，可能被提名而且当选为立法院院长。他是潇洒的名士派，没有政敌，最容易当选，可是他却没有来，而由刘健群、张道藩当院长了。说起来，郑毓秀在上海的声望高过钱剑秋，其实钱剑秋在立法院也不是有多高声望，她在立法院根本没有表演过。钱剑秋当妇工会主任，是因为蒋夫人的关系，这可能也和钱剑秋英文好有关。蒋夫人国语讲不好，约钱剑秋两次，都是用英文说话，讲得很投机，所以发表她为妇工会主任。

第十四节　改造设立委党部

总裁在大陆时就有了改造党的腹案，至于如何实施改造，则还没有定案。为什么一定要改造？那个时候党实在分裂得太厉害，究竟党的主力在哪里？总裁也很感为难。各级党部的工作人员的精神用在对内超过对外，彼此相斗。虽然大家都反共，却被共产党利用，两边挑拨。因此要改造，而早有了改造的方案。

有一次我提供了个意见，总裁很满意。为了党的改造，总裁尽量听取大家的意见。他复行视事不久，有一回在台北宾馆召集一部分立法委员同志谈话，希望大家提供意见，当时我看发言的人太多了，我就没有举手要求发言，只在名片上写了两句话，请侍从武官递给总统。隔了一个礼拜，来了一个通知，说总统要召见我，地点在总统府。究竟是什么事情召见我？一般人的看法，被总统召见的人，多数是要升官，要不然就是党政大员工作有所调动。我既不是党政大员，也不是什么官，现在总统复行视事之初，召见我干什么呢？一见面，总裁往口袋一摸说："你的卡片还在我这里。"他要我把卡片上的话讲一讲。我刚开头讲，他就突然站起来，叫我到另一边去，把我吓了一跳。他的写字台很大，对面是一个秘书，负责记录，旁边还有个副官，另外也有走来走去的人。他站起来要到另一边，意思是这里人多，另一边有一个长桌子，那里没有其他人，可以单独两个人谈。

我在卡片写了两句话："一、请统一台湾地区的情报工作。二、请统一敌后工作。"当时台湾地区的情报机构，据说总共有九个系统，包括宪兵、警察、保安司令部（当时称为保安司令部，后来改为警备司令部）、驻军等等。这九个系统，中央看起来各自有各自的工作，但是老百姓却觉得到处都是特务，对政府的形象不利，应该设法缩减。而且各个系统的人自己做自己的情报，绩效互相抵消，中央不知道哪个消息是真的，哪个消息是假的，也不好处置，我希望能够统一起来。我还举了很多例子，譬如共产党式集权国家的情报系统；民主国家例如美国的情报系统；大家都重视情报，却各自系统分明。总裁听了连连点头。

第二点我谈敌后工作。我说撤退时匆匆忙忙，有的单位有布置，有的单位没有布置，中央政府对于敌后工作的指挥应该有一个统一的机构。他听了之后也连连点头，对于我的话，他没有相反的指示，只是继续问话。

事后不到两个月，中央新成立了两个机构，一个是总统府资料室，由蒋经国当主任；另一个是国防部大陆工作处，由郑介民当处长。当时没有人告诉我，我也不敢自负是出于我的建议。总统府资料室的工作在于统一军统、中统，因为这两个系统斗得太厉害，就同党内 CC、反 CC 一样麻烦。而蒋经国却很有才能，他在俄国留学，懂得这一套，他底下的人，也有军统的，也有中统的，他能够把他们统合起来，对国家社会的贡献很大。至于敌后工作方面，由郑介民的大陆工作处负责。

另一方面总裁也很重视人才，在另一次召见时要我荐举人才，他提出中兴以人才为本，他要广招人才，对他召见的人可能都讲。他说："人才很重要，你给我推荐有用的人来。"他讲过了之后，吾一直没有敢贸然推荐。我不知道要推荐什么样的人？而且历来都是总裁召见我，如果我要主动见总裁，或者推荐一个人去求见，谈何容易？此外，人心难测，连总裁那样精明，都会有时候用错了人，我们所认识的朋友，只知道他的皮毛，对他的内心，我了解不够，如果推荐他，出了事我能不负责？所以我不敢大胆学萧何之类来推荐。没有料到，隔了一年，有一次总裁召见时问我："去年我告诉你要推荐人才，现在你还没有给我推荐。"哎，真是太惭愧了，他跟我讲的话他都记得，可是我却忘记了。当时我只好搪塞一番，我说："我所接触的人，如果很优秀，总裁差不多都认识，至于总裁都没有赏识的人，我也不敢贸然推荐了。"总裁说："哦，哦，哦。"

党的改造功劳是很大的，改造之后中央党部可以说是没有旧传统了，以前所谓的党棍子不少，尤其CC、反CC的尖锐对立派系很严重，改造以后，中央党部只有三位改造委员与CC有关，一位是张道藩，是学艺术的人，留学法国，大而化之，不像组织部的人那样极端，经常嘻嘻哈哈的。因为他是早年的南京市党部委员，他对我也亲热得很，他同蒋碧薇同居，我到蒋碧薇家去看他，聊得非常开心，大家说他是CC，可是他比较开朗；一位是谷正纲，在大陆时，他自己对陈立夫讲过："我是你们的门神哪！"这是一句笑话，门神贴在门上，门开了，门神在房子里头，门一关，门神不就在外面了吗？谷正纲原来是改组派，后来他也不再改组什么了，比较超然。他对吾也不见外，因为吾熟识的贵州朋友很多，相处友善；另外一位胡健中，办过东南日报，在中央日报当社长，书生气较重。曾经在十一届三中全会中发言主张亲苏！当场遭蒋主席严词驳斥。改造委员中与青年团有关的几位，比较中和，还有一部分有学者味道，或者是后起之秀，例如沈昌焕。这样组成的中央改造委员会，自然和衷共济，工作效率很高了。在下级党部方面，前前后后成立了二十个省级党部，地位和省党部相等。各级党部在改造以后，比以前有效得多，极少自相磨擦而同心协力了。

中央成立改造委员会后，其中第五组专门负责党政关系，和立法院的立委党部、国民大会的国民大会代表党部、监察院的监察委员党部联系，因为行政系统容易控制，而三个国会则难于指挥，乃颁布一个党政关系大纲来做规范。

各党部先后成立，所有党员都编进小组。在立法院的立委党部就按照立法院座位号次来编组。座位是抽签决定的，同一排大约有三十来人，在其中的党员占绝对多数，编成一组，共同投票选举一名小组长。

那时候我家住台中，每周到台北来住几天。改造后要选小组长，中央党部特别要我来竞选。他们告诉我，小组长很重要，由同一排次的党员互选。我连名单都没有，对情况不了解。我问："有没有人参选?"答说："有啊，现在有两个人竞选，一位是原来在中央党部组织部党团科的负责人，老党工，能力很强；另一位是郑品聪，台东人，后来当过台北市党部主任委员。郑品聪是中医，为人忠厚，国家观念、党的意识都很强。"我认为既然有两人竞选，就不需要再有第三人了？他们却说："郑品聪看样子敌不过那位主管过党团的老党工，要是有其他合适的人竞选的话，郑品聪就不竞选了。你去参选吧。"我说："我怎么能够拼得过那位老党工呢?"他们说："看你们这一排座次的名单，你跟他竞选大概是在伯仲之间，你只要多加一点功夫，可能会当选。"我问："什么时候选?""下礼拜二。"当时已经礼拜六了，只剩礼拜天、礼拜一两天时间，他要我赶紧动作。我家住台中，在台北什么也没有，临时到朋友家借了一部脚踏车，照着名单上的住址挨家挨户去跑。头一个到正拟竞选的对手家，我告诉他："现在吾要竞选小组长，陪你竞选!"我先跟他讲明白，因为我们平常没有不愉快，交情还算不错。他说："好啊，欢迎。"他也只好这样讲。

我对于谁会投我一票，一点把握也没有，只能盲目地挨家挨户去拜访。

到下礼拜二，进行投票，他和我果然在伯仲之间。我不知道究竟多少票可以当选，到宣布我已得十一票时，大家鼓掌，我莫名其妙，不知道为什么。对方正坐在我对面，站起来向我握手，恭喜我说："你当选了。"我说："我怎么会当选呢？"他说："后面的票都是你的了，我只有这么多。"他晓得，我却不晓得。结果我是当选了。

当选之后，中央党部发表我们十五位小组长为立法委员党部改造委员会委员。这个委员的层级仅次于中央党部，相当于省党部委员，而且比一般党部更重要。

当选没几天，总裁又召见。总裁召见小组长，这在以前是没有的事。召见时，他第一句话问："你那一组有哪些党员？"我讲了几个人的名字，总裁嗯嗯嗯并说好，为什么？因为这些人都是知名之士，像萨孟武，是台大法学院长；彭醇士是诗书画齐名的名士；还有民国初年入党的！

改造后总裁常常召见。有一次召见时，总裁问我："党里有一个训练纲要，你看过没有？"我说："我看过。"总裁又问："你那一组的党员有什么意见？"我说："那些同志看过纲要以后，就问：哪些人来训练？有的人说：我啊，党龄很浅，我民国元年才入党。"他是讲俏皮话。总裁听了，他很了解这些人调皮，他说："你告诉他们，现在我们办这个训练，他愿意来就来，不愿意的就不管他。"当时我不太懂他的意思，后来我还是劝每一位调到的委员都去受训，没有调到的暂且不提。

那个时候阳明山革命实践研究院一、两个月一期训练，我每一期都调一个人去，我组里头还有黄埔一期的人，当时我讲笑话说："保长征兵，征兵不到，保长当兵。"如果调不到人，那我自己去。当时有两种情况：有的人但愿能够被调去受训，再创前程；有的人则老气横秋，训不训他都无所谓。当时党内的计划，也不过调训到过半数人就可以了。

到了第十七期时，中央一个命令下来，重庆时代的高级班、国防研究院、军校、政校毕业的、立监委员、国大代表通通要去受训，所以我自己到十七期才受训。

改造委员任期一年，改造以后才是第一届，总裁常常召见寻求了解民意机关与民意代表，以及我们这些干部的概况，鼓励有加。

一九五四年，立委党部改选第四届党部委员，我给自己来个测验，当时我正在阳明山上受训，山下来了电话，要我竞选立委党部委员，我说："我现在党务工作有好几件，不能再竞选。"他却说："党内希望的候选人，你就非竞选不可。"我说："我在受训，怎么办?"他答："你请假下山一趟来拉票。"后来我答应了，就对自己来个测验，不下山拉票，在山上写了三十封信，放到邮筒寄出去，就这样子拉票。信寄出去以后，电话也不打，拜访更不可能，到投票时，看看会不会当选，如果不当选，就证明党的改造没有成功；如果当选了，可见改造是成功了。为什么？因为这三十封信的对象不是根据配票，各派系都有。各派系都要给自己的候选人配票，我是新政俱乐部的，他们给吾配票，大概配了八成，还不够当选。

到要投票的前一天，我才下山去。就在会场上，吾找各派系负责人，告诉他说："我竞选立法委员党部委员，请你们给我一票。"他们都说："好！一定给你一票！"有的人像杨公达他说："我马上回去开会，跟大家商量一下，指定谁的票给你。"结果五票都有了，我们新政俱乐部则配了二十票。到投票时，宁波人王新衡比较超然，独断独行，有人拉他票，他说："阿拉投黄通。"结果投出来却是废票，因为他写成王通了。吾还是得了二十票加五票，一共二十五票。立法院同仁各派系对我都不错，都给了我票，中央党部也晓得。派系不再尖锐了，改造之功。

改造对我来说确实发生很大的功效，对中央而言，也从来没有这么指挥裕如过。改造以后，某些特殊的镜头，现在都已经事过境迁，讲出来也没有关系。现在记者常提到"表决部队"，这是冤枉的；那时候才真是表决部队。每到表决时，开两辆卡车到山上，把正在受训的立法委员通通搬下山来，他们连衣服都没有换，还穿着军装，就跑进中山堂投票，这不是百分之一百的表决部队吗？那个时候的表决，把山上的人请下来就战无不胜，一下子数十上百人没有不按党部指示投票的，这真是改造之功。

除了立法院的立委党部外，国民大会监察院后来也成立党部，再加上阳明山革命实践研究院的训练，这个时候是干部对党向心力最强的时期。党的指挥裕如。也擢升了好多优秀的干部。

第十五节　出版法电力加价

改造以后，发生了两个问题，造成党的分裂。一个是出版法，另一个是电力加价案。出版法通过的结果，开除了中央通讯社社长陈博生的党籍，那个时候中央通讯社的地位非常崇高。为了电力加价案，齐世英被开除党籍。

陈博生是新闻界产生出来的，他当然维护新闻界。最近我问过当时参加审查出版法的人，他们说当时大概是为了该案第三十一条到第三十四条争辩得很激烈（近史所按：除第三十一条外，第三十二条到第三十五条系关于出版品登载事项之限制。）最后大家表决，结果当然是党的主张胜利了，但是陈博生反对到底，所以被开除。

至于电力加价案，反对的人以革新俱乐部的人为多。齐世英在革新俱乐部中的地位仅次于二陈，他是东北的元老，东北籍的委员人数相当多，有七十多人。齐世英领导反对电力加价案，力量不小。

那时候党政关系中的协调工作，还很不成熟。以为中央下个命令，或者由大员出面，传达中央的既定政策就可以了。那天他们在台北宾馆为电力加价案开协调会，中央党部的大员都到了！不料在会议中大家辩论得很激烈，甚至于拍桌大骂的人都有。缺乏协调不成经验的中央党部没有办法，协调没有结果，谁都不能负责！于是有关人士推派了四位大员到总统府去向总裁报告。这四位是：陈立夫、张岳军、陈辞修和吴铁城。

当这四位大员进入总统府，总统就说："不要报告了！我知道了！"怎么他会知道呢？原来总统府离台北宾馆很近，靠一根电线，会场里的情形他通通知道了，总统已经很不高兴！

事后中央讨论，认为这样下去怎么得了，党又如何改造呢？所以就把齐世英开除党籍了。

出版法和电力加价案都是CC作梗，陈博生和齐世英两人都是CC，为此总裁对陈立夫很不谅解，责怪他是怎么领导的？有一天不知道为了什么事，总裁发脾气，要张道藩告诉陈立夫，马上就出国去，不要再留在国内！张道藩立刻就告诉家住台中市的陈立夫。那时候飞机很少，飞机票很贵，一下子也买不到，陈立夫连夜由台中赶到基隆坐船出国；在国外一待十五年。陈果夫长期患肺结核病，没有管立法院的事，当时他住在台中市长官邸养病。民选以前市长是官派的，陈宗熙当市长，他是奉化人，对陈果夫以晚辈自居，所以把市长官邸让出来给陈果夫住，自己另外找了个房子。以后陈果夫到台北来，住在阳明山疗养，一直就没有管过政务，改造委员里头也没有他。一般的论调，陈果夫要管事的话，总裁可以减少许多烦恼。

政治是权力的具体作为，谈政治容易，做政治万难。人治时代的政治，以帝王君主为重心，要争就争王位，是少数野心家的事；批判利害得失是少数读书人的事，尤其是不同时空的人最感兴趣，而后代人事后的先见之明最容易发挥得淋漓尽致。从民国元年以来，中国政治一直没有走上政党政治的路径。北伐完成后，开始一党的军政训政，政争最激烈的无宁是在党内的派系。共产党另有天地，另有哲学观点，反人性是对内对外一致的，距离民主政治太远！中国国民党是上承中华文化，下启宪法之治的民主政治。同一党同一主义同一时代同一组织中为什么派系分明，斗争不已？吾以为焦点在人：人有个性修养操持的不同，所以产生了派系。吾以为党员不能开除，党员来自民众，开除了就是敌人；党工同志不能撤职，撤职后他还是党员，党工是以党员为基础的。只有力求了解党员，更了解干部，彼此间发生相谅相亲的情愫，不容易激起或曝露他个性上修养上操持上的弱点，自然减缩内斗至最低限，便可以尽情的一致对外来面对共同的敌人。最具代表性的，也是派系中自然形成首要分子的若干党员：有曾经为党牺牲，出生入死，在所不辞的，应该给他崇功报德的心情，不计较他尖锐抗拒的作为，终于彼此同情而同德。有曾受党的栽培，高学历高履历，应该是党内可贵的骨干，应给予同情谅解，尊重珍惜之情，导致他自尊自爱，适可而止的相处下去。有本性直率，加以年事较轻，不免一时冲动，但遇强则强，遇弱则弱，好胜不比逞强，能加以抚慰就可以转疏远为亲近。尤其常见的，是本党有力的同志所培植的干部，在不同的时地中失去赏识与器重，很容易把人事关系超越党的组织关系！也就是后任或者后来的负责主管，没有适当的了解，自然形成的隔阂，要了解要重视对方个性，如能显出对方被赏识的长处，便很容易唤回他的自尊心，恢复尊重党尊重组织也尊重自己的本性。一般的干部或党员常有在无心的漠视尤其在存心的歧视中造成派系对立，如果就他对立态度，引为吾的效忠党效忠领袖而矜功为得，怎能比得上分裂党破损组织体的所失？吾以此省思区域性同志，使区域内不见分歧复杂。吾也以此省思处团体内同志，使团体在无形之中融合一体，大家愉快无顾忌于吾。吾自然也和气平心无须顾忌于任何人。

第十六节　三次院会捕委员

立法院搬到台湾来以后，来了四百多位委员，以后三年之内另外有一批候补委员补了进来，变成五百多人。这五百多人都是千辛万苦才来到台湾，人家常说“立法院搬到台湾来”，事实上是立法委员一个个来。撤退时，有一百二十七个委员到香港去，到国外的也不少，至于来台湾的人，并不是广州撤退后才来的，早在南京疏散时就来了不少人，尤其行政院从南京搬广州时，好多委员都到了台湾。这些人来到台湾以后，虽然总统复行视事了，立法院复会，可是大家变得比较小心，防谍保密的心情很旺盛。

本来立法院是平平静静的，有一天院会时，院长突然宣布：“现在开秘密会议，委员以外的人通通出场。”同时也清场。我们在中山堂开会，座位大约可以容纳两千多人，但是委员仅有五百来人，空位子很多，前前后后，每一张椅子都翻过来看，检查看有没有什么宣传品或者危险物品。大家对于主席的宣布感到莫名其妙，不晓得有什么事。清场之后，什么东西也没有，主席又宣布：“刘委员如心附敌，现在司法机关要逮捕他。院会有无异议?”没有人讲话，于是主席宣告：“许可逮捕。”刘如心就被带走了。委员们仍感到莫名莫妙，有的人听到“刘如心”三个字，还不知道是谁呢，因为那个时候委员之间认识的还不太多。我出门时中央日报记者还特别追来问我：“是谁啊?”我告诉他是刘如心。这个记者对于这三个字怎么写还不太清楚。

刘如心是广东籍的年轻委员，当时大概顶多三十来岁（按，根据民国三十七年七月立法院秘书处编印的“行宪第一届立法委员录”，其上登载的刘如心年龄为三十一岁。）他牵涉的是匪谍案，有关方面确切有据，才来逮捕他。逮捕了之后怎么办?立法院也不过问。当时大家本来就风声鹤唳，刘如心的案子一办，大家的警觉性更高了。以后我先前提出的大整肃案，经行政院有关各部所研拟，成为检肃匪谍条例就成为法律。不过，立法院本身还有严肃纪律办法，专门适用于立法委员。本来名称用的是“整肃”二字，有人说整肃太严重了，于是用“严肃”，这个办法就是针对匪谍而提出来的。严肃纪律办法经过好几次院会审查，最后才定案。通过之后，委员也比较放心，觉得不会再放过匪谍；假使有匪谍，也可以依法办理。这是立法院成立后，第一个根据宪法所规定的“立法委员，除现行犯外，不得逮捕或拘禁”而拟订的办法。

陆：后来刘如心怎么样了?

黄：大家都不知道。那个时候处理这种案子是不会公开的，法院也没有公告，判决了再说。不过，我认为刘如心不会被判死刑。

覃勤是全国中医师公会的常务理事，湖南医师公会理事长，年纪比我大不好多，可是满脸于思，大家都喊他“覃胡子”，本名都没人喊。他经常穿长袍，道貌岸然。覃勤的案子让我感慨很大，因为他在台中办中医学院，他是中医，要发扬中华文化，振兴中医，我当然赞成。那个时候我是台中市党部改造委员会的主任委员，所以他到台中去找我，我再把台中市一个中医师公会的国大代表陈固找出来。覃勤住在党部所办的青年旅社里，我们几个人在那里一起研究、讨论。由于一点基础也没有，找地皮、盖房子，这样从头做起来办学校，我一直非常赞助他。譬如说找地皮的事，陈固说可以在台中市西屯区找一块地。台中市分南屯、北屯、西屯，没有东屯，东边是台中县。这些区域中，西屯最宽，靠近大肚山，后来是东海大学的校区。稻田一望无际，台中市新都市中心也都建筑在西屯区。我们走过田埂，通过小桥、狭路，在西屯区找到一大片可用的土地。这块地虽然一片，但地主人很多，但是应该可以买下来。假定他们商量好了，要我帮忙找有关机关的负责人我也可以。这块地离交通线相当远，当时还没有现在的中清路、大雅路这样的大道，要绕了好远才能抵达。覃勤不只一次去找地主，我也非常热心地陪他看地、同他讨论。我觉得他肯做事，这总是好事，而他也自许要超过焦易堂。在民国初年，焦易堂的振兴中医是很有名的。后来地买成了，学校办了起来，我也就不管他们的事。

没有几年，却发生问题了，说是覃勤出卖学籍。依法年轻人都要服兵役，但是在校生则可以缓征，因此有那些没有在校的人为了逃避兵役，就想办法挂名在他的学校为学生。中国医药学院也是公开招考学生的，但是备取生比正取生多，备取的人之中，就有人讲价买资格，传言纷纷。

有一个姓林的人向立法院提出请愿案，指控覃勤舞弊、出卖学籍、妨害兵役。这个请愿案到了立法院之后，立法院分为两派：一派主张应成为议案，要找政府主管机构来备询；另一派却主张不应成为议案，因为那个案子已经进入司法程序，依照请愿法，不得以请愿方式处理。为了这个案子，大家辩论得很多，后来甚至引起委员之间打笔墨官司，多少大文章出来了。反对成为议案的人，都变成维护覃勤的人；而赞成成为议案的人，都变成反对覃勤舞弊，其实这是两回事。在这些长篇大论之中，有的人懂法律，有的人不大懂法律，尽是从情理上来讲，而不是从法理上来讲。有一次在秘密院会中，江一平发言，他是律师，也并不是要怎么样维护覃勤，但是他认为不应成为议案。那时候有关方面已经要逮捕覃勤了，江一平认为立法院不应该匆促的处理这个案子。在此之前江一平已经为这个案子发表过许多文章，同仁当然也知道，所以在会场上，他一开口，会场就起哄不准他讲话，结果江一平讲不下去，就让调查局来逮捕覃勤，覃勤真是四面楚歌。经过一审、二审、三审，判刑两年多确定，而且就关在台中监狱，我还到监狱去看过他。

陆：按照法律来讲，江一平是对的吧？

黄：他认为要依立法院议事规则第十五条第一款，“显有请愿法第三条规定情事，依法不得请愿者，由程序委员会送秘书处通知请愿人。”他也没有说不准逮捕覃勤，但是当时院会中哄闹得他讲不成话。判刑确定后，覃勤坐牢，内政部也行文法院，注销了覃勤立法委员的名籍。关于这个案子的文章有好大一堆，他们已经为我找来档案。

再来谈所谓“黄豆案”。为什么我说所谓黄豆案呢？因为这个案子本身不叫黄豆案，但是社会上一般人称为黄豆案。该案有关榨油用的黄豆，这种黄豆国内产量不敷所需，要由国外进口，有几个做黄豆进口的油商很有钱。涉案的人之中，有人是律师，也有好些人并不是律师，但是因为参与说情而牵涉在当中。这件事发生在一九六五年，二十五年之后的现在来看，那真是微不足道的事，如果那样就要坐牢，那么现在立法委员该坐牢的人可多了。现在的立法委员的口号是服务选民，这种事情不过稀松平常，甚至可以公然接受所谓政治献金，一收起码二十万、五十万，和以前是完全不同的。凭良心说，那时候的立法委员非常自爱，绝对的多数是一尘不染。初到台湾时，穷的人很多，生活很难过，过后虽然总统复行视事，立法院也复会了，可是立法委员的收入一直不高，比特任官的待遇差。既没有特支费，也没有公家的车子，更没有公家的房子。可是乱来的立法委员却很少。当然，上海等等大码头来的立法委员或许有商人的关系，一般的立监委员、国大代表，和工商界关系太少，加上多数的委员代表之所以能当选，常常在地方上素有名望，不得不守身如玉。

所谓的黄豆案为什么能够这样轰动呢？就是因为清水、静水、止水忽然间起了波澜，所以搞得天下大乱，闹得立法院鸡飞狗跳。牵扯到这个案子的人有立法委员、国大代表、监察委员，还有其他的官员，人数很多。我对这个案子感受最深，因为有好几个朋友也涉案了，我是江苏人，江苏人有嫌疑的就有四、五人。当时报纸宣传得绘影绘声很热烈，立法院内人人自危。有一名上海的委员，年纪很轻，我把他当小老弟看待，因为谣言太厉害，有一天我忍不住打电话给他，我问他："你到底拿人钱没有？"他说："没有啊，我拿的是律师公费呀。"我又问："你有没有出收据啊？"他说："有呀。"我立即表示："那还有什么问题？你到我这里来，我们谈一谈。"那个时候他已经是风声鹤唳、草木皆兵，没有人支援他，但是我不怕。当时有一位江苏籍委员王宜声在我家里，他是工会出身的，很干净。一会儿工夫，那位上海的委员就到我家来，他车子一停下，我家门口竟然一下子有四部计程车。那个时期计程车不多，显然是有多人跟踪监视他。我住的房子围墙很矮，我故意把窗子打开，声音放大，我们三个人讲话，马路上听得清清楚楚。我问他："除了律师公费之外，你其他还拿了什么钱没有？"他说："没有。"我又问："你有没有缴税?”他说:“缴了。”我就说:“那还有什么问题?你不要怕。”这样壮壮他的胆。还好后来调查的结果没有把他算在内。

另外有一位监察委员,那就惨了。我也毫不避讳的到他家去。在他家的巷口,我注意到两头各有情报人员走过来走过去,还假装手里拿份报纸,但是我一看就懂。我走到他家门口时,情报人员也注意我,我故意看看他,反正我是一张白纸,怕什么呢?那个时候大家都很怕惹到身上来,但是我不怕,因为我没事,我堂堂皇皇的来去。那位朋友很害怕,法院要开庭了,他不敢去,我劝他,因为如果不去一定要被逮捕。他说:“你可不可以陪我去?”我说:“我陪你去,送你到法庭上。”我那时候正在当律师,陪他去开了好几次庭,最后他被判刑。

立法委员中有三个人坐牢:一个是徐君佩,安徽人,他非常聪明,有密西根大学的硕士学位,可是他太不检点,是个大而化之的人;第二个是刘景健,河南人,他是冯玉祥的老干部,这个人我认为他是糊涂蛋,就在被逮捕的那一天,他坐立法院的交通车到立法院,在车上还告诉同仁:“今天司法行政部调查局要派人到立法院来抓立法委员,不晓得哪一个该倒楣了。”结果竟然是他自己;第三个是河南人姚廷芳,他平常不大讲话,参加教育委员会,应该不会涉案的,可是人家也有凭有据才来抓他。

被捕的监察委员也是三个人:郝遇霖、孙玉琳和于振洲。姓于的也是河南人,大概商人当中有河南人的关系吧,所以被捕的六个人当中河南人占了三名。另外一位国大代表,又是河南人!

这个案子影响到其他委员很大的是此后中央党部下命令,立法委员一概不准当律师。我们就在那个时候收摊,连带的,会计师、医师都不做了,反正额外的收入都不必要,就靠立法委员的岁公费吃饭,免得是是非非。一直到现在,立法委员还是不能当律师。过去律师法规定,当过立法委员三年就可以检核当律师,但是后来律师法修正了，现行的法律没有这种规定。这个案子的影响实在太大，之后立、监两院和国民大会的风气也变得好很多。在这三个机构里头被判刑的人都有我的好朋友，所以也有朋友担心我黄某人会不会也牵扯在里面，但是多数的人说："他不会的。"我也表现的格外坦然，他们上法院我就陪他们去，他们坐牢我就去探监。我不怕，因为我了解司法的程序，没有事怕什么呢？有很多人怕得连朋友都不做了，不要说别人，连陈桂清都没有人敢同他讲话，到三审时陈桂清才得到澄清，真是不容易。这是立法院有史以来最严重的一个案子。

陆：这时候是郑彦棻当司法行政部长吧？

黄：是。他原来也是立法委员，也当过海工会主任、侨务委员会委员长，同仁和他有交情的很多。他认为这个案子政治成分居多，纯粹在法言法的话，实在没有那么严重，不必牵扯那么多人。我得到一本油印的册子，有嫌疑的人高达好几十人，闹得鸡飞狗跳。最低限度，郑彦棻没有在总裁面前善为说辞，当时正是总裁嫉恶如仇的时候，要整顿纪律；同时立法院、监察院也确实有些人相当放肆。

陆：这个案子有一个后遗症你大概不知道；刘景健有一个女婿，在美国搞电脑，地位相当高，就为了这件事情，他的太太认为爸爸是清白却坐牢了，所以不准他回台湾，甚至把业务机密卖给大陆的共产党。影响这样大，实在意想不到。

黄：喔！这样严重？刘景健的太太很好，是学校的校长。

陆：这个案子本来可以平息一点，不应该办得这样大。郑彦棻也为这个案子而下来了。

黄：或多或少有点影响吧？后来大家对郑彦棻很不谅解，认为他当司法行政部长应该知道案情内容，总统是不知道的，郑彦棻应该可以从正面来讲两句话，不能够完全凭道听途说，甚至还加油添醋。

陆：这个案子本来是关于税收问题的吧？

黄：对，是商人拜托立法委员、监察委员讲讲话，在现在的话，这是不成问题的事。

第十七节　中央政策委员会

中央政策会成立于一九五五年十一月二十四日。总裁实际直接领导中常会，什么人什么性格，他摸得很清楚，怎么样大的问题，只要他出面，大致上都可以弥合，因为他的智慧比较高，经验比较丰富。但是历任中央党部的秘书长却都为党政关系搞得焦头烂额，立法院、监察院向来让中央党部头痛。本来在这两个机构中没有什么党部，而中央党部也没有什么单位负责党政关系，一直到改造委员会成立，才由第五组专门管党政关系，负责人是袁守谦。他是黄埔第一期，可是武人的气息一点都没有，文人的气息非常重，一直到现在，他做的诗能赶得上的人很少，许多诗社非常尊敬他，不敢请他当会员；即使他当了会员，你请他当会长他也不干。他也不随便写诗，别人得了他的诗都很欣赏。他的字写得好，非常特别，大概他学古碑学得太多了。他平时待人温文尔雅、和蔼可亲，大家都非常尊敬他。他并没有用什么办法，就是与人接触多，慢慢有感情，所以他声望很高。他当第五组主任，有的时候一出场就把问题解决。但是他也并不是直接总裁的人，直接总裁的是秘书长，所以常有些问题人家就到中央党部去找秘书长，因为找到秘书长就等于找到总裁。

改造之后，中央党部第一个秘书长是张晓峰，虽然他魄力很强，对于民意机构也没有好的办法，常常弄得焦头烂额。刚改造时还比较好，平常他也不多接触，就让第五组去做；如果第五组解决不了的问题，到他那里一样解决不了。接他之后的是张厉生，大家说张有陈辞公的关系，他是诚社的灵魂，据说诚社是由陈辞修领导的组织，实际负责的却是张厉生。他同陈诚似乎是“把兄弟”之一，关系很好，可是官僚气息太重，什么事情都敷衍，所以立、监两院、国民大会的事闹到他那里，他简直痛苦不堪，这样秘书长就什么事都不能做，整天应付民意机构，忙得不可开交。他之后是唐纵，刚开始干得很起劲，过了一时又觉得不好做了，因为他本身既不是立法委员，也不是监察委员，又不是国大代表，连会场他都跑不进去，还谈什么呢？他了解到：立法院的事就让立法委员去做，监察院的事就让监察委员去做，由他自己来做反而不讨好。总裁一方面是威望高，另一方面对党政关系的运用确实比秘书长这些人强，他也不避讳，所以特别为这一方面的工作成立了中央政策委员会，这是一九五五年十一月二十四日的事，已经是改造以后的第五年了。

政策会的组织方面，它设有一位秘书长，底下有四位副秘书长。第一位一定是国大代表，专管国民大会；第二位专管立法院，一定是立法委员；第三位专管监察院，一定是监察委员；第四位专管各党各派。这样子安排，秘书长还算好做，副秘书长却不好做；秘书长只要转达四位副秘书长的工作，向总裁报告，传达总裁的意志。自从政策会成立之后，中央党部的秘书长不必再管民意机构的党政关系，可以专办党务。

中央政策委员会成立了几个月之后，一般人的观感还是以为中央党部的秘书长最大，想找总裁的人就去找秘书长。总裁的意思却不是这样，他认为政策委员会是另外一个系统，也直属总裁，因此他召开了一次由他自己当主席的中央政策委员会会议。

那天的会议在晚饭以后开始，大约是七点钟开会，九点钟结束，有正式的议程。讨论什么呢？总裁虽然没有明讲，不过他想开的是一次示范性的中央政策委员会会议。那个时候中央党部的秘书长还是权力一把抓，他跟政策委员会的秘书长商量该讨论什么案子？由于行政院没有案，就讨论考试院的最高考试条例，因此列入了议程，事前发给大家。开会前，大家依例登记发言。这个案子是法制委员会主审的，所以登记发言的九个人当中，法制委员会的立法委员占了六个，另外三人是国大代表和监察委员。开会时，总裁当主席，坐在他的右边的是中央党部的秘书长唐纵，左边是中央政策会的秘书长谷凤翔。他有意要让大家了解这两个秘书长的地位是一样的。到会的有五院院长和重要部会首长共一百多人。开始讨论之后，总裁先讲话，说今天开中央政策委员会会议，这个会负责的工作有哪些。然后由政策会秘书长报告当天的议程，按步就班来做，于是随即讨论最高考试条例。首先由提案机关考试院说明，由于当时考试院院长莫德惠不是国民党党员，因此由副院长程天放同志出席说明。说明完毕后，大家发表意见，登记的人都上台去说话。我也登记了，一到台上，看到台下好多白头发，吓了我一跳，在那么多老前辈面前，可不要乱发谬论。六位立法委员在会中不约而同地反对这个案子。我是胸有成竹的，我说："我们从来就是只有普通考试、高等考试，没有什么最高考试。现在二十几万公务员中，科长以上的人多半高等考试及格，也就是说，高等考试及格的努力干多少年才可以当科长，慢慢往上升，最后可以做到简任最高级（简任一级）。所以高考及格人员是文官系统的骨干，如果忽然间来一个最高考试，及格的人就当简任官，把原来高等考试及格的人通通压下去了，他们会觉得没希望，影响士气太大。同时，所谓最高考试，并没有标准，通过这个考试的人，有学历没经历。以往的公务员由科员做起，慢慢升上去，有丰富的行政经验之后才可以当高级的主管，没有行政经验的人一上来就当高级主管，可能失败的机会多，这个案子不可行。”当时我讲得条理分明，事后有人告诉我：“你讲话后，总裁也在鼓掌。”因为发言台在下面，我背对着主席台，所以我没有看到主席鼓掌，不过他们认为大概我们的意见是没问题了。九个人都发言完毕之后，总裁站起来讲话，裁定：“最高考试条例由考试院撤回。关于高学历的公务员，我们很需要，将来在考试法修正时，如何容纳高学历人才，大家再研究。今天的结论就是这样。”大家鼓掌，因为他讲得很好，也没有否定任何人，还是要高学历的人，不过最高考试条例撤回。后来修正考试法时，原来的特种考试分相当高考、相当普考两种，我们再加上两种，一种是比普通考试还低的丁种考试，另一种是比高考还高一点的甲等考试，而有了甲乙丙丁四种特考。

那次政策委员会会议开得很好，以后中央政策会的地位大家肯定了，两位秘书长地位相等，也可以和中央委员会的秘书长互调，谷凤翔后来到中央委员会接唐纵的秘书长。所以政策会的成立发生了很大的作用，政策性的联系沟通有了管道，而且其副秘书长一定是立、监委员、国大代表各一位，而当副秘书长的国大代表，转任国民大会秘书长，更是驾轻就熟。

近年来常有考试领导教育的现象，照理说，教育发达之后，应该是教育领导考试，考取的人才能学以致用，考用才能合一。目前由王作荣当考选部长，也算是个创例，但是王作荣似乎有些急躁，很想有所表现，很快地把他历年来的想法用出来。其实做这些最高机关的政务官是要磨一段时间的。现在考试委员逐渐增多学术界的人物，这是很好的现象。考试类科和命题还要通盘调整，跟学校教育好好配合。

陆：依照五五宪草，民意代表应当参加考试，才能取得资格，后来为什么宪法里没有这一种规定？

黄：现在还是有检核办法，检核合格的人就可以竞选。这是规定在选举罢免法里，宪法只规定公务人员专门职业和技术人员的任用或执业需要资格。

陆：当前有很多候选人素质太差，问题很大。当初中山先生定考试权，就是为了防止流弊，他在国外看到很多民意代表太差劲了，所以主张候选人要参加考试，达到水准才可以竞选。

黄：是的，应该考试就是考试，不当用检核来代替。检核制度对考试的影响实在大，只凭证件就可以了，究竟有没有学问却不晓得。

第十八节　立院党部书记长

一九七二年六月一日经国先生就任行政院院长。在二十二年之前，立法院搬迁流转多次，由南京迁广州，广州到重庆，重庆到成都，成都到海南，海南到台湾。到一九四九年底才勉强安定下来，之后又来了一些候补委员。真正就绪上轨道大约是从四十年开始，由一九五一年到一九七二年，刚好满二十年，这二十年当中，大家并没有预定不改选，还是认为要三年选一次，所以一切的制度都是预定要改选的。很多人忽略了立法院组织法有问题，立法院从秘书长开始，都是派，没有任，以下的职员，不管是简任、荐任或委任，也都是派。因为这二十年没有变动，立法院组织法也没有更动，大家不晓得为什么用派，还以为搞错了，但实在是没有错的，因为三年改选一次，院长、副院长改选，秘书长当然也要改，所以是临时性的，这是常设性机关、临时性的职务，应该是派，不该任。

在这二十年当中，慢慢订下各种制度，但是多半仍属于训政时期过渡到宪政时期的法律，完全宪政的法律不多，也就是旧法废止后新制订的法律很少。立法院各方面也都定下来了，譬如立法院有十二个委员会，这十二个委员会中，哪些人参加哪个委员会变动愈来愈少，每一个会期都差不多。这是为什么呢？就是因为各委员会的召集委员差不多都固定了。三十人以上的委员会可以产生三名召集委员，通常这三位召集委员就由某几个人轮流来当，不当召集委员的人就永远不当召集委员。小的委员会如果只有十个人，譬如法制委员会，一方面因为这个会的法律性太重，参加进来的人常觉没有味道，另一方面如果没有一点行政法的基础，会听不懂，所以参加的人少。这个会的召集委员通常多少年来只有五、六个人在轮流当。后来我干脆排一张表，因为曾经有过一个会期有两名委员争当召集委员，争得你死我活，把委员都赶跑了，只剩下八个人。这八个人常常缺席，所以有一次开会的时候，除了台上一位主席，下面都是政府官员。后来这两个人都离开了，其他委员也回来，人数一直在二十个人上下，其中常当召集委员的人不过五六人，顶多七八人。我兼党职的时候就不当召集委员，但是他们还要勉强我，我说："我兼职太多了，不必再当召集委员。"有时候还是推不掉。各委员会情形不一样，有几个委员会的召集委员由派系来分配，譬如三名召集委员就由三个大派系每个派系分一个。各委员会的委员都是跟着召集委员来的，所以这二十年当中，各个委员会的委员，每会期各凭志愿参加什么会的成分少，固定跟着召集委员的成分多，常常是跟召集委员同派系、同乡、同学、亲戚，或者是有私人情感；参加的成分如此，发言时也只有少数委员能够发言，不大发言的人就一直很少发言。这个情况有好有坏，好的是安定，但是却容易被少数人所操纵。

到了一九七二年，经国先生当行政院长，更大的因素是台湾选的三十五个增额委员进来了，加上侨选委员，共有五十一人，局面因而改变。新进的委员对立法院影响很大，他们分布在各个委员会，在这个时候，立委党部的作用就很重要了，同时，立委党部与中央政策委员会的配合关系更大。政策会有一位副秘书长是立法委员，如果这个人在立法院没有基础，那就没有作用；有基础的话问题会少一点。现在新的委员进来，基础也和过去有一点不同，主要还是立委党部的作用大一点。

立法委员党部是本党改造以后的产物，把立法院中国国民党籍的委员都组织起来，编成很多小组。改造之初，各小组选举产生的小组长，都由中央党部，加派为立法委员党部改造委员会的委员。以后正式党部成立，先选举立法委员党部委员，再选举各组小组长；再以后立委党部委员的过半数，由中央指派，另由每会期立法院各委员会召集委员选举后，各推定一人为党部委员。各小组仍另选一人为小组长。党部委员既近半数是当选召集委员的本党同志，党部委员会每两周开委员会一次，就可以发生小组联席会议的功能。不过每次委员会，除了报告中央委员会的来文，并听取列席的院长副院长报告、书记长报告、或出席委员报告外；中央政策委员会组织工作会的列席人员，有时也即席转达各该会主管的事务。另外，立委党部在立法院每一会期中，不定期的举行党员大会、小组长联席会议等，都另定议程讨论报告。书记长的工作，比普通党部不算繁重的。不过政治人物多，发生问题并非在事务上的。

在一九七二年以前，立委党部不需要管法案，前前后后有八任书记长。第一任和第二任由两个人抢着当，一个干半年就下去了，第三任是中央第二组副主任兼书记长，因为私人情感跟自己的朋友不愉快，不愿再兼差。接着是陈苍正，一干八年，之后是李荷，干了六年，这十四年间，立委党部不太忙着法案，就做党务而已。本来党部的工作有组织、训练、宣传和党政关系，立委党部在组织方面，由于立法院没有新党员，成员不变动，没有组织发展的工作可做；至于训练，是中央在办，立委党部不用办；宣传方面也没有工作，因为不对外。由于没有什么党务工作，所以立委党部的书记长好做，陈苍正一做八年，也没有人说他做太久，因为没有事，做了六年的李荷也是一样的情况。那时候遇到中央决策要贯彻的话，是中央政策会去做，立委党部只管动员，命令照转，党员能多到一些就是了。

之后情况却不同了，大家都感觉到书记长的重要。本来发表了一个书记长，居然党部的常务委员跑到中央党部拒绝他到差，弄得中央必须了解内情，慢慢去疏通。在疏通的过程中，当时中央政策会的秘书长是王任远，由于立委党部同政策会关系太密切，王任远就来跟我商量说："实在是没有办法，你来吧。"我说："我不干。"他问："你怎么不干?"我说："我以前接了好多党务，好不容易摆脱干净，我现在要好好做我的立法委员。同时，中央已经发表却不能到差的人我知道，可以说他和我关系深，他是我的小老弟，我要是现在进党部的话，那他就完了，以后党部派他什么职务也不方便，等澄清了之后再说好了。"我就没有去。后来隔了三个月，他就到差了，反对他的人大体上也没有什么严重了。

之后来了一位学者，曾经留学俄国的孙桂籍，是政治大学国际关系研究中心的研究员，抗战胜利以后，年纪轻轻的就当了长春市长，常常在电视上演讲，谈国际问题，两只手手势很多，一口标准的北平话，在学术上很有地位。没有料到他当书记长之后，党部的工作同事告诉我，他一到党部，就找这个找那个、忙这样忙那样，忙什么呢?讲不出个所以然来，紧张得不得了，大概他平时习惯如此，所以后来心脏病发作。他干了一年多，中央也很不满意，不晓得他忙什么，就是穷紧张。他自己也太忙，四处演讲，常上广播、电视节目，结果因为太忙、太紧张而病倒了。病倒之后稍微好一点，他也辞掉了书记长，但是还是那样紧张，有一天，就在政治大学国际关系研究中心讨论问题时，话讲得太激动，当场心脏病发作。事后据他的太太说，那天他忘了带心脏病的药，发作时才打电话到家，家里头把药送到时，人已经走了。他在任时，中央党部已经有两、三个人和我讲过："这个书记长不行，必须要换人，请你来好了。"我还是那个态度，"不干"。那个时候孙桂籍还在，不过一定要他辞职，因为党部搞不下去了。

从一九七二年四月起中央开始钉牢我了，为什么呢？因为增额委员就要来了，经国先生当院长，处处要比人强，如果没有适当的配合，他这个行政院长也当不好。

在一九二二年四月到十二月间，前后有十人以上劝吾就任立委党部书记长。他们有的代表中央党部，有的代表建设座谈会，有的代表蒋院长，有的代表立法院；也有受人之托，以私谊劝进的；综合他们要吾做书记长的原因：1. 这个职务重要；2. 温和平实不忮不求；3. 使立委们相信中央是用人唯才；4. 找书记长人选拖得太久，提到别人总有不赞成的人；提到你没有人不赞成！5. 奉命来要求你答应这件事，蒋院长还要找你的！6. 屈就屈就，党部没有托吾，但有人来劝驾，请不要拒绝。联合报的新闻剪影和大华晚报的国会春秋等，也先后报导说："中央征召黄某和梁某，两人都很淡泊；书记长人选已内定对法制颇有研究的黄某"；十一月间报导肯定是吾；征召黄某使立委们对中央用人有更多的了解和更大的信心。至于吾婉拒了大半年不敢承诺的原因：第一，吾一贯以为党员应该为党服务，党部要多用党员服务，少用专任。吾现已担任革命实践研究院通讯研究部主任，是研究员留院服务，也是党务；第二，吾已经过了六十五岁，是公务员的退休年龄了；第三，现在以后蒋院长要当权了，他对吾不错，可是他对干部的态度，由胡轨、詹纯鉴、王新衡等的前车可鉴，多少使吾存一些戒心。而一个立法委员能恪尽厥职就不容易了，如果立委可以不做了，也该不再担任公职自由自在了。

中央的命令发表了，是总裁的任用书，规定十二月一日生效。报纸上发表了消息，立委党部委员会正式决议通知吾早日到职。而院内同仁以及院外党政界熟友，一见面就几句迹近恭维的话：讲得最多的是“你最合适”，有的说“非你不可，恐怕逃不了吧?”“你不干谁干”，“吾一定支持你”，“你来还有什么话说?”“你委屈了”，“你就委屈一下吧”，“为了立法院”，“没有比你更合适的人选了!”“你要准备受气”，“你要注意健康”，“你是才俊”，“你反而当书记，本末倒置”。有的写信，有的电话，有的面告。但也有的劝吾说：“不要搞这个噜苏!”，也有警告吾说：“少管事!”真可说议论纷纭!

“盛名之下，其实难副”，吾虽不敢说，吾有什么盛名，但就凭这一两个月的议论纷纷，也尽够吾戒慎恐惧的了！吾既不能公然拒绝任命，吾也本没有任何要求与期盼。事已至此，只好从如何干好这份工作，对党对国有利，对个人也没有什么不利的方向着手。立法院藏龙卧虎，总裁多少年前就说过，但神州未复，多少豪杰之士，已渐渐失去了凌云壮志，大有老骥不能伏枥之慨!十年二十年前，尚多傲岸之士，而况此时；加以才在选举中脱颖而出的青年菁英，挟地方势力而来，新锐气盛，自在意中。因此吾在十二月廿一日接事之后，第一件事就致函立委党部全体同志。大意是说：“诸位大哥大姐对吾的关怀以至谬奖，使吾受宠若惊……新旧交替时间，新的情势比不得四十五会期增补选以后，在莒又久，国步艰困……每位同志对党的贡献，是历经变乱，久而弥坚的……吾自愧不能望其项背……吾自省不是吾所能肩负的！……吾终于在这个时候就任，实在还是贸贸然的，不自量的！……仰仗党部诸委员给吾的直接领导……接受每一位大哥大姐的指导鞭策……”等等。此信发出后，反应很不错。接着就请法制委员会的同志们吃茶点指教，到会的八位委员，包括了革新、建设、一四、中社等四个团体的中心人物，提出了主要意见四点：1．使立法院要像八宝饭，团结而有黏性；2．注意新进委员可能另成团体，可能各求表现；3．党部委员选择有分量的，要有做法；4．要中央重视立法院。建设座谈会召集各组召集人和服务委员，包括两位中常委、一位政策会秘书长等二十余人，重点摆在聚餐欢迎上：中社由蒋公亮出面邀请佘凌云、刘振东、莫萱元、潘廉方、严廷飏、王寒生等七人，在周厚钧家里餐叙，勉励吾任劳任怨；革新俱乐部是由温士源个人适逢其会的约集了一个餐会。温夫人有一手好菜，温委员邀请的一桌人中，有三位陪他打牌的，不论派系，都是友好，适巧有张志智、张子扬、郭登敖、牟尚斋等，虽都属革新俱乐部大将，但对财团法人工业技术研究院设置条例歧见很深。两张激烈反对，郭、牟批评他们的反对，还有陆京士和吾，正是积极在做沟通工作。在这机会中，吾携带了中央前后有关的公文，向两张和其他反对的同仁说明，他们不再误会中央的通令，了解中央没有针对他们的意见下令。虽然设置条例后来在延会法案中最后一案经过表决，以在场人数一百六十六人，举手赞成重付审查的只有二十五人，少数，未通过，即进行二读、三读通过了。此后两张对吾也没有成见，有时也很能合作。此案是吾当书记长的第一关，而陆京士、王宜声也从此合作。他们两位是总工会原始的对手。

我一到差，重点就摆在增额委员身上，第一次参加党部委员会，我问的第一句话是：“增额委员在哪一天进院？”那时我非常注意这个问题，知道立法院的局面会变，可是没有人给我答复，现有的党部委员好像没有注意这个问题。

到差之后，经国先生在行政院里连找我两次。他经常一见面不谈正事，先嘻嘻哈哈一番。

一九七二年年底我就职，干了一年之后，我就辞职，中央方面却说绝对不行。后来又干了一年，我说："不行了，已经干了两年了，不能再干。"但是却又拖到第三年。到一九七五年，总裁过世，我不能再提辞呈，中央也调我当中央政策会副秘书长，这个时候我说："那书记长不要干了吧？"他们却要我兼书记长，我说："这个不行的，有那么多立法委员，在我来说，多一份差事多一份麻烦，别人看来我是步步高升，不大好。"但是没有办法，在那个情况之下，找不到适当的人，我还是兼书记长。

兼了一年多，有一次我像平常一样列席中常会。开会时桌上一大堆会议资料，我翻阅时发现其中有一张写着："调黄通同志为中央委员会副秘书长。"我感到很奇怪。会议开始之后，主席问："大家有没有意见？"没有意见，中常会就通过了。散会后我感到纳闷，怎么事前没有任何人告诉我？究竟这是怎么来的？中央委员会的秘书长、副秘书长一定跟主席有关系，是谁推荐我？还是什么缘故？一直到现在我都还不明白，因为没人跟我讲过。

我当副秘书长很小心。我读过书，知道伴君如伴虎的道理。每次会议中，主席遇到问题常问坐在左右手的秘书长、副秘书长。三位副秘书长中，我是主席左边的第一位，主席一问，要立刻答复，翻资料是来不及的。如果讲错了怎么办？这个差事不好做，我十分小心。

我对于出处进退自律甚严。那时候中央党部规定七十岁退休，我的年龄已经七十岁了。我一到差，就把党工资历、证件通通交给一位管人事的总干事，告诉他："这是我的党工证件，请你给我办退休，你到时候就签报，不必再问我。"果然后来签报上去，发现我确已届满退休年龄，依例准我退休。主席在中常会向吾致谢为党服务多年的贡献；秘书长特邀中央全体单位主管饯行，都是前所未有的。

立委党部书记长的职务是在当中央副秘书长时才辞掉的，我问他们："有没有中央党部副秘书长兼下级党部的先例?"他们怎么样也找不出来，只有副秘书长兼中央某一组的主任，但是连兼省党部主任委员都没有，兼下级党部书记长更没有这个先例了，所以才准我辞掉书记长。

这时候增额委员一共有五十一人，其中区域选出三十五人，还有几个是由职业团体选出来的。一九七二年底这次选举很顺利，这些委员在一九七二年年底当选之后，报到（一九七三年二月）之前，就忙不迭地在台北找个住处，安排联络地点，有的人家眷都带来了，多数的人还没有。他们有一个共同的感觉，认为自己好不容易当选立法委员，立法院却没有表示什么欢迎他们，感觉有点委屈。我当了书记长以后，第一件事情就是注意增额委员。他们有人当过省议员，有人当过县议员。省议会、县议会的待遇都比立法院好，设备也比我们好，例如省议会有会馆，很神气，立法院却穷兮兮的，当时已经有了中山南路一号专属立法院的新会场，本来连会场都没有，借中山堂开会。散会后，家住台北的可以回家，家住外县市的就无家可归。由于外县市的委员有百多人，来自新竹、桃园、中坜、台中、屏东、台南各县市，开会时在台北住一段时间，休会时回家，生活苦兮兮的，立法院又没有会馆，怎么办?好在他们各人自有团体，可以住在团体的招待所中，接受简单的招待。像我就是在长安东路一段二十四号住了好几年，房间中只有一个竹床，人多时，一个房间多摆几个二尺五阔的床，一桌一椅，除此之外，没有什么东西。房舍破旧，蚊子多，还得靠自己想办法弄个蚊帐，烧蚊香；实在太热时，只能想法子弄个电扇吹一吹。而且在宿舍中也只是住一住，吃饭也没有人招呼。

我按照他们在台北的住址，逐户拜访了已经来台北的十四位外县市的增额委员，他们非常感激。

一九七三年二月一日报到之前，我给每一位委员写信，开头就说我们是立法委员党部，欢迎新当选的立法委员同志，我告诉他们如何报到，先提立法院位于中山南路一号，有好几个大门。当时多半在济南路边的大门口报到，也就是群贤楼原址，那时候有一间小礼堂，名为交谊厅，报到就在交谊厅里。外面来的委员对立法院不熟，连问谁都不方便，所以我在信里告诉他们报到的路线和手续等等，使这批增额委员知道党部替他们服务。他们进了立法院之后，好像举目无亲，唯有党部和他们很熟，是自己的党部。因此可以说这封信的收获很大，很使他们感动。

可是增额委员进来后，最苦恼的还是在于摸不着头绪。所以等到他们摸索了两三个礼拜，我专为他们在党部开了一次座谈会，会中请他们发表意见。他们的意见可多了，总而言之是不习惯，好像什么都不接头。我就告诉他们怎么样当立法委员：第一，要了解宪法。宪法明订立法委员八大项职权（按宪法第六十三条规定：立法院有议决法律案，预算案，戒严案，大赦案，宣战案，媾和案，条约案及国家其他重要事项之权），本来宪法只规定立法委员有质询权（连监察委员都没有这项权利）；而宪法又规定，立法委员除现行犯外，非经立法院许可，不得逮捕或拘禁；此外，立法委员有言论免责权等等。我告诉大家这些权利，大家都很感兴趣。

第二，大家应该看看议事规则。任何中学生都晓得会议规则，但是立法院的议事规则有八十九条，恐怕是国内各种议事规则中最复杂、条文最多的一种，连专门研究民权初步的人，也搞不清楚立法院的议事规则。

这个议事规则是怎么来的？我感觉行宪时期的立法院叨训政时期的立法院的光很多，这份议事规则就是训政时期立法院拟定的，只不过不如今天这样完备，当时立法委员也没有像现在这么多的权力。行宪后，根据宪法，立法委员的职权扩充了，尤其关于提案权，原来只规定行政院有提案权，听说在制宪国大开会时，考试院长戴传贤力争提案权，因为他认为考试权属于人事行政的一部分，如果没有提案权，恐怕不能主动提案，所以宪法规定，除了行政院外，考试院也有提案权。此外，立法委员当然有提案权。但有的委员在委员会中提案，经委员会通过，再向院会提出，这是错误的。其实立法委员有提案权，而委员会却没有提案权，委员会唯一的任务是审查院会交付的案子，不能自行提案送院会讨论，这一点有好多委员不太了解。此外，连署也是很复杂的问题，委员的动议，须征求附议的人数由十人到八十人不等，情况很多，一般委员因此不敢提案。我在座谈会中，大概讲了几个基本法，这批委员非常感激，当场有两位委员站起来讲："我们进了立法院几个礼拜了，今天才真算是当了立法委员，知道很多东西。"他们很高兴，也因此他们对党部的向心力很强。

一九七二年、一九七五年当选的立法委员和资深委员合作无间，没有分别。偶而有提案或发言不适当的情况，但是他们很小心，常常谘询书记长，书记长随时都告诉他们。在党的运用上，这些增额委员本来算是很好的，直到一九七八年，预备改选，已开始办理选举，不料中美断交，局面大变，政府立刻宣布停办选举，到一九八〇年再办。一九八〇年选出来的委员，和以前的增额委员大不相同。"党外人士"起来了。

黄信介、康宁祥两人，一位是一九六九年补选，当选立法委员，一位是一九七二年增额当选，因为人少，没有发生作用。到了一九八〇年，进来了十二位"党外人士"，他们就是另外一个立场了。同时，国民党的同志，大部分都把省议会、县议会的习气带进立法院，与立法院原来的秩序不能配合，因而产生一些困扰。

一九七二年、一九七五年当选的增额委员大致说来很好，后来不当立法委员了，也都有不错的安排，像李志鹏，当了大法官；吴金赞，去当福建省主席；蔡友土、黄泽青、谢深山做党工，谢深山后来当了中常委！只有吕学仪因为是台大教授，没有另外安排；华爱原有军职，阶级太低，一时没有适当职缺；继续竞选到第六次的，只有刘松藩一人，所以当上了副院长。党中央对增额委员是很费心培植的。

在党部组织中，有书记长、常务委员、党部委员，党委员会每两个礼拜开一次会，常务委员会每周开会。常务委员由党部委员选出，如果我们把委员会看成是立法院的缩影，那么常务委员会则更是委员会的缩影。在此情况下，书记长是否只要听命于常务委员就可以了？事实不然，党部委员或常务委员都是政治性重、法律性较少。本来常务委员应该要能够掌握法案，尤其是在讨论法案时能挺身在一般委员的前面，但是并非每一位都有这种能力。而且后来因为连任、久不改选，形成大家轮流当委员，这样一来，就完全丧失实质意义，变成形式。当我考虑结合派系力量的问题时，我注意到立法委员党部组织规程中，规定设立考核纪律委员会，以贯彻中央决策。所以我灵机一动，着手改组考纪会。

这时候历次的立法委员党部委员的选举、立法院各委员会召集委员的选举，都带点轮流的性质，不是由领袖分子担任。尽管党部有常务委员、党部委员，有许多人还是要依赖领袖分子的话，党部委员领导不了。现在我们改组考核纪律委员会，尽量把领袖分子容纳进入考核纪律委员会，请他们当考纪委员，以示尊重，他们很高兴。考纪会开会后大家也一定一起吃饭联谊，有时候上午十点钟开会，会后吃中饭；有时候下午四点钟开会，会后吃晚餐。就这样，会也开了，联谊效果也达成了，正经话题、笑话都谈了。

考纪会有这样的改变之后，立法院真是和气一团，推动法案太容易了：院会讨论前，考纪委员先讨论；院会讨论时，不但党部委员在场，有时候连考纪委员也会在场招呼自己派系的人，所以解决了不少问题。有几位考纪委员对我说："你真是有办法，把考纪委员会搞得这样健全。对于法案，一般党部的委员都无所谓，你只要把考纪委员弄好就好了嘛。"

有些派系本身不一致，不只一个领袖，我也晓得这些情况，会利用适当机会、以别的方法去推动他们。

李志鹏当副书记长时，距离我当书记长已经有两、三年，有一天他代理书记长，他对我说："你看周先生当书记长多辛苦，在会场紧张得不得了，所以书记长病倒住院了。我一进立法院后就注意到，你在会场没有忙什么啊，好像很轻松，我真是学不来。"我说："我也可以把秘诀告诉你。每个委员会都有领袖人物，每个法案一来他就会和我联系。这也不是我临时安排的，他们都会主动来告诉我某一案某委员等有哪些意见，他们也自动协调，我也可以找相关的人去把问题弥缝起来。并不是每件事情都要我自己出马；要我自己手到脚到，那是办不到的事。"他就说："书记长不好当，指挥不动时，真没办法。"

不过我最满意的还是在于考纪委员会的运用，连中央党部都没有像立法院这样重视考纪会。我在任内，前后遇到梁永章和邓传楷当考纪会主任委员，我还曾邀请他们参与聚餐，他们非常得意，感觉考纪会主任委员受到立法院这样的重视。由于考纪会运用成功，立法院也很安靖。

当初，我到了立法委员党部以后，发现一个比较严重的问题，也就是："立委党部干什么?"党改造以后，设了立法委员党部、监察委员党部和国民大会党部，功能是贯彻中央的决策。

立法委员党部和一般地方党部不同，在组织、训练、宣传三方面都无事可做，至于党政关系，则更不必谈了。我到任之后，为求贯彻中央决策，请教了好多人，包括党部委员、常务委员，发现大家都是照着旧习惯在做。立法委员党部早在一九五〇年年底就成立了，到这个时候已经过了二十年，但是凡事还是率由旧章。我认为所谓贯彻中央决策，第一要先把握决策所在，再将决策表现在法案上、预算上；法案预算之外，又有什么决策可言呢？立法院行使立法权，要对法律有所研究，法案送到立法院之后，立法院是不是应该知道政策的形成？很多委员也常常有此要求，而法案审议的先后缓急，党部应该注意。

立法院中决定开会议程的是程序委员会，由各委员会推出两名程序委员组成，他们对程序有多少了解？说实在，这一方面许多人根本没有研究。程序委员会平常在什么时候开会？每星期二、五立法院开院会，院会六点钟散会后，接着开程序委员会，会议结束后大家吃晚饭。所以程序委员会开会的时间很短，多半只有二三十分钟，这么短的时间怎么能决定程序呢？而且程序委员虽说是由各委员会推出，其实是有点大家轮流当的性质，也有些委员会的程序委员固定由某两个人当。因此程序委员会开会时，从来没有程序委员先考虑过我们要讨论什么，而是先由秘书处之下的议事组编好议程，再由程序委员会通过。议事组设有主任、简任秘书、科长等，其中主任的权很大，他编好院会的议事日程，开程序委员会时，发下油印的资料，程序委员就照本宣科通过，因此十几、二十分钟就可以开完会，散会后就去吃饭，所以有人戏称这是个"呷饭委员会"，吃饭却没做事。开会过后，假如你问某一位程序委员："下一次院会讨论什么?"他"呀"一声回答你，因为他也不晓得；至于为什么这个案子会排上议程，他更不晓得了。这种情况不等于没人负责程序委员会吗？程序委员会没人管，不就等于整个立法院都没人管吗?

就我所知，行政院是有人专门负责整个立法架构的，他们首要的是施政方针，之下是施政计划，再来是应该提的法案或预算案。所以各部会在每一年度开始，就要提出立法计划，草拟各种法案。拟定之后，先送中央党部。中央党部实在也没有人在研究这些，还不是就听行政院长说某某法案如何重要，一定要在什么时候通过。行政院长或许还会听某部首长的建议而更改草案，但是只要草案送到中央党部，通常不会有什么讨论就由中常会通过。然后立委党部就奉命完成立法程序。由此看来，可以说主导立法的是行政院，立法院不是完全被支配了吗？我们的立法程序，提案是中央政府五院都有权，审议权却是专属立法院的。美国的国会和我们就完全不同。他们是总统制，但是总统没有提案。总统每年初要提出国情咨文，重要的法案就根据咨文，由议会负责立法。例如台湾关系法，就完全是由国会所拟出来的，由于是国会议员提案，由他起草、征求连署，然后送到他所属的党，党里讨论通过后，再送到国会，所以各种法案都称为某某人法案。他们的每名国会议员都有助理，可以由议员指示助理草拟条文。当然，美国的立法助理制度后来也产生了很大的流弊，因为不限制助理资格，就有人报出来的助理名单上，第一个是他太太，第二个是他小姐、女婿、媳妇等等，多领几份薪水，真正的助理也不知道在哪里。这几年我们的增额委员闹了一些问题，其中一项是要求设立法助理。现在我们可以看看，到目前为止，立法院助理究竟发生了功效没有？立法助理有两种，一种是立法院的立法助理，一种是立法委员的立法助理。立法委员的立法助理做了什么事？他们原来是立法委员竞选事务所的人员，帮忙他应酬等等，现在正式加上立法助理的头衔，但是并非都懂立法的。至于立法院的立法助理，现在用了十几、二十个人，其中硕士、博士固然有好几人，但是他们拟了什么法呢？他们凭空拟不出法案来，他们只是提供意见，但立法委员也不见得照着他们的意见讲话。

现行制度中，五院都可以提案，立法院的委员也可以提案，可是以各部会的提案为主。立法委员提案比较难；单拟一个案子后，要有人连署，连署之后还要关关通过。由于立法委员的提案能力不足，大家不习惯提案，没有几个案子是立法委员提出来的。资深委员在早期提过请愿法、贪污治罪条例等法案；增额委员主动提出的法案，常常与政府提案并案审查。结果是中华民国的法案来源多数在行政院。行政院每一年都有整套的立法计划，他们有七组幕僚人员，这些人员就是立法助理。还有参事、顾问，人才济济。所以说美国立法的提案权在国会，我们却类似英、日、德、法内阁制国家，提案都在政府机关行政院等。

当时我已经当了二十年立法委员，深深感到我们的程序委员会随便推出程序委员是一个严重的问题。因此我就任书记长之后，最低限度希望做到程序委员会能掌握“程序”两字。如何掌握程序？首先要健全程序委员会。根据程序委员会组织规程，应该由召集委员担任主席，但是二十年来程序委员会却没有召集委员，开会时程序委员轮流当主席，大权旁落在议事组主任身上。我认为这一点不对，于是要求选出三名召集委员。为什么要三名召集委员？当时立法院有十二个委员会，各委员会推出两名程序委员，因此程序委员会共有二十四名委员。依照委员会的惯例，二十人以上的委员会要选出三名召集委员。起初我们还是随便推定一人当主席，后来就预先安排人选，否则有些人根本不晓得如何行使职权。我们先安排好谁当程序委员，透过他们所属的委员会选出，再在程序委员会疏通，看看由谁当召集委员。刚开始实施这种新方式的头一个会期，程序委员会召集委员的选举还不用投票方式，因为时间太短，所以开会时先推定一个党部安排好的临时主席主持会议。这时候党部已经预定某三人当召集委员，临时主席征求大家的意见，决定利用票选或推选方式选出召集委员，会中有委员建议推选，推选名单由主席提名，经在场委员无异议通过。之后这三个召集委员轮流当主席，每次开会之前，三人先召开召集委员会议，讨论议程的安排，事实上这就是党的运用。议事组虽然懂一点，但是毕竟不能完全由职员安排。议事组在编排议程前，必须先把各种提案报告书记长，请示书记长怎么安排，再根据交代编制议程。既然开会前书记长知道了，召集委员方面也沟通了，所以开程序委员会时很轻松自然可以通过。

不过，从此书记长就麻烦了，凡是委员会审查法案，书记长都要知情。他要明白法案的年度计划，根据计划，法案的审查有了先后次序，因此由书记长安排每一会期各委员会要通过的法案，让党部委员、尤其考纪会委员知道；再由各委员会自行依法案的缓急轻重排出开会时间。到程序委员会开会时，书记长已经知道要讨论什么，而由于事前已经沟通过，所以通常大家都有共识，不发生太多的争议。也有时详加讨论，更趋成熟。这样的情形，使书记长责任更大，就如同电流一样，没有故障就顺利运作，但是随时都可能发生故障，于是处处都要小心，党部一点也大意不得。

基本上，不论是程序委员会的召集委员或党部委员、常务委员，都要有立法程序和技术上的常识。我能懂得这一点，主要是受惠于我是法制委员会的委员。立法院各委员会的组织法规定得很好。在其他机关中，主任秘书最大，之下有专门委员、秘书、科长等等。惟有立法院各委员会则以专门委员最大，尤其历来法制委员会的专门委员都很不简单。别的不说，到台湾来以后，第一任法制委员会专门委员是罗志渊，他后来到政大当教授、教务长、法学院院长，这个人真是一个“法家”，但是人很客气，自称是我和张金鉴的学生，因为我们办过县长训练班，他在那里受过训，可是我并不记得他，因为我没有提他当县长，我不晓得有这么一个人才。他的英文在写作方面很好，所以他到美国一待两三年，在国会图书馆里埋头努力，出了好多书，其中有一本是《立法程序论》，写得很好。他之后第二任专门委员是涂怀莹，后来离开立法院去当大法官。他出书最有名的是与涂怀楷合编的《现代宪法原理》，他也在各大学兼教授。之后是国大代表李启元，到现在为止，他还是国大代表中较多研究法律的。我退职时法制委员专门委员是罗成典，他先是专门委员，因为想熟悉行政，又调主任秘书。他经常在外面兼课，其实他所教的“立法技术”也确实没有多少人能够教。现在罗成典已经改任秘书处长了。由于法制委员会有这些人才，我们当立法委员的人也叨了光，党部能调节立法程序，也和法制委员会有关，法制委员会案多，院会案荒，法制会就来填空。

向来立委党部的党工不进会场，他们不敢进场，而且也不用他们进场。我以为立委党部的工作，就在立法院，才开始要总务组发牌子给立委党部的人，让他们进场，站在议场两边或后面，当党部委员、书记长、考纪委员有事却不能离开时，手一挥他们就过来，可以交代他们办事，提供现场服务；这是很重要的。有时候院会正在讨论某案，和该案有关的委员却不在场，可以由他们打电话去找相关的委员来。现场服务有时候也包括帮忙在场其他委员，他们觉得党部替他服务，感到很高兴。

党员提案党部内沟通，恐怕也是由我开始做得比较多一点，以前没有人做过。在外面时，某某人是院长、是部长，但是到党部来以后，大家都是党员。我们请他们来时，都会先告诉他们这一点，让他们了解。大家互称同志，事情就好办多了。当时财经法案多，经济部长孙运璿来了很多次，由于委员各有不同的看法，争论得厉害，在委员会要吵到哪一天才吵得出结果？所以我们把大家请到党部来谈，经过沟通，问题就解决了。这就是党员提案要在党内沟通，不管提案人是在行政院或立法院。

有一些立法委员不知道如何行使立法权，讲不出立法委员有几项职权，所以我们尽量勉励委员同志行使立法权，依法行使职权的话，谁也管不了你。立法权包括法案审议权、预算权、质询权、同意权，最重要的是发言权。发言有种种规定，立法委员要遵守。我们作了一张表，请委员同志参考。现在有一些委员要作秀，某些行为实在太不像话，而以前的资深委员也有很多人不根据法律讲话，这样并不是行使立法权，我们时常会“纠正”党员，当然，也不能说是纠正，只能说是贡献意见。后来慢慢上轨道，到我上任的第三、第四年，情况大致正常了，很少出乱子，我觉得很轻松。

我也设法将小组和派系结合起来。小组是怎么来的呢？立委党部把各委员会的委员编成一个小组，每一小组设有小组长，我们把小组长和各委员会的召集委员一元化，派召集委员当小组长。十一人以上的委员会有二人，二十人以上有三名召集委员，这些召集委员多半由各派系分配，他们找自己派系的委员来参加委员会，支持同派系的人当选召集委员。我们不管他是否搞派系，站在党的立场，小组长要代表党部去领导。有一次闹了一个笑话，有两个人都是知名的立法委员，其中一个是大学校长，一个是作家，他们跑到党部书记长面前打官司，争当小组长。因为他们同属一个派系，要他们轮流当小组长，他们却不肯。后来被我劝好了，真不容易。小组长的责任是要小组委员贯彻中央的决策，所以小组的运用也是派系力量的运用。

如何运用小组、运用派系呢？常用的方式是餐会、茶会，不拘形式进行协调。如果叫明来开协调会，反而不成。

过去立法委员质询、立法院延会休会、考察的时间都没有一定，我认为应该有所规范。

关于委员考察，我们规定一定要在休会期间，除非现在讨论的法案需要实地参观，否则不准在开会期间考察。后来各委员会都做到了。平常有几个委员会会议太少，很闲，例如国防委员会，国防部花样最多，常常举办演习，顺便办个招待，委员们在开会时就跑出去。委员会不开会或许因为没有法案没关系，院会却一定要开，好多人跑了，院会不足法定人数，是个大问题。后来都制度化了，规定什么时候应该考察，什么时候不能考察。

至于休会期间，宪法规定：上个会期由二月到五月，下个会期由九月到十二月，因为弹性太大，所以复会、休会的时间很乱，尤其一九四九年大陆撤退时，我们在广州复会的时间是五月三十日，避免过了五月三十日算下会期，是一次很特殊的复会时间。到台湾来以后，政治环境很安定，立法院在一九五〇年上半年二月复会，这是在元宵节以后。另外下半年一个会期是过中秋节之后，也就是九月开议。与休会有关的是，延会在什么情况下要延会？本来五月底、十二月底应该休会，休会以后，照理说也不再发放公费，如果开会，另外又算出席费。到台湾以后，委员一年到头都固定在一个地方，开会到七月、八月还要延会，因为延会可以领钱，以出差旅费来计算，所以有两年延会延到八月三十日，三十一日休会，九月一日就报到了，又是另一个会期的开始，这实在不成体统，所以必须要制度化。但是强制休会会减少大家的收入，怎么办呢？我和陆副秘书长邀请行政院主计处、财政部两位首长，共同商议办法。后来研究出休会期间研究费或考察费，一样的照差旅费标准计算，解决了问题。于是我们决定：上半年可以延会一个月半，七月十五日左右休会；下半年的会期可以延到元月十五日左右。使得休会复会，期间分明，上下会期，不再混淆。在个人质询方面，曾经听说有一个增额委员（苏秋镇）很荒唐，他的质询可以卖钱，他挂个招牌说是“服务”，其实不然。简单的事情，要他质询的话，据说要三千块钱，由对方写好，他签个名，就是质询案；大一点的事要五千到万元，最多数万不等。所质询的内容又不一定是质询，民间纠纷也好，诉讼事件也好，无一不可质询；更可恶的是干涉司法，想靠质询案翻案，在他质询中，常常把一审、二审、三审的诉状、辩护状、判决书，通通印出来，一个质询案就是厚厚的一本，印刷所吃不消，所以后来想办法限制一点，慢慢才上了轨道。

至于“总质询”，宪法上没有这个名词。宪法第五十七条规定：“行政院有向立法院提出施政方针及施政报告之责。立法委员在开会时，有向行政院院长及行政院各部、会首长质询之权。”这里规定了行政院的责任在提出方针或报告，立法委员的职权是质询。而这个责任和职权行使的程序，规定在议事规则第十二章，听取报告与质询程序中。第六十四条“行政院依宪法第五十七条第一款向本院提出施政方针及施政报告，依左列规定。”分每年的二月一日就是上半年和九月一日就是下半年，上半年行政院要提出本年的施政方针和上年七月至十二月的施政报告；下半年只提本年一月至六月的施政报告。都规定在本会期第一次会议提出报告。第六十七条中还规定：立法委员对于行政院之施政方针、施政报告及其他事项（例如总预算案及其附送之施政计划及预算编制经过之报告），得提出口头或书面质询。很明白的规定报告和质询是相对的，没有所谓的“总质询”，也没有“总报告”。至于委员会开会中，有没有质询权？宪法第六十七条规定：“各种委员会得邀请政府人员及社会上有关系人员到会备询。”并没有说明质询或询问。立法院各委员会组织法第二十条规定“得准用立法院组织法及立法院议事规则有条文之规定”。但立法院组织法上的质询程序，规定在第十一条说：“立法委员依宪法第五十七条第一款对行政院院长及行政院各部会首长施政方针施政报告之质询程序由立法院定之。”各委员会没有这些报告，自然也就没有相对的质询。在立法院各委员会组织法第二条规定委员会的职掌说：“各委员会审议本院会议交付审查之议案及人民请愿案。”第八条规定“各委员会开会时应邀列席人员得就所论事项说明事实或发表意见。”列席人员不能参与讨论，也不能作施政计划施政方针或者上一会期的施政报告。他只能就所论事项或者某一正在审查中的法案表示意见，也可以说是提案说明，或者对他人提案就主管业务的立场发表意见供委员会参考。不过预算是根据施政计划编列，施政计划的实施，就是各机关的业务。为了解各机关的业务而由主管部会首长到委员会报告，落实施政计划，了解预算编成，没有明载有关法规，却也是各委员会所需而行之有素的。相对的询问，正是宪法六十七条所定的备询。如果也把它列为质询，并无法律根据；从而把委员会的询问，认为是分类质询，把院会的质询称为总质询，实在是于法无据。省县议会的组织规程，或者有这个总质询的名词吧？但是宪法上并没有规定省县议会的议员有此质询的职权，即使国民大会代表、监察委员也没有。奇怪的是新闻报纸上都惯用了“总质询”这个名词。附带说一句，报纸上常常载有“立法院”某个委员会审查某一法案完毕，就说一读完毕，似乎把审查会当做院会了？他们当然晓得“读会”是在院会中才有的。院会中施政方针施政报告的质询答复，即时或在十日以内，以口头或书面答复。

发生不正常的风波时，通常是书记长最大的考验。历任的行政院长、立法院长都很注意书记长，众多的委员当中，常有人对“行政院长”、“立法院长”不满意，因为院长无法家家去磕头，也许有顾虑不到的地方。尤其是有老朋友、老同事捣乱最难办，书记长根本不晓得他们为什么原因捣乱。在这个情况下，谁来收拾？如果书记长不设法收拾，事情就非闹大不可。怎么做呢？总不能让他们对簿公堂、打官司，除了用人情之外，没有其他方法。

在我当书记长任内，所经历的“行政院长”、“立法院长”都对我很好。“行政院”方面，当时是蒋经国，他在一九七二年六月到差，我则于十二月间到差。因为我不答应当立委党部书记长，他不提第二人，硬是等了半年，差不多他有关系的友好都来找过我，我在应该维护的地方当然会维护。至于“立法院长”，我经历了倪文亚，到刘阔才当选院长时，我已经不当书记长了，但是他们也知道影响力所在，对我也很招呼。本来我是承诺干一年书记长就下来，但是中央和“立法院”各方面都不允许，无论如何非继续干不可。这是因为曾经遇到几次尴尬事，就看书记长怎么处理。其中有一件事专门针对院长个人，那次院会就像现在被民进党所闹一样，弄得不能散会，台下委员差不多都跑光了，那人还是在发言台上闹。他是专对院长，大家都不知道为什么，我就站在他前面，最后硬拉他下来。当然这个还在发言的人也是我的好朋友。后来我写了封信发给所有的委员，这封信两个人都没有骂，两个人都不伤害，而大家看了我这封信，都晓得那天发生事情的原因。这个委员批评公营事业、官员贪污腐化，结果中共广播出来了，让吾很着急。他完全是公报私仇，却成为中共宣传。我给每个委员写这封信，吴延环看了之后说：“好久没有看过这么好的文章了。”我不知道好在哪里。上个礼拜我找出来了，看一看，是好，因为一看就清清楚楚，让人自然觉得院长没有过失，委员可以不必如此做，我没有明讲他，但委员看了就知道。这件风波就因为一封公开信而平息了，至少其他委员不起哄。历次针对“行政院长”、“立法院长”的风波，当书记长的人恰恰是我，没有闹出大问题来。

在我之后的书记长就不好做了。怎么不好做？例如要管法案，这是最头痛的事。以前都由中央管，书记长根本不管这些事，有事可以去找中央党部。第二年底吾辞得更坚决，他们找出袁中常委保证再干一年，第三年底吾不再辞职，因为总裁逝世了！说不出口了！之后我当中央委员会副秘书长，他们还要我兼立委党部书记长，我问：“有史以来，有没有中央党部副秘书长兼地方党部书记长的例子？”无论如何要再找一个人。他们迫吾提人，吾就介绍邓励豪，因为他当过山西省议会的秘书长，我想这个人人缘还好。当时他不在国内，人在韩国。他回国之后，中央党部催他到差，他就到差了，干了二三个礼拜就不想干，但是前后仍干了两年。当时蒋彦士当秘书长，邓励豪参加的是外交委员会，而蒋彦士当过“外交部长”，两人关系很好。邓励豪前后辞了五次，他唯一的理由是：“我人缘虽然不错，但是当委员调皮时，黄某人打个电话，讲两句就解决了。我来讲时，谁能听我呢？讲不灵哪。”他平时接触面小一点，所以干不下去。接替他的人也是“明知故犯”，他是最早当过八年书记长的陈苍正。他说：“我只要干一年。”我的前任孙桂籍，以及后来的周慕文，都是为当书记长而辞世的。孙桂籍心脏病发作过世；周慕文当了书记长就得了病，他想尽量学我，却学不到。老实说，他的能力比吾强，他的气量没有我大，太急了，在会场坐不住，一整天发脾气，气的发抖，别人就说：“他又来了。”他当了半年就得到肺癌。经过住院半年，我以为他就此算了，没想到他还是不放手，继续做下去，隔年病又犯了，死在任上。他是吾向当时的中央秘书长蒋彦士推荐的，吾不是间接的害了他吗？

第十九节　五权宪法守护者

现在正是修改宪法的时候，报纸上常常有很多议论，有些人仿佛没有先研究现行中华民国宪法就来批评。现行中华民国宪法并不是五权宪法，我们有一个五权宪法的草案并没有实施，现行宪法起草者是张君劢，并不是国民党。现行宪法既然经国民大会通过，好不容易我们行宪了，大家应该遵守，所以立法院的法制委员会对这方面可以说最认真，站稳现行宪法五权分立的立场。

现行宪法没有依照学理区分为政权机关与治权机关，而是讲元首的一章，五院各院分占一章，五权分立，各有职权。我们仔细研究的话，会发现总统的职权小之又小。很多人误会总统权太大，李宗仁也因为这种误会才会抢当总统。实际上宪法赋予总统的权并不大。又有很多人误会立法院是五院中最高的，就等于美国的国会，有提案权，政府要听国会。其实我们的情况不同于美国，五院都有提案权。本来监察院、司法院没有提案权，后来经大法官会议解释，各院都有提案权了。

有人说行政院一院独大，其实行政院虽然有提案权，但并没有立法权，一个法案提出立法院后，由提案机关报告完毕，接着进行讨论审议。依据宪法，提案机关不能参加法案讨论审议，因为立法权属于立法院，这一点有很多委员不清楚，尤其是国防委员会，军事系统提了很多案子来，讨论法案时，政府首长代表不是部长就是次长，照理说应该是部长来，部长因故请假，由政务次长代理，政务次长以下都是随员，可是“国防部”常常派主管司司长之类职员来，随时发言，随时参与讨论，甚至反驳委员的意见，真是笑话。当时有很多法案由国防委员会会同法制委员会审查，大家都是熟得不得了的老朋友，但是以法律的立场来说，我们是立法院，我是法制委员会委员，我要坚持法律的立场，要求官员只是列席备询，质询他时他才讲话，没被询及者不得自由发言。但是国防委员会的召集委员却听“国防部”官员所讲的意见，还要问“国防部”可不可以。有时候我必须纠正主席，告诉他这样不对，因为违反了五权宪法。这是他们太过分迁就人事，没有研究法律，不知道立法权的重要。五院的设立基于五权，其原则是法律平衡，没有哪一院特别重要或特别轻。各院都有提案权，但是立法院有审议权，审查通不过，提案也没有用。监察院有调查权，立法院也在争取。其实宪法上没有明文规定监察院有调查权，只有在第九十五条规定“得调阅有关文件”。后来他们在监察法上专章规定监察院有调查权，现在他们轮派委员进行调查，这个调查权相当过分，当年通过监察法时，也没想到会这样被滥用。多年前，曾经有一个公司被监察委员扣留账册，而且不归还，公司业务因此停摆，这是调查权的滥用。如果立法委员在立法权之外又加上调查权，那还得了？政府会变得非常不安定，天天可以闹倒阁。所以我认为五权宪法的实施，会使得国家强盛。五权宪法在法律上互相制衡，这种道理别的委员虽然懂，但是没有像法制委员会委员那样“斤斤计较”，站稳了五权分立，五权平衡的立场。在宪法上，五权也和总统并排，各占一章，可见五权分立的重要。

我们发现，在许多行政官员的眼中，以为行政系统中没有考试院，他们认为“考试院”只不过办考试而已，人事行政还在“行政院”。我们站在法制的立场斤斤较量，遇到有人侵犯宪法上的考试权时，我们要讲话，考试院反而没讲话！尤其近几年，报上登了消息或学者专家的言论忽略了考试权，我们就打电话问他们："看到没有？有没有意见？"甚至还有一两次要他们赶紧表示态度。考试院对我们很感激，尤其是孔德成，他还跑来道谢。孔德成和我是多年的老朋友，我们很熟；他只有七十来岁，算是小老弟。我告诉他说："你们考试院的大门是我们守的。"

宪法第八十三条到八十九条是关于考试权的规定，考试院的职掌共有十一项，主管考试、任用、铨叙、考绩、级俸、升迁、保障、褒奖、抚恤、退休、养老等事项。关于公务员的保障，并没有一个法律，而考试院也没有主动提案；而关于退休、养老方面，现在市政府还办了三所养老院，其实这应该是考试院的主管业务，考试院却只是按月扣公务员的薪水的一部分，到退休时还给当事人，这就是养老给付，这未免太轻松了，只要有一个会计就够了！其实宪法所规定的考试院职权并不那么简单，每一项都是行政工作。有人误以为行政工作就当属行政院，考试院自己也不研究，人家就看不起考试院，认为有没有考试院都没关系。

现在正研议要取消人事行政局，但是人事行政局说："即使我们不办考试、铨叙，还是有好多与公务员有关的业务我们还在办呢！"其实这些业务，例如住宅的辅导、合作等等，都应该由考试院办理，如果考试院办了，就没有必要有人事行政局。现在的情况是很大的一个误会，可以说考试院自己不争气，其实他们有作不完的工作。考铨的对象包括了公务员、专门职业人员、技术人员。考试院对公务人员还做了一点，对专门职业、技术人员又做了什么？现在是福利政府，和福利有关系的，应该由考试院管。

对于人事行政局的事，我们向考试院一部分人讲过了，但是了解过程的人，知道是自己不争气，不能自己骂自己；而后来的人则不了解过程。

人事行政局的来源，实际上是故总统蒋公发现没人管人事行政方面的事才设立的。有一天，他到外交部去，那时候外交部在现在博爱路中央银行那个位置，上班时间九点多，“总统”到“外交部”，部长不在，次长也不在，司长也不在，“总统”大怒：“人都跑哪去了！”后来有人向他报告，他也了解了。原来政府到台湾来以后，和大陆时期的外交不同：在大陆时，外交的重心在欧美；到台湾来以后，外交的重心就在美国。和美国电报、文书来往最多。美国的白天是我们的晚上，许多电报、电话往来都是在晚上，昨天晚上通宵达旦的灯火通明忙完了，今天白天哪能一早起来上班呢？“老总统”明白了，就没有冤枉他们。

但是一般机关公务员工作的精神还是不够理想。只有国防部比较管理得好，一套人事制度叫“专长分类”，每人有一至三个专长，管理的方法相当科学。“老总统”认为不错，征询大家：公务机关可不可以比照办理？有专家报告他：美国已经有些机关实施职位分类。最先开始职位分类的例子是工业区，依照各人学识能力的不同，采“为事择人，适才适所”的原则用人，成效很好。现在美国海军也是实施职位分类。“老总统”听了，认为我们也应该实施职位分类制度。有了这个观念后，正好美国经济援助中拨有两万美金，给我们先做研究。那个时候两万美金等于八十万新台币，是了不起的数额；两百块台币可以买一两金子，八十万台币可以买四千两，到现在看来，至少也等于五、六千万台币。这笔钱交给考试院，考试院马上成立职位分类研究委员会，发表了一大批委员，设一名主任委员，其职等相当于部长，由卢逮曾当主任委员，他本来也是立法委员，后来去当考试委员。

这个委员会成立后，大家乐观其成，我们也认为这件工作前途光明，新的人事制度将靠这两万美金产生出来。没有料到当时考试院院长贾景德和主任委员争权。贾景德认为他是院长，院内任何单位他都应该过问，人事权当然由院长管，这两万美金的支配权也在他。卢逮曾则认为他们是独立的单位，和考试、铨叙两部一样，经费人事当然由他管。两人暗斗，把卢逮曾斗得好气！大概这个人气量小一点，身体差一点，后来病死了。人家说他是气死的。

职位分类研究委员会研究了好久，没有什么结果，两年很快就到了，两万美金还没有用完，改设职位分类推行委员会。他的具体行动是什么？就是印书，印了三十几种书，把美国、日本、英国、法国等等国家的人事制度都印出来，送我们一人一套。没有提出做的办法来，就这样经费都花在人事、印书上，几年功夫钱花光了，却没有结果。

"老总统"着急了，心里想怎么回事，考试院怎么只听楼板响不见人下来？于是"老总统"要换铨叙部长。军中的专长分类办得有成效，而军中职位最多的机构是联勤总部，石觉当过联勤总司令，"老总统"认为他很懂，所以派他去当铨叙部长。现任部长怎么办呢？雷法章被通知连夜上辞呈。

石觉当铨叙部长当了几个月，他不懂铨叙。中国国民党第十次全国代表大会在阳明山召开，"老总统"先生公开在大会中讲："职位分类为什么还不实施？"会后石部长报告"总统"说，立法院不让实施职位分类。他们还规定"实施职位分类的机关须经立法程序"，立法院没有通过，考试院就没办法实施。后来总裁公开骂立法院阻碍职位分类制度的实施！我们在山上出列席的人很多，听了一肚子气，因为这是公务职位分类法第三条的规定，没有人为的阻碍。这第三条对人事制度来说，为避免青黄不接，影响整个公务机关的运作，正是专家的良法美意！何况已实施职位分类的国家，或其他欧洲国家，也都没有一次全面实施的。石觉告了状，下山之后，由张金鉴领衔，我们就提案删除第三条，提报院会通过，径付二读。删除这一条之后，要全面实施职位分类了。

石觉当铨叙部长，他不知道听谁的话，想当麦克阿瑟。麦克阿瑟统治日本时，把日本国会、政府组织都改了，他的根据是日本的宪法，草拟了许多麦克阿瑟法案。石觉知道麦帅的事，也想提石觉法案，他提了一个“中华民国公务人员总法”，这个法案由两个人草拟，拟好之后讳莫如深，不公开，先在铨叙部里做会报，会报时他自己讲，讲完之后就通过，然后再到考试院院会去，强制通过。送到立法院后，法制委员会一见哗然，从来没有看过这么不像话的法案，共一百二十五条。石觉听到消息不对，就打听法制委员会有什么人，人家告诉他有张金鉴、黄通、邓翔宇、陶希圣、萨孟武等人，他问：“其中有没有熟人啊？”别人告诉他：“你是黄埔，黄通也是黄埔的，找他就行了。”他想：“对啊！”马上就发通知在自由之家请我，我问他：“还有谁啊？”他说：“就请你啊！”他是主人，我是客人，就这么一对一喝起白兰地。他说：“你一定要让这个案子通过。”他提起麦克阿瑟。我和他开玩笑，问他两点：“第一点，这个公务员总法位阶比宪法大还是小？”他说：“当然比宪法小，但是比一般法律大，是总法。”我又问：“总法两字的来源是什么？”他说：“总法嘛，就是所有人事制度都依总法。”我说：“在学理上，有法典；在法源上，有基本法，没听过总法。”他不管，坚持这是总法，其他的法律是分法。我又问第二点：“本法第一百零五条规定：本法施行后，有关考试、铨叙、俸给、考绩、退休、抚恤等，各依其本法实施，既然这些事项各有法律规定，你已经自我否定了，还有什么用处呢？”他说：“都要受总法约束。”两个人搞了两个钟头，就只是胡扯一顿。我最后说：“我坦白告诉你，这个法案没办法通过。”结果就冷冻起来了，完全是笑话嘛。

老总统看石觉当了部长，还是没什么大的动静，正好国民大会开会，在临时条款加了第五项，规定：总统为适应动员戡乱需要，得调整中央政府之行政机构、人事机构及其组织。后来根据这一条筹设行政院人事行政局，由“总统府”公布一个行政院人事行政局组织规程来施行。当时“总统府”的机要秘书王正谊原为人事处长，天天跟着老总统，总统有意设人事行政局，他负责起草了这个组织规程。于是总统很自然的派他当局长。他又把组织规程草案原规定的：“人事行政局局长一人，简任；副局长一至三人，简任”，他自己在局长简任之下加“或特任”三字，盖了私章，我们看了知道他走了私。行政院的新闻局长、卫生署长都是简任，只有主计处主计长是特任，此外没有例外。这个人的用心就可想而知了！王正谊当了局长，不得了，派头很大，什么部长他都不卖账。刚开始他建了中央新村，搞得不错，大概他得意忘形了，接着就搞外双溪的公教住宅，这次品质降低了，建筑师是中原理工学院建筑系主任，也陪他坐了牢。这个房子出了纰漏后，也影响到职位分类制，本来已经不顺利了，这么一来更加不顺利了。

后来这个人出事了，人事行政局局长被关起来。而铨叙部部长也很妙，每次上班，两脚往写字台一勾，就打瞌睡，根本不管事，下面的人也不敢问他。就这样职位分类制推动不了，成效大打折扣，有些机关换叙过了，有些机关却没有，好多机关秩序大乱。本来的规定是立法院通过后再实施，但是现在要全面实施，所有公务员都要换叙，粗制滥造，纰漏百出，多数的人偷巧，不必经过考试就偷偷由委任升荐任，搞得很糟糕，后来才慢慢上轨道。但是实施之后，并没有比原来进步多少，许多机关反应很坏，纷纷要求原来的简荐委制废除，于是起草另一套公务职位分类制。公务人员任用法在一九六八年一月十五日“总统”公布，而新的公务人员任用法则在一九八六年十月二十一日由“总统”

公布，一直搞了十八年半。这一段期间可以说是混沌阶段，现行法将两者的长处都采取一点，比较稳定。但是还在不断研究，研究成熟后再来修正。

人事制度有其功效。现在县长当选时，可以带五个人来：主任秘书、机要秘书、监印官、出纳等，此外的人不能随便动。要换一个人，此人一定要有任用资格。所以这么多年来选举办了很多次，可是县市政府、省政府的人事制度还是井然有序，如果没有这种人事制度，后果不堪设想。在我年轻时，曾有一位老长官要我当县长，他从省里来，住在我家里，我家房间少，就在客厅里铺一张床，床边弄个茶儿，茶儿上放煤油灯，他躺在床上跟我聊天，非叫我去接他县长职位不可，我怎么样也不肯。我说："我那么年轻，三十岁都不到，当县长怎么行，以后要做什么？"两个人说来说去，他发脾气手一伸，把煤油灯打翻了。后来他没当县长了，他原来带去的人，全部做了灾官都走路，甚至连县政府的一张桌子、一张椅子都更换过，继任的人由绅士选全套新桌椅送去，真是一朝天子一朝臣。一任县长能当几年呢？至多三年、五年，普通都是一、两年，上任的叫做新官上任，走的叫做灾官，新上任的人第一件事情是抓钱，准备下台时吃饭，所以百姓叫苦。没有制度，两、三年换一个县长，县民受不了。我看在眼里，对我影响非常深，所以我很欣赏人事制度。现在我们四年改选一次县长，县政府人事不动，可以说人事制度安定了政府。在中央如行政院，李焕上来时只带了几个人，郝柏村也带不进新人，必须等有缺才能带人进来，而且也只有顾问、参议、谘议等等，补不到实缺。这样稳定的政府，不管怎么样办选举，政府机关都不会乱。法国的人事制度最好，他们在第三、第四共和时也很坏，最多时二十四小时内换了两个内阁，可是政府却很安定，因为换的是政务官，事务官不动，公务照常推行。

选举之后，当选人的选举功臣没有任用资格的只能当政务官，不能当事务官。有一年国民党中常会通过内政、外交、教育、经济四部各设三个政务次长。法案送到立法院后，法制委员会讨论很久，最后表示不赞成。有一天在中常会中，有人报告：立法院法制委员会反对增加政务次长，总裁说："找黄通同志，他是法制委员会的召集委员嘛。"第二天张秘书长宝树就来找我商量，我说：我们的人事制度很好，多增加没有任用资格的政务次长，会把人事制度搞乱了！因为没有任用资格的人都会去争当政务次长，此后他便有当部长的希望，而常务次长就永远没有希望了！尤其省县政府的竞选功臣多，而不需要任用资格的政务官只有省政府委员一职，如果省长也民选的话，那要有多少政务官缺，才能容得下去？而且政务次长可以代理部长，有了两位，定会争权，为了防患未然，政务次长只能一个，而常务次长则可多增加一人。最后增置常务次长，那四个部各置常务次长二人。

考试法上没有铨定考试的名称。铨定考试又是怎么来的呢？派用人员派用条例在一九六九年修正时，对于没有任用资格的现任派用人员，决定由考试院以考试方法限期铨定其任用资格。后来有人简称为铨定考试。这不是荒唐吗？有哪一种考试不是由铨叙部定资格的呢？不是都可以称为铨定考试了吗？因此我们反对铨定考试。现在这个制度流弊很多。

第二十节　全身而退无怨仇

我于一九九〇年三月一日自愿退职，本来在一九八九年十月一日就要退了，但是因为主管单位对条文不清楚，退职金算不好。我询问立法院人事室，人事室说要问内政部、铨叙部，我再去问内政部、铨叙部，他们说关键在国防部。我感到不以为然，对他们说："现在民进党在逼退，国民党早有更新中央民意代表的政策，法律是根据政策而制定的，所以才有退职条例，现在因为对退职条例不清楚而妨碍退职，这不是反其道而行吗?"到一九八九年十月一日，我一方面领不到退职金，一方面岁公费也停发了，所以我撤回退职申请，要等到他们弄清楚了再申请。

当时郑为元当"国防部长"，我对他说："你要关照承办人，告诉他不要那样愚蠢。"究竟是什么地方搞不清楚呢？因为退职条例适用于立法委员、监察委员、国大代表，而立法委员、监察委员是不能兼任官吏，监察委员而且不能兼营事业的；但是国大代表却什么都可以兼。此外，立法委员、监察委员没有候补，而国大代表则每年都有候补的人进来。由于国大代表可以兼任官吏，许多国大代表在担任公务员时已经办过退休。现在在国民大会办退职，是第二次退休。依照退休法，只能办一次退休，第二次退休时，只能合并前次计算。所以退职条例中，有些条文是针对国大代表而制定的。而立法委员、监察委员的情况却不相同，因为他们本不能兼职。不知国防部怎么查出来的，说我领过军官退役金。我根本不记得这件事。后来有人讲了，原来是刚到台湾时，国防部曾经发过一笔钱，称为"无职军官慰问金"，我当过军官，又没有任职，所以领过万把元，为此他们要将立法委员的退职金扣二十四个基数，实在太不合理。因为本来才六十一个基数，扣去二十四个，相差非常悬殊。这件事经过了内政部、铨叙部、国防部各部会，最后他们自己找到解释，大概话不好讲，所以就说："从宽解释"。一般公教人员只要服务满三十年就可以领六十一个基数，而我当立法委员，从开始到退休，前后已超过四十年，时间早就足够。至于国大代表则另当别论，因为他们可以兼任官吏。后来他们弄清楚了，于是我在一九九〇年三月一日退职生效，这是自愿退职。

陆：经国先生在世时，对于资深中央民意代表的更新有没有什么意见？

黄：国民党非常有远见，早在民国一九八六年三月二十九日第十二届第三次全体中央委员会中，就决定两大方案，其中之一就是要充实中央民意代表，认为太老的、身体不好的资深中央民意代表应该退职，然后添补新的人进去。固然已经有增额委员了，但是这并不够。这个决策下来以后，由中央专案小组进行研究。很遗憾的，一直到一九八八年都还没有定案，一九八八年底才提出退职条例，于一九八九年初通过。

退职条例通过之后，党内沟通工作没有做好，而民进党对于这个条例，则是压根儿反对，所以该案是在吵吵闹闹的情况下通过的。本来应该是资深中央民意代表反对退职，结果竟然是民进党反对。民进党的逼退不从法理上着眼，他们故意拿退职问题当成对选民的政治诉求，以争取选票。选民不是都懂法律，认为本来只是三年一任的代表，现在干了这么多年，确实是不对。这是非常肤浅的想法，这么多年来就没有人考虑到现在是非常时期的问题。无论如何，退职条例总算是在反对声中通过了。

通过之后，怎么执行？由于党内没有处理好，因此到一九八九年年底竞选立法委员时，民进党又拿退职问题作为号召，国民党也跟着提出退职支票。这件事对吗？退职条例明定：退职依各人自愿，别人怎么可以越俎代庖先开支票？

我决定退职，是因为这是党的决策，而且我的守法观念比较强，既然法律出来了，就可以依法退职。至于退或不退的利害如何？退职就等于失业，当然是不利的。而且在职时可以领特任官待遇，又年年调薪，退了却不会加薪，相反地，物价连年上涨，优利存款一直贬值，很明白地不退比退好。但是为了党的决策，为了遵守已经通过的法律，所以我决定退。而且我也认为：一个人的一生，总要留点时间给自己用，固然有很多中央民意代表很轻松，你问他今天开什么会？他不知道；你又问他议程是什么？他也不知道。但这仅是一部分人，其他的人很有责任感。我就是责任感很重的人，我对于每天的会议非常留心，一定仔细看议程，专心阅读条文。每个法案的通过，我都是其中的一分子，所以我一天到晚忙碌，退了之后比较没有责任，可以做点别的事。至于待遇，我也打算过，现在我没有什么负担，只有两个老人家，一不用房租，二不用学费，以台湾的生活水准来说，每个月五万元已足够开销——当然，如果要奢侈、浪费，则又另当别论——优利存款就有这个数目，不会有生活上的顾虑。退职是一件大事，需要合法，还要合理、合乎道德，各种要求都要符合，我认为退职合乎各种条件，所以就退了。

我的退职完全是自己决定的，中央党部方面，尤其是宋楚瑜先生，他现在是秘书长了，在选举时，他紧张得不得了，到处去劝退。他也到我这里来，我告诉他，我本来想在去年（一九八九年）十月退职的，但是因为承办人对条文不清楚，我才撤回申请表。我还告诉他：“你这样四处劝人退不大好，既然是自愿退职，怎么可以这样做呢？而且你们也太没有原则，只要听到风声就劝退，也因此到处碰钉子，这些资深委员都是高级党员干部，为党贡献了多少年，你的功劳还比不上他们的几分之几，怎么可以这样做？而且这些事也不必你亲自出马，可以由组织来做就好了。”后来果然他的努力完全落空，整个事情非常不讨好，为了怕影响选举才这么卖力，结果却对选举没有帮助，反而得罪了多少干部。不要以为得罪了几个老人不要紧，其实对全体党员同志的影响很大，所以后来造成党内不同的声音，离心力大增，对党的危害太大了，这是党的失策。

他们在手续上更正了之后，我重新提出申请，正式在一九九〇年三月一日退职。为什么定在三月一日？因为二月复会，复会之后改选院长、副院长、召集委员、程序委员，前后共有四次选举，这四次选举我要投票，捧捧多年同事的场，虽然我退了，他们还没退。到二月二十七日选过院长、副院长、召集委员、程序委员，次日我就挥手告别立法院，当天大家站起来送我，场面极为感人。

在我申请退职的过程中，劝我不要退的人太多了，还没有任何人说我应该退，甚至于有人说："连你都退了，那我们也要退。"我最难过的是，在我决定退职之后，大家都知道了，报上也登出来了，大约有一个礼拜的时间，不论是在院会议场或是在委员会会场，劝我的人、责问我的人不断包围我，一定要我讲出退的理由来。他们劝我不要退的理由还是在于整个立法院的问题，而不是个人的问题。首先他们认为我退了以后，第一个受影响的是法制委员会，人家都很清楚，我一退，法制委员会就垮了，这个话讲得很早，当时我自己却以为未必如此，不料后来果然如此。我退了之后，吴延环也退了，剩下来常发言的只有张子扬、何适两人，他们在我退了之后的下一个会期，就转到外交委员会去了，造成法制委员会的真空。许多人预见这种情况，所以劝我不要退。但是我已经决定了，怎么劝我都没有用，因为这是自愿退职。因此另一方面，就责任来讲，我有点"负咎良深"，对于这种局面很心疼。固然这也是大势所趋，但是最现实的事是好像我弄垮了法制委员会。劝我的人很使我感动，而现实也令我难过。国家怎么会到这种地步呢？我因此想到，民国十三年到十七年北伐统一期间，没有人敢当总统，由国务总理代理，连国务总理也几乎没有人要做，为什么这种前车之鉴又在这一代发生？我常为此事感到矛盾：为了决策，我应该退；为了责任，我退了反而负咎良深，如果不退，所负的责任还不如退了之后所负的责任大，退了之后我好像负了债一般。但是这是历史事件，总归是要出现结果的。

在我退了之后，陆续又有人退。外面逼退很急，党内也在为退或不退而辩论。另一方面，立法院的局面一天不如一天，一天乱过一天，党内的做法却没有把握。这些决策的人，将来在历史上都应该负责。首先是为应付现实，在选举之前要退三十二人，后来还是为了应付现实，党内又规定了所谓“两年三阶段”办法，这实在是多余的规定，既然已经有了自愿退职条例，党怎么可以另加干涉呢？即使要干涉，也应该是一致性的规定，不应该分阶段。最后又由大法官会议解释，这不能说不是党的失策。二六一号解释很奇怪，规定资深中央民意代表要在一九九一年底退毕，可是届时立法委员、监察委员、国人代表的任期都还差一年，令人不解。而且二六一号解释出来后，外界还在逼退，究竟我们是否要守法？法律的最后时间还没到，却要用两年三阶段来要求他，真是荒唐。更荒唐的是，因为要兑现两年三阶段的支票，所以告诉上半年退的人，说下半年的岁公费由党来补助，最多可以领到上百万。党的钱再多，也不能这么做，因为这样子造成党内的不公平。所有中央民意代表在年底退是没问题，但是退了之后怎么办？是不是到时候手忙脚乱，再来临时补救，而没有长治久安的办法？所以我说民国十三年到十七年间的中央大员也并不比现在这些人笨，例如顾维钧，他可是一流人才，他以总理的身份代理大总统的责任，但是他最后向张作霖辞职，这是非常荒唐的事，张作霖何许人也，代理总统怎么向他辞职呢？原因是为了张作霖的部队驻在北京附近，是最有实力的人，所以顾维钧要向现实低头。国民党至今已经有九十多年的历史，可是却还是很幼稚的样子，遇到大风大浪，仍然手忙脚乱，没有具体的办法，都只有“非常”两字可以解释。

关于退职，我这一生也退过几次：我曾任军职，离开军职时就是退职，现在的军官依法服务十年之后即可退职，而当时并没有法律规定，但是我也退了，是很自然的退。我也当过党工，后来依例在七十岁时退。这两次退，一点瑕疵都没有。至于立法委员的退职，虽然谈不上光荣，但是我完全依法退职，绝对不是被逼了才退。自愿退也是退，逼退也是退，依理、依法也是退，我依理、依法自愿退，庶几无愧我心。固然人家看我是傻瓜，在金钱上损失了，但是我对这个看得很轻，我没有要中央新村、大湖的房子，因为我自己买了房子，有地方可住了，何必再要房子呢？当时不要房子的人可以有二十四万元的贷款，贷款不会涨价，房子却会因为公共设施的进步而价值不同，后来中央新村的房子涨达数百、上千万，而大湖的房子最高卖到五千万，普通的也要二三千万，人家告诉我："你损失了。"其实我是无得无失，失与得是相对的，既然无得，当然也无失。现在退休，少拿一点退休金，我也认为无所谓失，只求自问退的是否合理、合法、合情，是不是自愿。如果这些答案都是肯定的，我就心安理得。

第二十一节　退职后感怀希望

退职以后，结束了我立法委员的生活，回头想想这四十年之中，我有许多感触。我经历了十二任行政院长、八任立法院长，而考试院长则有六位。

十二任行政院长中，第一位是翁文灏。他与我一点关系也没有。当时提倡专家政治，他是专家，才给他当行政院长。翁文灏当行政院长之后，和立法委员的接触也不多。我们猜想，他是由夹缝中出来的行政院长，中央本来瞩意由张群当行宪后第一任行政院长，因为张群是行宪前现任行政院长，人缘很好，可以由他继续做。但是行宪后的立法委员和训政时期不同，由各地选举产生，意见很多，而张群从来不得罪人，但在群众心理上，刻意不得罪人却反而会得罪很多人，所以在中央进行的行政院长假投票中，何应钦的得票最多。因为当时局面不安定，何应钦对国家贡献大一点，因此中央考虑，如果提名张群，立法院若通不过，那将怎么办？结果既不提张群，也不提何应钦，提名一位专家。翁文灏是地质学家，不懂法律。对什么训政、宪政都不在乎，所以他这一任院长对宪政体制可以说是毫无贡献。

第二位是孙科。他当行政院长时，局势已经很坏。认真说来，孙科的饱学和观念对宪政体制很有贡献。他有很好的宪法精神，举例来说，在行宪之前的党内第六次全国代表大会中，有人提案征求连署，要推蒋总统当党内的永久总裁。同意的人自有其一番道理，讲完之后全场鼓掌掌声雷动，孙科却从容地上台说："我们是中华民主共和国，我们的党定下军政、训政、宪政建国三阶段，我们主张民主，蒋总裁领导我们走到民主之路，当然他也采取民主的作法。如果我们推他为永久总裁，不要选举，那还称得上是民主吗？"他话一讲完，全场又是一阵鼓掌，这个提案也就此打消了。当时大家的重点摆在孙某人和蒋某人不协调，同时孙某人也因为是太子，所以才敢直言无讳。但是事实上，孙科的办事能力虽然不行，读书却读得多，观念很新，他的民主理论没有错，所以他对宪政有贡献。但是他当行政院长时局势不好，后来行政院搬广州，李宗仁要他回来，他不回来，短短的任期内，没有做什么事。在学术上，我很重视孙科，他和我谈不上有私交，但是也有点政治化的关系。当他竞选副总统时，助选人员曾召集各界职业团体国大代表，因为全国性的人民团体负责人都在南京，所以开会时也邀请我去。会中，孙科拉票道："各位猜猜，南京市选举立法委员时，我投谁的票？我投黄通先生的票。"

大家对他鼓掌。其实我很明白，他怎么会投我呢？当时妇工会主任委员刘蘅静参选，只得五千票，但是因为是唯一的女性候选人，所以保障当选，孙科绝对会投刘蘅静的票，可是他为了拉国大代表的票，拿我来当号召，这不是孙科应该说的话。

第三位是何应钦。何应钦对宪政体制有贡献，固然他这一任行政院长的产生是根据杭州会议匆忙决定的。会后他回到上海，李宗仁已经提名他，但是他很虚心，没有把握立法院一定会通过同意票，所以他不敢离开上海，到晚上，一通电话过来，说立法院已经通过了，他才连夜坐车回到南京。大家都以为这位将军必定飞扬跋扈，但是结果他并非如此。他一回到南京，就约了二十几位立法委员到他家喝茶谈话，他说："现在我被提名为行政院长，我的女儿告诉我这是跳火坑。我是跳进火坑，但是跳进火坑后怎么做？要我带兵，我有办法；至于当行政院长，还是要大家告诉我。"他很谦虚。我对何敬公很尊敬，因为我在军校时，他是我的教育长，而且他有一幕让我非常欣赏：当李宗仁在武汉叛变，也就是所谓"东征"时，委员长主持了总理纪念周，参加的人很多，约有一万多人，军、政两校加上党政机关中上级人员都来了，主席首先宣布用三十分钟的时间让大家发言。主席的威严很重，真有一套，他让大家自由发言，大家就踊跃举手，都挤到台口他面前来，由他指定逐个发言。三十分钟一下子就到了，然后他答复说："大家讲的问题，归纳起来，第一是汪精卫的问题，第二是国民政府的昏庸老朽问题，第三是李宗仁的问题。为什么不管？他明确的答复了一二个问题，接下来说：我现在告诉各位：我明天就出发，十天之内一定坐镇武汉，大家可以放心！至于南京呢，我就交给大家了。"话讲得非常具体，讲完之后他就走了。接着何教育长说："大家稍息稍息。"因为照规定长官讲话大家都要立正的。他又说："大家不要乱讲话啊，讲了校长要骂人。”“校长刚才讲了，南京交给我们，我们要担任警卫，今天晚上要发枪，人家要负责喔。”他没有多大的威严，只是婆婆妈妈的，但是大家对他服服帖帖。后来我们才知道南京城内没有部队，所以要连夜发枪给学生。校长果然在第九天就坐镇武汉了！我们都觉得何先生智慧很高。他是心直口快，开会时要讲话就讲话，有一次在重庆，委员长不让他讲，他说：“开会嘛，就是讲话，否则开什么会?”委员长只好说：“好吧，你讲。”来台湾以后，有一次在全国代表大会中，他坐在前排，突然站起来说：“主席啊，我要发言，你怎么不让我发言?”这样子冒冒失失，他对宪政体制是有贡献的，因为他是在李宗仁时当行政院长，李宗仁想搞和谈，先是要划江而治，后来准备开府桂林。要不是何应钦当行政院长，可吃不消李宗仁。所以何应钦很有贡献。后来何应钦实在无法发挥，就做不下去了。

第四位是阎锡山。他是大家公认的反共专家，就凭阎锡山三个字，在广州把局面维持下来了。不过他到台湾来以后，也没事可做。对于宪政体制，我很佩服他遵守宪法，他根据宪法条文和李宗仁对抗，使李宗仁毫无办法。

接他之后的是陈诚。反对陈诚的人骂他骂得很厉害，还要求委员长挥泪斩马稷，因为他们认为陈诚断送了东北，事实上并非如此。就我的了解，陈诚的智慧相当高，能力也很强，唯一的短处是操之过急，尽想表现，这是军人性格。当然，有许多军人像何应钦一样雍容大度，他却度量不够大。我认识陈诚很早，在民国十九年阎冯叛变时，陈诚正担任第十一师长吾就认识他，陈诚的能力强、智慧高，所以他能当第九战区司令长官兼军事委员会政治部部长，后来又兼湖北省政府主席。还都南京后，他兼三民主义青年团书记长，吾是南京支团书记，他是吾顶头上司。虽然他身兼数职，但是他的脑筋还是很清楚，做事非常细心。到台湾来以后，他当省政府主席，又是东南军政长官，后来当“行政院长”、“副总统”。在他当“副总统”时，我就任台中市党部主任委员前，盛传陈诚和蒋经国敌对，这时候陈是党的副总裁；而蒋是中央常务委员。吾每次总裁召见时，碰到蒋经国，他都与吾很亲近，如果他二人真的不合，我这个主任委员又怎能做好？于是就职之前我先去看蒋经国，谈了一两个钟头，最后的结论是我非做不可。他既然同意我做，我再去看陈诚。陈副总裁说：“有能力的同志应该到下层去。”他认为市党部是下层机构。他又托我去找马法五将军，要吾设法照顾他。由此证明他很有人情味，对吾也很放心。因为马当过河北主席兼总司令，来台后很潦倒。陈在立法院得到的同意票不太高，但当“行政院长”以后，有许多建树：首先是足兵足食，大陆来了六十万人，当时全台人口只有六百万，也只有他当“行政院长”才有办法养那么多兵，还时刻在战争状态中。他本来是省政府主席，现在当“行政院长”，已经驾轻就熟。每次他到立法院报告施政概况，第一件事总是说去年台湾粮食生产五十万吨，而今年已经增加到六十万吨，表示很得意的样子。至于在政治上，他设法走上法治的道路，并努力起用人才。他真会用人：在学术界，蒋梦麟是他的好朋友，于是他借重蒋的才华去建石门水库；在发展经济方面，他起用了尹仲容，后来又培植李国鼎。不过他的威严太重，人家很怕他；其实他是很理智的人。当时我兼革命实践研究院通信研究部主任，这个单位很特殊，工作是促成菁英间经常的联系，这是总裁培养干部的方法。陈副总裁当过革命实践研究院主任，后来结业的各期同学要开联谊会，我直接去找他，不经报告就直入官邸，说某年某月某日立监委国大代表同学要在某地开联谊会，请陈前主任来训话。他平时偶尔也自己接电话，当“行政院长”后还是这样。他很愿意接近结业研究员，虽然不像总裁那样明显地嘱咐举荐人才，事实上他非常留意人才的培植，也借着这些人才扩大影响力。有一次同学们在警务处大礼堂开联谊会，陈也参加了，事前他告诉我："我今天带李国鼎同志来。"我说："好啊。"当时李国鼎在经济合作委员会，在联谊会中，陈要李国鼎上台报告经济发展，他听了一半，突然招招手，叫李国鼎下来。发言台很高，李国鼎马上下来了，奇怪地问我说："是不是我讲错了？"我说："没有，大概他有什么意见，因为大家都是同学，所以无所谓形式。"果然，陈主任是临时想到一点要同学注意，所以他讲完了之后，仍然要李国鼎继续上台报告。他很留心培植人才、建立体制、发展经济，因此虽然在立法院有部分同志对他不谅解，但是这一任"行政院长"却是当得比较实在、有力的。

第六任是俞鸿钧。我和俞鸿钧没有私交，可是也曾经有一次他的部下要我同他聊聊，我就赴约了。我对他的印象，他是一个很会管钱的先生，有银行界出身的味道。他对国家贡献当然很大，把黄金、白银都运到台湾来了。他也循规蹈矩，人家称他财经内阁，但是他和训政时期的作风差不多，后来酿成弹劾案，搞得天翻地覆。陈前行政院长的建树，到俞就落下去了。所以俞下来之后，陈第二次又上去当"行政院长"，以"副总统"身份兼任，才挽回颓势。

之后是严家淦。这个人真聪明，做事恰到好处，头脑敏锐。他到"立法院"报告时，对于数目字报告得很多，几亿几千几百几万几千几百几十元一口气背出，把我们都吓一跳。他的作风平易近人，人家说他没有魄力，事实上他的家人说他遇不如意事，回家常发脾气，把皮包都摔了，可是在别人面前，大家都认为他像好好先生。他和我是同乡，也蛮好说话，基本上对人很客气，对我们相当尊重，平常我们来往并不太多，但是先父八十岁寿辰在侨联总会祝寿时，他来了，对于先父很礼貌，可见他做人很周到，脑筋细腻，所以外型软弱，但是这样子的人配合总裁或陈辞公，非常合适。关于宪政体制，严家淦很重视立法计划，每一年他都亲自参加立法计划会议，对于各法案都讲出政策性的谈话。

再后一任是蒋经国。他以十大建设最负盛名。人家以为他是强人作风，可是在宪政体制上，他做得很周到，我这个书记长刚好配合他。有一件事，别人没做，他做了。他不是只听一二个人的话，他经常和立法委员、国大代表聊天，和他聊过天的立法委员有好几十人，大部分比较重要的委员他都不定期的找去聊聊天。有两次他找我，他告诉我前面有谁来过。因为他和别人谈话，向来是嘻嘻哈哈的，很容易启发人家和他聊天，什么话别人都讲，不拘财经、文教、国防、法制。同时他非常灵敏，最灵敏的是在法制上，他送行政院组织法来修正，当时刚刚实施职位分类制，行政院秘书长定位很成问题，是特任官，但是职位分类中没有特任宫，实在说来是事务官头，但是现在则看成是政务官，他消息灵通，知道争议太多，就立刻通知撤回该案，不修正就没事，非常聪明。不过，这种做法实在有碍宪政体制的发展。然而当时主管的人多半如此，在自己任内不要出事就好，由别人去处理问题。蒋经国很重视立、监委员、国大代表，可能历任行政院长没有他熟人多，可以这样随便聊天，因此他对立、监两院及国民大会了解得很多。他和我的私人关系很多，最早在三民主义青年团，他当组织处长，主任秘书是他留俄同学，和吾很熟，要我一起去帮忙蒋经国。当时南京支团书记长特别重要，他对我非常亲切，可是我对他很不客气，因为他组织处有一个组长代表他到支团部来，那个组长少不更事，即所谓赣南派，他来时我们正在做纪念周，他坐了冷板凳，后来他到办公室就对我们发脾气打官腔，以为拿蒋的招牌就可以吃得开，没想到他是遇到我，我听他打了官腔，就说："游鲲同志，你是革命者，还是官僚？是革命的，就坐下来；是官僚，就滚出去!”我左右的人安抚安抚他，他倖倖然地回去了。他和主任秘书住在同一栋房子里，我已经准备好他去告状，即使他向蒋经国讲，我也不怕，因为正好我还可以向蒋经国讲。结果他不敢，他只在主任秘书面前告状，谁知主任秘书说：“你知道黄书记是什么人？你赶紧去道歉。”弄得他莫名其妙，主任秘书自己拿了电话就打，对我说：“更夫兄，对不起，游鲲同志不懂事，得罪了你。”我说：“没事，没事。”他又说：“请你包涵。”就没事了，游鲲也不敢讲话。

事后，我也印证，他有没有报告处长，如果蒋处长有反应，我心里有准备，结果证明他没有报告，只到主任秘书为止，而主任秘书已经向我打了招呼了。在大陆时，我和蒋经国见面不多，直到来台湾以后。有一次他在阳明山报告，我才觉得他很聪明，善于说词。他有宁波口音，但是国语讲得还不错。那次他报告总统到上海去，黎玉玺开着中山舰，“总统”在船上，航向复兴岛前后的经过，抑扬顿挫，报告得太好了。后来我们的接触渐渐多了，他对我也很熟，所以要我当台中市救国团主任，我没答应，拖了二三个月，别人劝我：“何必得罪他呢？你不干，人家以为你瞧不起他。”所以我还是接了，干了几年。当时他的作风我不赞成，样样都是他们自己做的一套，再把帽子戴到你头上。阎振兴当成功大学校长，也是成大救国团支队长，和我一样，阎振兴乖乖的，我却觉得不是味道：相信我，就让我做，不相信我，就不让我做，何必这样玩木偶戏？后来听说他们作风改了，修正做法，蒋经国当“行政院长”时，学得太多了，我的看法是：他已当了二十年的见习官，任何一个“行政院长”来担任行政院长之前，都没有他这样知道国家行政那么多，他有机会在官邸见习二十年，看老先生怎么领导文武百官，怎么处理国家大事，所以他当“行政院长”时中规中矩。在民意代表方面，他的熟人很多，相处都很好。总裁形容俞鸿钧“崇法务实”，大家看蒋经国则是务实，也很希望他能崇法，不过他对宪政体制还是比较有贡献的。

第九位（第十任）是孙运璿。经国先生当选总统后，原想将“行政院长”之职交给李国鼎，李国鼎本人也很愿意，但是他的太太极力反对，因为李国鼎有心脏病，到美国开过刀。传说她写了封信给经国先生，信中说：如果一定要李国鼎当“行政院长”，她就在蒋家门前自杀。因此经国先生没有提名李国鼎。上述传闻是否属实？不得而知。不过，在某次会议中，我曾开玩笑地指着李国鼎说：“你是逃兵。”他说：“没有办法，我的身体实在不行。”证实了经国先生确曾找过他，要他当“行政院长”。

决定提名孙运璿后，大家都很担心立法院是否会通过对他的同意票；孙运璿自己也紧张。当时我的负担最重，因为中央政策会主管立法院的副秘书长是我，立法委员党部书记长也是我，简直是一个人唱独脚戏。

这一天，大家到中央政策会办公室来商量立法院行使同意权的投票日期，我根据工作情况，主张延长几天。因为五月二十日总统就职，次日提名孙运璿当“行政院长”，提名之后，如果有十来天的缓冲，得票率可能会高一点。大家讨论的结果，认为时间上要快，免得夜长梦多。因此确定一周后投票，也就是大约在五月二十八日。

这一个礼拜可把我害苦了。当时对孙的空气并不好，因为孙运璿无论如何声望比李国鼎低。我必须了解各方情况，同时进行疏通工作。不过，有一点还不错，也就是除了声望不如李国鼎外，孙运璿没有什么缺点，没人说他不能当“行政院长”，也没人忌刻他。他曾任交通部长，任期很短；后来再当经济部长，都没有什么大毛病。我尽量向委员们疏解，说明当前国家的经济发展很重要，孙运璿当过经济部长，任上表现也不错，而且他原来是台湾电力公司的总经理，在经济建设方面是国际闻名，足堪重任。疏解之后，情况相当好。但是新的问题又来了：他是蒋经国提名的人选，经国先生所提名的人，得票率应该不能比经国高，否则会有点讽刺。这样事情就难做了。票不够时拉票，票多了，总不能退。因此我们权衡情况，有的地方松一点，有的地方紧一点。投票结果，同意票通过，但是比蒋经国差十二票，非常理想。

遗憾的是吾个人，就在投完票第二天，我的腿就不行了。那个礼拜太累了，简直是不眠不休，非常紧张。而且那一年（一九七八年），我的年纪也已经过了七十岁。在院会会场，同仁告诉我："你赶紧去找前空军医院张院长（俊贤），他是外科专家。正好今天是礼拜二，他下午在公保有门诊。"我真的就赶去就诊。张院长要我躺在手术台上，随手一摸就说："你太累了。"我说："你讲对了。怎么办呢？"他说："打针。没有其他办法。"这是坐骨神经痛，他特别帮忙，一般说来公保只能开十针药，他以转院名义，通融为我开了三十针的药。但是三十针打完再来三十针，又三十针之后，也并没有生效。从那时候到现在，我的病一直没有好。我试过所有可以知道的中西医方法，结果都无效。台大医院骨科主治医师刘华昌建议我开刀，我认为自己年事已高，开刀后需要长时期才能恢复，如果只把这个病治好，身体其他部分却恢复不起来，并不是好办法。因此我没有开刀，维持状况，不使病情恶化，所以现在吃中药保养身体，增加抵抗力。

孙运璿当"行政院长"后表现得很虚心，尤其他恰巧遇到我。我一向很少和部会首长有私人的来往，因此他当经济部长时，我们也只有礼貌上的来往。他来看过我几次，我也到他部里回拜过几次。每次见面，我一定讲一句话："小心身体。"因为他当经济部长一年之后，有一天在大华饭店，我们在一张小桌子面对面而坐，我问他："你怎么瘦了那么多?"他说："瘦了十公斤。"我要他想办法维持健康，他说："好，我会注意自己的健康。"现在他当"行政院长"，事更多更繁了。根据别人讲，每次午间他要休息时，没有办法多休息，只在办公桌上，用手撑住头，手指上挂了一串钥匙，只要一睡着，手一松，钥匙就落下，他立刻醒来工作，因此没有休息，疲倦到极点，结果把身体弄坏了，后来中风了。

谣传蒋经国提名孙运璿当"行政院长"的原因，是他在当电力公司总经理时，招呼了经国先生的大少爷蒋孝文当桃园电力公司经理，所以经国先生特别扶植孙运璇。这些话不过只是附会之说。事实上孙运璿的工作能力很强，虽然是学电机工程的人，政治头脑也不错，对于国际、国内问题的各种见解都很好。他是个纯洁到极点的人，尤其很虚心，每次遇到疑难大事，就找几个人去商量，除了行政院的人以外，也找中央党部的有关人员商量，我也参加过。大家讨论的结果，他经常会照着做，没有行政院长的架子。所以他当"行政院长"，头一年大家对他的信心还不够；到第二年，大家开始觉得他不错，后来愈做愈好。大家看好他是"副总统"人选，可惜他的身体不行。总之，他非常虚心，肯学习，在法律、实务方面都很好。

孙运璿之后是俞国华，也是由蒋经国总统提名的人选。有人说本来要提名沈昌焕，后来因为其他的因素而改提俞国华。俞国华奉公守法，一板一眼，要他做的事他规规矩矩做。不过他吃亏在说话，一口宁波腔，连我都不完全听得懂。此外，他个性强，不够随和，每次到立法院报告，总是很不讨好。当然，他也贪多了一点：经国先生当"行政院长"时有十大建设，俞国华则提出十四项建设。在十大建设之前，没有这些项目，所以成绩较著；

现在大工程都已经做过，十四项建设再重要也不如十大建设知名。其中某些项目，不但在俞国华任内做不完，到现在也还没完工，而且建设经费也被瓜分了，尤其县市政府、乡镇公所和一些民意代表更是如此。因此招致许多批评。

俞国华的奉公守法是没有疑问的，可是他对法律方面头脑不够，究竟他只在哈佛训练班待过。他当经建会主任委员时，在观念上就有些错误。经建会的前身是经合会、经发会，更早是经合总署，完全仰赖美援。其中专家虽多，但是所进用的人才都没有任用资格，而这个机构也没有什么人事制度。经建会属于行政院的体系，应该依照人事制度用人，因此俞国华想出所谓“铨定考试”来解决经建会这一批人的资格问题。民国六十八年立法院修正派用人员派用条例，第八条规定所有派用人员都要取得任用资格，没有任用资格的人，需经考试院考试，及格后再铨定其资格。后来大家在口头上称呼这个考试为铨定考试，我们听了很不以为然。考试必须依据考试法，怎么可以在考试法之外另提出铨定考试的专门名词？可是后来铨定考试还是成为一个专门名词，行政院以铨定考试的方式确定了经建会这批人的任用资格。立法院反对这种做法，因为这样是破坏人事制度，而且考试法的精神是公开竞争，铨定考试专为经建会这批人而设，排除其他人，那就是不公开，并不合法。因此，立法院委员会讨论本案时，我主张不可以用铨定考试的方法。当时孙震和郭婉容都在当经建会副主任委员，孙震听了我的话，也认为我说的对。这个问题争执了很久。后来行政院设法协调，由秘书长瞿绍华多次邀集行政院、立法院有关人员商谈，最后勉强得出权宜的办法，要行政院行文立法院，专为这一批人办一次考试，铨定他们的任用资格；但是这种考试下不为例。既然已经斩钉截铁地这么说，大家也就没有再坚持。但是一二年后，农业发展委员会成立了，其人员来自农复会，和经建会一样，都是依赖美援，人员也没有任用资格，因此送来的组织法也要援经建会的例。这件事吵了很久，结果还是援例了，下不为例之说也破了戒。农委会之后，中央研究院又有类似的情况。中央研究院援用教育人员任用条例，而教育人员任用条例则援经建会的例。援例已经破坏了法律，这些人还不满足，要求一直维持现状，不必考试照样升等，根本说就是反对任用资格。我离开立法院之后，法律改过了，所有教育人员都不必考试。从正面来看，本来教育人员没有任用资格，引用教育人员任用条例，特别办一次考试，取得任用资格后，他们有两大好处：第一，地位合法化；第二，同时取得公务人员任用资格，将来到其他机关去，可合并年资，官职等也不变，等于是高普考及格。他们是迁就现状，但是从这个角度来看，这完全缺乏法律观念，偏偏增额的法制委员不懂这个道理。其实这种考试虽然由考试院主持，可是法外施恩，命题绝不是高普考题库的题目，会特别考虑应考人员的程度，就其学力命题，而且这些人考不取一样可以工作下去，只不过不能升等，一个机关这种人多了也不好，所以命题、阅卷都会放宽，变成特殊的考试，最后可能百分之八十以上的人及格，及格后可以拿着这个资格到其他机关去。所以说铨定考试破坏制度的关系太大了，俞国华是始作俑者，破坏了宪制。他在任内做了不少事，就是有点吃力不讨好。

俞国华下来之后是李焕。李焕由李登辉提名。他当“行政院长”，完全是跟着国民党秘书长的职位来的，而他当秘书长，则完全是跟着“蒋经国”三个字来的。李登辉很了不起，一当选“总统”，他第一件事情就是到大溪谒灵，而且用心学习经国先生生前当总统的种种作为，很想萧规曹随，也因为这个原因而提名李焕当秘书长，接着提名他当“行政院长”。

李焕是很聪明，可是有时候聪明反被聪明误。他书也读了不少，我对他的履历不太清楚，但是知道他大体是跟着经国先生，很得信任，因此他不论什么职务，多半是因经国先生而来。他的履历之中，以在救国团的时间最长，曾任救国团秘书、主任秘书、副主任、主任。他当救国团主任秘书时，连副主任都要听他的话。由于深得经国先生信任，他曾身兼党内三大要职：救国团主任、组工会主任、革命实践研究院主任。也可能是从这个时候开始，他的习惯变坏了，变得旁若无人，喜欢抓权。要是他读读资治通鉴就好了。须知历来政治上的纠纷主要就是因为争权，其次才是夺利。宪法及各种法律的制定，无非是要平衡权力。搞政治的人，应该明白：权是大家的，不要独占，这样才不会有纷争，这也是最粗浅的为政之道。可是李焕并非如此。他当中央党部秘书长之前，先当过革命实践研究院主任。本来主任之下有三名副主任，一人管理正在受训的人；一人专管研究；另一人专管结业研究员，这是老先生制订的制度。为达成使所有干部步调一致的目的，所以要办训练，训练完毕后还要联系，因此设立通信研究部，由于老先生认为负大任而不必有大官衔，所以负责人称为总干事，第一任总干事是倪文亚，也是革命实践研究院副主任之一，另一位副主任彭孟缉专管训练，还有陶希圣专管研究。总干事之下有十名干事，从结业研究员当中挑出人选，包括党政军各方面人才，代表院长，经常跟结业研究员联络，必须到各地访问。这十位干事第一次出去访问前，总裁兼院长特别召见他们，交代如何做访问工作，回来后还要报告访问所得。三位副主任的制度一直到李焕之前都是如此，而且历任副主任的地位也都非常崇高，因为陈辞修、张晓峰、张岳军等都曾任主任，副主任人选也就很慎重。但是李焕当主任后，只留下一名副主任，通信研究部专设主任，不由革命实践研究院副主任兼，可以说研究部门的业务还在，但是他并不重视。另外还设有三民主义研究所，也是非常难办，因为研究三民主义的人都各享盛名，例如张铁君、罗刚、任卓宣等，一个不服一个，并且常以个人而非三民主义研究所名义发表著作，李焕对此也不重视。

李焕为什么只要一名副主任？他是为了抓权，要集中权力。其实通信联络和研究是教育方面的业务，与权力无关，然而他的看法却并不是如此，他也不用结业同学来当他的副主任，而由社会学教授原任他组工会的副主任李长贵担任。这个人站在菁英研究员前，谁来听他的话呢？他只是在台湾大学教社会学而已，哪个研究员历练都比他深。所以后来革命实践研究院的向心力无法集中，像普通学校一样，毕业就毕业了。之后李焕当中央党部秘书长，也把政策委员会改组。本来的政策委员会很受老先生重视，中央委员会及政策委员会两秘书长都直属于他。但是自李焕开始，把政策会的主管改为和各组主任一样，而且不叫秘书长，改称主任委员，林栋是第一任主任委员。本来中央党部的特级人员有两条线：第一条线是秘书长；第二条线是政策会的副秘书长和各组主任；现在政策会负责人由第一条线被贬到第二条线，和各组主任地位一样，于是整个中央党部就以秘书长为最高。这样一来，国民大会、立法院、监察院时时都要找秘书长，没有回旋余地；他不知道中央党部多少秘书长吃过这个亏！因此在他任内已经没把事情做好。到宋楚瑜当秘书长，因为他年纪轻，而现在党主席的权威也比较低一点，加上宋楚瑜对业务生疏，因此更拿不起来了，弄得大家都不重视中央党部，三个民意机关也不买中央党部的账，中央党部办起事来一筹莫展。我曾和林栋谈过几次，说要写信给宋楚瑜和李登辉，要恢复原制度，让政策委员会秘书长多负点责任，为中央委员会秘书长分忧解劳，万一有所纰漏，中央委员会秘书长还可以出面收拾，免得秘书长转不过身，事情就必须到主席那里去了！林栋却劝我不要写这封信。他是个聪明人，他以为别人要抓权就让他抓好了，他甘愿居于下面请示。结果宋楚瑜光只民意机关的事就搞得焦头烂额，党务没有办法推展，这是李焕抓权的后遗症。

李焕当“行政院长”以后，抓权的基本观念还在。最糟糕的是行政院组织法的修正。早在俞国华任内，就提出行政院组织法修正草案。到李焕当“行政院长”时，立法院八十四会期延会的最后一天，院会讨论行政院组织法修正草案，到下午四点多钟，只剩下一条半的条文，问题不大，立刻将要通过，通过之后，行政院的组织就可根据现行的人事制度来做，同时员额等也可以调整。可是那天正巧院会主席是即将下台的刘阔才，林栋两次接到行政院的电话，要求变更议程，暂时搁置本案，讨论别的提案。本来我已登记发言，已经坐近发言台，要表示希望本案及早通过，因为多年来行政院组织法除了只在第三条、第五条上小幅修正外，一直没有调整。这时候林栋上台发言，主张变更议程。等他发言完毕后，我问他：“这是什么意思?”他说：“行政院来了电话。”我说：“糟了，本来预备赶时间，至多晚上延长开会时间就可完成行政院组织法的修正，现在却突然要变更议程。”变更议程后，讨论别的案子，到晚上将近六点钟，主席刘阔才说：“散会！休会!”议事槌一敲，八十四会期就结束了。这件事李焕要负责，要变更议程，至少“立法院院长”要知情，而政策会也要协调有关人员，因为关心这个案子的人太多了。由于突然变更议程，使案子通不过，到今天都还摆在那里。行政院组织法修正草案无法通过，问题实在太多，现在行政院内分七组，组长是简任官，于法无据；连行政院用人都不依法，兹事体大。这是因为李焕聪明反被聪明误。

李焕法律的观念实在不够，尽想要手腕。就像他的施政报告一样，他亲自搞了几个月，自以为面面俱到，结果还是不讨好。

李焕还有一个缺点：他该说的并不直说。我举一个例子：张建邦当台北市议会议长时兼淡江大学校长。有一次李焕在会议席上问我："议长可不可以当校长？"我说："私立学校的话应该可以，没有法律明定禁止议长兼任私校校长。"问题在于，根据私立学校法，私立学校校长不能兼任其他职务。李焕倒过来问我议长能不能兼任私校校长，我想议长当然可以兼职，但是实在是校长不能兼职，李焕知道答案，却还想为张建邦找个路子。后来他问我："请大法官解释可以吧？"我笑一笑。明知其不可行，何必多此一举呢？声请大法官解释不过只是多拖几个月而已。后来大法官解释出来了，当然是不行。这些地方都是他过分聪明。

李焕当"行政院长"时和"总统"处不好，李登辉是有话直说，而李焕则像某记者所形容的"曲绕周折"，李登辉对他不敢放心，所以两个人处不好；但是也不见得是怎么样的不好。如果李焕能坦直些，抓权心理放松些就好了。"总统"与行政院有关的只有外交、国防两件大事，这两件事李焕应放松些。至于财政、经济固然重要，政策却只有一、两条，其他都是执行技术的问题，只要政策上没什么问题，事情就容易了。但是李焕却是处处都用心，处处都抓在手里不放，李登辉也不知道他是不是想当总统，所以会有误会。我想到现在李焕他自己都还不明白为什么他们两人搞不好吧？

所以就宪法来说，十二任十一位行政院长中，有几个人能重视宪法精神、法令制度，但是也有几个人不太重视，只靠人治还没有进入到宪制时代！

到孔德成为止，前后我遇到六位考试院长。

第一位是莫德惠。他当考试院长可以说是挂名而已，提名他当院长酬庸的性质重，因为他代表东北人。当时的考试院只是木栅沟子口的两栋临时建筑的平房，年年淹水，事情做不起来，连最重要的铨叙部的档案都不完全，有一部分留在大陆，没带来。

第二位是贾景德。这个人比较高明，但是也没有做多少事。对于宪法，贾景德是懂的，他也知道考试院的地位。很遗憾的是使用两万美金研究职位分类那件事，在使用这笔钱的过程中，他与卢逮曾考委兼研究会主委两人不合，后来两万美金用完了，还是没有具体的结果。考试院院长不必对立法院负责，不必到立法院来报告。那个时候考试院也没钱请立法委员客，所以见面机会很少，平常都是部长到立法院来。尤其莫德惠不是国民党员，凡是党内会议，考试院方面都由副院长代表报告，贾景德萧规曹随，也表演得比较少一点。

贾景德之后是孙科。他除了当过考试院长外，立法院长、行政院长也都当过。他当考试院长很好，他也很想有一番作为。但是考试院的预算比较少，虽然孙科来了之后预算增列不少，他还不满足，想成立考铨研究委员会，以编列预算增加用人。不过他做这件事很小心，因为当时秘书长钟天心很内行。钟天心当过立法委员、水利部长。在正式提出考铨研究委员会组织规程草案之前，钟天心先找了几个人，把这个案子给我们看。我们坦白的告诉他："这个案子通不过。考试院就只有考选部和铨叙部，现在设一个考铨研究委员会来分业务，那原来两个部要做什么？而且这个委员会用的人也太多，阶级又太高，这个行政命令如果送到立法院，一定会被立法院以议事规则第八条为依据，通知其废止。"果然钟天心就没把案子提出来。可是为了卖孙院长的面子，对于行政院，仍说明组织规程不送立法院。究竟考试院用了人没有？做了什么事？都很难说。所以，虽然孙科个人对宪法贡献不少，因为他当过立法院长；但是他在考试院长任内，对法律制度并没有贡献。

之后是杨亮功、刘季洪。这两位都是学者，很内行，而且做事实在。也是从他们开始，开了先当副院长、再当院长的例。杨亮功从副院长到院长，做事都是按步就班，应该立法就立法，站稳了考试院的立场，但是没有什么开创性。刘季洪则是多年的大学校长，完全是学者态度，也是先当副院长，凡事按步就班。可惜他当院长时，立法院对他实在太过不去。他很尊重立法院，任何法案送来以前都会先找法制委员会部分委员商量。可是最批评他的法案的人，却是他的老朋友张金鉴。他们都是河南大学的人，刘季洪当过该校校长，张金鉴在校内教过书。后来吴延环也非常反对他们的案子，考试院提不出案子来。弄得法制委员会不屑和他们谈法案，请吃饭就是吃饭，但不谈法案，使刘季洪很难过。尤其是职位分类的案子没有搞好，到后来研究两制合一，刘季洪非常难堪，简直连说话的余地都没有。

陆：刘季洪很能干，为国民党中四大能干者之一。

黄：但是刘季洪当考试院长时，在立法院却显不出他的能干来。当然环境也有关系，他没有撤换部长的权力。

再来是孔德成。孔德成当院长时，林金生是副院长。他当院长，曾经气死了一个人。因为孙科当院长时，杨亮功是副院长；之后杨亮功当院长，刘季洪是副院长；刘季洪当院长时，副院长是张宗良。刘季洪卸任院长，由于多年来有副院长升院长之例，张宗良对于院长之位念兹在兹，结果由孔德成当院长。张宗良当不成院长，疾病发作住进医院，内心期待能被发表为总统府资政。事实上他照例被聘为国策顾问，他在医院里，气得把聘书撕掉了！渐渐地，他病得很厉害，有一天访客就坐在他旁边聊天，他突然起身穿衣服，说总统要召见他，马上要走的样子。但是大家知道并没有这一回事。不久他就过世了。

张宗良各种条件都好，可是到台湾来以后没有得过志。后来因为张晓峰一直提携他，让他在文化学院有了仅次于张晓峰的地位，因此他能当师大校长，之后当考试院副院长。这在我们来看已经不错了。为什么他在台湾会不得志呢？因为民国三十七年副总统选举时，他彰明较著地帮李宗仁。他和郭骥都是英国留学生，同样都是陈辞修培植的读书人，而且曾任青年团安徽支团干事长，是陈辞修的干部。但是因为选举时李品仙当安徽省主席，许多安徽人捧李宗仁，他也没例外。就因为这件事，他到台湾来以后一直抬不起头来。好容易受张晓峰提拔，当上师大校长、考试院副院长，要是别人已经满足了。不过他自负太高，因为当时英国留学生很少，他读过伦敦学院，自认为了不起，可以说官迷太重。老实说，孔德成能当考试院长，还相当令人意外，恐怕还是经国先生知道张宗良与李宗仁那一段事，才有此措施。张宗良知道上面考虑由孔德成当院长，他就只有离开考试院了。

张宗良当考试院副院长，在立法院也非常不得意。有一次他拉刘先云秘书长，由他二人请法制委员会委员吃饭。法制委员会委员一坐下来就说："今天我们就吃饭喔，不谈公事。"本来他的目的是谈法案，但是这句话把他嘴巴封了，让他很难堪。我当时感觉到有点过分，但是原因何在？我也不清楚。

考试院的事情重点在部长。如果依组织法，部长是没有地位的，因为考试院有考试委员，考试院院会决定大政方针，院会中以考试委员为重要；部长本来只能列席，经过我们争取，才改为出席。但是规定虽然以考试委员为要，事实上部长是执行的人，院长、副院长都无能为力，所以考试院对宪制的影响，还是以部长为大。而部长方面，以考选部长为例，也是有几任是酬庸性质的。大体来说则还不错，例如陈雪屏、瞿韶华，现在王作荣上任未久，是非难断。至于铨叙部长，却一直不太好，到陈桂华时，还算是入门了。之前的石觉、雷法章都不太行。石觉当了十年铨叙部长，没有做什么事，很令人失望。而雷法章则善于言辞，官味太足。陈桂华是人事行政局长出身的，做事较具体，但是他的做法是军职公务员式的，不是政务官，没有考虑过如何使考试权在五权宪法中落实地位。

八任立法院院长，是吾投票支持的。

孙科在训政时期就是立法院长，到宪政时期，在做法上有很多改变。训政时期的立法委员都是由核准才提名的，所以每一个新来的立法委员，都要经他“面试”过，面试核准后，他会安排这个委员在适当的委员会。立法委员进来以后，就纳入他自己的两个组织：一个是国建会，另一个名称我记不清楚了，两个组织都是次级团体，并不是由他领导，但是领导人和孙科关系很近。所以训政时期的立法院可以说是指挥裕如，大家倾心研究法案，尤其对法律性重的法案特别加以研究，至于政治性的法案，则非透过他不可。

陆：孙科有没有权力开除立法委员？

黄：我不清楚，不过这似乎不可能。

陆：训政时期的立法委员中，也有胡汉民的人。

黄：当然有，因为本来是胡汉民当立法院长，胡汉民当院长好像和平一点，他年龄比孙科大，曾代理大元帅。胡汉民和孙科的关系还不算坏，而且两人都是广东人。行宪以后，立法委员由各地区选出，原来属孙科次级团体的人，有不少的人当选立法委员。但是到台湾的只剩下三十二人，其他人多半去做官。因为在训政结束、行宪初期，立法委员就如同一座桥，流动性大，好多人到中央去，不是当部长就是当次长，再小的职位就不能做了。

孙科为了掌握行宪以后的立法院，主要要靠秘书长。头一个用吴尚鹰，后来他去当地政部长。之后秘书长是陈克文，这个人很跋扈、专权，对立法委员的态度显然有等级，人家说他把立法委员分成八等，或许真实性不大，但是他对某些人恭而敬之；对某些人好像难兄难弟；而对某些人颐指气使；甚至于有些人他根本看不起。对孙哲生来说，秘书长在行政事务上是有帮助的，因为他比较不熟悉这些业务。至于讲起理论，孙科很民主、很进步，因为他常看新书，有关政治类的书，只要一出版他就看。他的英文好，脑筋也新，不过他往往有不切实际的理想。

孙科在院会上的表演，给人权威性的感觉，这是在训政时期养成的，当时他对立法委员操纵自如，所以行宪以后他还是那个习惯。他当然懂议事规则，但是他主持会议时并不在乎这些议事规则，完全依靠他的权威，想怎么做就怎么做，可以说他是兼懂法律又有权威的人。他个性相当固执，不但是立法院，连行政院也常要看他的脸色。在训政时期，国民政府委员会位阶最高，立法院长是国民政府委员，所以很有支配力。

胡汉民、汪精卫都闹过组织，而孙科也有人说他有太子派，但是他这个派系恐怕没什么发展。只是常接近他的人或是广东人都被看成是太子派，其实他没有像汪精卫或胡汉民一样有干部。

他建立了宪政的规模，到行宪以后，他自己执行宪政的设施，这些地方是他的贡献。但是对于行政事务，他的能力比较差，所以他当不好行政院长。

第二任是童冠贤。他对法律不怎么清楚，权威也不够。他有点教书先生的味道，讲好听点是学者的味道，很容易接近人。他在蒋先生和李德邻之间摇摆：在蒋先生看起来，他似乎可以接近，但是他有点亲李宗仁；在李宗仁看起来，他似乎可以用，但是又怕他亲蒋。更严重的问题是他摇摆在国共之间：他自己是国民党，而包围他的共产党也很多。后来甘家馨之流成立第三势力，他当了书记长。所以他当立法院长的时间并不久：他于民国三十七年十二月底当选，不久立法院休会；到三十八年二月，留在南京的立法委员人数不多，几乎无法开议，勉强足够法定人数。童冠贤也想到广东去，但是因为李德邻还在南京，所以他也留下来。立法院第二会期开了一次会后，局面很坏，几乎待不下去。而且复会那天南京的气候很奇怪，突然间天昏地暗，马路上光线黯淡，在房子里则非开灯不可，就像整个国家的环境一样。尤其是童冠贤所领导的立法院，复会以后运作很困难。这时候老先生已经引退，由李德邻代理总统，大家非常注意杭州会谈。当时共产党极力鼓动，他们在和谈时先提出八条二十四款，之后提出限期来，简直是予取予求，根本不是和谈，情况非常困难。到四月间，在南京的人已经非常少。南京撤退后，童冠贤直接到香港搞第三势力，其间曾经来过广州一阵子。五月底，立法院在广州复会，童冠贤心不在此，一切院务都由副院长代理。所以说，童冠贤对宪政没有什么贡献，而且还因为受人利用，他的破坏力还蛮大的。

第三任是刘健群。他非常聪明，应该是可以有所作为的，但是他做什么事情都很慌张，很不稳定。他总想表现。曾经在一个场合，他发表演说，讲完后，何浩若接着说："你们大家都已经吃过鱼翅海参了，现在我来一点蔬菜、淡饭。"形容刘健群演讲的精彩。何浩若非常会讲话，学问比刘健群好，曾经留学美国骑兵学校，而且是经济学家。刘健群一直想表演，不太踏实。大体上说来，他是学法出身的人，从法政学校毕业。当时法、政不分，刑法还是大清刑律，民法还没有出来，法学知识不如后来多，不过他也不是不懂法律。他就是太聪明，守法精神不很够。

我和刘健群是比较接近的人，知道他对于立法院究竟应该怎么做并没有把握。他一方面要和老总统保持良好的关系，另一方面要招待外国人；由于他洋文不好，只有间接的接触，可是在南京时，司徒雷登和他非常接近；此外，司徒的秘书傅泾波道道地地是个出卖国家、为共产党工作的人，刘健群和他走得很近。到台湾来以后，我问他："现在忙什么？"他说："国际关系。"当然从事国民外交也无可厚非，但是他的观念并不是如此，而是想参与政府的外交事务，这哪是立法院长所应当做的事呢？结果他做的不着边际，别人对他也不诚恳。说起来刘公是聪明人物，对国事、家事都是如此，而他的家庭没有搞好，受女人的影响很大。有女人公开出刊物攻击他，把他搞得灰头土脸。

刘健群对总裁很忠诚，尤其他是何敬公一手提拔的人。在做法上，他有很多聪明的举动，但是有些事情做了，会影响他整个信用、名誉，非常可惜。所以刘健群对立法院的贡献是很难讲的。

第四任是张道藩。他是学艺术的人，富有贵州人直爽的性格，对党忠诚，对领袖忠诚，对一般同志也不错。尽管大家说他是CC，尤其陈立夫任组织部长时，他是副部长，可是他的作风跟陈立夫完全不同。一般同志不因为他是CC而对他有什么成见，相反的，大家和他很能接近。他也不分彼此，也没有说哪个人是他的干部，这是他占便宜又吃亏的地方。许多人只用自己的人，张道藩却不是如此，他大而化之。

张道藩最吃亏的是身体不好，五十岁前后就开始吃安眠药过日子，就像吴铁城一样，张道藩甚至到夜里不能睡觉的地步。

不过，他更吃亏的还是在家庭，比刘健群是有过之而无不及。一个人的家庭不安定，生活和事业也都不会安定，张道藩受这个影响很大。

他当立法院长，人缘不错，而且有他的权威。他也很尊重法律，在任多年，恩恩怨怨不多，可以说比较正常。他身为立法院长，懂得法律又有魄力，主席自然也当得好，对立法院是有贡献的。

陆：张道藩是不是因为唐荣案而下台的？

黄：不是，他是因为来后成为植物人，躺在医院好多年。他的身体太差了，不但立法院长干不下去，而且他原来是中广的董事长，也无法继续做下去。在医院里，他一天到晚昏睡。至于唐荣案，我就不清楚了。

第五任是黄国书，他是新竹人，应该是很了不起的，但是大家同他熟识之后，又觉得他能力不够。他的学历、经历都很好。他本姓叶，为了逃避日本人的耳目才改姓同样草字头的黄。他在日本士官读书，毕业后再到德国和法国炮专毕业，专修炮兵。回国后立刻当炮兵少校。事实上士官学校比现在我们的军官学校还要低一点，可是当时国内的士官学校的留学生少，他又毕业炮专，回国后很神气。他从少校教官干起，那时候是抗战期间。后来他当过团长、司令，最高做到炮兵学校的少将教官，阶级很高。而空军尚未发展之前，炮兵是比较需要专门知识的，但是也因为炮兵部队太少，所以发展有限。最后他升到中将高参。战后台湾只有两三名中将，他是其中之一，很不容易。因此台湾光复以后，对他们很优待，党提名他们当制宪国代、行宪立委，当时是一提名就当选的。后来政府迁到台湾来，立法委员就值钱了。

立法院之中，本省籍的立法委员有八位之多，他是陆军中将，特别受到重视。在刘健群当院长时，黄国书是副院长；刘健群下来后，他有段时间代院长。张道藩当选院长，黄国书连任副院长。到张道藩下来，他继任院长，倪文亚任副院长。

黄国书没有任院长前，开谈话会时，我们就推他当主席。他偶像性高，而能力平常，对法律的素养更不必谈，总归一句，他是个好人，虽然是陆军中将，并没有强力的主张。凭他这样无所谓的性格，可以青云直上，在政治上没有什么阻碍，可惜他在经济上搞坏了。刚回台湾时，他当合会董事长。合会属于公家，现在都改为中小企业银行了。黄国书自己开了一家国光保险公司，那一阵子，台湾开保险公司的，没有不赚钱的，但就是他的公司倒闭了。据说黄国书的儿子太不争气。他的儿子任公司董事长，另外请人来当总经理。虽然是保险公司，他们却兼营进口贸易，总经理进口了高级望远镜，每个开价提高两万，送给董事长一百个就是两百万，当时上百万是大得不得了的数目呢。由于价格太高，望远镜卖不出去，这只是一个例子。他的儿子被利用，总经理也谋求发财之道，大家都来偷公司，后来国光公司垮了，几乎影响到合会。合会因为其他董事的关系而维持下来，但是国光公司本身则倒闭了。他把收拾残局的责任推给政府，后来民意反应很坏，法院也传讯他，因此要他辞去立法院长，他还不以为然，拖了一阵子才请辞。辞职之后，他还是立法委员，依然出席会议。但董事长的头衔没有了，搞得很狼狈。他原来住的房子已经有一百多年的历史，成为台湾的古迹。

这个人有一点愚而好自用，他的机会、环境是很好的，可惜他才气不够。他对立法院谈不上贡献，由于不懂议事规则，当主席时就只听秘书长。当时法理之争不多，所以他可以当主席。虽然他对立法院贡献不多，但是他为台湾人开了一条路，是第一个当立法院长的台湾人。因为他当院长在前，后来刘阔才才能当立法院长。

第六任是倪文亚。他原来是党工，先任台湾省党部主任委员，后任革命实践研究院副主任委员兼通讯研究部总干事。他选十名菁英研究员，经院长批准，担任通讯研究部干事。该部在革命实践研究院之下，由总干事负责。总干事之名听起来很小，中央党部的总干事是中央党部各组副主任之下的职位。但是革命实践研究院副主任等于中央党部的主任，他所兼的职位仅称为总干事。总干事之下的十名干事中，有我在内。一开始筹备，倪问我怎么做？吾说小心不要做下面三个人：陈果夫、陈立夫、康泽。

他深以为然！后来倪文亚担任党中央第一组主任，之后才当立法院副院长。

倪文亚担任立法院副院长、院长的时间相当长，约占立法院来台湾四十年中的大一半；尤其他当院长的时间特别长。他任副院长时，其间有张道藩、黄国书两任院长。

当时派系之争有一点过分。选副院长时，倪文亚的得票数少了一百一十七票，这些票都投给一四座谈会的邓翔宇了。CC 故意捧邓翔宇出来，联合 CC 和一四座谈会的票，表示他们还有力量。但是这件事却让总裁很难堪，因为总裁提名院长黄国书、副院长倪文亚，当时倪文亚的声望远超过黄国书，但是黄国书得票百分之八十左右，倪文亚这个副院长却少了一百一十七票，好像是故意让中央难过。选举过后，总裁在别的场合还记忆犹新地说："一百一十七票!"意思是说 CC 捣乱。可见倪文亚环境并不好，当时的反对派比现在的反对党难以处理，反对党终究是明白的敌党，而派系斗争却大家都是自己的弟兄，对外讲不出口。

后来倪文亚当院长，副院长刘阔才应运而生，当时他才刚补选出来，正好黄国书下去了，没有本省籍的人了，而且他和黄国书一样是客家人，因此挑中刘阔才当副院长。立法院设院长一人、副院长一人，不像其他机关一样是有事分担的。立法院长有两大任务：第一，主持院会；第二，负责院务行政。副院长则除了在院长不在时主持院会外，没有其他事务，而院务行政原则上归秘书长管。如果院长对议事有经验，副院长不如院长，那么副院长更没有事情做了。所以倪文亚任院长时，刘阔才很少有机会当主席，倪文亚事事自己负责。而且倪文亚来自中央党部，多年来是中常委，对党务比较内行，必须多负点责任。正因为如此，党内如果有障碍，也会使院务不易推动。

以前国民党立委党部不大管法案，当然也管不着立法院院务，所以和立法院关系淡薄。我当书记长后，认为党应该管法案，加上倪文亚和我个人很有关系，他担任青年团组织处长、训练处长时，我们就认识，所以在立法院大家相处得也不错，可以说合作无间。倪文亚在任何时期私人的交往都很少，我和他共事多次，关系才比较接近。这个时候我当书记长，他当院长，合作得很好。所以他常说我当书记长的六年，是立法院的黄金时代，凡事都安排好了，不必再费心。我多次请辞书记长辞不掉，他也是原因之一，因为他总是第一个反对。他个性很强，已经决定的事，很少人能改变他。但是因为我们合作无间，有时候就在院会上，议程当中进行协调，协调结果写个条子送到主席台上，他看了就照我们的意思去做，配合得很好。

倪文亚对议事规则特别熟悉，他当院长以后，没有人比他对议事规则更了解，他简直是运用自如。

几十年来政局的安定，与立法院的安定不无关系；而立法院的安定，倪文亚是有功劳的。

刘阔才当院长，要讲法律知识，他应该是比历任院长懂得多，因为是日本帝国大学毕业，关西学院法学博士，拿着法学博士的招牌，他在社会上有很高的学术地位。他干了很多年的律师，文化大学教授、国防研究院讲座。照理说，他当了这么多年的立法委员，法律应该比别人懂得多，但事实上不然。他对有关法律和议事规则很生疏。他说："我太缺乏练习的机会。"这是自圆其说。

刘阔才得失心太重，有一次他选副院长，得票数少了四十票，使他很警觉。后来倪文亚决定要辞职，还没辞掉时，立法院中就有很多人准备当院长，他是其中一个人。他紧张得不得了，唯恐失之。有一天黄昏，他突然来我家，事前也没打电话。一坐下，没有寒暄，就说："院长的职务你觉得怎么样?"我说："你还顾虑这个问题吗？现在有四个必然：一、你是现任副院长，倪文亚正在辞职当中，他已经不来立法院了，副院长为院会的当然主席；二、院长出缺，院务当然由副院长代理；三、倪文亚辞职获准后，院长应该改选，在没有改选以前，没有其他人可以取代你的职位；四、辞职批准后，要办理改选，中央照例提名副院长当院长，还不是提名你？”他说：“喔！是这样子吗？”他好像很不放心。我要他放心，告诉他：“这次倪院长的辞职不是假的，吾也去劝过了，劝不回头，他真正要辞，中央非批准不可。中央准了之后，也非改选不可。多少年来都是副院长升院长，这次一定要提你。而且，倪院长为什么辞职？政治人物常常会摆姿态，假如倪文亚是在摆姿态，他的目的何在？应该不会的。因为立法院长职位太高了，他不会为了其他原因摆姿态。而且正好我最近去看过倪院长，当时行政院长俞国华已先在座，我故意让他们讲完话再说。我先问郭婉容探听倪文亚为什么辞职，等到他们谈完话，我再劝倪文亚不要辞职，因为牵一发动全身，甚至会影响到行政院长同意的问题，人家有企图要立法院长、行政院长都下台，我们不能上当。但是倪文亚非常坚决，任何原因都不能改变他，这是倪文亚当着俞国华的面所说的，如果还要有一点转圜的余地，那就不是倪文亚了。”倪文亚辞职的原因，当时他没有跟我讲，一年后，他才告诉我非辞不可的原因是：“后面排了队，如果再不下来，会结怨太深。”这是君子作风，有的人是你愈要来，我偏不让。所以我告诉刘阔才，倪文亚的辞职不是在作态，绝对是真的。只是倪下来以后，改选的时间要再由中央决定。最后他放心了，他从我这里出去时愉快得很。果然没有多久，刘阔才当选院长。

那时候朱高正正在发疯，开会时真的打院长，拉他的领带，在他的胸口打一拳，这是犯法的。大家认为刘阔才应该提出告诉，刘阔才考虑再三，最后没有告他，因为验伤验不出来，而现场真正看得清楚的人也不见得多。朱高正是出其不意打人，如果要传证人，国民党有人，民进党也有人，这个说有打，那个说没打，会搞不清楚，所以后来刘阔才也没有告朱高正，就忍过去了。

他开始时当主席有点慌张，不知道为什么不沉着，最遗憾的是他最后有一件事对不起国家：八十四会期最后一次院会，议程上许多法案中，最大的案子有《行政院组织法》、《战士授田凭证处理条例》等。关于行政院组织法，过去是李焕的失策，多年没有修正，好不容易有机会通过，只剩两条条文，其中一条是行政院副秘书长设一名政务官，这件事我和他们说过了，连秘书长都不是政务官，副秘书长更没有这个必要；发过言的赵少康、赖晚钟都不坚持。老实说，赵少康是不多研究法律的，而赖晚钟则是自己想干副秘书长，他预备下次不再参选，要到行政院当政务官。既然大家不坚持，就可以照审查案通过。另外对第十六条也没有坚持。行政院组织法如能通过，至少行政院各个机构的名称、各级人员的官职等可以明白列出。可是当时行政院连打来两个电话，告诉书记长林栋，暂时不要通过，临时变更议程。结果光为变更议程这件事，会议上就辩了一个钟头。大家本来想在六点休息，七点继续开会，到九点休会，结束这个会期。这个会期刘阔才任期到此为止，下个会期要改选院长。但接近六点，刚通过变更议程不久，刘阔才突然宣告："散会！休会！"我不知道他是为了什么，这件事好像开玩笑一样，实在太对不起国人。所以后来老兵要打立法委员，只要再开半个钟头的会就可以通过了。一个法学家想对国家有贡献是很难的，刘阔才却错过这个机会，实在太可惜。

最后是梁肃戎。他当院长完全是因缘时会，他没想到自己很快能当上副院长，之后又很快当上院长。他是资深委员中年纪最小的人，其他的资深委员都太老了。CC 派闷了三、四十年，这下抬出一个院长，借他出了一口气。我对梁肃戎的看法倒不是如此，他当院长绝对够格，而且还很恰当，不过要有人扶持他，不只是抬他、宠他。梁肃戎心直口快，有时候自己控制不住，太宠他，他会乱事。支持他的人应该扶他，该捧的时候捧，不该捧的时候，讲两句他也听。我们在政策会同事过一段时间，他很感激我，因为他要冲的时候，我把他控制住了；必须捧他的时候我会捧他。他做的蛮好，他也很得意，我们相处得很好。

他们的团体也已经没有几个人在立法院了，只剩下张子扬、彭善承、许占魁等三、四人。彭善承温和一点，我和他接触机会较少；我和张子扬接触机会较多，他是个走偏锋的人，由走偏锋的人帮忙，有的时候会出轨，所以梁肃戎现在当立法院长当的很苦。再加上民进党胡闹，他更是辛苦。梁肃戎自己也说："我梁某人是最早和民进党来往的。"他下面一句话没讲出来："人家还骂我是'梁勾结'呢!"他很愤慨民进党骂他，没有他和民进党"勾结"，他们还起不来。那个时候很多人怪中央党部，尤其骂梁肃戎，认为不要理民进党就好。李鸿禧等等四个人要求沟通，国民党就由梁肃戎、萧天赞代表去和他们谈话，这四人予取予求，非常嚣张，所以人家骂他成为"梁勾结"。

现在党内做组织工作的人和立法院内各部门的负责人，没有一人可以辅助梁肃戎，教他该进则进，该退则退的分寸，所以到了院会打群架的地步，梁肃戎难过到极点。这样子怎么继续下去呢？我已经退职了，讲话就像马后炮，没有办法。其实要有人事前或临场时向他献策。现在是四月，八十七会期还剩一个多月，梁肃戎年底退职，下个会期是不是能安安稳稳到底？很难讲。民进党是希望愈早搞垮他愈好，他们把会搞得开不成都可能。我们不只是应付一时，还要向历史负责，究竟立法院长是一大担当，不是个小人物，对国家很重要。我们现在还是有机会碰头，我们希望找机会向梁肃戎献策，要他耐住性子，不要像刘阔才留下一个没有结果的结果。梁肃戎下台之前，不能再撒烂污，一撒烂污，倒楣的是国家。他走以前，要能为国家开一条路，为历史建立一点基础。

以上是我对历任行政院、考试院、立法院三院首长的看法，现在再谈行政改革，法规整理。

行政改革是王云五推动的。王云五为了行政改革，在革命实践研究院办了一个行政管理班。当时行为科学风气很盛，台电在这方面的专家尤其多。革命实践研究院前后办了五六期的行政管理班，差不多所有高级人员都参加过了。我们当然对行政改革也很感兴趣，但是最后并没有看到成果出来。这个工作做了好几年，给我的印象是比较偏重技术性的改革，对某些机关也确实有效，例如电力公司等等，在自然科学方面影响比较大。那个时候开始传入电脑，国外资讯工业已经相当发达，国内使用电脑的机构却只有少数几家，最后行政改革究竟有什么结论？一直没有具体的报告。王云五后来行政院副院长下来，年纪也太大了。

就我所知，行政改革影响最大的就是各机关的研究发展委员会。行政院成立研究发展委员会，杨家麟、郭澄都主持过一段时间，并没有什么显著的成效。花钱最多，添购硬体设备最多的是魏镛，他找了几十个有博士学位的人来，后来却难以消化这些人。最后由马英九继任。但是他们都没有把他们的研究、发展、考核成果影响到各机关，他们对行政院所属各机关做了个案的研究，至于行政改革了什么？我不晓得。

陆：是不是在公文简化方面有成效？

黄：公文简化是蒋经国当行政院长时推动的，而且公文程式经立法院通过，明订什么是咨文、什么是函，各有固定的公文程式。王云五行政改革在前，蒋经国当行政院长在后，他就任以来，第一件事情是简化公文。

陆：行政改革时，有没有裁并什么机关？

黄：是裁了一部分机关。

另外有一个法规整理委员会，由田炯锦主持，我们对于该会寄予莫大的希望。因为法规实在太需要整理了，从军政、训政到现在宪政时期，法令变更甚多，在军政时期，其根本法为军事命令；而训政时期的根本法则为国民党通过的训政时期约法。宪政时期的依据是宪法，各种法令都必须符合宪法的规定。

就我所知，根据宪法，有三个法律是由立法委员提案的：

第一是请愿法。请愿权和诉愿、诉讼权一样，是人民的权利之一，立法院主动起草这个法案，起草人是青年党的徐汉豪，他当过大夏大学法学院院长，他所起草的案子非常简单，但至少草拟出来了，一直到现在，请愿法都没有修改过。实在太简单了！

第二个是有关大法官会议的法律。本来大法官会议的召开，除根据宪法外，并没有其他的根据，只有司法院的大法官会议规则，我们认为应提大法官会议法。层次较低的称议事规则，会议法是较高级的会议。大法官会议法由司法院起草，因为他们没有提案权，所以他们以原来的大法官会议规则为基础起草之后，送到立法院来。法制委员会中，对这一类行政法最有研究的同仁是仲肇湘，他是学交通出身的，但是高考及格以后，做了很久的行政工作。他非常留心学习，尤其是跟着陈果夫很久，下过一番研究功夫，因此有些大法官也请教他。由于他是专家，大法官会议法请他领衔起草。我是召集委员，非常小心，把知名的法学专家分批请来发表意见，同时邀请社会上有关人员列席备询，前后开了十二次的审查会，最后大法官会议法出炉了。

第三个是中央法规标准法。过去对于什么是法律并没有明确的规定，到宪法出来后，才有了明确的界定。凡是经立法院通过，总统公布者，即称为法律。为了明确规范法律的内容，我们需要拟定中央法规标准法，作所有法律的依据。宪法上规定，不仅立法委员可以立法，省议员、县议员也都可以立法，在中央与地方之权限、地方制度等等专章上，都有明白的规定。如果光说立法者，则不知是指何人。中央所立的法称为法律，省所立的法称为法规，县所立的法称为规章。立法院中，法制委员会的委员特别这样咬文嚼字。由于除立法委员外，省议员、县议员也都有立法权，宪法上明文规定哪些法令由哪些机关审议。中央法规标准法依据宪法，明订法规之制定、法规之施行与适用、法规之修正与废止等等内容。例如法律不得抵触宪法，命令不得抵触宪法或法律，下级机关订定之命令不得抵触上级机关之命令。而法律的废止，也有一定的程序。曾经有两次，行政院送来某法令的废止案，经过审查，结果立法院没有通过，因为该法废止后，并没有可以代替的法律。民国五十九年通过中央法规标准法，当时距离宪法的颁布已经有二十多年。我们很感慨，这些工作并不是立法委员应该做的，我们的人力、时间有限。但是那些工作行政院法规委员会却没有做，法规整理委员会也没有注意到。

有一天“总统”讲话说到，田炯锦以法规整理委员会主任委员的身份到韩国去考察，他回来后向“总统”报告，说韩国一个礼拜通过好多的法律，为什么我们的效率没这么高？这些话是讨好“老总统”，我们感到相当反感。一个学法律的人，怎么会讲这种话？因为“老总统”是学军事的，当然愈快愈好，田炯锦想讨好他。法规整理委员会最后什么具体成果也没有，让我们很慨叹。

我曾经提议行政院成立法制局，但是有人反对。多少年来行政院维持一个法规委员会，如果有成果也很好，结果为了整理法规，还要另外成立法规整理委员会，其实这应该就是法规委员会的工作，结果还是没有成效。一直到前几年俞国华行政院长任内，提出了行政院组织法的修正草案，征求我们的同意，加一个法制局，设在秘书长之下。换言之，等于秘书处内的一个拟办单位，一个秘书就可以否定法制局所作的决定，连过去法规委员会原来有的独立性都没有了，因此我们要反对。行政院组织法也一直没有通过，为这一点辩论得很厉害。

还有更妙的一件事。钱纯当秘书长时，有一天，他在行政院会客室邀请了十几人来，到场的法制委员会委员有三四人，其中一人不常发言，有一个后来走了，最后只剩下我一个人。辩论的问题是原来副秘书长一人改为三人，行政院草案规定其中一人是政务官，不需要任用资格。钱纯还印了一份漂亮的铅印资料。我说："花那么多钱干嘛？"钱纯讲了很多，我说："你都没有看看中央法规标准法，也不尊重现行的人事制度，只是随兴之所至订了这个制度。行政院组织法当然是独立的，但是内容与很多基本法不能违背，所有的组织法都是应用法，所有的考试、任用、俸给、考绩、退休、抚恤等等有关人事的法律都是基本法，不可以否定基本法。"他不相信这一套。我又说："秘书长下面的副秘书长，如果有一人是政务官，那么你秘书长是不是政务官？不是的，你秘书长并不是政务官，在行政院组织法第四条中有明文。行政院各部、会首长均为政务委员，而秘书长的有关规定则不列在政务官这个条文，而是在第九条。从来的行政院组织法都是这样，修正案也仍然在这个架构之内。你以为秘书长是政务官吗？不是的。秘书长是事务官的头儿。不要以为特任官就是政务官。"钱纯说美国有好多政务官，司长也是政务官咧。我说："里根总统一上台，下了张条子，一下子裁了一二千人，我们不能这样做。他们是总统制，总统由普选选出，当选后可以安排选举功臣到总统府去。这个总统下台后，下一任总统一张条子就可以要他们滚蛋。这些人就是政务官，所以连副司长（副助理国务卿）也是政务官。我们中国政府却不能这样做。真的这么做，马上会有人造反。尤其我们还不全然是工业社会，要这些人离开，他们会没办法吃饭。美国国家虽然大，许多人却不单以做官为职业，所拥护的人当总统了，他可以当一任官；总统下台后，他也走了。而中国却是一个县长到差，只准带五个人去，这是一个很好的制度，使政府很安定。如果都要安排选举功臣，那么行政院长的选举功臣是立法委员，立法委员三年一改选，离职后没地方去就到行政院去，行政院容得下那么多不要任用资格的政务官吗?”

行政院研究考核委员会负责设计、研究、考核三件事，这个单位的来源是老总统的手谕，以考核各机关的工作成效。但是老总统逝世后，这个单位已经丧失原义，现在成为一个安置一大批冗员的机构，对于行政本体并没有多大的影响。为什么像这样的良法美意，做下来后却不能达成预期的效果？这个问题我还没有深入的研究。表面上来看，政府不能进步，恐怕这个原因有很大的关系。归根究底，问题在于不能守法，尤其是财政部、经济部，所有财经问题都有法律的根据。现在大家常说“民生法案”，这个名称于法无据，但是我们也姑且用这个名称。本来民生法案并不多，应用时常无法可据，只有根据解释。有一年我遇到一个问题，到财政部去查资料，他们给我一本解释令，那些解释条文好多，我说：“天啊！连我都没看过这许多解释，老百姓怎么会懂?”如果没有照这些解释来做，就算是“不合法”。其实连行政机关也对法搞不太清楚，动辄说老百姓违法，日积月累下来，老百姓必定怨在心里。现在各机关自己搞乱了，有法律规定的依照法律；法律没有规定的就协商，为什么不直接制定法律呢？他们只是贪图行政命令的方便，只要由承办人签报，盖过一个一个图章，最后画一个"行"就出来了。相形之下，立法多麻烦！就因为这样，各个机关各搞各的。

总而言之，行政改革和法规整理都没有成效。以往许多法律都根据训政时期约法而制定，除了民刑法和诉讼法还比较有蓝本、大致不差外，其他行政法部门乱得不得了。这些法规没有整理，行政又如何改革呢？

立法院成立五六十年了。训政时期的立法院很刻苦，其中专业人员多，每一名立法委员进立法院，都要经院长核定所隶属的委员会，所以立法院拿出来的成果很像样，许多法律都是训政时期拟定的，成为现在的法典。不但民、刑法如此，许多行政法也是这个样子。行政法中，只有一件事最差，就是行政执行法。我们曾经有过一个行政执行法，但是很不适用，修正案在立法院虽然开过多次会议，到底怎么改还是没有结论。报载行政院方面已重拟草案送立院。目前行政执行法等于没有，所以各机关各自解释执行。其实行政执行法是很重要的。中央政府当然有行政执行法，省政府和县政府也有，现在行政法很多订有罚则，如何执行得恰当而有效，现行法规定得太简单，不够用。

现在我再谈对宪法的看法。

现行宪法就像我们人一样，生不逢时，不但时间有问题，地点也是问题。

以时间来说，民国初年就有《天坛宪法草案》，从此以后，不晓得有过多少宪法草案都没拿出来，其中最完备的是《五五宪草》。但是后来各党各派的协商，把《五五宪草》打掉了，只剩下五院的架子。《五五宪草》中的五院是在总统府之下，总统的权力很大，可是现行宪法中的总统没有权。国家一直在打仗，怎么能行宪？但是一方面是共产党在吵，另外是各党各派也一直做这种要求，所以早在民国三十四年三月一日宪政实施协进会第五次会上，当时正是抗战形势紧张的时候，没有把握会胜利，但是在这次由委员长担任主席的会上，蒋委员长就宣布将于是年十一月十二日召开国民大会。国民大会代表在二十五年就选举出来了，本来预计次年就开国民大会，没想到开始抗战，一抗战就是八年，这段期间无法行宪，所以召开宪政实施协进会，网罗各方面的人才，等于是小型的国民大会。蒋委员长在第五次宪政实施协进会上宣布将召开国民大会，也就是预备行宪。到五月十四日，中国国民党第六次全国代表大会上，蒋总裁再度指示将于十一月十二日召开国民大会，这件事经代表大会列为正式决议。八月，日本投降，这是大出意料之外的事。到明年十一月十二日，国民大会非召开不可，所以三十四年底正式宣布：现在抗战已经胜利，三十五年五月五日还都，十一月十二日召开制宪国民大会。国大代表选了十年，在三十五年，非将宪法通过不可；通过宪法之后，到三十六年，非实施宪政不可。所以可以说行宪是逼出来的。事实上，三十四年抗战胜利，三十五年共产党已经搞得天下大乱。为了行宪，才召开国民大会，可是此时周恩来却发表谈话，说现在唯一的道路只有停开国民大会，否则的话吾就回到延安去，也就是继续捣乱。因为他们主张开政治协商会议，反对国民大会，所以国民大会召开时共产党没来。现在的民进党里不一定有共产党，他们也不一定晓得当年共产党的做法，现在他们退出国大临时会回到街头，当年周恩来则是要回延安，这是不是巧合？我觉得很有趣。三十四年八月以前，中、日还在作战，到了三十五年，共产党闹的程度比日本人还严重，这样子怎么行宪呢？但是政府仍然毅然决然宣布行宪。训政时期，五院院长都是国民政府委员，《五五宪草》虽然没有规定成立国民政府委员会，但是五院都是行政系统，都在总统之下，其体制和训政时期差不了多少。到后来，这部宪法被改得面目全非。现行宪法除了战争时期外，总统没有权。所以当年听说选举总统时，蒋总裁要胡适之当总统，他愿意自居为行政院长。后来大家非要他当总统不可，他说："不行，当不下去，共产党闹得太厉害。"那怎么办呢？所以加了临时条款，其根据为宪法第四十三条的紧急处分权。不过，宪法中的紧急处分权只限于"国家财政、经济上有大变故"，没有军事、政治上的紧急处分。而且紧急命令之发布，必须依紧急命令法，但是一直到现在，都没有制定紧急命令法，总统没有办法做事，因此才有临时条款。原来临时条款只有三项，后来才加了后面几项。由于上面这些原因，我说行宪的时间也不对。

另外还有地点也不对。到台湾来以后，行宪的"总统"幸好还有临时条款可以做事。可是宪法的架构是以大陆为对象，行使的地方只有台澎金马，宪法怎么落实？所以最大的问题在第一百零八条到第一百十条，地方行政没有立法，应该召开省代表大会，制定省自治法。如果那样做，中华民国中央政府就不存在了，因为除了台北市、高雄市以外，其他部分就是台湾省，如果有省自治法，中央政府也不必要了，省政府可以取代总统府，省自治法可以取代宪法。现在我们要修宪，修宪权在国民大会，制定宪法则另有制宪代表。现行宪法只有规定修改宪法的程序的条文（第一百七十四条），没有规定制宪程序的条文。这部宪法后来只在台湾施行，是起草者张君劢始料未及的事。现在民进党要闹制宪，但是根据现行宪法，并不能制宪，所以宪改小组研究的结果，决定现行宪法条文不动，学美国的做法，在宪法后面增修条文，这是对的。现在民进党还在闹，不知道背后是否有共产党主使，但是无论如何是过分囫囵吞枣，假如要拿台湾的空间来修改宪法，日后会成为"大头戴小帽"，戴不下去了。现在大陆是共产党的，所以民进党不听这一套。

我们这一部宪法，从制定、产生到现在，实在是非其时、非其地，找不到实施宪法的时间和空间，很可怜，也很令人感慨。现在我们要就这个现状、就这个空间、就这个时间，来修正宪法。民进党要求制宪，但是制宪就是否定现行宪法。即使要否定现行宪法，也要经由一定的程序，所以李登辉讲对了："宪政改革不是革命。"革命是抛弃以前的宪法。我们不能学东西德，只能学法国，第一共和宪法不适用，就进入第二共和；第二共和宪法不适用，就进入第三共和，一直到第二次世界大战结束，法国复国，产生第五共和，第五共和的时间始自战争结束，阿尔及利亚回到法国本土来，而当时法国的主政者是戴高乐，要不是由他领导，可以说第五共和也产生不出来，所以这是时间、空间都对了，加上有合适的领导人，等于是天时、地利、人和，才有第五共和。另外我们要学的是日本。如果日本投降后美军就撤退，那么日本的共产党必定活跃，苏联也会占领日本北部，日本国内会有零星的内战。在这种情况下，日本的战后宪法也出不来。战后整个日本领土没有缺一点，在麦克阿瑟将军的领导之下，制定了合乎时、地的宪法。

我们已经几十年没有战争，一切都上了轨道，为啥要去破坏呢？现行宪法有什么不好？无论如何，现行宪法不单只是为台湾而制定。也许唯一的缺点也在这里。架构太大了。但是如果只适用于台湾，那无异是台独，这是令人头疼的地方。

至于是否拿掉临时条款？我已经说过，拿掉临时条款，总统会没有权，连行政院长也不是绝对的，因为现行宪法中是五院互相制衡，不但立法、司法、行政分开，行政权也分开。有行政权，没考试人事权；有立法权，没监察权。由于五权分立，所以我反对行政院人事行政局的设立，行政院机关多，如果为了人事服务，成立公务员福利局就可以了，何必一定要设人事行政局呢？人事行政局的业务不就是考试院的业务吗？张君劢很高明，在现行宪法中，把立法、司法、行政分开，立法院不能倒行政院的阁，同样的，行政院权力再大，也不能解散立法院，这是最进步的宪法；别人都是国会有倒阁权，政府有解散国会权的。

第一届国民大会第二次临时会，于一九九一年四月二十二日三读通过中华民国宪法增修条文。关于这些增修条文，我虽不是宪法学者，但是认为有些常识性的问题应该提出来。

这次宪法增修的目的，在于临时条款废止后，第六项关于中央民意代表的规定不再适用，所有的中央民意代表都将没有合法的根据，所以必须以增修条文来填空。这一次增修的重点，除了中央民意代表的员额外，还有两方面：一方面是总统的紧急处分权，和现行宪法第四十三条有关。临时条款废止后，宪法第四十三条会落空，问题很大，所以要以增修条文第七条作为补救。另一方面则是三个机构的问题，也就是关于国家安全会议、安全局、人事行政局。临时条款废止后，这三个机构落空，现存机构何去何从？日后预算怎么编？在增修条文中都有规定。

关于紧急处分权，临时条款废止后，宪法所规定的紧急处分权也落空，因此订定增修条文第七条，赋与总统紧急处分权。现行宪法第四十三条规定总统须于发布紧急命令后一个月内提交立法院追认，增修第七条则规定于发布命令后十天内提交立法院追认，似乎不但没有扩大总统的职权，反而缩小了。我还没有问过起草宪法增修条文的人，他们何以有此想法。不过，我认为紧急处分权和总统的统帅权是两回事。现行宪法第四十三条所讲的紧急处分权只是财政、经济上重大变故，不包括军事。关于军事的条文，现行宪法第三十六条：“总统统帅全国陆海空军”，这就是统帅权。至于如何行使统帅权？没有法令规定，那不是落空了吗？但实际是不落空的。因为在宪法第十三章基本国策中，第一百三十七条就是谈国防问题：“中华民国之国防，以保卫国家安全，维护世界和平为目的。国防之组织，以法律定之。”本条为“安全”两字的来源，依本条来说，应制定“国防组织法”，这个国防组织，就是总统行使统帅权所应有的机构。国防部并不是本条所规定的国防之组织，而是下级行政机构。立法委员刘锡五曾经为了这件事，连续质询了二十次，政府都没有具体的答复，后来在黄杰当“国防部长”任内，提出了《国防部组织法》，内容非常简单，明知这个提案不能满足宪法的规定，但是当年就是以这个案子当成是国防之组织。关于这个案子，有一个辩论重点：参谋总长是随总统好或随行政院长好？辩论了好多年。于是他们解释：参谋总长是统帅的幕僚长，也是国防部长的幕僚长。这话怎么可以讲的呢？国防部长是行政院政务委员，行政院长可以拘束他，统帅权和行政院长的权怎么区分？一直没有人研究。由于国家安全会议中总统最大，五院院长都要参加这个会议，都要听总统的话。因为有国家安全会议，所以《国防组织法》就不要紧了，一直到现在都还摆着。关于总统的紧急处分权，在宪法第四十三条已经规定了财经方面的权力，只要充实一下就可以了，这是法律的问题。至于统帅权怎么行使，这次修宪是一个机会，可以提《国防组织法》，在《国防组织法》中，统帅最高，国防组织的权在军事部门，不影响行政院的一般行政权。但是没有人提这个话。反而是画蛇添足要保留三机构。

其实三机构只要有一个机构就好了，也就是国家安全会议，因为国家安全会议无所属。现行宪法本很完整，关于国家机关，第三章到第九章共七章，分别规定国民大会、总统、五院，这七章以外再没有什么国家机关。而《国防组织法》则不属于这七章，是“国防之组织”，是行使统帅权的机构。现在所设的国家安全会议，是根据临时条款，如果要变为常设机构，它属于前面说到的七章中的哪一章？是不是七章以外再来个第八章？现在明明白白就是国家安全会议一个机构的问题而已，安全局何必独立成一个问题呢？安全局是根据国家安全会议组织纲要而来的，是国家安全会议的内部机构，可定于国家安全会议组织法中，不需要定在宪法增修条文中。至于增修条文中规定“行政院得设人事行政局”，那更是荒唐，人事行政局应该属于考试院，但是动员戡乱时期临时条款把它设在行政院，那么在行政院组织法中解决就好了，放在宪法增修条文中，根本位阶不同，反而成为一大问题。人事行政局和国家安全局，位阶都应该在行政院之下，和国家安全会议不同，国家安全会议连行政院长都是委员之一，行政院管不了它。

陆：这次宪法增修条文是谁起草的呢？是不是“副总统”李元簇？

黄：是啊。当然我懂的，他是为了迁就现实嘛。所以我说我们这部宪法“生非其时，用非其地”。生非其时，因为是共产党逼出来的，在政治协商会议之前，就有国民参政会，大家意见很多，所以早在三十四年三月一日，蒋主席就说是年十一月十二日开国民大会制宪，当时哪里是行宪的时机呢？所以说制宪非其时。现在在台湾一地，这部宪法是大宪法用于小地方，用非其地，如果专就这个范围制宪，就是台湾独立了，但是台湾不能独立，不能制宪。研究法律的人应该了解，假使“总统”气魄大一点，就应该把国防组织法定出来，不要国家安全会议。不过，这么做的话，纠纷会非常多，而且国防组织法中，总统的地位是什么呢？这是非常有争议性的问题，不像临时条款那么轻而易举。宪法增修条文出来后，这几天我非常感慨。现在这个情况，还是会吵下去；就是回去大陆了，也还是会继续吵。台独的人振振有词，说我们是在行宪，但是大陆地区自己有宪法，就是和他们对等和谈，他们也不会接受我们的宪法，所以台独的人要就台湾地区制宪。为了防止台独，我们非要维持原宪法不可。

李“总统”宣布动员戡乱时期终止后，共产党说那是蒋家父子要做终身总统，到台湾来以后才规定动员戡乱。这事联合报报导得很好，他们也不反驳中共的说法，不过在报导的最后一段说明三十六年七月一日开始动员戡乱时期，驳正了共党的话。临时条款修订过四次，本来只有三项，历次修订后增加到十一项。也就是说，临时条款的前三项是在大陆三十七年四月制定，国民政府公布的。

陆：当初张君劢有没有反对临时条款？

黄：这我就不记得了。宪法增修条文已经通过了，但是宪法第四十三条的紧急处分权、第三十六条的总统统帅权以及第一百三十七条国防之组织以法律定之等等规定尚都落空，即没有法律可据，使这些权力落实。三十七年制定临时条款时，由于上述三条没有着落，所以授权总统，就解决问题了。如果不授权总统，那就应该制定法律；制定法律却不是一天两天的事情。现在临时条款废止了，紧急命令权及统帅权之行使，应该包含于国防组织法中，但是并没有这么做。

我们有许多官员没有创见，不愿意用脑筋，尤其是国防委员会的朋友，以军人居多。国防委员会审查有关组织性的法案时，必须会同法制委员审查。有一年两委员会联席审查陆海空军军旗条例，其中规定了“总统旗”。国防委员会的朋友经常是国防部说什么，就是什么，他们大家不会反对。但是对于这条规定，我提出异议，我说：“这个法案是陆海空军军旗条例，总统是全国的，怎么也包括在军事系统里头，把总统旗作为军旗的一种呢？总统行使统帅权时，一定是统帅；没有行使统帅权时，那就是总统。军旗条例中只规定军旗，怎么可以规定总统旗呢？我反对。”后来多少人和我辩，尤其是国防部的代表。那时候宋长志当部长，来立法院备询的是副部长张国英，他跑到我座位旁还说：“你要给小老弟过关；你这样坚持，我觉得太没有面子了。”我告诉他说：“这是法律，不是兄弟的问题。为了国家大体，我非坚持不可。”后来连国防委员会的委员也有人问我：“你为什么这么坚持？”我说：“这个条例是要规定总统旗还是统帅旗？如果是统帅旗，我没异议，因为陆海空军是统帅管的；如果是总统旗，那我一定要反对，因为总统代表中华民国，青天白日旗已代表中华民国，国旗就是总统旗；除了青天白日旗以外，还有什么旗子可以代表中华民国总统？”他们说：“不然，总统就是统帅啊！”我说：“那么这个条例是军旗条例，就规定统帅旗才对啊。”后来逼得没办法，国防部长宋长志出面请客，明白跟我讲：“照委员的意思总统旗改为统帅旗，别的请不要改。”我说：“别的我也没有什么主张。”吃了一餐饭，就改为统帅旗。对于有关国防方面的立法，委员们实在太不用脑筋了！

旗子的问题是很简单的事，只用几个字就解决了，至于如何行使统帅权则为大问题，应该以法律定之。他们只是说参谋总长是统帅的幕僚长，这只是他们自己的解释。到现在为止，我还是不清楚参谋总长究竟归谁指挥。在国防部组织法中，参谋总长属于国防部，是部长的幕僚长，但是事实上他要听命于统帅，国防部长管不了，行政院长也管不了！所以要有国防组织法，才可以解决这个问题。否则用人治则可，法治就很困难。

第十二章　台中市党团部

第一节　暂安台中模范村

一九四九年四月二十日晚上，吾在上海搭上轮船，二十二日夜里到达基隆。本来应该第二天就上火车，可是行李拿不出来，所以隔了一天才搭上火车到台中。

为什么到台中？吾还没来之前，从台湾回南京去的好多朋友劝吾到台湾来，吾说住不起，一两金子一个榻榻米，吾哪有那么多金子？他们说："你不要住台北，住台中。"其中有一个人住台中，他说："你看吾一个穷光蛋，吾还不是在台中住下来了吗？你还不可以住台中吗？"而且他们实实在在地对吾说："你从台中车站下来，住集贤馆，马上找房子，找到房子搬进去，这样子不花多少钱。假使你在台北下了火车住旅馆，你住上一个月，连租房子的钱都用光了，而房子还没找到。"于是吾就上火车到台中。

可是一上火车，打开报纸一看，头条大标题：首都撤退！吾看到这四个大字，整个身体莫名其妙就在火车座位上瘫痪了。吾对自己说："那吾何必到台湾来？"我们本来准备在南京打游击，已经预备有卫戍总部副总司令的一军人、宪兵一团、警察八千人，再要吾就地招募万把名青年，组织一支数万人的游击队。而且已经和海军总司令桂永清联络好，他说："你们从茅山山脉往东南走，吾跟你们保持联络，最后万不得已的话到鼓浪屿上兵舰。”这样约好了。他们告诉吾：“你家眷要送走。”所以吾才把家眷送来台湾，吾准备一个礼拜就回南京，坐轮船来，搭飞机回去，没想到吾在基隆上岸，中共在浦口上岸，首都都没有了！

到了台中以后，吾到集贤馆住下来，一家人大大小小行李十六件。吾在台中不认得什么人，房子从哪里找起？后来晓得台中市警察局长郑崖登原任首都警察厅的警察局长，于是吾毫不考虑地去找他。郑局长一见面第一句话就问：“找房子？”吾说：“对啊！”他派了两人，连吾三人骑脚踏车往西走，到模范村去。模范村是日本的高级宿舍，过去有许多日本的公务员平时在台北上班，礼拜六再坐七八个钟头的火车到台中，就住在模范村。模范村的房子由市政府接收之后，市政府没有那么多人来住，就请附近百姓来住宿看房子。这些百姓可发了财，因为现在从大陆来要找房子的人要拿一笔钱给他们做顶费，他们就搬走。警察局的人带吾看了三户，吾选择最便宜的一户，化了二两四钱金子顶下来。当时比我们先到台中的人，顶房子最便宜的也花了六两，有人花了八两，有人花了一根条子，由于吾到达的时间是最风平浪静的时候，国共正在和谈，所以吾搭乘的轮船，本来可坐一千六百人，却只载了八百人，但是这条船回上海时就载了一千多人，因为大家以为和平了，因此台中的房子很便宜，而原来住的人拿到二两四钱的金子，也已经认为了不起了。

那时候吾身上已经没有钱了，法币在台湾还不大流行，银元的价钱天天在变，而一两金子最少也等于旧台币一百万，二两四钱要有多少旧台币呢？吾没有钱，只好到台北找钱，事实上要找谁吾都没目标，甚至吾连到台北去的钱也没有。吾跟旅馆老板说：“你们用的是台币，我们用的是黄金美钞，现在吾到台北去，没有零用钱，你借一点给吾。”他给了我三百万。

吾到台北之后，听说原来南京农民银行经理陈勉修在当土地银行的总经理，吾去找他问看看台北有什么熟人。陈总经理告诉吾："陶桂林来了。"陶是南京市参议会参议员。于是吾去找陶桂林。

吾在大同公司找到陶桂林，见面之后，才三言两语，他就拿一张条子给吾，说道："请你签字。"吾不知道要签什么，他说："老大哥叫你签你就签。"吾就签了。签字后他送吾五十块美金，这笔钱在当时是不得了的数字。他只有一句话："先把房子找了再说。"

吾从台中来之前，已经告诉太太、弟媳妇，让他们把金戒指、项链都交给吾，一起带到台北来。吾听人说延平北路金瑞山银楼最可靠，于是也找到这家银楼。银楼称称这些首饰，一共一两六钱，美金五十块折合金子一两，一共有二两六钱，于是吾再拿出一个小戒指，换了二两四钱，二两四钱等于旧台币二千四百万。吾在进门时一个价钱，出门时旧台币又已经跌价了，吾不管，赶快拿了钱回台中顶下房子。

吾原来预备坐飞机回南京，现在首都撤退，计划需要改变。这时候立法院已经到广州，吾只好到广州去，可是身上没钱，听说省政府可以送旅费，吾就去了省政府。当时陈辞修当省主席。吾到省政府，一句话也没讲，他们就补助了一百万，已经够买飞机票，吾就到广州去。

第二节　台中市选举市长

一九四九年年底，台湾开始选举民选县市长，我们虽然住在台中，可是对台中地方的情形不够了解，也不认识多少候选人。党推出的台中市市长候选人是林金标。在我们的想法，国民党提名的人一定会当选。他竞选的对手是无党籍，日本留学生，学历比国民党的候选人高，是学法律的人。选举结果，林金标落选了。我们刚到台中就碰上这件事，我们认为很糟糕，国民党在这里好像没有基础。

为什么国民党提名的人会落选？国民党在台中市的党员只有四千多人，多半来自大陆，本地的人很少。本地的国民党员都是清流，没有在日本人时期做过官，也不是大商人。他们最大的势力是文化人联谊会，这个组织的来源是日据时代抗日的人，他们不敢用抗日的名义，就用文化人的名义来组织联谊会。这时候台中市有二十一万人，国民党党员只有四千多人，不成比例，而且这些党员多数是刚从大陆来的外省人，所以党在台中没有基础。

虽然党员只有四千多人，可是中央民意代表很多：监察委员有三十几人，立法委员有一百二十几人，国大代表有两百多人，都是陆陆续续自己来的。其中元老也多，陈果夫、陈立夫、陈济棠、沈鸿烈、吴忠信、白云梯等等。尤其中央党史会也搬到台中来，有人是同盟会员，有人当过孙中山也出席的会议的主席。这么多中央民意代表、元老，在党内来说是最不容易出错的，可是在地方却没有民意基础。

我在台中市住下来以后，慢慢明白地方的情形。现在台中是台湾的中心地带，有火车，也有飞机场，可是日据时代以前铁路还没有延伸到台中。当时的台中，就只有现在的南屯，当地有一个孔庙。为什么称南屯？因为在清末，巡抚刘铭传带了很多士兵驻扎在台中，没有战争就从事屯垦，所以称为“屯”，除了南屯外，还有西屯、北屯，东边是台中县，没有东屯。台中市各区里，最大的是西屯，其次是北屯、南屯。后来铁路通了，日本人沿着火车站造了几条街，呈扇形分布，因为有铁路经过，设了车站，附近农产品集中到车站来，所以慢慢形成一个新的台中市。

新的台中市人口哪里来？主要是来自台中县，其他也有南投、彰化、苗栗各县市的人，光复后二十一万人口，到今天人口一天膨胀一天，将近有上百万人了，其中多半不是本地人，历来台中市的人才以南投县草屯镇的人为最多。现在台中市各区里以西屯区发展最快，因为高速公路经过中清路，原来的稻田变成新市区，马路宽大，房子起码有四层楼，人口的发展使原本的郊区比市区还要多，以前外县市迁来的人有强烈的原居地同乡观念，非常团结，可是现在的新社区居民却互不认识。过去选举时，事前我们可以估计各地的投票数，但台中市开辟之后，反而变成毫无把握了，不但地方不成集团，同一家人投的票也不同，所以现在的台中市一部分变成民进党的大本营。

第三节　成立改造委员会

一九四九年年底，党内改造，中央和各民意机关都成立改造委员会。那时立法院最散漫，怎么成立改造委员会呢？我们按照座位号码，每三十号成立一个小组，一共编了十五个小组。每一小组设一名小组长，小组长的产生是硬碰硬竞选。吾在选举前三天临时奉命竞选小组长，在毫无把握中当选。后来中央根据小组长的名单，发表立法委员党部改造委员。同时地方也全部改造，省党部成立改造委员会，倪文亚当主任委员，各县市党部也成立改造委员会。

台中市派马存坤来当改造委员会主任委员，他是安徽人。听说台中市党部要开会选举主任委员时，马存坤先一天赶到台中，突然接到省党部主任委员倪文亚的电话叫他回去。因为台中市的安徽老乡知道马存坤要来当主任委员，马在安徽名声很坏，安徽老乡不让他当，于是活动安徽元老吴忠信打电话给倪文亚，说如果发表马存坤当选主任委员，在台湾的安徽老乡要造反了！这通电话让倪文亚吃不消。当时吴礼老在总统身旁很红，而且他就住在台中。倪于是马上打长途电话到台中，要马存坤赶紧回台北，明天不要接事。

之后内定由张国魂当台中市政造委员会主任委员。张国魂是朱骝先当组织部长时很好的干部，人很好，当县市党部主任委员绝对没有问题，可是他到台湾来以后没事做，先在台中市立中学当教员。大家考虑：现在台中市长不是国民党员，市立中学教员不就是等于市长的部下？他来当主任委员，怎么对抗市长？于是没有提他。于是各县市改造委员会多半成立后，台中市改造委员会还没有成立。

有一天吃饭时大家谈起台中市改造委员会主任委员这件事，究竟人要怎么派？大家七嘴八舌，归纳出几个条件：第一，他一定是中央委员；第二，他最好是立法委员，因为台中市有一百多名立法委员。倪文亚问："哪儿找这样的人？"大家说："黄某人不是住在台中吗？"倪文亚对于吾干或不干没有把握，最后决定：推出人来去劝黄某人出来干，中央提名由倪文亚负责。

第二天他们就派了两个人来劝吾，吾说："吾不干。吾现在就已经是立法委员党部的改造委员，何必再加一个改造委员的头衔？"推了三个月，台中市改造委员会因此比别的县市晚三个月，在一九五〇年三月十五日成立。

吾为什么同意当台中市改造委员会的主任委员呢？吾讲条件："改造不是正常体制，改造期间是六个月，六个月后正式选举，主任委员产生，吾就去职。"他们同意了吾才到差。

到差以后，吾看局面很难做。中央委员还好办，他们自己要保持身份，吾对他们礼貌一点就够了。元老吴忠信、沈鸿烈等等，吾都去拜访、领教了，尤其是吴忠信，住处离吾家很近，吾常去拜访，他同桂系、同蒋先生的关系都够，现在虽然不在其位，无官一身轻，但是可以提提当年的胸怀，所以每次吾去他家，滔滔不绝，他最少谈一个钟头。他对吾爱好的不得了，常问吾：“有什么问题？吾跟总裁讲。钱够不够？”吾说：“钱规定好多，吾用好多。”他又问：“人事有没有问题？”吾说：“人事都是上面派的，吾不带一个人。”下一次见面他又问一样的话。立法委员本身也没有问题，吾常找机会让这一百多人开会，他们也觉得不错，好像党部委员是立法委员大家都得了好多方便。监察委员三十几人，也是老先生多，吾对他们很礼貌，因此没什么问题。国大代表人多嘴杂，而且其中有许多人没有好经历，现在高不攀低不就，尤其当时国大代表的人没有待遇，生活很苦，有的人在卖烧饼油条，甚至有人连住的地方都没有，屈就在违章建筑里。吾把他们编起小组，一个小组一个小组去参加他们的会议。他们说从来没有主任委员参加小组会议的事，这样居然把他们搞服了。至于本省的党员，吾加紧功夫，把文化人联谊会健全起来，他们捧吾捧得很厉害，因此场面展开了。

台中市党部成立时，只派了市党部的人来，区党部没人。正好省党部派了几名党务训练班结业的青年，吾一个区派一名青年。这些青年很了不得，都是外省人，一天到晚奔波活动，其中甚至有一名东北人学了一口标准的闽南语，他的工作很深入，本地人以为他是本省人。党的制度就这么建立起来了。

吾当时很明白，任何地方的党务工作都要本土化，不能只是上面派人来，那样党会没基础。因此吾下了功夫培植本地干部，准备将来由他们接掌主任委员、书记、组长等等。甚至吾话讲的赤裸裸的：“你们要加倍努力，吾现在是为你们工作，你们把基础建立了，将来党部就是你们的；不但党部是你们的，地方基础也是你们的。”这样的讲，他们却还是不懂，吾非常感慨，也非常失望。学校里的党员，一毕业就和党脱离关系，尤其在部队当兵时入党的人，退伍后就把党证缴回。问他为什么，他说当兵时入党，退伍时就不要党了。

吾前后做了一年两个月，没有培植好几个干部，这一点吾认为不够理想。可是吾个人却建立了很好的地方关系。

这时候在台中的元老、先进觉得党很有希望，开口闭口改造，都认为改造以后的党和以前不一样了。那时候陈立夫还在台中，大家骂他，吾没料到他气度很大，他跑到吾家来看吾。之前吾只知道他当过组织部长、教育部长，可是我们私人没有来往过。他来和吾闲聊天，和易近人，以往大家批评党时就是针对他来批评，现在党的情势转变了，他似乎也在变。

当时台中的中学多一点，大学则只有一个农学院，教员、教授也都兴高采烈地参加改造的工作，大家都联系得很好。

党政军的联系尤其密切。那时候台中防卫司令部司令官是陆军中将刘安祺，地方上有什么集会请他到场时，吾告诉他："地方由我们来做，你代表中央，不属于地方，我们捧你；你高高在上。"他很高兴，我们密切合作。

后来附近五个县市都来了：台中县、南投县、彰化县、苗栗县，连同台中市，我们成立五县市联谊会，到日月潭开会。县长、议长、主任委员、警察局长都来了，搞的轰轰烈烈。

有一次总裁到台中，刘安祺将军向他报告五县市联谊会，总裁说："好"。后来总裁在别的地方开会，也说："你们要学台中，地方上党政军各方面都一团和气。"刘安祺因此也很得意。

吾和刘安祺老早就认识，我们都是大陆上兄弟会的成员，所以联系很方便。

至于当时台中市长杨基先，则是个嘻嘻哈哈的人，他的学历很不错，心直口快，很容易相处。人家一定要吾当市党部主任委员，很大的关系是因为这位市长不是党员。吾没有料到这位市长比党员还听话。他和中央、省的关系很少，那个时候省政府还在台北，省政府、中央政府有人到台中去，要到台中市政府拜访，他紧张了，马上要他的主任秘书赶紧问市党部主任委员怎么办，请客要请什么人？有什么规矩？以后市政府有许多的重要事情，他也都来问市党部，平常的生活也离不开主任委员，真正党员当市长时联系都还没有这么密切，所以地方一团和气。

吾干了一年两个月之后，无论如何非离开不可了。离开的方式是什么呢？吾在阳明山受训，受训后当留院研究员，整理研究报告，吾就告诉省党部吾不回市党部了，请他们另外派人。原来吾只答应做六个月，现在做了一年两个月，已经加倍了，不能再做下去。吾赖着不下山，中央才另外派了主任委员来，派来的人就是竞选市长失败的那个人。

第四节　辅选第二届市长

为什么由这位先生接吾当主任委员呢？是希望由他当主任委员，把党的关系搞好，让他以党部为基础，下次可以再竞选市长。

那时候市长三年一任，三年不到，再度改选了，他自己是主任委员，中央叫吾辅选，等于吾又回到党部。吾不到党部去，反正吾住在台中。吾做了一年两个月，他接着做了一年多，现在由吾来辅选，这是冒险的事。

这时候党外的候选人比较厉害，他是牙科医生。

而且当时党内有问题。我们支持原来落选的人，让他当市党部主任委员，现在再由吾辅选，真是苦心孤诣。中央也好，省也好，对他的期望非常厚。可是这个人的个性是把钱看的太重，后来才知道，他非常有钱，可是他过世前，病在医院里，儿女都不管他，因为他把钱抓得太紧，如果他放松一点，儿女也不至于如此。他和朋友之间，也常把钱抓的太紧，而大家都认为他很有钱。好像跟他一发生关系就有钱的关系，事实上他是一毛不拔。所以这次选举，扯腿的是党内。

选举结果他当选了，这是很不容易的。上次他竞选失败，三年后原班人马卷土重来，结果当选，这是非常困难的。可是事后他告诉吾："吾老早估计会有五万票，现在得到五万多一点。"吾心里想："凭你怎么会有五万票?"他第二句话说："吾化钱化多了。"吾问他："这次选举钱化得多吗?"他说："上一次吾化了很多钱。"吾说："上一次化得很多，可是失败了！这一次并没有化好多钱，而你当选了!"原来他不是这么想，他乃是算个人的账，把两次化的钱一起算。不问前后轻重，最好能赚进一点，这样子儿女亲友对他都没有感情。因此他当主任委员时，书记（曾任议长）最扯他的腿，而且他竞选时那些人也都不起劲。党内有这些个人恩怨，要不是吾来辅选，力量不能团结，谁来竞选，谁失败。但是吾已经不在地方，许多关系变了。

这位老兄竞选过市长，又当过主任委员，现在当选市长，党政关系应该是没问题了，可是他还要来问吾。新来的主任委员是中央第二组副主任张明，是个老资格。他做人不错，不过因为是湖南人，性子硬一点，两人关系搞的不大好。新的主任委员，书记和其他与党有关的人处处都有问题。捧市长的人，都不是心甘情愿的，所以他当市长很不舒服。

第五节　又拖三月再回任

吾当主任委员六个月后举行选举。选举时，吾来一个冒险的尝试，吾说："这次选举，我们来一个试验：现任党部委员一律应选不竞选，不去活动。"委员会中大家居然都赞成这个做法。有二三人在外面活动得非常厉害，党员觉得很奇怪，因为没有看到主任委员、书记在动，认为我们大概票够了。选票投票结果，最高票不是现任委员，而是一位本省籍议员，第二高票是一位女性，外省籍，从来没参加过党部活动。他两人之后，第三高票的是吾，从吾以下的人得票数少，但是委员会的人多数当选了。这张名单很有趣。省党部听到我们这样实验，觉得台中市党部简直太危险了，吾说："没什么危险，要是落选，吾就不干。"这种试验应该不应该？事实上是因为当时吾的心情是不想干下去了才这样做；要是想干下去，不能这样做，否则万一名次太后以至落选怎么办？

吾离开之后，大约三年，郭澄当省党部主任委员，他晓得省党部一定要健全起来。在吾之后，林金标当主任委员，把党的力量更加削弱。接林金标的人对地方情形了解不够，也是冒险在做，做了之后问题一大堆，这样下去将来台中市还是要失败的。郭澄和吾个人私交非常好，吾不是中央党部的人，但是他当中央第七组主任时，有很多事情问吾，吾也贡献自己的意见。譬如成立民众团体、全国商业联合会、农会联合会、工会联合会等等，都是吾帮他的忙。所以他对台中市党部念念不忘，还要拖吾下水。吾不想干，但是他有耐心。那时候中央秘书长是唐纵，他和郭澄商量好之后，还是要吾去当台中市党部主任委员。最后因为郭澄同吾的私人关系，讲好做一年，一年时间到了一定下来。

吾答应下来之后，很顾虑一个问题。社会上一般都说陈（诚）、蒋（经国）是对立的，这次吾回去台中市党部，人家对吾怎么看？他们两位对吾的观感怎样？吾不知道。这时候环境改变了：改造时，主控权在总裁，只要总裁说一就是一，说二就是二。现在陈辞修已经是副总裁了，很多事情要通过副总裁。而蒋经国在这时候也已经长大了，他是中央常务委员、救国团主任、政治部主任，管的事情很多。吾勉强答应回去当党主任委员，第一件工作是去见陈副总裁，只要陈副总裁有一点迟疑，吾就不到差。见到陈副总裁时，吾说："在立法院吾事情很多，吾也常在立法委员党部当委员。"他却说："现在下级党部需要由好的同志去做，党里好的干部也应该到下级党部去。你还是要去。"他还拜托吾，说他一个老同学马法五，当过河北省主席、集团军总司令，现在住台中，要吾帮他去看看。这样子在他面前，吾就不能不去了。

接着吾打电话给一个朋友说："请你告诉经国先生：吾想和他见一面。"他替吾约好时间，在今日复兴桥下国父史迹纪念馆那时候的邹容堂，和经国先生见面，见面之后谈了一个钟头，慨乎言之，最后结论两人的见解相同，他要吾勉为其难。他说："我们在这个时代的处境，就像耗子要死，要在天花板上打一下，斗死了大家看得到，所以说斗死也要光明磊落。"既然他两方面都劝驾了，吾就到差。

吾刚到差，省党部就来通知，要台中市党部示范小组如何动员。吾刚到没几天，根本一点准备都没有，可是最后表演的不错，尤其像老党员刘峙也来了。吾对刘不满意，他说他见过总裁。以他这样的地位，大陆撤退时，他却到东南亚去了，后来弄得狼狈不堪去教书，最后到香港住在木屋，遭了小偷，没有办法才到台湾来，所以吾对他不太重视。他来看过吾，吾没有回看他，他还同别人讲："黄主任委员看不起吾。"这回小组演习，他居然也动员了，吾觉得他也许自己忏悔了。

民众服务社的名称是总裁亲定的，总裁的见解很不错：党不同民众接触怎么行？所以成立民众服务社为民服务，可惜没有落实。台中市成立了很多民众服务分社，却只有市党部旁边的一个民众服务社有成效，其他的都是形式。吾慢慢改进，服务社的党员即使什么工作都不做，也要去访问访问地方人。秘书长唐纵到台中来视察时，吾请他去看最坏的一个民众服务社：一间房子中摆四、五张桌子，每天没什么工作；吾又请他去看最好的一个民众服务社：好大的办公厅，里头好多人来来往往，都是本区的百姓。

本来讲好做一年主任委员，结果做了十五个月。吾志不在此，认为做太久了不好，终究吾在台北有本职，放弃太多立法委员的工作也不好。可是到约定好的一年期限，他们不让吾下来。再过三个月，有一天晚上开会，吾就在会中当众宣布：吾明天起就不来上班了。大家很奇怪，吾说："一点也不奇怪，吾是讲好做一年，现在已经过了三个月，屡次报告吾不能再做下去，但是毫无反应，吾只有离开再说，职务由书记代理。"这么一做，第二天，党部委员和其他有关系的警察局长、市长通通跑到吾家来了，就在榻榻米上坐满了，吾还是那一套话，表示绝不回去，这样子才离开。要不是这么做，还要拖下去。

第六节　青年反共救国团

青年反共救国团到底做什么？吾不明白。最早成立时，胡轨是副主任，他是我们老朋友，而且同过事，吾对他很佩服。救国团成立以后，吾到总团去看他，一坐下来，还没有寒暄，他第一句话就说："搞什么救国团？"一路骂了十分钟。吾说："你是副主任啊！"他说："是啊！蒋经国乱搞嘛！"人人都晓得胡轨是蒋经国贴心的干部。实在说，青年团做什么？既非政治性，也非社会性，又不是教育性。

吾也有一点冒昧。

有一次蒋经国找大家去谈话，吾说："救国团的团旗常和国旗、党旗平升，这是不是平衡的？吾对这种挂旗子的方式有意见，应该国家第一才对。"

救国团发表了吾去当主任委员，三个月后吾才到差。李焕专程去看吾，要吾到差，吾最不爱听的一句话是："你这个主任委员是主任亲自指定的。"这是民众团体，总裁亲自指定又怎样？但是结果吾还是去了，因为人家告诉吾："你无缘无故得罪他干什么？"

经国先生他自己来拜托，因为我们在中山堂门口碰到，他拍拍吾肩膀："更夫兄，台中的事请你帮帮忙。"吾问："有什么事？"他说："我们的救国团啊！"吾说："喔！救国团。吾常住在台北，很少回台中去。"他说："没关系啦！有一个钟头做一个钟头。"虽说是亲自拜托，但是他也没有把事情看的太严重。

吾答应了以后，自己还不觉得什么，可是却有人说："黄某人是蒋经国这一派。"很羡慕的样子。也有人妒忌说："他是什么关系来着？"等于吾当南京支团书记时，吴绍澍问道："他是什么关系来着？"像前清时代做官要看来头、看他是哪个人的门生。

救国团的工作都是被动性的，吾是主任委员，可是不晓得每个礼拜要做什么，都由总团部规定工作，规定了工作，还要派辅导员来，什么都安排好了，开会时当主席，只是坐在那里不必说话，这是阎振兴最拿手的，他做的很好，吾却不大习惯这种架式，感到非常不满意。

一九五六年年底，全省办了八个冬令营，台中有一个，吾是主任，救国团主任一个个冬令营去检阅。可是刚好遇到立法院各委员会选举召集委员，吾考虑：上台北？还是留在台中？最后吾决定上台北。吾是冬令营主任，救国团主任来检阅，吾却跑掉了，那时候吾想："他不满意，不要吾干了，那更好。"可是他很有气量，没问什么，事情就过去了。

吾在救国团里还是要稍微表演一下。有一次吾带学生到雾社玩，雾社有温泉。回程要过一条桥，过桥去是高岗。吾先到高岗，站在岗上看他们过来。年轻的学生说："你们看！主任委员那么大年纪却老早就到了！"这时候吾晓得吾年纪大了。当时吾五十多岁。

最后改选主任委员，吾当主席主持会议。吾知道内定由林汤盘的儿子来接任。林汤盘很有名，他儿子本身却没什么名气，但是为了借重地方人，所以捧他当主任委员。事实上他不如吾，吾还有点虚名，有号召力，他连号召力都没有。不过吾还是要把选举办好。选举后办交代，才离开救国团。

陆：救国团是不是类似三青团？

黄：问题就在这里，三民主义青年团绝对是政治性的，和救国团没关系，但是救国团重要干部也有来自三民主义青年团。

陆：救国团的经费从哪来？

黄：蒋经国是政治部主任，那时候开支最自由的是国防经费，因为是机密的，他要拨给谁就拨给谁。吾没有具体的证据，但是吾了解不但是救国团的经费，很多党的经费也从国防经费来，所以以前党没闹过穷。

陆：别的国家国防经费的弹性也很大，像法国，国防经费也不公开，而情报经费也是机密的。

黄：虽然机密，老实说有些地方是浪费了。

陆：现在党里很穷，连党史会这个重要的文化机构都大举裁员，许多专家被裁走，实在可惜。党里应该有一个机构和文化界发生关系，专家都裁了，将来党里需要人才哪里去找？

黄：其实不但是党史会，连中央党部也裁员。党史会在秦孝仪任内是有声有色，因为他和故宫博物院、文工会有联系。到台湾来的初期，党史会在台中，可怜的很，要什么没什么，台中市党部支援它。在日据时代，国民党在这里一点基础都没有。台中为什么称为文化城？因为台中的抗日分子组织了文化人联谊会，党拿来运用，就成了党的外围组织。

第十三章　律师事务十年

第一节　依法取得律师证

修正前的律师法有一套律师检核的条件：担任立法委员三年就可以取得律师检核的资格。这项法律是在训政时期订定的，当时的立法委员在进立法院之前，政府多多少少对他们有一点考核，认为可以胜任立法委员的才派他。而且那时候立法委员人少，每个人都要认认真真的去做立法工作。那时候的立法委员等于是立法官，卸任之后做什么？政府没有那么多官位可以派，因此拟定检核律师资格的法律。

一九五〇年，立法院迁台复会，到一九五一年，有好多人根据这个条文领了律师检核合格证书。那时候我在考虑要不要领这个证书。有一位东北籍委员师连舫，他很聪明，能做很多事情，当时也住在台中，他问吾要不要领律师证书？吾说要。他问什么理由？吾说："北伐时期，你我二十上下；抗战时期，三十上下；之后剿共，四十上下；这下子到了台湾，等到光复大陆，最少也要六十上下。政府用我们，还可以干几年，不过也不多了；政府没机会用我们的话，我们还是要为社会服务，总是要有点正式的行业。"他说："对啊。"他还蛮有基础，因为他高考及格。后来我们都去检核了，领到了证书。

律师是自由执业，挂了牌就执业，牌子拿下来就不干了。执行业务的真正目的，在吾个人来说，主要的目的等于上学，因为身当立法委员，有机会检核，趁机会做三两年，有个一技在身。吾一无所长，旧时代的读书人以书画自娱，吾连书画都不行；现代的青年，大大小小都可以从事商业，因为身处工商社会。当时是农业社会，读书人不能做官就教书，如果也不教书、也不做官，会无事可做。吾检核当律师，一技在身，这是很大的收获。

在法治社会、法治国家，律师业务很有价值；在农业社会、军政时期，律师没有多大用处。我们想：回大陆时，不会再打仗了，一定可以过太太平平、正常民主自由的社会，这是我们的憧憬。

第二节　两年准备一年习

当时吾于律师的准备工作做了两年，准备好了之后还实习一年。怎么准备两年呢？在一次暑假中，吾曾请教过前辈。当时，重庆南路上有两家书局，其中法律这一类的书籍很多，今天买一本，明天买一本，确实看了不少书。吾原来的基础不好，学文学的人好像总是理想高一点，实务的东西差一点；而且年龄的关系，到这时候要背条文根本背不起来，只能得其大意而已。准备了两年，必须要的书籍都看过了，然后开始实习。

吾请教了当时上海最有名的律师端木恺和江一平。端木恺这个人太聪明了，当立法委员没有好久，司法院秘书长出缺，要他去当秘书长，他一下子成为特任官，红的不得了，他没有料到，过几个月司法院就搬家了，迁广州再到台湾，最后他也来台湾，已经不是立法委员了，所以他就办学校去了。后来他重新又挂牌当律师，我们接触的机会就少了。江一平原来是我们的偶像，大家认为他是专家。但在他读书的时候，现行的民法、刑法都还没有出来，所以吾看的书比他反而多得多。他倒是很热心，可是实际上他没有深刻的研究。江一平到台湾来以后，生活很困难，尤其他太太是虞洽卿的女儿。江一平在上海之所以红，是因为他是虞的女婿。在公共租界董事会中有几个董事名额是中国人，他也是华董之一。既是华董，又是律师，背景雄厚，所以红的不得了。后来我们才晓得，他打官司并不是靠出庭，而是靠幕后活动。有一次他在台中出庭，事前先告诉吾，吾去旁听了。他长于辞令，起承转合，讲的非常动听。但是如果从法令的观点仔细想想，那些话恐怕没有什么用，完全是一点技巧，所以后来我了解他不凭真才实学，完全是靠口齿伶俐和高的名望。但是他倒很诚恳地告诉我们律师应该怎么做，也讲的有道理。

江一平跟吾讲过："程序法要紧。"事实上实体法才是"本钱"，若实体法也不清楚还要讲什么呢？当然，打官司时，尤其是打民事官司，如果搞不清楚程序，一上去就会败诉。吾自己也有一次经验：在一件民事案件中，对方的普通代理人是律师事务所资深书记，不是律师本人。一开始时他滔滔不绝地说了很多理由，当时我们感到这个代理人真是呱呱叫。他讲完之后，民事庭的庭长问吾："你有什么意见？"吾说："吾只有一句话，请审判长问对方的代理人，他收到最高法院的判决书是哪一天？"庭长就问那名代理人，他傻了，他找不到。吾说："你找不到，吾有！"吾递给庭上一张。吾的意思是：在程序上对方还没有到上诉的时间，他胡说八道一大堆，是没有用的。吾把东西一拿出来，庭长就对那名代理人说："根本还没有到期，你讲什么！"这一庭就完了，对方败诉。所以程序是很重要。有一次一位在社会上很有名望的立法委员要告一位很有声望的中央常委，处心积虑有三年之多。有一天他来和吾谈天，还是非告那位中央常委不可。吾问："你告他什么?"他说："他贪赃枉法。"吾说："你告他民事还是刑事?"他搞不清楚。他说："贪赃枉法……"吾说："那是公诉罪喔，公诉罪你不必到法院，告诉检察官就好了。"他不懂。后来他想想，不对！还是民事，因为有土地财产的纠纷。吾问他："民事的话，你是什么身份?"他说："啊？这种事贪赃枉法，人人得而诛之。"吾说："假定他贪赃枉法是事实，你没办法告他，在法律上的用语是当事人不适格，你一告上去，推事就可以裁定，你就完了。"他说："啊?"他也有律师证书，可是他不懂。所以程序是重要的，但是实体法不晓得的话，辩论的时候怎么辩很成问题。江一平说程序重要，吾研究结果程序与实体同等重要，所以尽量两方面的书都在买来看。

在理论上要辩论的话，刑事诉讼法很重要。这一方面的著作，韩忠谟的"刑法原理"很好，吾看了这本书，想象中这个人很了不得，应该是大气磅礴学问丰富的人。但是后来他当铨叙部长，简直糟糕透了，他只懂刑法，行政法完全不考虑。

所以当律师者于程序法、实体法都要搞清楚。吾两方面的书都买了，愈看愈多，看的比大学生还多，可惜不记得，常常要查。后来买书，普通的出版品都不看了。

看了两年书，大概了解之后，就从共同代理开始做。有一位福建人叶在杭，他是老律师，在南京已经执行律师事务。到台湾来以后，在衡阳路挂牌，和江苏人姚冬声两人在一个事务所。吾开业了，也到这个事务所，先从共同代理开始，每个案子可以有三个律师。出了几次庭以后，胆子大了一点，一般的情况都知道了，然后单独出庭。

那时候说"皮包律师"是骂人的话，不太好听。本来吾和他俩共一个事务所，他们的事务所中有一张桌子空着，自然就是吾的位子。分配下来，一个月付六百块。偏偏遇到一个内行的人，他是会计师，平常吾和他不大接触，吾没找他商量，只是告诉他，吾挂牌执行业务了。他问："在哪里？"吾说在衡阳路。"好地方啊！那你一个月房租好多？"吾说："房租由三名律师分担，吾一张桌子一个月摊六百块。"他说："你要是一个月没有六百块的收入，你是不是要把立法委员的岁公费拿来贴补？"这句话很有道理。他说："执行律师业务，你的收入不固定；但是你这六百块的支出是固定的。一个人可以有固定的收入，不要有固定的支出。"他是研究会计的人，这句话很重要。于是第二天吾就把桌子退了。退了以后，就当"皮包律师"，印鉴、证据等什么都在皮包里，回台中就提到台中，到台北就提到台北来。

第三节　酸甜苦辣五味陈

吾办的案子不少，有几桩案子办的很得意。吾受朋友的影响很大，办案很小心，接案子也很小心，并不是有案就接，有几分把握才接办过来，太费时间的案子也不要办，因此接的案子不多。后来吾才慢慢明白，有些律师案子很多，并不是当事人找他，而是有人在外面替他联络，也就是司法黄牛，包括代书、书记官等，用家乡老话来说，是"吃衙门饭的人"。他联系这种人，案子就来了。吾当律师，和这些人毫无关系。那案子怎么来？人家来找吾，第一个观念：你是立法委员，案子诉讼的对方很有地位，非要找个"大帽子"来扣不可。可是请到吾之后，吾不是这么一回事，吾立定主意，吾当立法委员，不跑"衙门"，不同政府官员来往，即使是老朋友，吾也不太去看他们，大家保持距离。你是官员，吾是立法委员，没有私交。现在当律师，第一个戒心就是不和法官来往。人家所以发财，是因为认得法官，吾却相反。这样子案子怎么来？刚开始时案子太少，很觉得艰难，一个案子下来，花的时间太长，但是后来做做，觉得安慰了，自己确实是在为民服务，为“法治”这两个字尽到一点力，因此很有兴趣，吾在这里举几个例子。

在台中的民事诉讼中，吾得意的有好多件，有的当事人官司已结案好多年，还要年年送礼来，把吾看成是恩人。最得意的一个案子，当事人是彰化和美镇的一个老百姓，他和儿子、孙子三代把一栋房子租给别人，房客是当地的流氓，租出去就拿不回来。这个乡下人有一种想法：房子拿不回来，他们这一家就不能在和美镇再住下了，因为没有面子。要拿回房子，只有打官司，官司打了三年，打到最高法院，判决败诉，绝望了，钱也化了不少。后来他找到当地的绅士一位道德君子老先生，老先生的女婿同吾很熟，大概他听到女婿讲吾，所以老先生告诉这名当事人到台中去找黄某人，也许还有希望。和美镇这个人来找吾时，吾要他先把过去打官司的卷宗拿来看看。看了之后，吾告诉他：“你这件事已经完全绝望，一审、二审、三审通通败诉，你要吾怎么翻案?”讲完之后，吾到台北来。到台北之后第三天，他祖孙三代又跑到吾台北的事务所，跪在地下不起来，说他们无论如何是冤枉的，房子租给人家，现在收不回来了，这个气怎么受得下去？吾说：“你们起来吧！你已经打了几年的官司，钱也化了不少，现在最高法院判决，你已经败诉了，还能怎么办?”他一定要吾想办法。吾说：“好吧，你们回去，吾再研究。”吾研究的结果，发现其中有程序问题。在民事案件中，同一个诉讼标的、同一个诉之声明，不能再来一次，打完一审、二审、三审就定案了。吾对于这个案子，诉讼标的不变，可是诉之声明改一下，另外找一个理由来打这场官司，重新从地方法院开始打。那时候彰化已成立分庭，台中地方法院彰化庭，就在一审中胜诉了。对方也不上诉，因为上诉要化不少钱，于是判决确定。

确定之后要执行，可是彰化庭不执行，真是岂有此理！吾跑去找执行的书记官，问他为什么不执行，他说："哪个家伙是个恶霸啊！那个敢惹他？"吾说："笑话！这样法院也不要了！"吾气了，说："你不执行？吾来执行！"吾要当事人包三辆车，浩浩荡荡地到和美镇，先到警察局。很意外地，警察局长、同僚都认识吾，大概是因为吾在台中市，他们住过台中。吾说明来意，要求照判决执行，把那间屋子的门打开，让房东进去。执行时，吾背后有警察、里长、邻长等等人物，吾把门一开，叫当事人进去，这样子才把房子收回来。

这个案子是吾开始当律师还不到一年就碰到的，胜诉之后，增加了吾办案的勇气。吾为当事人打得这样费力，但是吾没有拿他多少钱。他是屠夫，给我的钞票上很脏，真是血汗钱，每次给吾二千、三千，从来没有上万元。收入虽然不多，吾已经觉得满意了。

在刑事方面，吾也可以举一个例子。那时候在台中市，正对着火车站的一个旅馆账房被警察局关起来了，地方法院判他有期徒刑十年。当时这人三十多岁，十年牢一坐，不是完了吗？因此他夫妻俩人来找吾。他们来时，吾觉得好像认识他太太，想了又想，原来是醉月楼的酒女，现在从良了。那好！尤其这个小伙子三十多岁，很优秀。他讲完案情后，吾详详细细地问他，他也详详细细的回答。之后吾再实地侦查。案情是有人抢劫夜归的按摩女，把她的项链抢了之后，这位旅馆的经理路过听到这件事，就跑到附近派出所报案。而派出所反加以讯问，认为强盗就是旅馆的经理，这不是冤枉吗？吾在早晨五六点钟没有人的时候前后去了那个巷子三次，测量由派出所到旅馆有多远，估计所需要的时间，一点点都研究好了，最后吾判断他绝对不是嫌犯，于是吾替他上诉到高等法院。为什么他被判十年？因为当时戒严，强盗案要按陆海空军刑法判决。在高等法院庭上，吾大声地向庭上要求：“吾陪你去现场实地勘查。吾勘查了三次，画了一张图，你相信吾这一张图，就判他无罪；你不相信吾这一张图，那就请审判长去履勘！”开了好几次庭，结果判决无罪。这个庭长是广东人，个性蛮强的，吾要申请他履勘，照理说，没正当的理由他不能拒绝，结果他不要履勘了，他相信吾这个图，吾就打赢这场官司。这次吾也没有拿好多钱，但是救了一名青年。三十多岁的人，前途还远大，救了他，吾办得很得意。

吾在台北也有办得得意的民事、刑事案件。在台北这桩民事，是梁寒操将房子租给一个上海人，到期时房客不搬家。梁寒操要求收回，申请法院强制执行，结果却碰了钉子，法院驳回了他的申请。换言之，法院裁定下来，等于房东败诉了。这一下，梁寒操的面子摆哪去？而且房子永远收不回来了。梁寒操的太太黎剑虹可不是好惹的，可是到了这个程度也没办法。他们是广东人，法院里头广东人好多，地方法院检察官、推事、庭长、高等法院庭长，大大小小七八个法官都帮她的忙。有一天吾碰到高院的庭长，他把吾拉在一边说：“黄委员，吾告诉你，梁家这个案子没有办法，梁先生的事情我们还有不帮忙的吗？但是这个案子已经定案了。”吾说：“地院的裁定，吾想向高院抗告。”他说：“抗告也没有用。”他是好意告诉吾，他地位高，又是帮忙的人，他讲这些话，把吾泄了一半气。但是吾不灰心，又跑到地院执行庭和执行推事商量，因为执行庭不是审判庭，属于行政系统，可以随意和他谈话。吾问他：“根据你的执行经验，这个案子为什么不能执行？”他说：“没办法，我们办的案子很多，像这样的案子都是房东败诉。”吾说：“那吾的抗告书你们看到了没有？”他说：“吾还没看到。”吾说：“你现在莫忙，等抗告由高院裁定下来，我们俩再见面。”大概过了个把月，裁定下来了，翻案！房东胜诉！强制执行！这下子大家大惊失色，连法官都感到奇怪：这黄某人还得了！吾和梁家是好朋友，三两个礼拜一定要见见面或到他家去玩，这个案子办到这个程度，连他们自己都没想到。而且对方原来还已经放话，非常得意地说："你们这个案子还要跟吾来打官司？你们要请就请一个大律师嘛！请个立法委员，又不懂法律，有什么用呢？"

房子收回之后，梁家请一桌客，把帮过他忙的地院检察官、推事、高院推事、庭长等等通通请到。吃饭时高院庭长特别敬吾一杯酒，他说："我们将来要以你的抗告理由来作为我们的判例。"

这个案子胜诉是什么原因？很简单，地院推事告诉吾："我们的法官对常用的法律很熟，尤其是租赁关系，但是这个案子像黄委员这样深刻研究，我们没有。"对方对抗的理由说他是出征军人，出征军人优待条例是根据兵役法而来的，这个官司发生在一九六二至六三年间，当时兵役法已经修正过了，而且隔了二三年也把出征军人优待条例改过了。吾根据修正后的新条例来辩论，所以吾胜诉了。法官纵然晓得条例有修正，但是因为细节没有加以研究，所以照老办法，房东被判败诉；吾对新的条例做研究，当然房客败诉。

台北这个刑事案件吾更得意了。革命实践研究院的一位司机在下雨天开了交通车，在司法大厦附近撞死一个人。司机立刻被关起来，关了二十多天，开庭了。这名司机惊慌失措，不晓得怎么办。找人要花钱，司机哪来的钱？后来有人说："我们副主任就是律师啊，就找他好了。"当时帮忙他的职员跑来找吾，吾问他什么时候开庭，他说是明天上午，吾说："吾什么都不晓得，看卷都来不及。不过既然是我们院里头的司机，吾还是要去。"第二天一早吾到了法院，一开始吾请法官把卷给吾看，吾说：

“吾临时接到委任，只要给吾三十分钟就可以了，请审判长先问下面的案子。”十几分钟后，吾把卷还给他，他前面的案子还没结呢。问完了之后，接下来问这个案子。吾问庭上：“凡是这一类的车祸，都有一张图，这个卷里没有图，你们凭什么来判决?”法官说：“对啊！书记官！图呢?”书记官手忙脚乱，说在箱子里头，去找又等了好久的时间。找来之后，吾说：“大卡车那么大，被撞死的人骑着脚踏车逆向行驶，碰到交通车的后轮，头倒在安全岛水泥地上，跌破而死了。这么大的车子，后轮被脚踏车碰到，司机不可能知道。我们现在来做个实验：一部大卡车过去，找一个人拿根棍子在后轮上戳一下，司机知道不知道？他不可能知道嘛！这样你怎么判他罪？他当然没有故意；过失呢？脚踏车不该逆向走，司机也没有过失。”但是死者的太太在地下打滚，虽然吾要求当庭释放司机，推事没答应。但这位推事很聪明，当庭判决拘役二十六天。拘役比有期徒刑还轻，判二十六天是因为这名司机已经关了二十六天。判少了，要冤狱赔偿；判多了就不能当天走，他判二十六天，问当事人有没有保，当事人不懂，吾说：“有保！人保!”立刻抓了一个人来保，马上回家。这件事非常好，当庭判决，几乎等于无罪。

以上两件案子都是义务的，没有收一文公费。

非讼和解可以说是吾当律师的重点，很多事情不一定要打官司，可是当事人不懂，这些称为非讼事件。真正属于民事、刑事，非打官司不可，则以和解第一。民事诉讼法上已经明白规定，法官办案一定先经和解，和解不成再判决。律师也应该这么做，可是十个律师九个不这么做。吾和他们相反，凡是民事案子，尽量希望和解，打民事官司多半是为财产，可是官司打个三年、五年，等到判决时，人家财产已经变更了，强制执行什么呢？与其如此，何不现在和解，面子可以够，对方也许会给点少数补偿，所以非讼事件要和解，诉讼事件也要和解。

吾最得意的一次经验：在台中时，一名向不认识的男子跑到吾家，要跟太太离婚。谈了一回，他太太也来了，还有其他的女人陪着她，一屋子都是人，两人各说各话，中间的人帮腔，闹得不可开交，简单一句话，就是要离婚。他们已经有小孩。吾慢慢为他们分析离婚的利弊和不离婚的利弊？讲得两人都笑了，搞了两三个钟头，没事了。吾说："你们不要随便打官司，打官司是不好的，今天罚你们每一人给吾一千块钱。"两人高高兴兴一个人送吾一千块钱，嘻嘻哈哈一起坐上三轮车回家了。这个案子吾办的很得意。假使吾存心赚钱，那个男的是有钱的，男的有钱当然女的也有钱，那这种案子是赚钱的，而且收费没标准。可是和解之后，他们一家团圆多好。

第四节　受理诉讼看法官

吾特别要提提两位难得的女法官。一位是台中地院的张仁淑，大概她的英文很好，司法行政部曾经派她出国两次参加什么会，现在她是最高法院推事。吾在台中时，她的年纪很轻，不过三四十岁，开庭时，两方当事人讲完，她一清二楚，脑筋灵的很。曾经有一个案件，当事人讲完，我们还觉得要考虑，她却当庭判决，反应快得很，判得一点都没有瑕疵。当庭判决第一要靠法官的智慧，第二证明法官没有什么毛病，她是就事论事。吾发现她好，问她的院长朱士烈（现任国民大会秘书长），他也说是好法官。

还有一位好法官是湖北人涂柔宜。台北地院推事，她和她先生涂怀楷俩人现在都是最高法院推事。有一次吾去出庭，还没轮到吾的案子，涂法官正在问前面的案子，吾亲眼看到她详详细细地问当事人，当事人讲完，她就劝当事人和解，当事人不肯，最后她说："你也可以原谅原谅法官吧，吾花那么多时间，讲了那么多好话，你们一点都不采纳。吾讲和解是对你们有好处的，对法官没什么好处。"那真是苦口婆心，有母爱的精神，她就是要合乎诉讼法的规定，达到和解的目的。有一次吾同最高法院院长谢国诚谈话，刚好涂柔宜在场，吾对谢说这是好法官。她也晓得吾夸奖她，因为她先生的弟弟涂怀莹是我们法制委员会的专门委员。大概吾向涂怀莹讲过涂柔宜了不起，涂柔宜知道了，她非常高兴。本来吾认为丁治磐太太章萃吾已经是不错的女法官了，吾看张仁淑、涂柔宜比她还要好。

司法审判同法官有没有什么影响？绝对有影响！现在讲审检分开，同时尽量要求司法独立、审判独立。审判独立应该是比较好的，因为推事在体系上原来属于行政院司法行政部，现在推事归司法院管，和行政院没有行政体系的关系，所以审判独立比较好一点。过去审判不独立，譬如立法院、监察院、国民大会那个黄豆案，搞得雷厉风行，那么多人坐牢，拿现在的标准看，那些事没什么，但是当时办得那么严重，还是因为司法行政干涉了司法。他们不一定冤枉，可是不必办得那么严重。吾当律师，也是抱着求了解的目的，在律师任内，吾了解到司法行政干涉司法是真有其事。

现在再讲两位优异的男性法官，这两位优异的男法官都是台中地院的人。人家常批评法官，其实法官并不都是一样的标准，有的法官确实好，有的法官确实坏。譬如当年司法大厦有四大金刚：许宗佑、戴铭贵、徐军等，这是四个坏法官。他们能力很好，可是敲竹杠敲得厉害，所以郑彦棻当司法行政部长时，吾毫不客气告诉他："你当部长，知不知道司法大厦有四大金刚？"他说："你讲给吾听，那些人？"那时候他刚从立法委员下来。吾一个个告诉他，后来他总算听吾的话，把这四名法官都调高院推事，调空了，尤其不给他们当庭长、院长、副院长。坏法官之外，糊涂的法官很多，譬如台北高院有一名法官孙仰程，他已经七十多岁，耳聋眼瞎，坐在庭上，不知所云。这样的人还在当法官，所以后来有法官优遇条例，因为宪法上规定法官是终身职，不能撤换，优遇条例规定不办案后，待遇和法官一样，这个办法很好，这还是我们催出来的法案，一直到王任远部长任内才订出这个条例。但是好法官也有的是。有一名法官在台中地院，他的当事人当中，原告实在坏透了，他可以将一个案子发展为八个案子，天天跑法院，也就是所谓“讼棍”。有一次吾坐在旁边听，还没轮到吾办的案子，可是吾听得难过，觉得当事人实在可恶，那个法官帮忙对方找证据，因为对方不懂得提证据反驳原告。法官帮他查这样查那样，这种法官是好法官，他没有勾结，少一点人受害。另外有一名法官，办案之仔细，出入意料之外。吾曾经办一个案子，就吾看起来，凭书面证据就可以办了，但是他很仔细，和吾商量要去履勘。吾说好啊。履勘要化很多时间，一般的法官还不愿意，因为出差费也有限，可是这名法官虽遇案子不大也愿意去履勘。吾和他去履勘，当天他就在现场开庭，节省时间。他又耐烦，又仔细，又不辞劳苦，真是好法官。

第十四章　中央党务三年

第一节　中央党工通行政

吾从来没有考虑过到中央党部去，吾在地方党部当主任委员都是非常勉强的；立委党部书记也只当了两次。后来赵自齐的书记长到不了差，发生问题，有人反对他，所以当时中央党部和吾商量要吾去就任，吾说："吾不能去，吾去了，赵自齐一辈子抬不起头，请他过一段时间，忍一忍，反对的空气下去了再到差。"二三个月后赵到差了，便没事了。此外吾也不想当中央常务委员，因为没有实际的职务，不能以政党政治观点来看。假使以政党政治的观点来看，立法委员在立法院有很多权，我们不是这样，我们还是由原来的系统下来，中央党工当立法委员的人很多，当了立法委员再到中央党部当党工的人很少，因为党工唯一的出路是做官，譬如陈立夫、吴铁城当行政院副院长，郑彦棻、黄少谷、王任远当部长，人要有自知之明，吾没有这个遐想。

吾怎么到中央党部去？吾当立法委员党部书记长，头一年就辞职，辞不掉；第二年又辞，也没有辞掉；到第三年（一九七五年），不能辞了，因为总裁过世了。但是到一九七六年就调吾到中央政策委员会当副秘书长，为什么这样安排？吾不晓得，这时候当权的是经国先生，他没跟吾讲。那么是谁推荐的？什么原因？吾到现在还不明白，吾完全是被动的。

那时候中央政策会有四位副秘书长：一人是国民大会代表，专管国民大会；一人是立法委员，专管立法院；一人是监察委员，专管监察院；一人专管各党各派，这时候管各党各派的是梁肃戎，有人骂他“梁勾结”，原因在此。吾专管立法院，但是并没有另外派立委党部书记长，由副秘书长兼书记长。

一年多之后，再调为中央委员会副秘书长，这更出吾意外。在那时候的编制，中央政策会秘书长副秘书长同中央委员会秘书长副秘书长一般高，因此副秘书长比各工作会主任高一些，每个礼拜常会开会要列席。开会时桌上一堆议程，有一次开会时吾打开议程，里头有一案：黄通调副秘书长。吾感到很奇怪，没人跟吾谈过，怎么临时提出？讨论到这一案时，主席问：“有没有意见？”没有人敢发表意见，就通过了，明天到差。在一般人来看，这是求之不得的事，因为中央的党工通行政，第三次全国代表大会曾经有一项决议案：训政时期由中国国民党代表人民行使政权，所以中国国民党的中央党部等于在行政院之上，代表人民行使政权，这个权多大！

吾对经国先生曾有误会。他对吾有没有误会呢？到这个时候证明没有。假使有误会，他当然不会发表吾了。在他左右的人，胡轨、詹纯鉴、王新衡这三个人都在吾面前讲过经国先生，他们对经国先生都有议论。王新衡是经国先生留俄时的亲人，常喊王新衡“阿哥！阿哥！”的；有一天吾碰到王新衡，坐他的车子，吾问他：“你怎么不做做官？‘总统’对你那么好，经国先生也对你那么好。经国先生当权，你怎么还在当立法委员？”他说：“嘿！他当权！”下面就不讲了。他说：“以前他没当‘行政院长’时，还好，常常到吾家来吃芋艿鸭子。”他对经国先生似乎不谅解。詹纯鉴从中央五组主任下来很伤心，要见经国先生见不到，是吾逼他去见，找他找到了还要等他从泰国回来，两个月才见到面。而胡轨则是见了吾的面就骂："救国团！搞什么东西！"这些印象太多，所以吾怕接近经国先生。这几个人都是他的亲信干部，看来做他的干部不好做，所以吾对他可以说有误会，但他对吾倒没有什么误会。

吾对经国先生有一点感激，我们有一个兄弟会，完全是拥护领袖的。当中有一人叫李玉堂，山东人，当过总司令，他家里头有我们兄弟会的名册。后来李玉堂发生匪谍案，警备司令部派人到他家去抄，抄出名册，头一个名字就是吾，情报人员拿这东西当宝贝，结果名册拿到经国先生那里，当时他是资料室主任，他把这件事压下去了。如果他幼稚一点，许多人都要被捕了，连桂永清、黄珍吾、黄杰通通在内。我们开会他来过，有一次在桂永清家聚餐，他突然打电话说要来，大家同意他来，没有秘密嘛。他熟的人太多，对吾是不太熟，但是也晓得吾同这些人的关系，他对吾没有误会。后来他重用李焕等这些人，他们的作风却是叫人靠不拢。

通常在政和军占很高的地位的人，党一定给你相当的党部委员或常务委员；反过来说，中央党部的委员也各有资历。一直到台湾来以后，常常各部部长都是中央党部副秘书长出去当的。军方的人也一样，当到总司令以上，例如参谋总长、国防部长，就可以当常务委员。所以说党、政、军的人才是交流的。

第二节　党工待遇比文官

行宪以前不一定透过考试选用人才，大概民国三十年时，有一天吾接到一件铨叙合格证书，吾为简任八级。怎么来的呢？吾不晓得；后来问出来了，因为吾曾任省级党部委员，就等于文官简任阶级。到行宪后，要成为简任官很不容易，都要经过考试。所以党工人员参加过好几次社工人员考试。

吾到了中央党部，才知道党工同志也分等分级。文官制度有简荐委三级，中央党部工作同志有甲、乙、丙三等级，而秘书长、副秘书长、以及各工作会主任则为特级，在甲级之上，比照文官制度的特任。中央党部人员虽然没有完全实施考绩法、俸给法，但是考绩、俸给都比照文官，乃至于有退休制度。所以现在国民党中央党部付不出退休俸，财务委员会在叫穷，因为历年来退休的人太多了。党工人员到中央去时，有本职的人中央会发给特支费。吾当书记长时，立法委员党部根本没有待遇，到后来才发两千多元交通费，而中央党部则发特支费，相当优厚。吾当书记长，他们的想法：化了多少力气，才把吾就任书记长，所以要给吾优待，但是找不出什么别的办法。想不到有一天总统府蒋参议打电话给吾，要吾在党部等他来，他拿一张条子给吾签名，吾一看，来自总统府公费股，等于总统特别奖励。因为国民大会、监察院都没有这种奖励，所以承办人逢年过节就由参议秘密亲送。送的钱有一万元，在那时候很不少了。那位参议很神秘，吾在这种情况下领了好多年。那个时候吾领的特级人员特支费是七千五百元，就如同特任官的特支费。我们没有配置宿舍，但是有交通车，书记长本来用立法院借给党部的一部汽车，吾没有离职继续用下去，中央党部的车子就不要了。吾还没有进中央党部前就常主张中央、地方人才要互调，吾进了中央党部之后更是这样主张。中央很少用地方工作过的人，尤其是县市党部主任委员书记，他们下来之后当省党部设计考核委员和专门委员，一摆，就是养老等退休了，所以地方党部干部工作不起劲。现在的台湾省党部主任委员倒是科班出身，他当过中央党部副主任，吾在地方当主任委员时他还在当干事，慢慢爬起来，干到书记、县党部主任委员，再到省党部当书记长，中央组工会副主任，现在当省党部主任委员。

第三节　悄然依例请退休

吾年年要辞书记长的原因是吾为现任革命实践研究院通讯部主任，后来是本院副主任兼通讯研究部主任，这不是党工吗？何必再给吾党工的职务呢？结果还是派吾来兼书记长、副秘书长。各单位正好绕着总统府一大圈，每天一早起来，吾先到中央党部，之后到立法院，再从立法院转到武昌街，最后转到实践堂再回家，四个职务转圈子。上述四个职务中，实践堂的职务干的最愉快，因为做的时间多。

吾和蒋主席不大碰面，可是常会时他一定来。他当主席，主席的右边是秘书长，吾在他左边，算是第一副秘书长。吾的左边还有两位副秘书长。讨论时，主席临时向吾要资料，要立刻答复，答复错了可吃不消，所以吾是战战兢兢，正所谓伴君如伴虎。

当时中央党部人事制度完全依文官制度，七十岁要退休，吾发表为副秘书长时已经七十岁，吾一到差就准备好党工资料，找来管人事的人，告诉他："到时间你就为吾办退休。"签报之后吾就退休。

吾退休时，主席讲了一段话，黄某人对党如何如何贡献，吾问别人："常常有人退休，主席有没有讲？"他们说："以往没有讲过，就这一回讲而已。"

当时张宝树是秘书长，吾要退休，同时另外一位副秘书长唐振楚发表为考选部长，都要走了，张宝树请一桌客，宴邀十四个单位的首长。吃饭时，秦孝仪主任说："秘书长啊！这样的饭，我们已经两年没有吃了。"可见别人退休时没有这一套。

第十五章　感恩感德感怀

第一节　未报亲恩未扫墓

吾感恩最深的是外祖母和母亲。但吾到现在尚不知道外祖母什么时候辞世。外祖母没有儿子，只有一个女儿，吾是她的长外孙，她对吾最为宠爱，吾小时候，外祖母回娘家都会把吾带去。有一次，吾去吃会酒，主人家的菜太坏了，大家不服气，故意多喝一点酒，因为酒也是花钱买来的。吾是小孩子，他们也劝吾多喝一点，吾糊里糊涂喝了大半碗，结果醉了，吾自己回家。到第二天下午醒来，才知道睡在外祖母的床上，吾潜意识里认为回到外祖母家等于回家了，经过是怎么自己都不知道。

外祖母可能是八十多岁过世的，当时吾已经不在海门。吾在民国三十四年回过海门一次，但并未回家，直接到县议会，演讲后就回头到南京，吾最后一次回家是民国二十四年，那个时候外祖母还健在。究竟外祖母什么时候辞世？不晓得。他们住在孤零零的住宅，四周没有一个人会写信，吾对他们消息当然不灵通，所以无从知道。

外祖父母的墓在哪里？吾也不晓得。吾原来晓得王家祖坟的地点，可是共产党集中墓葬之后，吾不晓得王家的祖坟迁到哪里去了。后代住在哪里？吾也不晓得。所以外祖父母坟在哪里？只好将来回去再找了。

家母没读过书，但是她的一举一动中规中矩，一言一语有礼守法，这是传统的力量。尤其遇到意外事情发生时，她那种循规蹈矩的处置，吾小时候印象深刻。她教吾的事情很多，给吾的影响很大，但是吾对她没有什么报答，也没有去扫墓。

第二节　感恩长者师友爱（本节与第二章参看）

吾前后有三位私塾老师，后两位海门师范毕业，施鸿勋师就是海门师范毕业的，年纪轻一点。小时候我们活动的范围不到十华里，长春镇南边是麒麟镇，往北到南通境内富安镇，一个六里远，一个十里远。在这个范围内只有四里路外的启秀学校，此外只有私塾。因此我们能够接触到的人没有学校毕业的，读过书的人也不少，不过都是念私塾的，中学生也很少碰到，大学生看都没看过。所以知识非常闭塞，已经十二三岁了，还是茫茫然，除了在私塾里头听老师讲，此外一点也吸收不到社会知识。施鸿勋老师很老实，而且很坦白，他教了吾一个学期就说：

“吾没有书教你了，吾读过的书都教了你了，你到启秀学校去吧。”通常的情况小孩子读到吾这个程度就不读了，但是他同吾自己讲，还跑到吾家对吾父母讲，要吾到启秀去，吾家也不反对。但是吾没有去过启秀，想找一个伴同行好一点，因此吾去找从兄弟（大伯家的老二），这位从兄弟也高兴去，可是大伯反对，大伯听了大骂：“读书有什么用？读了多少年书当乌龟、强盗的还是有！”这样一来老二就不敢吭声了。他不去，还是吾一个人去。

这样子就进了启秀高等小学一年级，是受施老师的鼓励。后来上中学时，学校要收吾学费，吾缴不出来，吾自动去找校长，请求免费，吾在事务主任室找到校长，这时候事务主任就是施鸿勋老师，校长问他我写的字怎么样，施老师说："好！好！"校长就用吾写钢板，吾变成免费住、学的寄宿生了。这件事施老师的一口赞助影响很大，虽然在他未必是蓄意而为，是校长碰巧在他的办公室里，可是对吾关系很大，使校长坚定了想法。后来吾离开学校之后，就再没碰到过施鸿勋老师，不知道他后来干什么。

龚庭槐师很穷；他的国文相当有名，大概龚家的藏书他读了很多。他对吾很好，吾小学毕业后，没有钱进中学，那一年又发大水，吾就跑到他的家馆去，他很愿意帮吾的忙指导吾，后来吾告诉他要学写字，叫吾买一张宣纸来，帮吾临摹了一篇兰亭集序，吾就间接学写王字。后来他自己开补习班，什么名称吾记不得了，这个班级专门教国英算，有好几十个学生，都是有钱人家的子弟，因此他收入蛮好的。但是很可惜，后来听说他加入了共产党，国学基础这样好的人怎么会加入共产党？吾想不出其中道理来！

龚芑荪校长智慧不高，但是非常忠厚，非常本分。吾请免学费的事，刚开始他期期以为不可，但是经过吾再三的要求，他也表示同情。"那你写几个字吾看看。"然后他根据吾写的字，要吾写钢板，这件事是他自己转弯的，自己找个出路来了。刚开始他是说："我们是私立学校，穷人多得很。"他要坚持到底，吾根本就没希望免费读书，所以吾很感激他。吾也很愿意跟他的子弟互相扶助，可惜他家后人中和吾年龄相差不多的，没有比较好的。他的同父异母兄弟龚艺之算是能读书的，但是也不优秀，胆子小得很；他有一个儿子现在在台北裕隆汽车公司当职员。清代末年、民国初年有钱人家很流行三妻四妾，生出来的儿女都不用母亲自己带的，所以小孩子从小不正常。有的过分宠爱，有的跟下人学坏了，所以有好成就的人少。龚家是我们亲眼看到的例子。

吾非常感激龚芑荪校长，要是他不理会吾这穷小子，吾根本读不到中学。

周雁石老师应该称为学者，他曾夸口说："一个人没有读过三千、四千部书，算什么读书人?"三千、四千本就不得了了，而他说的是三千、四千部！周雁石老师后来在南京当国学图书馆馆长，吾专诚去拜望过他。以后他干什么吾就不知道了。

雁师对吾真是慧眼，这件小时候的事，吾现在回忆起来，还是记忆犹新！因为在启秀中学时教务主任龚励之贴了一个布告，说八月节前不缴费者不准上课。这个布告一出来，吾受不了了，所以吾走路都头低低的。吾那天不晓得怎样从他门前经过，他也偏偏站在门口，吾走过去时，也招呼了一下，吾走了几步过去，他说："回来!""你有什么心事？吾看你好像很有心事的样子。"吾说："教务处贴一个布告，八月节前不交费就不准上课了，吾没有办法，交不出来。""为什么？你不是免费生吗?"吾说："对啊，他还要吾交费啊。"雁师说："明天开校务会议，吾来讲！真是笑话!"这件事情经过他在校务会议抗议，就照周雁师的分配减低了吾的工作，并且继续免费，而教务主任也再不敢说要收吾学杂等费，所以周雁师对吾的关系太大了。到他当国学图书馆馆长以后，吾到龙蟠里看过他一趟，那个时候他好像忘了这一件事情，吾特别提出来讲。他看见吾穿着军装，吾跟他详细报告已进入陆军军官学校。

陆：他是前江苏国学图书馆馆长柳翼谋的学生吧？

黄：他好像也是东南大学前身南京高师毕业的，因为那时候江苏最高的学府是南京高师，后来改称东南大学，他在学术界有文名，应该是东南大学毕业的。

郁温甫听说是长乐镇附近的人，究竟住哪里？吾不知道。别人告诉吾他在广州中山大学。因为在外面的海门人太少了，吾以为他是海门人，所以吾到中山大学去找他。他的职位很低，在中山大学里当校对。吾到广东时就认识他，见过一面，他也晓得吾在军校里。吾由黄埔岛上逃出来，到了广州，急急忙忙要换便装，可是没有钱赎回便装，吾去找他，他送吾钱，让吾把长袍赎出来，吾立刻把军装换下来。但是吾一直没有还他钱，吾离开广东以后，也不知道究竟他住在什么地方，没有去找过他，吾只记得他的名字，吾很遗憾，吾对他一点也没报答。

阮氏叔侄是湖北人，吾到广州当司书是在入伍生第二团的第十连，连部的特务长就是副官的亲侄子，他姓阮。他当特务长，吾当司书；吾是小孩子，可是他已经二三十岁，在我们看来很老了。他这个人很老实，很忠诚。他很帮吾的忙，吾也对他很尊敬。清党以后，他也离开黄埔，跑到石龙县政府土地局做事，土地局里一名职员是阮特务长的侄子。吾到土地局去，阮特务长就问长问短。那时候广东都知道黄埔岛上张黄事变，很多学生被打死了，他很高兴看到吾来找到他。他的侄子在旁边听到了，不声不响地跑出去，从箱子里抽出一件夏天穿的漂亮长衫，拿到当铺当了两块毫洋，回来把这两块毫洋送给吾。这个时候已经是十一月二十几日，气候入冬了。他晓得黄埔岛上搞得很惨，吾能生还，他很高兴，所以他帮吾这个忙。吾离开广东以后，再也没有跟他们联络过。他们叔侄两人帮吾忙，吾没有任何报答，连通信也没有。

萧树经号纶甫，贵州都匀人，读过北大，具胆识，黄埔三期毕业。他两度对吾提携，让吾获得用武之地。吾由江西星子随别动总队到重庆，再到贵阳。萧纶甫先为大队长兼省会警察局局长，萧大队长对吾不认识，但我们的陈中队长对吾多少有点另眼相看。又因为吾在谈话中，无意的泄露了，曾经当过师政训主任，认识复兴运动许多要角，当然也包括康总队长，引起他对吾的猜忌和顾虑。他想得很浅薄，以为吾暂时当区队长，迟早会把他队长的职位挤下来？正巧队附出缺以后，他保了李区队长第五期毕业的来当队附。对吾怎样安排呢？又适逢萧总局长电话说："你队里调一个人来当警察教导队队长。"他顺口就保了吾去。

不到一月，警察总局要在城外成立第五分局，这是规模最小的分局，又是在城外，萧总局长把行政院介绍来的一个人、和他自己打电报找来的一个韦先生和吾三个人邀到他办公室，他问："现在要成立第五分局，分局长你们哪个去？"韦说："更夫兄去最合适，他现在是教导队长嘛。"吾说："韦兄最合适，他资深一点。"萧局长说："他去不行。"他去不行，当然就是吾。谈来谈去没有谈到行政院介绍来的这个人。后来萧局长又对吾说："你去！"吾说："报告局长，吾从来没进过警察局的门，吾不懂警政，怎么能当局长？"他说："那很简单，吾派两个警官学校毕业的人给你当助手好了。"因为这样，吾就当分局长了；也因为这样，吾离开部队走进地方去了。这是第一次对吾的提携。

第二次的提携，是萧先生在陆军大学毕业后，回到贵阳来，拿出命令、密电码、印信，都交给吾。原来是他发表了军政部第四十二补训处处长，地点在浙江金华。另一张命令发表吾为他的主任处员。吾问什么是主任处员？他说就是参谋长，吾说吾有现职在身，他说："吾知道，请个假好了。"他非叫吾去不可。吾费了很大的力气把军管区司令部科长辞掉，军管区参谋长杨文琏告诉吾下月升少将处长，吾还是同他一道去。为什么？因为他对吾有知遇之恩。他对吾另眼相看，非常信任，司令部的事情除他之外就是吾了。接收部队到第六团时，就调吾去当团长。所以吾说他是独具只眼。这是对吾第二次的提携。

刘秉中拖了吾半年，终于拖走了！他是法国留学生，贵州缉私专员事务所专员，湖南人，因为他也参加了复兴社，所以我们常常有见面的机会，那个时候吾还没有十分了解他。他一定要吾跟他去做缉私工作，他说：“干一年以后，吾可以合法的赚到一万，你可以赚到五千，我们两人去巴黎。”这样子给吾磨了六个月。当时吾是省会警察局督察长，谈不上前途，但职责重要。开头吾完全不答应，到二十六年年初，他把冯保安处长、汪总局长、别动支队长萧纶甫等等同吾有关系的人都运动好了。他非常会说话。所以最后吾到他那边去了。

吾去了之后同他搞得很不愉快，吾把他的心腹查缉员（东门大爷）关起来，同时跟他毫不客气的讲：“你是革命者还是官僚？我们志同道合，是为革命；那种作风是官僚作风。”所以不但两个人搞得不愉快，而且危害到他的收入。可是他锲而不舍地要吾和他一起工作，然后去留法，确是善意，也是他对吾另眼相看，所以吾还是很感激他。

韩文焕字方伯，贵州安顺人，黄埔三期，他发表为军管区司令部参谋长，到差之后没有好久，他就很注意吾的工作，我们原来不相识的。吴鼎昌主席兼司令要吾开办学生干部队，刚刚办了一个多月，韩方伯来了。他来检阅学生干部队，检阅结果他向吴主席报告：“这个队办得太好了，延长两个月。”他在吴鼎昌面前吹嘘吾。他自己回贵阳之后一帆风顺，当上保安处长，跟吾又接触不到。以后吾也离开军管区司令部到前方去，好几年后再回来。也不是来找工作，而是在贵州省第四区行政督察专员公署，帮专员这位好朋友办报纸、办训练，计划在云贵高原建设三民主义实验区。我们做得正津津有味时，县党部选吾当省代表，要吾到贵阳去，出席省代大会，就碰到韩方伯了。

这个时候的韩文焕是党、政、军、警、团五个重要的系统一把抓，省政府主席的权威都没他大。因为前面这一段印象存在，我们自己的看法是兴致勃勃地在搞三民主义实验区，他却以为吾是在落魄的时候。他得最高票当选全国代表，省代表大会刚开完时，他要吾住在他家。吾住了三天，每天他回来都要跟吾聊，聊到夜里十一二点，千言万语，就是要吾跟他一起工作，吾不同意。最后他讲："譬如我们合伙做生意。你认为这个伙计值不值得跟他合伙？你认为还值得的话，那就请你参加保安处的工作。"话讲得太恳切了，吾说："合伙是不成问题。"到后来，吾自己也急中生智，吾说："保安处的编制里，处长是中将，副处长呢？"他说："少将。""参谋长呢？""少将。"吾问："还有少将没有？"他说："没了，以下科长等等都是上校。"吾说："吾已经干了十二年的上校了。"这时他没话讲，只好说："我们到重庆去再研究这个问题。"吾说："好吧。"这是大家下台的办法。

重庆正在开六全大会，他要竞选中央委员，要吾帮他竞选。吾只好跟他到重庆去。到了重庆后，因为接触面太广，突然发表吾当三民主义青年团南京支团书记，他回贵阳临走的那天早晨，天还没亮，他来敲门，他说："你的工作已经弄好了。"事实上他事前全不知情的！吾知道他对吾的事很热心，虽然要吾去南京的经过只有吾和张超知道，但他对吾新发表的工作很兴奋，吾也感激他的。胜利后他也发表为首都警察厅长，在南京两人再碰头，因他对吾的热情，吾不得不感激他，就像吾对刘秉中一样。首都警察厅长任内，检察官对他非起诉不可，他急了，来找吾。吾也急了，一清早跑到首席检察官家里去帮他说话，结果没有起诉。韩文焕很感激吾对他实质上的许多帮忙。吾是实在感激他对吾的一番好意。

康兆民（泽）、梁干乔两公是吾能否有成就的契机！吾先讲梁干公。有人告诉吾，力行社吸收干部时，因为吾在特别研究班当过学员，梁是训育组长，康是主任，康梁曾经负责介绍吾，提报中央干部会议，结果通不过，因为那时候吾在南京，人家看吾好像是复杂得不得了的分子。第二次提出来也没有通过。到第三次提出来，两人负责力保。通过以后，梁非常关心吾的工作，可是连着派吾五个工作吾都没就。尤其是后来吾到北方，他到浦口送我们。这时候吾还没有结婚，未婚妻暂时住在袁显扬家里，梁公不晓得怎么知道了，他派人送三十块钱给她，那个时候三十块很不少，一个人一个月用不完，吾非常感激他。梁公同戴笠也有关系，他当时在团体里是中央干事，他对吾热心爱护，真叫吾感动，以后吾的发展也和他很有关系。

康公对吾很好，另一方面，他的气魄在黄埔学生里是很少见的。吾因为特别研究班而认识他，他当主任，吾是学员，吾不是留俄的、留日的，但也被留下来，另派工作。因为接连五个工作吾都没接受，吾依然仅仅是中国日报记者。后来开办政训研究班，在他征求意见时，吾一人愿当学员，没有第二人举手。他非常高兴。政训研究班里面，成立区会干事会，吾是训练干事。训练完了，又都分发了，吾还是不接受分发。在去北平的前一天晚上，康公要吾到中国日报去看他。吾到的时候已经十二点了，客厅里的客人还很多，可是他叫吾先进去。讲了很多话，一定要吾去，最后送吾，由第五进到第二进快出门，还是一定要吾去，吾就接受了。

吾在北平不久，有一天南京来电报，叫吾马上回南京，团体发表吾新工作，要即日去到差。可是刘健群把这个电报扣下来自行回电不让吾走；中央干部会议在庐山开会，余洒度参加会议后回到北平来，在小组会议中报告，决定调到庐山去工作的，有刘强、黄通等八人，刘健群立刻又讲什么什么原因不能调，把我们挡住了。这些都跟康公有关。

到民国二十五年，吾在贵阳当省会警察局督察长，康公坐飞机经过贵阳要去重庆，吾向他说：“因为局长去欢迎你了，吾在局里看家没有去。”这样子算是见了一面。此后我们没有通信，没有见面。一直到三十四年，前后十年没有来往。

三十四年，吾在路上碰到同学张超，他手上拿了文件，想当南京支团书记，找吾一起去找康处长，目的是要吾帮他讲话。见了面张兄头头是道地报告完后，康公居然对吾说：“你去！”吾说：“什么事啊？”他说：“请你当南京支团的书记。”吾说：“什么南京支团？”他说：“三民主义青年团啊，南京支团书记很重要，你是江苏人，你去。”吾说：“吾又不是你们团员，吾怎么可以当书记？”他问：“你是不是党员？”吾说：“当然是的。”他说：“那就可以了。”

后来康公到美国去考察。从美国回来以后，吾也没去欢迎他，吴绍澍、徐君佩等等拍他马屁，经常登门拜访，吾没有。可是有一天晚上他突然打电话给吾，他说：“明天吾要去拜访一些朋友，请你陪吾一道去。”他去拜访中央常务委员，一路谈党务甚多；另外他又选择了一个时间，在晚上九十点钟要吾到他家去，我们一直谈到一点多钟，分析世界局势、国内情势，谈得非常深入，最后两人相对凄凄，觉得国家前途太危险了。

总归一句话，他对吾简直是当成心腹。他突然派吾到南京当书记，并不晓得胜利在望，那个时候是要去做地下工作，没想到还没到差就胜利了。以后吾的工作通通改变了，走上了另一条路，所以吾说“兆公干公是吾的大契机”，使吾的生活和工作产生了非常大的变化，终生感德难忘！

第三节　感怀身世瞻未来

吾经历了专制时代、革命时代、民主时代。在这三个时代中，人的生存、发展不同，可是专制时代同革命时代人事都没有制度，一样是人治，不是法治。在人治时代，还是封建的观念，很多人常发牢骚，而吾没有牢骚，因为吾都不是任何人的私人。吾不属于私人系统的派系，除了国家的党派以外，吾没有任何私人关系。然而一路上总有人对吾特别提携，在人治时代像吾这样的遭遇很不容易；但是吾好像曾经也有一段吃亏的地方，就是二十三年下半年到二十四年，吾离开交通研究所到星子去，再到贵州，大家都不认识吾，吾以上尉阶级当区队长，前后一年间，吾湮没无闻，也很受了一点人事上的排挤，但是很快就转变了，这个转变不是吾去求什么人，而是很自然而然的，也就是说社会已经改变了，不是专制时代，还算是革命时代，虽然在人事上好像大同小异，但是终究不同，因为大家有党的组织，还有主义的信仰。由此再过渡到民主时代，已经是法治而不是人治了。吾每次退职都是依法的。离开军职时，以军职退休；离开党职前，吾当中央副秘书长，当天到差，第二天就把证件整理好，找主管人事的总干事到吾办公室，说："这是吾的党务资历，请你检查一下够不够退休的资格，到退休的时间，你就把吾签报上去，依党里的规定退休。"这是没有人为作用在里头的。立法委员呢，吾也依法当选，依法任职。最后退职条例出来了，这是我们自己审查通过的，通过以后，吾就开始准备退职，虽然吾退职之前遭受了很多的压力不让吾退，可是吾还是依法退了，所以吾党政军三次都是依法退，这是民主法治的关系。在这三个时代里，专制时代的人治关系种种，吾都看见了；革命时代的种种吾看得更多，有很多地方跟专制时代差不多，尤其在军事机关，升迁、调补、奖惩不讲法的地方很多，长官的命令超过法律，吾都看见了；在民主时代，怎样依法行事，吾亲身经历了。

鸦片战争以后才有五口通商，弓箭对枪炮的时代过去了，但是到八国联军整整六十年，这六十年内时代没有什么变化。八国联军以后，甚至到民国初年，这种余绪都还在，我们都看到了。第二次世界大战改变了世界，这是我们亲身经历的，改变世界最厉害的是去年的波斯湾战争，飞弹一出来，原有的枪炮、兵器都失效了。稍为聪明一点的人都晓得：没有高度的科技发展，你要想作战，谈都不要谈，只能从事国内小规模的地面战而已。现在社会国家之所以这样乱，在政治上，苏联政变以后，世界改变了，会变到什么方向？现在大家还在捉摸。未来十年、二十年是什么局面？现在的人要凭他的智慧，凭他丰富的学识才可以判断，不是随便可以讲的。最近李登辉在革命实践研究院讲了一篇有关新秩序的话，新秩序是布希讲的，就是说原有的知识不够用了，未来的局面要有高度的智慧、高度的知识才可以判断。

吾这一生非常丰富，吾非常乐观，没有一点遗憾，所以吾有四句话：“浪滔一生，政治一世，全身而退，无怨无仇。”在这一生中，有很多关键吾可能在漩涡里沉下去了，然而吾全身而退了，这很不容易，也因此无怨无仇。很多朋友还是人治时代的观念，因为没有升到某样的官，或得到某样的机会来发展，而遗憾终身。吾没有这种遗憾。

附录：问答

一、大法官会议法

陆：当初为什么修正大法官会议法?

黄：本来没有大法官会议法，大法官会议是根据司法院的大法官会议规则进行。行宪以后，我们认为大法官的会议，应由法律定之。当时司法院没有提案权，而由行政院提大法官会议法也是没有这个职权的，因此我们要司法院补充对大法官会议规则的意见，由立法委员参照这些意见拟定大法官会议法，依照委员提案，由立法院审议通过，总统公布后再送司法院施行。大法官会议法院会交法制委员会审查，那个时候法制委员会同仁研究这一类带点行政法性质的法案以仲肇湘为第一。仲肇湘是学交通的，但是他高考考的是普通行政。他大学毕业后，他的父亲希望他将来当县长，听说中央开始办高等考试，就为他报名，回家告诉仲肇湘赶紧到南京参加高等考试，考普通行政。仲肇湘从来没学过普通行政，但是因为服从父亲的命令，就赶到南京去，在书摊上乱找，找到一本考试大全，里头普通行政的题目很多，他不眠不休看了一个礼拜，参加考试时，发现题目都看过，因此每题都答得很好，发榜是第一名。他真聪明啊！前后只有一个礼拜而已。他是高考普通行政第一名及格，一下子就成名了。大家认为仲肇湘是行政法的专家，考试院也对他很尊重。高考及格以后分发江苏省政府，占一个很不重要的职位。有一天陈果夫要演讲，演讲时要有人记录，碰巧担任记录的秘书不在，有人说仲肇湘高考及格，叫他去记录吧。记录完了，陈果夫一看就说：“比吾讲的还好!”于是他当上陈果夫的秘书，以后跟着陈果夫多少年，从江苏省政府、军事委员会侍从室第三处，他一路研究行政法，所以他变成行政法的专家。他也很愿意当大法官会议法的起草人。审查会的召集委员是吾，吾很小心，因为从来没有过大法官会议法。吾第一步先把院内的法学家、留学生，譬如贵州的宋述樵(前司法行政部次长)，浙江的吴祥麟，山东的杜光埙等等，通通把他们请来，在审查会中，先广泛发表意见，然后再请来外面的专家、学者针对大法官会议法提出意见，最后才是法制委员会同仁自己来审查。那个时候法制委员会的专家也很多，包括陶希圣、萨孟武、杨幼炯、张金鉴等，还有几位训政时期的老立法委员，大家来审查，前后开会十二次。这是吾经手的法案中会议次数最多的案子，最后定案再提报院会，院会听了吾的详尽报告后，差不多没多少辩论就通过了。

大法官会议法最主要的精神就是不让大法官会议成为“第四审”。因为假使大法官会议法定得不好，会破坏审级的体系。我们现在是二审三级制，一审、二审是事实审，必须要开庭，三审是书面审判。假使大法官会议法规定得不好，每一案的当事人都要上诉到第四审，要声请大法官会议解释，这一点我们要防止。其次，声请大法官会议解释的程序比较严格，有的国家有宪法法院，只解释宪法，一般法令不能随便声请。我们的宪法规定，每一个行政机关对于法律案都有解释权，但是统一解释权只有大法官会议；任何行政机关只能就行政职权的范围来解释，也许你的解释跟另外一个机关不一致，在这个情况之下，要统一解释就由大法官会议来做。因此，大法官会议做两件事，一件是解释宪法，一件是统一解释法律及命令，确定这个原则后，就把这个法案通过了。后来隔了很多年，这个案子要修正了，因为人民要声请解释太困难，所以要放宽一点，不过刚才所提的两个原则还是不变，这个时候司法院有提案权了，司法院的提案也没有打破宪法规定解释的范围。

陆：有一次大法官会议解释把国民大会、立法院、监察院都解释成国会，引起立法院里的风潮，要修正大法官会议法，让主持这次会议的大法官去职。那个时候王宠惠生病，是由谁当会议主席通过这个解释案的？

黄：大法官会议法是在谢冠生当院长任内通过的。在原来的大法官会议法里，大法官会议主席推由资深大法官担任，这一位资深大法官要是没出席的话，再由次资深的大法官主持，所以有轮流的性质。我们修订大法官会议法时，坚持要由司法院院长主席，因为宪法上规定解释宪法之权在司法院，不是说属于几个大法官。谁能代表司法院呢？当然是司法院院长，因此主席应由院长来担任。有人反驳说，院长不是大法官，但是主席不一定要是大法官。结果我们的意见通过了。你讲的这位大法官，可能是另一件事情，不是为大法官会议法。他是一名资深的大法官，是贵州人，吾一下子记不起他的名字来。因为他资深，原来的大法官会议开会都是他主持，而他常走极端。

陆：国民大会是政权机关，立法院是治权机关，不应该把监察院、立法院、国民大会同样当成国会来看。

黄：这件事有许多人的看法是，大法官里有三位国大代表，当中发言最多的是王昌华，有人说三个国会的解释的起草人就是他。据说因为有这三位国大代表，所以主张三个国会。王昌华是浙江人，确实在大法官会议中最爱发言，他当大法官的时间相当长。

陆：这个解释把国会弄坏了。

黄：当时因此产生立法院和国民大会的冲突，立法院要删除国民大会的预算。后来中央来协调，就没有删除了。这个解释实在是有问题。不过话又说回来，现在三个国会中，国民大会代表领的钱名义是“公费”，没有法律根据；而立法委员、监察委员、总统、副总统则有岁公费条例做根据。国民大会代表不能领岁费，即使名为公费也很勉强，因为不是法律规定的。国民大会公费的前身是生活补助费，生活补助费没有标准，开始时补助数目小一点，最早是旧台币一百万，不值钱。到一九五四年开国民大会时，国大代表吵这件事，后来传说总统答应他们一句话，说是国民大会代表要同立法委员、监察委员拉平。于是所谓的公费，三种中央民意代表领的钱就一样了；不但一样，他们还多出来了，因为每名国大代表同时兼光复大陆设计委员会委员，可以领出席费或公费，这一笔钱立、监委员没有。此外，还有宪政研讨会，因为立法院攻击国民大会最多的藉口，是说国大代表平时根本不开会，按月领什么钱？后来国大代表吵了，他们说：“说我们不开会？我们要开会！”怎么开会呢？依照宪法，他们不能经常开会，这个时候谷正纲发言权很高，他建议成立宪政研讨委员会，主任委员由总统兼任，谷正纲当副主任委员。也像立法院一样，把国大代表分成多少个委员会，定期开会，差不多每周都有会，那就要同立、监委员一样的待遇。现在光复会、宪政研讨会都撤销了，这些都是政治性的组织，不是法律性的组织。

二、国防组织法

陆：国防组织法为什么拖这么久都没有完成立法？问题在

哪里？

黄：军政、军令要不要统一的问题，从训政时期就开始议论了。训政时期在行政院有军政部，但是作战时军政部长怎么指挥军队？因此就成立军令部。军令部长常常是老军人，而且是有一点酬庸的性质，仅仅是幕僚长，实际的职权是听军事委员会的。行宪以后，国防部长是国防部长，参谋总长是参谋总长，国防部长管军政，参谋总长管军令，无形中分开两个系统。这两个系统根据什么？宪法上没有明白规定，行政院组织法也没规定，总统府组织法里也没有这一点。到底根据什么？所以有人认为这一点应该规定在国防组织法里。吾个人认为：宪法第三十六条规定总统统帅全国陆海空军。怎么统帅？拿什么机构来发号施令？没有其他的法令规定？宪法第四十三条规定总统有紧急处分权，可是这个紧急处分权只包括财政、经济、天灾疠疫等等重大变故，并不包括军事。第一百三十七条第一项规定中华民国之国防，以保卫国家安全，维护世界和平为目的。第二项规定国防之组织，以法律定之。这个国防法律在哪里呢？河南籍的立法委员刘锡五曾为此提质询提了二十年，主张要有国防组织法，否则第一百三十七条落空，第三十六条也会落空，总统无从行使他的统帅权。如果要国防部来做，国防部的职权在行政院组织法里已经规定了。后来因为国防部组织法规定：参谋本部之组织，另以法律定之，所以另有参谋本部组织法，其中规定参谋总长是总统的幕僚长，也是国防部长的幕僚长。当时有金门炮战等等战役，虽然一九四九年以后没有大规模的战争，但是大军压境，在这个环境之下，只有刘锡五为国防组织法在提质询，行政院也答复了，可是没有具体的行为。好容易到黄杰当“国防部长”的时代，定了国防部组织法，其实国防部组织法只要根据行政院组织法来就可以了，不必要根据宪法。当时我们以为国防部组织法一定会把军政、军令分清楚，没想到其中只讲国防部成立几个司，没有提到军令的事情。不过国防部组织也需要法律来规定，所以这个案子通过了，但是对于军政、军令的问题还是没有解决。现在民进党要求订定国防组织法，陈水扁拟了一份草案，那个案子很荒唐，他把军令系统归属在国防部长之下。唯一的目的是由立法院控制军令，因为国防部是行政院的系统，行政院对立法院负责，等于国防部长对立法院负责。虽然这个案子并没有通过，可是最近陈水扁、余政宪、叶菊兰、魏耀乾四名委员跑到国防部去，要查问这次阅兵有多少弹药，这是非常荒唐的事，即使国防组织法出来了，立法院也不能干涉阅兵有多少枪支、弹药，这绝对是在军令系统之内的事，连国防部长也不敢问的，他们怎么跑到国防部去闹呢？

陆：争执的焦点是不是说军令系统的权是在总统还是在行政院？

黄：这个问题毫无疑问，宪法第三十六条明白规定统帅权在总统。

陆：参军长、参谋总长也是幕僚吧？

黄：参军长是总统府里对等于文官长，现在文官长已经改为秘书长了，还是管文官，而武官还是由参军长管。参军长的职权很小，仅仅在总统府内部，管不到外面，同军政、军令无关。

吾还可以补充一点：宪法第三十六条规定总统统帅陆海空军，换言之，总统有统帅权。有一年国防部提出陆海空军军旗条例，原来是陆军军旗条例、海军军旗条例、空军军旗条例，现在合并了。里头关于军旗的规定，第一个规定的军旗是总统旗。该案由国防、法制两委员会联席审查，国防委员会惯例是国防部的提案照案通过，不会有任何异议；可是法制委员会的人比较咬文嚼字一点，吾就站起来讲：“本案是陆海空军军旗条例，总统是国家元首，对外代表中华民国，你怎么把他定在军旗条例里？总统有没有旗帜代表？中华民国的国旗就是总统旗！总统行使统帅权，属于军令系统，那你根据宪法规定来个统帅旗好了。代表国家军事最高的统帅权，为什么不称统帅旗，要变成总统旗？陆海空军军旗条例把总统旗变成军旗之一，无论如何说不过去。”但是国防委员会没有一个人附和吾的意见，国防部也屡次三番地辩论，没有同意吾的话，但是吾坚持到底，甚至于国防委员会有几位黄埔第一期、第二期的老大哥问吾为什么要坚持，吾说吾为法律坚持，吾个人没有意见。国防部也觉得有点为难，那个时候宋长志当“国防部长”。后来他们自己打圆场，大概内部开会决定转弯，觉得统帅旗是对的，于是由宋长志出来请吃一餐饭，吃饭时也没多讲话，大家共同的意见是统帅旗是对的，其他不要改。其他吾也没有坚持的了。这次阅兵就有统帅旗出来了，还是第一次的。总统指挥军队时当然是统帅，统帅旗可以摆在军旗里，可是中华民国国旗就不应该列在军旗条例里，而且如果另订总统旗，总统代表中华民国，有中华民国国旗，又有总统旗，这成什么话？现在中华民国国旗是国旗，统帅旗是统帅旗，明明白白地规定，总统可以拿统帅旗指挥三军。至于指挥系统如何规定？那只有参谋本部组织法有规定。当中也是矛盾的，因为参谋总长也是国防部的幕僚长，现在倒过来变成参谋总长指挥国防部长了。

三、管理外汇条例

陆：审议管理外汇条例时有很多争论，是不是对于黄金买卖问题吵得很厉害？

黄：这个法案不是法制委员会主审的案子，而且经过很多年了，吾记得不太清楚。管理外汇条例于一九四八年通过，分别在一九六八年、一九七八年、一九八六年修正过。最后一次修正是在一九八七年，增订一条条文，一九八七年六月总统公布，同年七月十五日行政院公告本条例第六条之一、第七条、第十三条、第十七条停止使用。你的疑问大概是关于停止这些条文使用之后的情形。第六条之一的规定是关于结汇，条文原文是："出口所得或进口所需外汇，出、进口人应向中央银行指定或委托之机构，依实际交易之付款条件及金额据实申报，凭以结汇。"本条停止使用后，外汇管理放松了。第七条原文的第一项是："左列各款外汇，应结售中央银行或其指定银行，或存入指定银行，并得透过该行在外汇市场出售；其办法由财政部会同中央银行定之：一、出口或再出口货品或基于其他交易行为取得之外汇。二、航运业、保险业或其他各业人民基于劳务取得之外汇。三、国外汇入款。四、在中华民国境内有住、居所之本国人，经政府核准在国外投资之收入。五、本国企业经政府核准国外投资、融资或技术合作取得之本息、净利及技术报酬金。六、其他应存入或结售之外汇。"第二项是："华侨或外国人投资之事业，具有高级科技，可提升工业水准并促进经济发展，经专案核准者，得径以其所得之前项各款外汇抵付第十三条第一款、第二款及第五款至第八款规定所需支付之外汇。惟定期结算之余额，仍应依前项规定办理；其办法由中央银行定之。"由这个条文来看，中央银行的权非常大。第十三条的原文是："下列各款所需支付之外汇，得自第七条规定之存入外汇自行提用或透过指定银行在外汇市场购入或向中央银行或其指定银行结购；其办法由财政部会同中央银行定之：一、核准进口货品价款及费用。二、航运业、保险业及其他各业人民，基于交易行为或劳务所需支付之费用及款项。三、前往国外留学、考察旅行、就医、探亲、应聘及接洽业务费用。四、服务于中华民国境内中国机关及企业之本国人或外国人，赡养其在国外家属费用。五、外国人及华侨在中国投资之本息及净利。六、经政府核准国外借款之本息及保证费用。七、外国人及华侨与本国企业技术合作之报酬金。八、经政府核准向国外投资或贷款。九、其他必要费用及款项。”这一条限制很多，几乎全部控制了，怎么使用外汇都要报。第十七条原文是：“经自行提用、购入及核准结汇之外汇，如其原因消灭或变更，至全部或一部之外汇无须支付者，应依照中央银行规定期限，存入或售还中央银行或其指定银行。”这几条都在一九八七年七月十五日公告停止使用，这几个条文没有停止使用之前，外汇的控制非常严格，取消以后大为放松。

陆：这些条文最早是不是尹仲容拟订的？

黄：管理外汇条例在一九四八年十二月就通过了，一九七〇年十二月立法院修正全文二十八条，一九七〇年时尹仲容大概不在了吧？一九四八年通过的条文原来只有二十二条，增加的六条，可能包括刚才读到的那几条管理比较严格的条文，一九七〇年时管金融的好像是徐柏园吧！

陆：修正什么条文之后，外汇的黑市就没有了？

黄：外汇自由之后就不必有黑市了。一九七八年时修正第四、第五、第八、第十三、第十四、第十七、第二十六条，到一九八六年又修正了第二条、第四条、第七条、第二十二条、第二十四条，增订第六条之一，删除第十条到第十九条条文，每次修正愈放愈宽，到一九八七年放得最宽了。

陆：过去有很多工厂、商家拿了外汇不做生意，专门靠外汇赚钱。

黄：对，有好几年有这种情形，条文修正后就没有黑市了。

陆：这对于台湾经济发展很有影响吧？

黄：对。

四、劳动基准法

陆：另外是关于劳基法，为什么劳基法有很多规定对资方很不利？

黄：不但对资方不利，而且行不通。但是劳基法人称“谢深山法案”，他站在工会的立场，站在劳工的立场，极力影响这个法案。通过劳基法时，立法院中对劳工问题有研究的人并不多，而且注意力也不强。那时候资方对劳工问题的了解也很模糊。既然劳工方面有谢深山领导、坚持，当然为劳工利益订下许多条文，对资方很不利，当时大家对这个问题却没有什么敏感。到实施以后，这样也行不通，那样也行不通，但是法律摆在那里，要修改也难。

陆：很多工厂为了这个案子没办法继续经营，因为劳工吵得很厉害。

黄：甚至远东公司有一部分简直关门了。罗美文在里头成立工会，王义雄的工会根本是空的，但是罗美文自己是工头，反而站在有利的地位了。所以说群众运动是不理智的，一发动就一直往前走，没有全面的考量。立法院立法应该求法律的平衡，要采纳各界的意见，但是当时主审劳基法的内政委员会没有人可以同谢深山对抗，因为该会大部分委员对农民问题了解较多，对劳工问题了解的人很少。

陆：这个法案影响很大，将来恐怕非修改不可。

黄：迟早要修改的。

五、师范教育问题

陆：有一个关于师范教育的法律，规定师范生毕业后，一定要服务届满四年，四年之后要考研究所则学业已荒，就考不取了。不知道是哪位委员这样坚持的？

黄：这个问题是规定在法律里吗？

陆：是的。

黄：是规定在大学法里吗？

陆：是的。

黄：在法律中有师范教育法，但是和大学法一样，在条文中都没有规定多少年后再分发，吾认为这个问题应该不是规定在法律里，可能是某一个单行法规定的。

陆：可是这个问题，当初曾在立法院引起争执过。总而言之，现行的法令规定使师范大学毕业生没有出路。

黄：大学法、师范教育法里都没有这种规定，吾想这是教育部的单行法。是行政命令吧？

陆：吾回去后再查一查。

黄：如果是行政命令，要修改比较容易，可以由立法委员提案，某法令与法律抵触；如果是法律规定，那就要修法了。吾认为：师范大学毕业，就读研究所时，先要服务多少年的规定，这应该是规定在某一办法中，不会规定在法律里。

陆：这项规定把师范学生限制了，使他们不能研究学问。

黄：师范教育法第八条规定："师范大学、师范学院及教育学院得依实际需要，设立研究所，着重专业教育学术之研究。"内容很简单，并没有说就读研究所要有什么条件。

陆：吾是反映有这样一个严重的问题存在。

六、审检分隶问题

陆：当初规定“审检分隶”是什么道理？

黄：是为了司法独立。审检分隶之前，台中地方法院曾经有个笑话，首席检察官告诉检察官黄向坚某案不必上诉了，黄向坚就在处分书上写“奉命不上诉”。一时哗然，“检察一体”是根据法院组织法修正前第三十一条的规定而来，因为检察官代表政府侦查犯罪，不是代表法院审判，所以无所谓独不独立。如果独立，就不应当同法院扯在一起。后来闹审检分隶、审判独立，但是从来没有人讲过“检察独立”，检察署隶属法务部，法务部隶属行政院，怎么不受行政干涉呢？检察署根本就是行政机关嘛。而法院则不然，法院没有什么隶属，只是分审级，有地方法院、高等法院、最高法院，而在行政系统上属于司法院，司法院对法院是一个行政系统，不是审判系统，因为司法院不能审判，司法院的大法官会议也不从事审判，而是解释。审检分隶闹了很多年，既然决定了这个原则，就要修正法院组织法。不过依我们的想法，应该要大幅修正，司法院却很小心，仅仅把法院拨出来另立一章，尤其人事制度方面，在第六章里，本来法院组织包括推事、检察官、传译、书记官、庭丁，后来则划分出来了，法官就是法官，不叫推事，检察官则还是检察官；其他职员是行政人员，所以现行法的精神是审判独立，不属于哪个行政系统，对法官判决不服可以上诉，是地方法院、高等法院、最高法院一直上去的关系，虽然审级不同，可是各级法院法官独立审判是相同的。

陆：以前推事、检察官可以交流，现在还是可以互调吗？

黄：还是可以，这是人事行政。

陆：上面如果对法官的判决不高兴，可不可以把他调任当检察官？

黄：可以，不过法官的调动程序很麻烦，同一般行政机关不同，这也是我们推动的，规定成立司法院人事审议委员会，不能随院长高兴随意调动，人事审议委员会的主席是院长，参加的人有庭长，甚至下级法院的院长也可以参加。人事审议委员会否决的案子院长也没办法。

陆：院长可不可以影响审判？

黄：没有人事审议委员会，他是可以影响的，不合意时就调动；但是有了审议委员会就不容易这么做了，要经审议委员会通过，法官才能动。

陆：法官是终身职，检察官也是终身职吗？

黄：检察官不是终身职，但是他是法官考试及格分发当检察官的，在某些情况下可以调任法官，所以检察官与法官可以互调。从来都是检察官希望当法官，很少法官要当检察官的。但是现在不同了，也有法官愿意当检察官了，因为还是可以互调的。

陆：如果不调的话检察官就吃亏了，时间到了就要退休。

黄：应该不是这样，现在即使是法官，到了相当年龄，也不给他办案。我们有法官优遇条例，这是王任远的德政，是我们大家推动出来的。曾经有一位高等法院老法官杨仰成，根本他坐在庭上原告被告都分不清楚了，人家讲了他也不知所云，这样的人还在那里问案。后来就规定到一定年龄就给他优遇，因为宪法规定法官是终身职，所以给他优遇，照样支薪，但是不可问案。检察官也有法官身份，可以适用优遇办法了。

陆：审检分隶这个问题曾在立法院吵得很厉害吧？

黄：立法院是吵着要审检分隶，反对分隶的委员没有。审检分隶的主要目的是行政不要干涉司法。

陆：当时是因为有干涉司法的事情发生所以吵着要审检分隶吧？

黄：原来推检都隶属于司法行政部，司法行政部属于行政院，那不是行政干涉司法吗？

陆：现在地方法院还是法务部管的吧？

黄：没有。

陆：有一阵子高等法院属于司法院。

黄：以前是高等法院以下归司法行政部管，最高法院归司法院管，审检分隶以后，所有审判系统都归司法院了；所有侦查系统都归法务部。

陆：这样进步一点。

黄：不过事实上进步很有限。地院人员的素养还是有问题，所以吾历次主张地院推事——现在称为法官了——阶级要提高，为什么一直要到高院才有简任官？其实资深法官办案办得好的也应该可以升到简任，一审案子办得好，二审的维持力就高了。现在可以说没有什么一审、二审，所有一审的案子都上诉，那高院办案的件数就和地院一样了。现在高院通通是简任官，地院是荐任官，我们极力主张地院也要有简任官。这个主张现在实现了一部分，地院也有简任法官了，不过不多。一审的判决在二审能维持，专门术语称为维持率。以前审检没有分隶，维持率很低，这也是当事人的习惯，败诉的一方一定要上诉，尤其是刑事案件，不到黄河心不甘。所以二审三审的案子多得很。

七、关于徐复观

上次访问谈到了齐世英，这也使我联想到徐复观。一九五六年初，有一天徐复观、齐世英、刘博昆三人同在台中车站欢迎雷震。这四个人都是国民党党员，却通通是反党而开除了党籍的人，怪不怪？齐世英是台北到台中去的，大概是早一点去，所以他也来参加欢迎；雷震则是专程到东海大学；刘博昆家住台中，徐复观也家住台中。没有几年功夫，雷震第一个被开除党籍了；第二个是齐世英；第三个是刘博昆。刘博昆被开除党籍是他自己不好。有一个女委员是他老乡，本来是好朋友，住在同一个巷子里，刘博昆却拿了棍子跑到她家去打她，那个女委员当然恨透了他。后来不知怎样，她在刘家发现他看的书眉批骂"总统"骂得很厉害，就拿这个去告他一状，结果刘就被开除党籍。至于徐复观，怎么劝他他都不归队。后来雷震过世得早，到死之前也没有回来；刘博昆也是到齐世英将要回来时，我力劝归队的对象。

除此之外，还有东北人费希平，那时候费希平还没出名，个性很强，隔了大约十年，中央党部决议：从前开除党籍的人，不究既往，准许他们回来。因此我同他们一个个联络，当时刘博昆不在国内，没有回来，而费希平这个时候已经在搞党外，出轨的言论一大堆，像是已经长了翅膀，左劝右劝，他说等刘博昆一起回来，我说："也好，那就等你们一起来吧。"结果后来刘博昆是骨灰回国来的，费希平当然也没有回来。

齐世英无论如何是东北人的长者，具有领袖声望。我单独跟他谈，也约了梁肃戎跟他谈。梁肃戎是他扶植的晚辈。到了最后，他不开口，这就表示同意了。我说："我帮你把党证领下来，交给梁肃戎。"过了两天，他收了下来，人回来了。他机会也很好，没有多久，我们和日本有个交涉，就派齐世英去，他很舒坦，马上就为党工作。

徐复观住台中，我是他的好朋友之一。他是日本士官学校毕业，但是对社会科学下了很大的功夫，中文、日文都好，家里头全是日文书。他自夸，马克思主义没有人比他研究得更好；确实他是非常有研究。我们在大陆上就认识了，他是联合秘书处的副秘书长。什么是联合秘书处？当时党、政、军各有系统，总裁找人不方便，于是成立联合秘书处，党、政、军各方面都跟联合秘书处接头，总裁有事就交代他们。主管人员是陈布雷。

当时总裁已经下野，胡轨成立反共救国军东南指挥部，在杭州开会，通知我参加，徐复观也在内。开会地点是西湖湖畔净慈寺，寺中以龙井茶闻名。这座寺庙很好，但是香火不盛，清净得不得了。我们在那里研究如何进行反共工作。会后得出结论，由徐复观专程搭机到奉化，跟总裁直接联络。可见他的重要，他是总裁左右的人物啊！

一九四九年撤退来台，一九五〇年底党进行改造。知道徐复观名字的人很多，大家问他归队了没有，他没归队。我是台中市改造委员会的主任委员，他住在台中，所以中央党部来找我，我说："他不来"。中央第一组主任陈建中，专程到台中，要我陪他一起去找徐复观。见到徐复观后，我们好话说尽，他却无动于衷；真奇怪。他是否有政治上的原因我不清楚，不过，我知道他个性非常强。

虽然他没有归队，但是他同我私交好，而且又恰巧住在我隔壁邻居，常常见面。有一天他从外边回来，当时大概上午十一点多钟，他不来什么寒暄，坐下来就说："没办法。"我问他："什么没办法？"他说："这个政府要垮。"我问他为什么，他答："别的不说，光财政一项，明年就过不去。""何以言之？""雷震回来了，我们去欢迎他，大家一面吃早点，一面谈话，吃完早点才分手。我们谈得很多，大家分析的结果，这个政府非垮不可。"我问："你老兄马列主义研究得很透彻，现在中国有两个政府，这两个政府比较之下如何？"他说："这个不能比。"他不讲，我也没办法。过后我们常常碰头，他经常对政府批评得一塌糊涂。他写文章很用心，文笔犀利，针针见血，可是杂志销路不太大。

陆：他在《自由中国》月刊蒋“总统”七十岁专号上，公开批评“老总统”。

黄：他就是这个样子。我想没有重用他大概也是个原因。但是谁能够用得了他，他又能和谁合作得来呢?

陆：他对人家说是陶希圣捣他的蛋。大概陶希圣在总裁面前讲他什么话。

黄：陶希圣要捣他的蛋，也发生不了这么大的作用。后来他到东海大学当教授。东海大学是曾约农创办的，曾先生是化学专家，外文很好，可是很重视中华文化，所以他当校长时，还发挥了很大的效果。后来继任校长的是原教务长吴德耀，这个人是外国籍（加拿大或美国），比不得曾约农，而且与曾两人不合。徐复观在吴德耀任内和学校斗起来了。由于聘任教授必须经教授会通过，搞得教授会简直跋扈、飞扬，许多教授都通不过教授会，所以聘任教授很困难。表面上的理由是东海大学太偏僻，交通不便，实际上却不是如此。

后来东海大学不要徐复观了，他到台北来，在《民主评论》写文章，渐渐连朋友也没了，人家不敢同他接近，最后抑郁以终。他生前遗嘱不准开吊，因此后来虽然吊还是开了，地点却在台大医院的太平间，真是不方便，来客都很难过，弄得很别扭。从这些事情来看，这位学者的一生是个性问题。

陆：本来他和钱宾四最要好，后来却闹翻了，和牟宗三也几乎闹翻，都是个性不经考虑就批评人。

黄：不但出口伤人，而且鞭辟入里。

陆：他骂“老总统”，骂胡适之。当然他是有他的看法，人是聪明，文章好，在学术界有地位，但是做人失败，讲话太尖锐。

黄：他人是还不坏，住在台中多年，却没有什么朋友，我同他是不错，但也不是经常见面。另外他有一个朋友师范学校校长黄金鳌，也是个性很强的人，不大多讲话。此外他就没几个朋友，难怪离东海大学去以后搞得人家不敢要他。

陆：东海大学强迫他届龄退休，很可惜。按照他的关系，他应该可以做到部长级以上的地位，至少可以做到张其昀这样。我们最近访问刘安祺，谈到孙立人，他说孙立人的作法就好像是"老总统"做了一桌子菜给他吃，他不吃，乱动乱动，打翻了桌子。其实"老总统"很欣赏、提拔他，把许多人叫来，告诉他们要听孙立人的话，要把孙立人当成李鸿章。曾国藩退伍以后解散部队，提拔李鸿章，新军起而代之。我们大陆上旧的军队没有了，提拔孙立人起来，希望他是李鸿章，你们要听他的话。结果孙立人自己却弄得这样，他自己要负责。刘安祺这么讲，大概不会错，其他人要为他翻案，我不同意。

黄：是啊，孙立人还是第一任台湾防卫司令呢。孙立人也是个性孤傲，他也是我芳邻，我们只隔着一条水沟，却不来往。

陆：他要当参谋总长，但这样的行径，属下都是黄埔、保定的，怎么相处？怎么指挥？

黄：他瞧不起人，徐复观也是这个毛病，以为众人皆愚。在台中时，刘安祺、徐复观、黄金鳌和我五六个人好像还是可以谈谈的朋友。我跟刘安祺接触多一点，其次才是徐复观，而黄金鳌则是有事才找我，而且他找我时不打商量，他要怎么做就只有这么做。他是师范学校校长，有一次他来找我说："我非常提倡军训，现在学生要毕业了，我想请省主席周至柔上将来检阅，由学校请，当然不可能；你去，就行了。"我说："这件事我一点把握都没有。"他却说："没问题啦，你去就行了。"真没法商量。我就到周至柔家，说："师范学校非常重视军训，校长很好，想请你检阅一下。"周至柔说："好。"答应之后，校长可神气了，全台湾的校长都对他刮目相看，只是一个中等学校，怎么会请省主席来检阅呢？

八、家庭情况

问：珂里沧桑。

答：我们住家在距离海门县治东四十华里。背后是海界河，河以北是南通县；右边是界牌河，直通长江，有十多华里远。我们的第一代聚荣公伉俪，传说由竹行镇背了一坛铜钱来，买下了界牌河东第二户，一大墩一小墩，总面积在百亩以上。照规定在这一埭的横路以北辟圆沟做宅沟，外侧西北两岸种竹园，南岸正中央架木桥，桥中段最长，载重有弹力，日间平放，晚间就把桥面侧立，用绳索挂在竹竿上，就叫做吊桥。吾幼年时见过一位堂叔，挑了两大桶水肥过桥，担子过重桥太旧，桥断了！铁钉划破面部落水，几乎丧命！宅内面积相当大，院子像操场。正房一排共五间，中间堂屋，两侧都是卧室厨房。到第四代，吾的祖父兼祧两房，分配到西半宅全部，加建了厢房和前头屋；东半宅人口少，有矮厢房两间，大片空地做了柴堆。到吾第六代上学时候，西半宅又迁建宅前两户，如皋县垦殖一户；东半宅也迁去小一户，南汇县佃农一户。

历代都是农户，安分守命，生活全凭力气和福气；附近也有私塾，普通小孩读两年书认识自己姓名后，就要忙去下田；但是吾在祖父的破箱子里找到论语孟子全部，有黄文富姓名，证明第三代祖宗也有读过四书的。可惜寿缘短，所以由祖父兼祧承继。张謇年谱中有在竹行镇黄氏家馆做老师的记载，他教出了哪些学生？我们不知道。想当年这里是人少地多。一般人想：与其雇工耕作，不如自食其力的好！所以子弟不必多读书，也成了传统的惯例。

第六代大转变：四叔丧偶续弦各有儿女多人，都迁去如皋垦牧区；我的二弟早亡，儿女散住常乐镇及老宅附近。四弟在南京落籍，吾和三弟在台。老宅沦陷后，全部改建，竹园灭、宅沟缩、吊桥改土坝，田地另行分配，面目全非，无从辨识；尤其靠海界河的老坟，靠南横河的新坟，以及在东墩的先慈墓穴，成为平地，据说骨坛集中到刘家仓前面去了！这些沧桑，都是中共当局的作为！

问：椿荫茂状。

答：吾的先父诚朴俭谨，典型的自耕农。读过私塾两年，二十岁成婚。三十岁即由积蓄在宅南自建瓦屋三间迁住，五年后租赁如皋境东海边的新垦地两墩（约相当五十亩）耕种；三十九岁先母逝世后，即未续弦，独力耕作，养育四男一女；开历代先例，供儿女就读中小学。五十五岁后，开始与长子同住，随军随政，也算得颐养了若干年月；寿高九十岁，为黄氏第一人。吾的先母比先父长五岁。知书达礼，端庄秀雅，教育儿女的内容和方法，都是吾在读书多年后才能理解到真所谓中规中矩的！但是实际上从没有启蒙过，当然也无从学习过。由此吾意识到旧时代的教育，是和家庭教育合而为一；而教育的宗旨，是先从做人开始的！先母不但是相夫教子，邻居亲友间，也都推崇她尊重她，出乎自然的。外祖父是乡绅，外祖母独生吾的母亲，居家外出，礼仪很注重，一切教育集中在先母；一切希望也集中在如同长孙的吾身上。可憾的庸医杀人，先母正当盛年，与世长辞而去了！

问：手足健康。

答：吾是老大，下有四弟一妹。老二是弟弟，他看到两位堂兄都照例进了两年私塾就种田，吾虽然还在读，田地不少，父亲母亲忙不过来，他也就愿意下田而停学了！他确实能够四季勤劳，分担双亲的责任，可惜体质不太强，历经寇乱迁徙，积劳成疾，在抗战胜利后，还携眷来南京和弟兄相处了一段时间，回家后居处不宁以致早亡！老三是妹妹，也受环境的限制，没有能启蒙就读！先妣逝世后，年纪还小，不得不里里外外承担家务。出嫁后，还因为后面两位弟弟年幼，经常帮助父亲回家照顾。儿女多，夫婿早亡，历尽艰困，现在八十岁了，还算健朗。三弟和小弟当先母逝世时，一个才启蒙，一个还没有开学。吾出门后写信回家，恳请父亲让他们读完小学，就由吾带他们出去读中学。父亲养育许多儿女，虽然辛苦，但早已有了新观念，用教育来培植子弟。那几年吾正好在南京，离家不远，三弟先出来，读过中学，当过交通兵，再读军校，参加军委会别动总队，然后再读中央警官学校正科毕业。因为在贵州有吾的好友当县长的，先后当他是小老弟，带去当助理秘书以至主任秘书。抗战胜利后回南京，回任首都警察厅所属副分局长，来台后历任各级警官以至简任警监，届龄退休，是吾相处最久的一位手足。四弟读书最多，因为有两位哥哥在南京，所以一到南京就进中学。但也因为遭逢日寇战祸，中学读了四个，随校疏散，到过苏北、湘、桂和贵州铜仁。高中毕业后，由统考录入重庆中央大学。他是水利系的高材生，分发中央水利实验处做研究，正当政府圈定他赴美参加研究时，体检发现肺部有黑点，医嘱疗养一两月再出国。不料正住在南京中大教授宿舍疗养中，共军入城！经劳改后，迫他继续服务水利。现在已经退休，但国际性和国内重要会议还要他参加。虽然他不是共产党员，目前还无法来台。我们兄弟姊妹，在香港聚会过一星期，谈话很多，记得小弟的说法，中共的规定很多，常常变！水利方面的围湖造田，恐怕未来的长江，会变成黄河，常常决堤！果然，去年大陆的水灾，何等严重?！三峡作坝，他们水利专家也纷纷反对，不知道当局究竟怎样的决策咧！中国的海口多，水利问题也多，他正在努力著作，寄望将来！

问：画眉举案。

答：吾的婚姻，父母从小就预订了母亲的远房侄女，算来和吾是五服之外的表妹。吾上学后就很少见面，中学时期，母亲曾经告诉吾，在外面如果看到比你表妹更贤慧更美丽的女孩，你就去求她好了。因为表妹难得出门，一次特别原因去富安镇上姐姐家作客，镇上很多老少男女围堵着来看这位美人，吓得她再也不出门见人了！吾离开家乡以后，去过港穗京沪苏杭华北各地，算是见过世面了。十八年暑假回家去，特别在外祖家约见表妹，见其仪态举止谈吐等等，比较起来，确实很少弱点，虽然没有上学读书，但传统的家庭教育很完整。吾当时就向她求婚，并且请她再等吾三年才能结婚成家。三年中单身在外，多次被围在女孩子的片面追逐中，甚至婚后在不及携眷只身独处时，因小有地位，曾被虚荣心以及较落后地区的时髦女孩爱慕，迫得吾设法迅速挽着她吓退她们。

我们结婚是吾在已经加入力行社负了部份责任，租屋必须携眷，才奉命派员专程去我故乡接迎她来京的。从没出过远门的她，燃不起南京人用的煤炭炉，无法吃饭，哭了多次；我们开秘密的小组会，所有文件和纪录，都交给她保管，居然井井有条，不会弄错；吾奉派北上，随队先去北平，其后派一名勤务兵接她搭津浦路火车携行李多件来平，吾已去滦县，勤务兵被路警扣留，她独自上车，到站后雇马车到目的地，没有受骗也没有遗失东西；二十三年初我们住南京，三弟小弟也先后来，各上各的学，她上了妇女职业学校，从识字开始，读了不足两年；二十四年秋，她从江西星子搭便车经四川来贵阳，陪送她的一位副官，渡江落水获救，她却没有落水，吓得魂不附体！二十八年二月四日，倭寇空袭贵阳，低飞扫射，闹区投弹，由十字街烧到小十字，禹门路大火一路烧到我们的住房墙外为止，她单人走出东门外荒郊，又遇到狼狗狂奔，侥幸没有被咬！三十年夏天，吾去温州接兵，日寇攻我第三战区，她正怀孕，从金华搭火车奔上饶，靠宪兵帮忙挤上车，下车后又扶着走乡村小路到下坡崇明老乡家待产，真是险象环生，所以吾为儿子取名“长风”。三十三年初，吾已经去到贵州毕节，浙赣会战，直指上饶，她带了两个小孩长风和信江边出生的女儿信媛，听人说福建安全，就雇车一直往南走，没有目的地，幸好有一位邻居的团长，忽然听说黄太太带着两个小孩走了，不知道走去哪里！他就派他的部下去盲目的追，总算追着了，又领她们回到铅山县高板地方，没有失落，后幸上饶附近的敌军，并没有南进。

抗战胜利后半年多，我们全家才集中到南京，她在战区的最后一年中，受苦受难太多，所以到达南京以后，几种疾病并发起来，医治疗养多时，才完全康复。她没有书本上的学问，她待人接物都能够中规中矩，所以吾两次竞选，帮忙助选的无论男女，都心甘情愿的协同她任劳任怨，直到成功为止。她能守贫，我们初来台湾，住下台中旅馆，便没有钱了！吾去台北张罗住家的房屋顶费，她尽其所有的首饰金器，连弟媳提供的戒指，一共只有一两六钱重，幸好陶馥记桂老送吾五十元美钞（相当一两金子），吾才凑足二两四钱金子的顶费，还能在金店秤盘上取出一个小戒指留作纪念。吾在广州，没有把岁公费领回家来以前，不知道她怎样维持了一家人的生活的！

相信算命的人，每次排八字相面，都说吾会克妻，但她体质虽然比吾弱一些，今年已经八十五岁了，何克之有呢？吾没有克她，吾却非常感激她。

问：兰桂腾芳。

答：吾在结婚九年后得一子，又在两年后得一女。随着父母的迁徙流离，子读过七间小学，女也读过三间，历南京、上海、杭州、以至台中。二人小学毕业后，子长风由省立台中二中毕业，进入联考第一志愿政治大学政治系；女信媛由台中女中毕业，第一年胆小，联考落第，第二年考取第一志愿台大外文系。吾以为先了解本国社会再出国，才不会盲目的崇洋自卑，所以长风在经合会工作两年，信媛在市立师专任课两年。因为不需要服兵役，所以女儿先出国，长风后一年也在田纳西大学读学位。信媛结婚早，婿冯朝勋，生化博士，由宾州大学到西维吉尼亚一家大公司研究所，主持部分研究计划，很有成就，现在还在北卡州他们公司的研究所，信媛就地任教，兼世界日报这一区域的特约记者，撰稿甚多。长风在参加华府爱国学生会议后，没有向田大缴论文，随教授去威斯康辛大学读完硕士学位归国，中兴大学的教职没有就，也没有准备教书。吾告诉他，虽然吾经常受托帮别人写八行求职，但吾不适宜为你东介绍西介绍去拜托。他说，不必介绍，辅导会有成规的。大约他填表后一个月左右，外交部通知他去考试了一天，不久行政院来文分发外交部工作。不到三个月，北美司签报派他驻美工作，部长认为部内工作时间太短，没有批示；不久调部长室秘书，谈过很多话，沈部长才知道是吾的父子关系。蒋彦士长外交部，吾和他是国防研究院同学，吾也没有关照他，他带来秘书，长风回北美司；朱抚松更是吾联战班同学，吾更没有和朱谈过长风，他调长风去纽约办事处（外交部内外互调的制度），八年后才调部，使他得不到特种考试的机会；丁懋时部长时调他当科长，也同情他非考试及格人员受到升迁上的限制，丁与吾很熟，吾也没有对他谈到过长风。去年行政院颁奖给二百零一篇论文中二十五篇的作者，长风是外交部的得奖人，随后部内也另颁奖金，随后就升了官职等，派驻菲律宾工作。